JN436434

은둔의 나라 러시아
역사 속 민중

이정희

서울대학교 인문대학 서양사학과를 졸업하고 동 대학에서 박사학위를 받았다. 미국 University of Michigan(Ann Arbor) 대학교 락캄대학원, 러시아 및 동유럽사 박사과정을 수학했다. 모스크바 동방학 연구소 교환교수, 한국러시아사학회장, 대구사학회장을 역임했다. 현재 영남대학교 사학과 교수이다. 저서로는 『러시아 혁명과 노동자, 기대와 갈등의 역사 1917~21』, 『동유럽사 』 세계기업의 역사 시리즈 3부작 『기업가와 유토피아』 『기업가와 디스토피아』 『기업가와 박애』 등이 있으며, 러시아 근현대사 관련 논문이 다수 있다.

은둔의 나라 러시아
역사 속 민중㊤ - 깊은 심연을 건너며
초판 발행 2018년 12월 20일
지은이 이정희
디자인 정재완
펴낸이 서길수
펴낸곳 영남대학교출판부
출판등록 1975년 9월 5일 경산 제16-1호
주소 경상북도 경산시 대학로 280
전화 053) 810-1801~3
FAX 053) 810-4722
홈페이지 book.yu.ac.kr

ISBN 978-89-7581-588-1 94920
ISBN 978-89-7581-587-4 (세트)

이 도서의 국립중앙도서관 출판예정도서목록(CIP)은
서지정보유통지원시스템 홈페이지(http://seoji.nl.go.kr)와
국가자료종합목록시스템(http://www.nl.go.kr/kolisnet)에서 이용하실 수 있습니다.
(CIP제어번호 : CIP2018040111)

은둔의 나라 러시아
역사 속 민중 ㊤

이정희 지음

깊은 심연을 건너며

영남대학교출판부

머리말

우리에게 '러시아'라고 하면 가장 먼저 떠오르는 이미지는 '은둔' '묵상과 정교 기독교' '설원의 시베리아' '짙은 침엽수 숲의 나라' '중앙아시아의 모래사막' 등이다. 여기에는 온통 신비한 개념이 내포되어 있다. 그러나 이런 미지 세계의 신비로운 이미지는 본래 모습의 일부에 지나지 않는다. 왜냐하면 그 다음 뒤이어 다시 떠오르는 단상은 '억압' '전제정,' '농노제' 혹은 '공산주의 혁명' '무시무시한 대숙청' '전체주의적 독재' 등의 단어들이다. 이것은 대부분 음울하거나 우수에 가득 찬 느낌으로 우리를 긴장시킨다.

그럼에도 불구하고 러시아는 사라지지 않는 또 다른 불멸의 매력을 지니고 있다. 톨스토이와 도스토옙스키의 인류애가 넘치는 심오한 철학적 사색, 자유와 인간에 대한 애정과 깊이가 넘치는 푸쉬킨의 시와 체홉의 언어들, 너무나 아름다워서 슬프기도 한 차이콥스키의 음악 등에서 보듯이 러시아의 문학과 예술 세계에는 영원히 인간의 영혼을 울리는 그 무엇이 존재한다.

862년 키예프 공국이 건설된 이래로 러시아는 천 이백년의 역사를 갖고 있다. 이 기나긴 역사의 수레 바퀴를 표현하는 말이 있다. '러시아 민중은 굴복하지 않는다. 오직 인내할 따름이다.'라는 유명한 경구가 그것이다. 여기서 민중이란 항상 자유와 자치 그리고 토지의 소유를 열망해온 평민을 뜻한다. 이것은 민족이나 계급의 개념보다 훨씬 넓고 모든 시대를 꿰뚫는보편적 의미를 띤다. 또한 이 말은 러시아 민중이 역사에서 얼마나 많은 고난과 시련을 겪었으며 어떻게 이를 극복해왔는가를 뜻하는 자부심 넘치는 세계관을 말해 준다. 중앙아시아 사막을 넘어서 동방의 유목민은 초원을 타고 끊임없이 러시아를 공격해 왔다. 러시아는 유럽을 보호하는 이른 바 최전방 방패막이로서 맨 먼저 시달려야 했다. 그러나 서방 세계조차 더 앞선 물질문명과 전쟁의 기술을 갖고 러시아를 끊임없이 공격했다. 이 양방향으로 쏟아져 오는 끝없는 공격과 두려운 도전에도 불구하고 러시아는 기독교 문명과 슬라브 문명을 혼합하여 독특한 제3의 문명을 고안하면서 살아 남았다.

저자는 30여 년 동안 대학에서 러시아 역사를 강의하고 연구하였다. 그러나 아직도 우리 사회 일반인이나 젊은이들에게 러시아에 대해 막연한 이미지만 존재하는데 대해서 안타까움을 느낀다. 이제 우리는 한 단계 더 깊이 내려가서 러시아 역사를 꿰뚫는 좀 더 구체적이며 실제적인 인물이나 사건 그리고 감추어진 진실한 스토리에 대해 땀흘리며 공부할 때가 왔다. 또 지금껏 일반적으로 알려진 짜르, 특권적 계급이나 지식인, 정치가 혹은 사상가 등 지배층에 대한 이야기보다는 역사 무대 이면에 감추어진 민중과 그들을 대변하던 이름없는 평범한 인물들의 삶과 욕구, 이들이 겪었던 좌절이나 악몽에 대한 이야기를 들어 보자. 어쩌면 이것이 러시아와 러시아인을 리얼하게 이해하는 데 더욱 좋은 지름길이 될 수도 있을 것이다.

러시아는 우리에게 6자 회담의 한 국가이며 우리의 민족 통일 과정에서 반드시 넘어야 할 대상이다. 상대방에 대해 정확하게 아는 것이 상대방을 친구로 만들거나 극복하게 하는 길일 것이다. 이 책이 이런 염원에 일조할 수 있다면 더할 나위 없이 기쁠 것 같다.

이 책은 러시아 역사를 크게 1917년 10월 혁명 이전의 시대와 이후의 시기로 둘로 나누고 각 시대의 특성을 말해주는 사건들을 추려보았다. 혁명 이전 시대의 러시아 민중이 겪은 민족적 고난의 역사를 '깊은 심연의 세계'로 이름을 붙여 보았다. 10월 혁명 이후 러시아는 74년간의 사회주의 실험 끝에 1991년에 종지부를 찍었다. 실존적 경험으로서의 첫 실험에서 많은 시행착오와 혼란과 이에 따르는 민중의 고난에 찬 삶은 '높은 장벽의 세계'로 오르는 시련이었을 것이다. 역사는 지나고 나면 과거에 대해 좀 더 정확한 눈을 갖는다. 우리는 그토록 기나긴 시간 동안 러시아 민중이 남겨준 경험에 대해 깊은 경의를 표하지 않을 수 없다. 적어도 미래의 우리가 가는 길에 대해 혜안을 주었으니 말이다.

오랜 연구 동안 항상 같이 있는 시간을 갖지 못했던 남편 배태영과 아들 배수현, 딸 배수정에게 미안한 마음과 더불어 감사를 드린다. 러시아사를 처음 공부하도록 지도해 주신 은사님인 이인호 교수님, 또 힘든 분야의 학문적 여건에서 늘 도와주셨던 동료 교수인 한정숙 교수님, 김남섭 교수님, 류한수 교수님, 박상철 교수님, 박원용 교수님, 조호연 교수님, 자료수집에 큰 도움을 주셨던 후배 조준배 교수님을 위시한 러시아 사학회의 많은 젊은 학자들께 이 책을 바치고 싶다. 35년 동안 연구실을 지키며 사료를 찾아 읽는 동안 늘 즐거운 격려와 많은 조언을 주셨던 역사학과의 이수환 교수님, 김정숙 교수님, 손승회 교수님, 장문석 교수님, 류준형 교수님, 조명근 교수님께도 영원히 잊지 못할 즐거운 추억과 감사의 말씀을 드리고 싶다. 어려운 여건 속에서도 이 책을 출판하도록 도와주신 영남대학교출판부와 관련 집행부에게도 심심한 감사를 드린다.

경산 압량벌 영남대학교 역사학과 연구실에서

2018년 겨울

차례

일러두기

러시아어 표기에서 경음보다는 격음을 주로 사용하였으며
이미 범례로 널리 알려진 것은 경음을 그대로 사용하였다.

예: 경음의 표기 경우 - 짜르, 상뜨 뻬쩨르부르크, 예까쩨리나, 까자끄
격음의 표기 경우 - 모스크바, 구치코프

1장 '거룩한 러시아'란 무엇인가: 구교도의 영적 세계

1. 러시아인의 정신세계

러시아의 '구교도'(old believers)는 누구인가? 이들은 1658~67년 짜르 알렉세이 시대 모스크바 공의회에 의해 이단으로 파문된 후, 200여 년 동안 탄압받았으며 정교회에서 추방된 은둔적 분리파 기독교도들이다.[1] 이들의 살아 온 이야기는 그 자체로도 자못 흥미로울 뿐만 아니라 러시아인들의 영혼 문제와 정신 세계를 이해하는 데 큰 도움이 된다.

러시아 문화는 기독교 문명 세계에 속하면서도 논리적 합리주의와 과학주의를 추구하는 서구 문명과도 온전히 다르며, 그리스 비잔틴 제국 문명의 특성과도 구분된다. 또 240여 년간이나 몽고의 지배를 받아왔음에도 불구하고 아시아적 문명 속에 포함되어 있지도 않다. 이러한 독특한 러시아의 문화적 특성의 기원은 우리에게 깊은 관심을 준다.[2] 러시아인은 현저히 내세와 영혼 문제를 깊이 추구하는 경건주의 가치관, 자신의 영적 내면을 겉으로 드러내지 않는 은둔자의 심리, 또 사회 사상 뿐만 아니라 신앙과 교회 조직 면에서도 중앙과 하부 지방 사이에 깊은 갭과 간극이 존재하는 이중주의(dualism)의 특성을 보이고 있다. 러시아인의 문화와 정신 세계의 이 같은 독특성을 이해하기 위해서 분리파 구교도의 발생 배경과 영적 세계를 살펴보면 크게 도움이 된다.

구교도, 혹은 <구식 제례의식 추종자>(러시아 원어로는 staro-obriadetsy, 스타로 오브랴제찌, old believers)라는 이름은 원래는 <고대정교신앙>(drevne-pravo-slavnye, 드레브네 프라보슬라브늬, ancient orthodox)에서 따온 것이다.[3] 이들은 스스로를 구교도(old believers)로 불렀으며 결코 분리파(raskol'niki, 라스콜리니키, dissidents 혹은 schismatics)라는 말로 칭하지 않았다. 왜냐하면 그들 자신은 스스로가 결코 '분리파'가 아니라 오히려 '전통파'라고 믿었기 때문이다. 중앙 정부와 공식 주류교회는 항상 그들을 이단으로 취급했고, 19세기에 와서야 비로소 그들을 분리파 구교도, 혹은 구교도로 불렀다.

이들은 1666~67년 사이 '교회 대분열' 사건 중에 발생하였다. 수천 명의 순교자와 분신자살이라는 무시무시한 희생을 낳았던 러시아 '교회 대분열' 사건은 단지 러시아인의 신앙이라는 측면에서 뿐만 아니라 러시아 문화사 전체에서 중앙과 지방 사이에 커다란 분열과 깊은 심연을 낳은 일대 전환점이었다. 이 사건은 러시아인들의 정교 신앙의 경건주의 전통이나 영적 세계관에 커다란 타격을 주었다. 구교도들은 파문 이후 오랜 탄압과 고립의 끔찍한 고통 속에서도 살아 남아 경건주의 교리와 전통 예식을 고수했다. 구교도들은 18, 19세기 말까지 러시아 정교회 뿐만 아니라 중앙 전제정부와 사법적 경찰로부터 수시로 혹독한 박해를 받았다. 구교도들은 러시아의 정신과 사상사에서 특이한 변종의 집단으로 보이지만 그들의 정신세계는 오히려 전통 러시아 문화의 원류에 속한다는 평가를 받기도 한다.[4]

더욱 흥미로운 사실은 1860년대부터 급격히 성장한 구치코프, 랴뷰신스키, 코노발로프, 트레짜코프, 모로조프 집안을 위시한 러시아의 대표적 부유한 사적 상인·기업가 상당수가 러시아 구교도 출신이었다는 사실이다.[5] 이 집단은 박해에도 불구하고 19세기 말 자본주의적 부르주아 계층으로 성장했을 뿐만 아니라 심지어 1905년 혁명이후 두마의 정당 정치에서 그들만의 부르주아적 정당을 만들려고 노력했다.[6]

교회 대분열 사건 이후 200여 년간 구교도에 관한 이야기는 러시아 공식 서술에서 거의 비밀이었다.[7] 구교도를 탄압하는 공식적 법령만이 발표되었으며 구교도 자신들 역시 스스로에 관한 이야기를 원고 속에서만 비밀스럽게 기록하여 서로 은밀히 유포했기 때문에 사료로 남아 있기가 매우 어려웠다.[8]

구교도들의 종교적 저항 활동 초기에 그들 자신이 직접 쓴 자서전적 기록 이외의 자료 역시 희박하다. 단지 19세기 후반 모스크바에서 가족 기업을 세우는데 성공한 구교도 상인들이 남겨 놓은 회고록이 귀중한 단서이다. 그 대표적 경우가 나이제노프, 랴뷰신스키, 크레스토브니크, 시츄킨, 부뤼쉬킨, 그리고 모로조프 가문이었다. 이들의 회고록에는 자신들의 가족사와 종교 생활, 경제 활동 뿐만 아니라 사회적 관계 그리고 동시대 정치적 공적 활동에 대한 주관적 입장들이 표현되어 있다.[9]

그런데 19세기 후반 반 체제 활동을 전개한 인민주의자들이나 자유주의적 사상가였던 속한 시챠포프(A. Shchapov), 프루가빈(A. S. Prugavin), 안드레이(V.V. Andrei) 등은 전제정부나 교회와는 전혀 다른 시각을 보여 주었다. 이들에 따르면 구교도 운동은 겉으로는 분리주의적 종교적 저항이었으나, 근본적으로는 정치적, 사회적 저항이라는 것이다. 이런 의미에서 구교도들은 전제정부의 중앙 집권화나 교회의 관료화에 저항한 인민주의 전통을 대표했다는 것이다.

이 견해에는 상당수의 소비에트 학자들도 공감했다. 소비에트 사가들은 구교도 신앙이나 종교 그 자체에 대한 관심보다는 구교도들이 중앙집권적 전제정부에 저항했다는 측면에서 접근하였다. 소비에트 사가들은 특히 박해 받고 순교당한 구교도들의 지도자였던 아바쿰, 예브피미, 라자르, 페오도르의 생애기에 대해 조금씩 연구를 시작하였다.[10] 그러나 혁명 이후에도 러시아 2차 사료들은 편향이 심하여 매우 주의 깊은 검토를 요한다.

이에 비해 오히려 유럽과 미국에서 구교도 상인 계층의 형성 과정이나 문화에 대해 좀 더 객관적인 연구를 행했다. 폰 학스타우젠, 르로이 볼리유, 거센크론, 키릴 블랙은 구교도의 경제활동을 종교개혁 이후의 신교도와 비교 고찰할 정도로 구교도의 경제 생활의 합리성을 높이 평가하였다.[11] 이 덕택으로 러시아 국내에서 구교도의 실체에 대한 새로운 시각이 발전하게 되었다.

2. 러시아 신앙과 수도원 전통

러시아 정교 신앙은 빈곤과 고행과 육체적 희생을 특히 중시한다. 우리는 이것을 경건주의 전통이라 부른다. 이 전통은 러시아에서 기독교회의 도입 초기부터 재속교회보다 수도원 공동체에서 깊숙이 자리 잡고 있다.[12] 러시아인에게 중요한 축일은 대부분은 수도원의 수도사와 성인들의 삶과 관계가 있다. 가장 존경받는 성인들인 12세기 성 테오도시우스, 성 요한, 14세기 성 세르게이를 포함하여, 15세기 닐 소르스키 등 교회의 위대한 지도자와 영적 체험의 이야기는 주로 수도원에서 등장한다. 그들은 수도자의 삶을 이렇게 표현하였다.

> 기독교의 도입 이후 수세기 동안 러시아의 경건성은 수도원의 성인, 사제, 고행자, 독실한 신자들, 대공들의 실천적 수도 생활과 영적 고행에 의해 성장하였으며, 러시아인들의 마음 속에 영적 불꽃을 크게 불타오르게 하였다. 이 전통 때문에 러시아를 거룩한 성스러운 나라라고 부를 수 있게 되었다.[13]

러시아 역사 전체에서 경건주의적 수도생활과 육체적 고행과 희생을 실천한 성인 400여 명이 존재한다.[14] 그러나 놀랍게도 근대화의 상징인 표트르 대제는 그 자신이 무신론자였다. 그는 정교회를 매우 싫어하였고 급기야 총주교제를 위시하여 중앙교회조직 자체를 폐지하여 한낱 관료

1-1. 류블로프의 이콘 성화 '삼위일체'

기구의 부서로 전락시켜버렸다. 그후 1917년 혁명까지 성인품에 오른 이는 극소수였다. 이런 점에서 표트르 이전 구 러시아 (Old Russia) 시대의 경건주의 전통은 고전적 러시아인의 문화나 정신세계를 이해하는데 근본적으로 중요한 실마리를 갖고 있다.

구 러시아의 경건주의 특성에는 또 다른 역사적 요인이 가세했다. 중앙아시아 스텝지역에서 발흥한 징기스칸의 손자 칸 바투가 우랄산맥을 넘어 러시아를 침략해 왔다. 이후 몽고는 사라이(오늘날 짜리친)를 수도로 만들어 카프카즈 지역에 <킵챠크 한국>을 건설하고 1230~1480년, 즉 250여년 동안 러시아를 지배하게 되었다. 이슬람 신앙을 믿는 몽고로부터 러시아인은 외세의 압제에 의한 이루 말할 수 없는 물질적, 정신적 고통을 겪었다. 몽고인은 기독교 자체는 금지하거나 박해하지는 않고 관용을 베풀기는 했으나 대신 굴욕적 복종과 과중한 납세를 강요하였다. 바로 이러한 역사적 굴욕 속에 러시아 기독교회는 살아남기 위해 필사적 노력을 하였다.

250년 이상 외세의 압제와 수난기간 동안 바로 수도원이 영적 묵상과 기도를 통하여 민족의 정신적 지주가 되었다. 수도원은 세속인들의 정치적, 군사적 요새지이기도 했고 주민들에게는 사회적 경제적 피난처요 연결 고리의 역할을 하였다. 많은 권력자들은 목숨을 부지하기 위해 수도원으로 피신했고, 영적 구원을 보장받기 위해 대규모 재산을 헌납하였다. 수도원은 종교적 기도나 묵상의 원천일 뿐만 아니라 토지와 대부 이자 재산으로 탈주 농, 빈민, 과부, 고아들에게 거처를 제공하면서도 구빈사업을 행했다. 특히 몽고 지배 시대에 러시아 동북부에서 황무지 수도원이 500여개로 폭발적으로 증가했다. 이것은 일견 거대한 종교적 사회적 움직임과 같은 수준이다. 비록 통나무로 된 작은 오두막 교회라 해도 주민에게는 정신적 위안이자 정치적 탈출지대였다.[15]

1380년 처음으로 모스크바 대공에게 정치 군사 면에서 몽고 지배에 저항하도록 설교하고 자포자기 상태의 러시아 민중에게 도덕적, 영적 갱생을 공개적으로 설포한 인물이 바로 황무지 수도원의 성 세르게이였다는 사건은 바로 이런 사실을 뒷받침한다. 그는 오늘날에도 러시아 민중들로부터 가장 사랑받는 평민 수도원장이다. 그는 드미트리 대공의 군대에게 이렇게 설교하였다.

> 러시아군이여, 이제 무신론자들을 부수러 용기를 지니고 흔들림 없이 가거라! 너희는 반드시 승리하고 올 것이다.[16]

성 세르게이 사후 그의 제자들은 북부, 동북부 삼림 지대, 황무지에 퍼져 나가 무수히 많은 수도원들을 세웠다. 이것은 사회적 운동이라 불릴만한 대규모 변화상이었고 러시아인들의 정신적 흐름을 만들었다.

1-2. 모스크바 근교 자고로스크의 성인 성 세르게이 기념 삼위일체 성당

그러나 몽고 지배의 수난 속에서 민족에 헌신한 지도자 성 세르게이의 기독교 가르침은 신학적 지성이나 기독교리의 논리적 설교를 통한 저항이라기보다는 근본적으로 영적 희생과 고행을 통한 도덕적 자부심에 기초를 두고 있다.[17] 러시아 그림 예술사에서 가장 위대한 15세기 류블료프의 성화 '삼위일체'는 서구 가톨릭의 '최후의 만찬'에 버금가는 종교적 미술의 극치인데 그의 높은 미학 예술 역시 인간 존재이유에 대한 궁극적 판단을 기독교적 희생과 구원에 두고 있음을 분명하게 보인다. G. 프로롭스키의 주장에 의하면 이러한 영혼의 힘과 영적 도덕성을 강조하는 러시아인들의 특이한 흐름은 결코 비잔틴 문화의 모방에서 비롯된 것이 아니라 당시대 역사적 고난을 극복하려고 한 러시아인 스스로의 순수한 실존적 반응이었다는 것이다.[18]

그러나 러시아 경건주의 전통은 한 가지 불리한 점을 지니고 있었다. 몽고 지배 이후 거의 3세기 동안 외부 세계와 단절되어 고립과 은둔의 상태에서 살아 왔기 때문에 러시아인들의 경건주의 전통은 외부로부터의

문화적 새 유입에 대한 적응력에 큰 장애 요소로 작용하고 있었다. 가장 단적인 예를 보자. 1453년 당시 콘스탄티노플의 비잔틴 제국은 이슬람 터키의 무서운 파괴적 위협에 직면하여 위기에 빠지게 되었는데 비잔틴 정교회 총주교가 급기야 로마 교황에게 도움을 요청한 사건이 일어났다. 러시아 공국으로서는 비잔틴제국은 문명의 대 종주국과 같은 존재였다. 그런데 지금껏 가톨릭과는 대립적 갈등의 관계에 있던 비잔틴교회가 열등한 모습으로 <플로렌스 공의회>에서 구원을 간청한 이 사건은 러시아인들에게 놀람, 공포심에 이어서 커다란 분노를 유발했다. 이로부터 러시아인들은 비잔틴 제국이 이교적 세계에 영혼을 팔아 버린 죄로 인하여 신의 노여움을 받아 멸망했다는 역사관을 굳게 믿기 시작했던 것이다.

비잔틴 제국이 몰락한 후, 러시아인들은'러시아만이 유일한 거룩한 나라'라고 생각하기 시작했다. 이런 러시아인의 정신세계는 1480년 모스크바 바질 3세 대공 시기 신학자 필로페이의 사상에서 분명하게 나타났다. 그는'러시아는 제 3로마이다'라는 이론을 피력하였다. 과거 고대 시대 473년에 제 1로마는 도덕적 타락으로 인하여 붕괴하였고 1453년 비잔틴의 제 2로마는 신의 노여움으로 역사에서 사라졌다고 설명한다. 이에 비해 외부와 타협하지 않고 굴종하지 않은 순수한 러시아는 이제 제 3로마가 되었으며 거룩하고도 영원하리라 보았다. 최후로 몽고인을 격퇴시킨 모스크바 대공에게 필로페이는 다음의 서한을 썼다.

> 러시아 정교회 짜르이시고 거룩한 성모의 아들이신 예수 교회의 수장이신 대공이시여.... 고대 로마는 믿음의 결핍과 이교설로 파멸하였고, 콘스탄티노플 도끼로서 그들 자신의 교회 문을 부수고 말았습니다. 이젠 짜르의 왕국이 전 세계에서 유일하게 빛나는 로마입니다. 선조들이 내려준 계명을 절대로 어기지 마십시오… [19]

'거룩함'이란 '그리스도가 살았던 거룩한 땅', 혹은 '밝은 땅' '은총으로 빛을 받은 땅'을 의미하는 것인데 그런 점에서는 예루살렘이야말로 거룩한 곳이었다. 비잔틴의 멸망 이후, 이제는 터키의 지배하에 있는 예루살렘을 제외하곤 '러시아만이 인류가 구원을 받을 수 있는 유일한 근원지'이며, 러시아는 '거룩한 러시아'(holy russia)로 남게 되었다는 세계관을 뜻한다. 필로페이의 신학적 고찰은 러시아인들의 팽창하는 민족 국가의 정치적 자부심에서 비롯되었다기보다는 오히려 오랫 동안 고립된 채, 홀로 고난을 견디고 신앙을 지켜왔던 러시아의 독특한 영혼적 인식을 반영한다. 동시에 이 사고는 러시아인들의 이교적 대외 세력에 대한 극도의 경계심과 두려움의 기초가 되었다.[20]

1480년 러시아 정교회는 몽고의 지배로부터 벗어났으나 새로운 내적 도전에 부딪히게 되었다. 그것은 국가권력과 교회의 관계의 문제였다. 천하 통일에 성공한 모스크바의 중앙집권적 국가의 등장으로 교회는 러시아의 영적 문화적 지도력을 시험하는 난제에 마주치게 되었다. 몽고 지배 동안 러시아 교회와 수도원은 몽고 정부의 묵인하에 주민과 귀족층들로부터 많은 토지를 기증 받았으며 거대한 토지의 소유자였다. 수도원은 이 토지를 농민들에게 경작지로서 빌려주고 임대료를 받는 재원으로 활용하고 있었다. 러시아 교회와 모스크바 공국의 대공은 종종 교회의 토지 재산권을 둘러싸고 불편하면서도 미묘한 갈등의 관계를 겪기 시작했다. 이반 3세는 통일 사업을 위한 세력 확장에서 항상 군사적 귀족층에게 하사할 새 토지가 필요하였다. 이 때 그는 수도원 토지에 매우 큰 관심을 가졌으나 직접적인 충돌은 회피하였다.

한편, 1480년대 몽고로부터 해방된 이후 교회 성직자 내부에서도 교회의 거대한 토지재산은 자주 신학적 논쟁과 대립의 요인이 되었다. 교회 지도부 성직자들은 교회 토지가 교회 세력을 유지하거나 구빈사업을 행하고 수도사를 양성하는 데에 필수적이라고 여겼다. 이 대립은 총 주교 요셉 시대에 격화되었다. '거룩한 러시아'를 믿는 전통적 경건주의적 신학자들과 성 세르게이의 청빈주의를 계승한 지방의 수도사들은 자주 교회의 토지 재산 소유를 비판하기 시작하였다. 결국 총 주교 요셉은 교회 내 신학적 논쟁에서 교회 토지 재산 소유를 비판하는 볼가 강 수도원 운동의 핵심 지도자였던 청빈주의자 닐 소르스키를 교회에서 이단으로 파문했다. 그러나 총 주교 요셉은 여기에서 머물지 않고 더 나아가 비판적 세력을 완전히 근절하고자 했다. 여기에서 그는 모스크바 군주에게 사법권을 간청하는 방법을 택하였다. 이 내분은 이반 3세가 개입할 수 있는 절호의 기회가 되었다. 모스크바 대공은 당연하게도 기꺼이 총 주교 요셉의 입장을 적극 비호하였다. 이로서 닐 소르스키와 그의 추종세력들은 이단자로서 파문된 후 다시 화형 당하는 운명을 겪었다. 그러나 러시아 수도원의 경건주의와 청빈주의 전통은 뿌리가 대단히 깊었으므로 쉽게 근절될 수 없는 영적 구조였다. 경건파에 대한 탄압은 오히려 지방 수도원을 중심으로 저항의 싹을 키우게 되었다. 그뿐만 아니라 신학적 반대파의 제거에 국가 권력의 도움을 받았다는 것은 장차 러시아 교회 자체의 자율성이나 정체성에 위기를 갖고 올 위험을 내포하고 있었다.

1480년 모스크바 대공은 군국주의적 팽창으로 전 러시아를 통일하는데 성공하였다. 그는 중앙집권적 권력을 강화하는데 성공하자, 그 다음 러시아 문화 체계에서도 주도권을 갖고 싶었다. 이를 위해서는 언제라도 교회 결정권에 개입하려는 입장을 취하고 있었다. 역사가 프로롭스키에 의하면 짜르의 크레믈린 궁성 안의 건설한 찬란하고도 아름다운 성당의 건축이나 수도원들은 러시아 교회의 영적 성장을 위하는 것으로 내세웠지만, 실은 교회 지도부를 좌우하려는 권력의 팽창을 위한 야심을 의미한다. 1550년대 모스크바 공국은 위대한 민족 국가의 사명을 완수한다는 세속적 이념에 맞추어 끈임 없이 새로운 예술양식이나 스타일, 고급문화를 도입하였다. 짜르는 심지어 마카리우스 총 주교에게 정부의 비호 하에 기존 문헌을 대 집성하도록 지시하기도 했다.[21]

3. 러시아 교회 내분의 시작

러시아 교회가 어떤 배경에서 내부적으로 대분열 사건이 발생하였으며 '구교도'로 불리게 되는 분리파를 낳게 되었는가? 또 이것은 러시아 교회의 전통적 경건주의 흐름이나 영적 세계관에 어떤 충격을 주었던 것인가?

1613년 모스크바 공국에 이어 수립된 로마노프 제국은 당시 서구가 종교 전쟁으로 혼돈에 빠져 있는 동안 국제적으로 마음껏 팽창할 수 있는 유리한 국면을 맞이했다. 남부 러시아와 우크라이나를 합병하고 미지의 세계로만 존재하던 시베리아를 횡단하는 데 성공하였다. 이제 짜르는 종래의 공국의 규모를 넘어서서 거대한 제국적 질서로 확장할 수 있게 되었다. 또 짜르 알렉시스는 문화적으로도 서구에 견주기 위해 키예프, 그리스를 통하여 외부 문화를 적극 받아들이고 싶었다. 이미 러시아는 한 세대 전 폴란드의 침략 때, 서구의 높은 문화 수준을 첫 대면하면서 압도당한 기억을 갖고 있었다. 이후 덴마크나 네델란드 왕실의 인물들이 계속해서 러시아로 흘러 들어오고 있다. 이 때문에 신임 총 주교였던 모길라는 러시아 내에서 서구 신교의 조류가 같이 침투할지 모른다는 심한 두려움과 초조감에 휩싸이곤 하였다. 1640년 그는 짜르에게 러시아의 성직자들에게도 고전을 가르치거나 정교 신학의 이론을 연구할 수 있도록 신학 아카데미의 창설을 간청하였다.[22] 모길라의 이러한 의지를 물려 받은 그의 신학적 제자 중 한사람이 바로 니콘이었다.

1653년 짜르 알렉세이는 성격 강한 니콘을 러시아 총주교로 임명하였다. 교회를 중앙집권적 방식 하에 일사 분란한 계서제로 조직하도록 지시하였다.[23] 이러한 짜르의 요청의 내면에는 오랫동안 러시아 교회에 존재하는 중앙과 지방 사이의 이중 구조라는 불안한 요소를 불식시키고자 하는 의도가 숨겨져 있음은 두말할 나위가 없었다. 한편 니콘은 짜르의 요청을 받고 매우 고무되었다. 니콘 자신도 열성파 수도원 교육을 받았던 인물이었다. 그는 앞으로 러시아 교회야말로 최고의 권위와 영적 지도자 지위를 가지며 짜르 위에 군림할 수 있는 신정주의적 기독교 왕국을 건설해 보려는 야심을 가졌다. 니콘은 당시 모스크바를 방문한 예루살렘 주교 파시우를 만났다. 주님의 도시에서 온 인물로부터 깊은 황홀한 느낌을 받았다. 그로부터 고대 로마시대의 기독교 신정주의 역사를 듣고 부러워했고 이것을 모방하려는 계획을 세웠다. 그러나 우리는 여기에서 러시아 문화 체계의 주도권이라는 점에서 짜르의 숨은 의도와 니콘의 야심이 명백히 서로 다른 점을 향하고 있음을 지적해 둘 필요가 있다.

니콘은 초조해진 목표 의식에서 우선 그리스 신학에 의거하여 러시아에서 최초로 체계적인 교회사와 법령집을 출판하기로 했다. 처음에 그의 『믿음에 관한 책』, 『교리 문답』은 매우 큰 인기를 끌었다. 거룩한 복음 전파의 사명과 '거룩한 러시아'의 소명을 수행할 <제 3로마>의 이상이 실현되는 듯했다.[24] 니콘의 개혁은 외부에서 온 그리스 신학자들의 충고에 따라 모든 성서 번역 상 오류뿐만 아니라 기도서, 예배서, 찬송가 등 전면에 걸친 새 편집을 명령하였다. 가장 유명한 쟁점 중 하나는 십자가를 상징하는 것이 손가락 두 개가 아니라 세 개라는 해석을 도입한 점이었다. 이외에도 그는 이콘 예술 면에서도 구 러시아의 과거 예술 형식이 정통에서 벗어난 것이라는 해석을 받아들였다. 건축 양식에서도 양파 모양의 모스크바 성당 지붕 모양을 폐지하고 비잔틴식의 원형 돔을 도입했다.

이러한 그의 새 시도는 상당히 파격적인 흐름이었다. 이것은 긴 세월 동안 구 러시아의 경건주의 전통을 고수해 온 수도원 성직자들로부터 차츰 의심과 불안감을 불러 일으켰다. 그러나 니콘은 아랑곳하지 않았다. 그는 심지어 맹렬하게 세속 사법권에도 개입하여 교회법을 적용할 수 있도록 짜르에게 간청했다. 짜르는 그의 간청을 받아 들였다. 니콘은 끊임없이 그리스와 우크라이나 등 여타 다른 나라에서 신학자, 고위 교회 지도자, 수사 등을 초빙하여 새로운 해석과 지식을 수입했다. 마침내 니콘의 날로 커져가는 권위와 오만한 태도는 지방교회 수도원 사제들로부터 큰 적개심을 불러 일으켰다. 그러나 니콘의 명령을 거부하거나 반대하는 자들은 가차 없이 탄핵받거나 체포, 투옥 심지어 유형의 징벌을 받았다. 더 이상 불안감을 견딜 수 없었던 지방의 수도사들은 북부 수도원을 중심으로 니콘의 새 예배 서에 점차 집단적으로 반발하였다. 수사들은 심지어 새 임령지로 떠나는 것도 노골적으로 거부하는 저항의 움직임을 보이기 시작하였다.

니콘의 과감한 개혁 작업은 크게 세 갈래의 측면에서 갈등을 유발 시켰다. 첫째, 오랫 동안 구 러시아의 전통 교리와 예식 속에서 '러시아만이 유일한 거룩한 교회'라고 믿어 온 신앙에 심한 불안감을 가져다 주었다. 그리스 등 외부 세계로부터 들어오는 의심스러운 조류는 제 2로마의 멸망 원인을 상기하게 만들었다. 니콘은 러시아 국내에서는 방대한 성서 재번역 작업을 위한 충분한 신학자 수를 확보할 수 없었다. 이것이 문제였다. 그는 그리스와 우크라이나 예루살렘 등지에서 다수의 외국인 신학자와 번역가를 초빙하였다. 그리고 이들을 후원하면서 성서 해석에 관한 높은 결정권을 허용하였다. 당연히 이것은 러시아 국내 신학자들을 경악시키고야 말았다.[25]

갈등의 두 번 째 요인으로서 니콘은 성서와 연도서의 수정, 번역 작업 이외에도 중앙 교회의 권한 밖에 존재하는 지방 교회의 자치적 사법권과 교회 및 수도원 재산에 대한 경제적 권한을 폐지하는 정책을 시도하였다. 그의 독단적 명령은 당연하게도 지방의 무수한 하급의 성직자들로부터 강한 반발과 저항을 불러 왔다.

세 번째 갈등은 몽고 지배 당시 성 세르게이 이후부터 성장한 수도원 운동의 핵심 전통인 '열성 경건파'의 실천적 저항이었다. 이들은 동북부 지방 수도원에서 뿐만 아니라 모스크바에서도 종교적 부흥과 영적인 쇄신을 위한 운동을 전개해 왔다. 그들의 주요 수단은 실교였다. 니콘 자신도 초기에는 이 운동의 일원이었다. 그러나 열성파들에게는 행정 권력과 세속성을 내포한 니콘의 개혁은 영적 개혁 운동이 아니라 세속 권위를 추구하는 것으로 비춰졌다. 이것은 미래 러시아에 모순과 혼돈을 가져 오리라 생각되었다. 점차 니콘의 개혁은 과거로부터 지켜 온 '구 러시아의 거룩하고 신성한 영적 세계'를 파괴하는 불경한 것으로 해석되었다. 경건파들은 니콘 개혁을 공개적으로 비판하기 시작하였다.

저항 세력의 최선두에는 북부 수도원의 열성 경건파 핵심 일원이었던 아바쿰이 나섰다. 아바쿰은 전통 러시아 수도원의 극단적인 청빈주의, 근본주의를 신봉하는 설교사였다. 아바쿰은 러시아 교회가 세속주의에 물들어 타락하거나 서방 신교의 영향에 떨어지는 것을 막아야 한다는 믿음에 집착하였다. 그는 니콘의 개혁이 세속적인 권력과 연결되어 있으며 러시아 교회 내로 외국 문물을 침투시키고 있다고 앞장서서 비판하였다.[26] 1653년 니콘은 저항자를 일소하기 위해 일차적으로 아바쿰을 명령 불복종의 죄로 탄핵하고 무시무시한 북극 이교도 원주민 마을이 있던 레나 강 시베리아 유형지로 추방하였다. 유형지에서 아바쿰은 심한 태형, 고문, 기아로 얼룩진 이루 말할 수 없는 고통을 겪었지만 물러 서지 않았다. 비판자들은 유형지에서 끔찍한 고문을 당하면서도 신앙을 굽히지 않는 아바쿰의 모습에서 예수의 모습을 상상하였다. 그의 저항의 소문을 듣고 오히려 무수한 추종자들이 등장하기 시작했다. 이들 역시 고문이나 처형에도 불구하고 광신적 수준에 이를 정도로 저항했다. 그들은 마치 고통이나 고행을 죄의식에 대한 속죄로 받아들이고 있었다. 아바쿰은 짜르에게 다음처럼 상소하였다.

> 황제폐하, 저희는 폐하로부터 제국을 뺏는 것이 아닙니다. 저희는 제국의 신앙을 옹호하는 것입니다.[27]

저항적 근본주의자들은 비판의 근거로서 『제 3로마』이론을 내세웠다. 모스크바야 말로 '유일한 최후의 구원의 나라'이며 '니콘개혁안'은 파멸의 징후를 의미한다고 맞섰다. 총 주교 니콘의 탄압에도 불구하고 저항자들은 굴복하지 않았다. 니콘의 태도로 분규의 골이 점점 깊어지고 더 많은 희생자가 속출하였다. 사태가 이 지경에 이르자 이제는 황비와 궁정 내부 귀족들 사이에서 니콘의 오만한 권위를 탓하는 목소리가 나타나기 시작했다.[28]

1-3. 구교도의 탄압과 모로조프 공작 부인의 저항

계속되는 저항과 갈등에 지친 황제조차도 이제는 니콘의 야심을 의심할 지경이 되었다. 개혁을 시작한 니콘은 역설적으로 자신의 개혁의 결과로 해임되는 사태가 일어났다. 그러나 니콘이 해임된 이후에도 니콘식의 개혁은 멈추지 않았다. 마침내 1666~67년 러시아 황제는 <모스크바 교회공의회>를 소집하고 결정에 직접 개입하였다. 황제는 모든 저항적 성직자, 수도사를 이단으로 파문시키고 추방했다. 그들의 근거지였던 수도원 토지는 몰수되었다. 사태는 점점 비화되어 갔다. 여기에 동조하던 일반 신자들까지 탄핵받았다.

<모스크바 교회공의회> 이후 정부의 사법적 결정은 저항파를 완진히 분리파 구교도로 만드는 결정적 원인이 되었다. 아바쿰이 처형된 이후에도 무수히 많은 구교도들은 다가오는 종말 세계를 비관하면서 분신 자살의 방법을 택하거나 아니면 화형의 희생을 겪었다. 반 예수의 등장에 맞

서서 정화의 불길 속에 자신을 내던지는 용기는 죄 많은 세계에 대항하는 고행이나 보상 심리처럼 작용했다. 이 사건으로 인하여 처형과 분신 자살로 희생된 자는 거의 2만 명에 달하였다. 어떻게 이런일이 가능했을까? 정말로 놀라운 일이 아닐 수 없었다. 구교도들은 짓눌린 혐오감과 두려움으로 인해 더욱 더 깊이 묵시론적 세계관에 빠져들었다. 처형되지 않고 추방당한 저항자들은 분리파라는 이름 하에 주변부 집단으로 전락하였다. 이제 러시아 교회의 저변부에는 자신의 신앙을 감추고 사는 많은 인구가 발생하였다. 이로서 러시아 신앙과 문화 면에서 중앙 권력과 지방 하부층 사이에 대립과 깊은 간극이 존재하는 이중 구조가 만들어졌다.

4. 구교도의 영적 세계

니콘 개혁에 그처럼 격렬하게 저항한 구교도들은 자신의 영적 정신세계를 표현하기 위해 어떠한 사상과 세계관을 가졌는지 살펴보자.

1666~67년 <모스크바 교회공의회>의 결정 이후, 구교도들은 짜르를 반 예수, 즉 사탄의 존재로 보았다. 그들에게 당시 러시아는 완전히 종말적 파멸의 왕국이었다. 구교도들은 고위 주교조차도 처형되는 것을 보면서 '이제 지상에서 사도직의 계승이나 그 의미는 끝났다'고 생각했다. 어떤 이들은 교회의 성직자의 서열 조직을 거부하면서 '무 사제파'로 돌아서기도 했다. 구교도들이 교리보다 예식을 더 중시 여긴다는 비판을 받고 있으나 신학적으로 면밀히 보면 이러한 평가는 피상적인 것으로 맞지 않다. 왜냐하면 구교도들에게는 고행과 희생을 지키는 신앙의 형식 자체가 성령을 존재를 의미한다. 구교도들은 니콘의 개혁이 성령의 존재를 약화시키고 삼위일체에 근거한 미래 왕국이 아닌 세속적 권력을 우선시한다고 비판했다. 전통적 예식과 형식에 집착한 구교도의 주장을 들어보자.

구원의 모든 통로는 육신을 통해서, 외부 행위와 이미지와 양식을 통해서 주어진다. 종교는 곧 신성하고도 거룩한 교회를 지지하기 위해 특정한 외적 형태를 띠는 것이다.[29]

아바쿰은 시베리아 유형지 감옥생활을 보내면서 자신의 투옥 이전에 외국에서 초청되어 온 대주교들 앞에서 항변했던 글들을 기록하였다. 그의 글을 보면 '거룩한 러시아'의 세계관이 잘 나타난다.

과거 우리에겐 신의 은총 덕택으로 거룩했던 정부가 존재하였습니다. 니콘이 오기 전까지 러시아의 대공과 짜르는 경건함 속에서 가장 신성하며 우리 교회는 순수하고 때 묻지 않은 교회였습니다. 교회 속에서는 그 어떤 악마도 유혹도 없었습니다… 옛날 교부들이었던 안티오크의 멜레티나, 테오도로, 다마스커스의 베드로, 그리스의 막심 그리크, 이반 4세 시대 모스크바의 성인들, 솔로브키 수도원장 필립 등등도 모두 십자가 상징으로 손가락 2개를 썼습니다. 최초의 목자들도 손가락 2개를 썼습니다. 3개를 쓰도록 강요하는 니콘은 악마의 종이며 여우입니다.[30]

사실 이 같은 근본주의적 저항의 시작은 모스크바 말기에 이미 싹이 나타나고 있었다. '거룩한 러시아' '영혼 구제의 왕국' 심지어 '제 3로마'의 세계관에 젖어 있던 러시아 정교신자들은 갑자기 밀려 오는 폴란드를 위시한 서구와 우크라이나의 '외국 문물'의 침투에 대하여 정신적으로 두렵고도 혼돈스러운 느낌을 갖게 되었다. 이런 심리 상태를 빌링톤은 다음처럼 묘사하였다.

모스크바는 마치 스웨덴, 폴란드, 리투아니아 등에 의해 겁탈 당할 것 같은 러시아 처녀의 두려움에 떨고 있었다.[31]

구교도들에게는 하느님은 성서나 글귀 속에서가 아니라 예배와 묵상 그리고 청빈한 봉사 속에서만 존재한다. 그 때문에 그리스 신학에 홀린 니콘의 변화의 강요는 마치 악마적 폭력으로 여겨졌고 이를 비호하는 짜르를 말세적인 종말의 군주로 보았다.

> 무지하고 겸허한 러시아여.... 헛된 미사여구만 늘어 놓는 아리스토텔레스나 이해하기 힘든 이교도의 학문보다는 그리스도의 마음이 나를 인도하리니… 영원한 생명이 깃든 평이하고 순박한 복음에 충실 할지어다.[32]

그들이 보기에 짜르 알렉세이는 더 이상 『제 3로마』를 보호하는 황제가 아니었다. 경건한 신앙과 종교적 이상을 거부하고 거룩한 러시아를 오직 세속 국가로 만드는 데에만 몰두하는 짜르는 더 이상 '거룩한 러시아'의 짜르가 아니었다. 그는 사탄이나 악마적 『반 예수』(Anti-Christ)일 뿐이며, 곧 러시아에 종말이 가까이 오리라고 믿었다.[33] 예수의 두 번째 도래가 오기 전에 먼저 사탄의 종자인 『반 예수』가 나타나며, 끔찍한 종말 세계가 만연할 것이었다. 이 순간이 그 시대라는 심한 공포심이 그들을 휘감았다.

그런데 흥미롭게도 종말론적 세계관은 이들 구교도에게만 나타난 것만은 아니었다.[34] 종국에는 짜르의 미움을 받아 해임되어 북부로 유형 생활을 떠나게 된 니콘조차도 러시아에 종말이 가까워졌다고 생각하였다. 니콘은 자기에게 등을 돌린 짜르가 기독교 왕국의 이상을 버리고 세속권력 국가를 추구하고 있다고 비판했다.

> 폐하, 폐하께서 어떻게 저를 심판하시려 합니까? 성직의 권위는 세속의 권위 위에 있는 것입니다.[35]

교회 대분열이 진행되고 있는 동안, 1667~1671년 러시아에서 사상 최대의 농민반란 즉, 스텐카 라진 반란이 동남부 돈 강에서 발생하여 모스크바를 향해 북상해 오고 있었다. 이때 라진과 반란자들은 구교도를 포용했기 때문에 각 지역의 많은 구교도들이 합류하였다. 스텐카 라진 반란이 진압 된 후, 또 다시 1682년 5월 전제정에 저항하여 화살부대 (스트렐치) 군사반란이 발생하였다. 이 때는 아바쿰이 처형되고 난 직후였다. 당시 재위에는 어린 황제 이반 5세와 10살의 표트르 대제가 공동 통치자로 있었다. 스트렐치의 항소문은 구교도 사제인 니키타 도브린이 작성하였는데 이것은 사상적으로 아바쿰이 있던 푸스토제르스크 수도원에서 나온 것이었다. 이 항소문에는 왜 구교도가 처형 받아야 하는가? 왜 동방 주교들의 손에 러시아 교회 성서가 변동되어야 하는가? 왜 모스크바가 외국인의 손에 조종되어야 하는가? 이런 일련의 물음이 제기되어 있었다. 이 항소문을 읽고 격분한 표트르는 즉시 이 항소문을 이단으로 판정하고 니키타 도브린을 처형하였다. 표트르는 구교도의 뿌리를 뽑기 위해 <1684년 교회법>에서 모든 구교도 신앙을 반역죄로 규정하였다. 이제 구교도 문제는 종교적인 문제가 아니라 정치 문제로 취급되었다.

구교도들은 표트르 대제와 앤 여왕까지 포함하여 모든 짜르들을 폭악한 짐승, 사탄의 종자 혹은 매춘부로 묘사하였다. 그들에게 짜르는 그리스도 왕국의 짜르가 아니며, 러시아는 악마에 지배 하에 있다는 것이다. 사탄의 도래는 오직 전쟁과 압박의 모습을 띠고 있다. 실제 표트로 대제 시기는 온통 전쟁의 연속이었고, 과도한 인두세, 노동 동원, 억압과 고문 등으로 점철되어 있었으므로 그들의 세계관에 잘 맞아 떨어지는 듯했다. 특히 구교도 지도자였던 예브피미는 자기 시대를 묵시론에서 예언되는 세계처럼 묘사했다.

> 국가가 통제하기 이전에 인간은 자유로운 존재였다. 이제는 사탄에 의해 인간이 봉인되어 있고 얽매여 있다. 인간은 사탄에 소속되어 있다.

사회적 악은 표트르가 인간을 분열시키고 인간을 그의 개인소유물로 만들어 버린 데에서 나온다. 표트르는 근원적으로 세 가지 악을 갖고 있다. 그것은 탐욕, 이기심, 음란함이다.[36]

구교도들은 '지금은 사탄이 도래하여 통치하는 종말 세계이며, 곧 예수가 재림하여 그들을 구원하리라'고 믿었다. 이 종말의 세상에서 사탄에 대처하는 방법은 두 가지였다. 하나는 불로서 스스로를 정화하는 죽음으로서 대응하는 것이며, 또 다른 하나는 접촉을 피해 숲으로 가서 은닉하여 살아 가는 방법이었다. 이후 거의 광적으로 퍼져가던 분신자살은 표트르 1세 시대까지 지속되어 수천 명에 이르렀다.[37] 말년에 짜르 표트로도 구교도 문제에 지쳐서 <1702년 교회법>을 제정하여 구교도들이 두 배의 세금만 내면 탄핵을 면제받을 수 있도록 관용을 베풀기도 하였다. 이 덕택으로 표트르의 통치 후반기에 상당수 구교도들이 뻬쩨르부르크와 아르한겔스크 사이에 있는 북부 뷔그 지역에 모여 살았다.

표트르 대제도 저항적 순교를 완전히 해결하지 못하였다. 다만 그는 <1722년 교회법>에 의해 자발적인 분신자살은 반역 행위로 여기지 않기로 결정했다. 그러나 공식 주류 교회는 구교도들의 순교를 구원이나, 속죄, 영광을 위한 행위로 해석하지 않았다. 구교도 성향의 사제나 수사들이 쓴 글들은 비밀히 필사되거나 출판되어 배부되기도 했는데 특히 그리레리 탈리츠키의 책은 잘 팔리기도 하고 몰래 탐독하는 사람들도 있었다.[38] 귀족층이나 고위 사제들 가운데에서도 구교 신앙에 공감하는 인물들이 가끔 있었다. 이 경우 이들 역시 정부에 발각되면 형벌을 받았다.

구교도들은 추방된 후 사방에 흩어져서 살았다. 이 때문에 그들의 신앙관행은 지역마다 달라져서 여러 분파로 나뉘어졌다. 가장 선두적인 집단은 뻬쩨르부르크 외곽 뷔그 지역과 모스크바 외곽의 프레오브라젠스크 지역이었다. 뷔그 지역의 구교도는 비교적 번성하여 삶의 수준은 견딜만했으나 나머지는 대체로 끝없는 박해에 놓였다. 특히 뷔그에서 나온 필리포브찌(Filipovtsy) 분파는 예브피미(Evfimii)의 영도 하에 방랑파(stranniki, wanderers)로 불리면서 끝없는 박해와 불행한 고난의 삶을 영위했다. 그럼에도 불구하고 이들은 고난과 은둔의 삶이 자신을 구원하는 방법이라고 생각했다. 그들의 은둔적 삶은 근대 19세기 말까지 지속되었다. 이처럼 구교도들의 영적 세계와 개념들은 영혼과 내세에 집착했던 구 러시아 교회의 경건주의적 전통을 그대로 물러 받았다.

5. 구교도의 사회 공동체

정부의 오랜 박해와 탄압에도 불구하고 2세기 동안 구교도는 살아 남았다. 구교도들이 살아남을 수 있었던 가장 근본적 이유는 현실적으로 수공업과 상업에 종사하면서 사회경제적 공동체로 살아 온 덕택이었다. 구교도는 육체적 노동과 고행 및 금욕은 절대적인 은총의 수단이라고 여겼는데 이것이 그들에게 경제적인 능력을 갖게 하는 기초가 되었다. 이들에게는 언제나 노동이란 죄에 대한 보속을 의미했으므로 이윤을 추구하고 성공을 목적으로 삼았던 서구 신교의 노동 윤리와는 사뭇 다르다. 이들은 분파별로 여러 지역에서 공동체로 나뉘어 살았고 상호부조를 통해 재산을 키워갔다.

예까쩨리나 여제는 상업이 국고에 절대적으로 도움 된다는 것을 알아차린 명민한 군주였다. 길드 법을 제정하여 상업을 장려하고 상인을 길드 등급에 따라 자유 신분을 부여하기도 했다.[39] 이 덕택으로 구교도들은 나폴레옹 전쟁까지 상업으로 소규모나마 자본을 축적하는데 성공하였다. 이제 구교도들도 중산층 범주에 속하는 상인(쿠페츠, merchant)의 신분을 가질 수 있었다. 자산이 일정 수준에 달하지 못한 자들은 도시의 소상(meshchane 메샨느, smaller merchants), 행상, 혹은 수공업자의 신분이라도 갖으려 했다.[40] 나폴레옹 전쟁이 몰고 온 경제적 폐허를 복구하면서 구교도 상인들은 유리한 기회를 가질 수 있었다. 1832년 니콜라스 1세는 성공한 상인에게 세습권이 있는 <명예시민> 칭호를 허용하기도 했다. 그러나 상인들은 결코 귀족 신분이 될 수는 없었다. 단지 상인의 신분을 획득한 자는 더 이상 과거처럼 군역 의무나 신체적 태형을 받지 않을 수 있었다. 또 상인 신분은 자녀들에게 교육을 시킬 수 있었다. 상인의 자녀는 부모의 신분을 그대로 물려받을 수도 있었다.[41]

19세기 말까지도 러시아의 구교도들의 정확한 수자는 파악되지 않고 있다.[42] 전제 정부는 결코 완전한 관용을 베풀지는 않았다. 여전히 구교 활동을 적극적으로 하는 이들을 수시로 박해하고 재산을 몰수하거나 추방하였기 때문에 상당 수 구교도들은 늘 신앙을 감추고 살아야 했다. 그러므로 그들에 관한 정확한 통계상의 정보를 찾기가 어렵다. 공식 교회의 성직자들이나 사법기관들도 자기 지역 내에서 구교도들의 존재 자체가 문책의 대상이 되었기 때문에 감추기가 일쑤였다. 1852년 니콜라스 1세 시대 내무상이었던 페롭스키는 공식적으로 모스크바 주의 야로슬라브, 코스트로마, 니제고로드 지역에서 구교도의 수를 조사했으나 조사 결과는 실제의 11분지 1에 지나지 않았다고 보고되어 있다. 1859년 멜리코프는 구교도가 대략 8백 58만 정도로서 총 인구의 10%, 또는 등록된 전체 정교회 신자들의 16.6%에 해당된다고 보고했으나 경찰 측의 인구조사에 의하면 구교도수는 단지 87만 5천명으로 보고되어 있다.[43]

구교도에 대한 대표적 연구자인 유조프에 의하면 러시아 제국 전체에 구교도는 약 1천 200만에 해당되며 무수한 분파가 있다고 보고하였다. 이에 비해 1880년대 내무성이 다시 박해를 시작하자 구교도로 등록된 사람은 214만으로 나타난다.[44] 또 놀랍게도 자유주의자인 밀류코프는 구교도가 19세기 말 약 2천만, 즉 인구의 25%에 이른다고 설명한 바 있다.[45] 물론 여기에는 각종 다양한 분파가 포함되어 있다. 이 문제를 더 깊이 연구한 벨리야제프는 1897년 당시의 구교도의 수는 공식적 통계의 2배가량으로서 약 300만~420만에 이른다고 보고 있다.[46]

19세기 도시의 상인과 수공업자들 중 상당 수가 구교도 공동체들에 소속되어 있었다는 사실은 중요하다. 왜냐하면 이들 상인을 통해서 우리는 구교도들 전체의 숫자 뿐만 아니라 공동체적 생활방식, 그리고 그들의 영적 세계를 탐색할 수 있기 때문이다. 추방된 구교도들의 성이나 이름이 주로 그들의 수공업적 직업에 따라 흔히 만들어지기도 했다.[47] 아바쿰이 순교한 후, 모스크바의 많은 대장장이, 비단 상인, 설탕, 빵, 식초, 가죽, 식기류, 밀가루, 비누, 담비 목도리 취급 상인들이 구교를 옹호하기도 했다는 것은 널리 알려져 있다.[48]

모스크바 시의 상인층의 인구가 17,000명 이었고, 그 다음 소상인이 75,300명으로서 타 도시 내의 상인 비율보다 월등히 높았다.[49] 이곳에 시베리아 유형지에서 돌아온 구교도 상인들이 집중되어 있었기 때문이다. 베리야제프의 연구에 의하면 1850년대 이미 모스크바 상인 중 구교도 상인의 비율이 16.1%에 이르고 세습 명예시민의 11.6%를 차지하고 있었다.[50]

1843년 통계에 의하면 구교도 상인들이 모스크바의 총 생산 중의 12.7%를 담당했다.[51] 그러나 실제로는 그 이상이라고 짐작할 수 있다. 박해와 탄압의 혹독함을 고려할 때, 이처럼 높은 수준은 기이한 현상이다. 모스크바 시당국이 구교도들에게 허락한 유일한 거주지는 공동 묘지 지역인 <프레오브라젠스키 구역>과 <로고쥐스크 구역>이었다. 이 구역은 일반인들이 매우 천시한 구역이었다. 사제직을 인정하지 않는 무사제파 구교도는 주로 프레오브라젠스크 구역에서 거주하였다. 프레오브라젠스크 지역에서는 로고쥐스크 공동체보다 상인 신분이 소수였다. 그러나 이곳은 도시에도 가깝고 농촌 노동자들과 쉽게 만날 수 있는 지역이었으므로 오랫동안 구교도들이 경제활동을 행하면서 모여 살아 온 거점이 되었다.

구교도들 모두가 전반적으로 상업이나 경제 생활에 적극적인 것은 아니었다. 구교도 가운데에 소수파였던 투로브의 성 키릴파, 류보픠트니파, 방랑파들은 동방의 불교처럼 상업을 매우 죄스러운 직업으로 보는 분파였다. 볼가강 연안에서 태어 나 포모르 파에 속한 파벨 스베토자로브(1772~1848)는 '류보피트니'라는 별명을 가진 독실한 구교도였는데, 그는 상업 활동을 매우 혐오했다. 그러나 인구대장에는 '아스트라한에서 온 소상인'으로 등록되어 있었다. 그는 상업에 종사하기는 했으나 경제적으로 전혀 성공하지는 못했다. 대신 그는 교회 일에는 헌신적이었으며 구교도에 관한 저술을 편찬하는 데에 몰두했다. 공동체 내에서 그는 별 큰 지지를 얻지 못하고 고독한 일생을 마쳤다. 그는 늘 부자에 대해 경고했다.

> 부유해도 언제나 경건함과 동정심을 갖추어야 한다.[52]

이에 비해 <프레오브라젠스크 구역>의 테오도시우스 파는 상업을 적극적으로 활용하였다. 이 때문에 테오도시우스 파는 응집력이 가장 컸다. 구교도 지도자 중의 한 사람이었던 포모르 파의 파벨 류보피트니 자신은 상업 활동을 별로 좋아하지 않았으나 큰 존경심을 품고 생애를 저술한 상인이 있었다. 이 인물은 자라이스크 출신 상인으로서 세멘 마르트네프(1724~1786)로 알려진 인물이었다. 그는 많은 돈을 번 뒤 뷔그 공동체에 3만 루블을 기증하고 세속을 떠나 수도원에서 살았다. 마르트네프와 비슷한 경우로서 표트르 카르푸센코 역시 부를 모은 후 모스크바 근교에서 빈민구제 활동에 몰두하였다. 부와 경건함을 겸비한 삶이었다.

구교도 사이에서 특히 구제활동에 적극적인 상인 집안이 있었는데, 라흐마니노프 집안, 니콜라스 오시포프 집안, 테렌찌 솔다쩬코는 면직물 생산업으로 1,000만~1,300만 루블의 재산을 모은 부유한 자산가들이었다.[53] 특히 공직활동을 활발히 전개하여 유명해진 직물 상인 구치코프, 랴부신스키는 19세기 초기부터 경제활동을 적극적으로 벌인 성공한 가문이었다. 정부는 이들에게 공식 정교회는 아니지만 정교회와 대립하지 않는 정도에서 공식 통일 교회(혹은 일치교회)로 개종하도록 설득하였으나 별 성과를 거두지 못했다. 경제적으로 성공하는 사례가 증가하자 엄격했던 포모르 파조차도 점차 결혼과 유산 상속을 옹호하는 규정을 만들었다. 이들 상인들이 반드시 대부나 융자직업이 아니라 개인적 사업 수완과 능력에 의해 성공한 인물들도 많았다. 그 대표적 사례가 바로 사바 모로조프 1세였다.

그러나 구교도들 중 철저하게 재산 소유나 계급제도를 거부한 과격한 분파도 많았다. 대표적인 경우가 탈주파, 방랑파였다. 특히 방랑파는 수적으로는 매우 소수였으나 극단적인 금욕과 고립을 택하였다. 이들은 테오도시우스 파를 세속과 지나치게 타협한다고 보고 비판하였다. 이들은 짜르를 항상 반예수이거나 야수로 보고 정부의 모든 공적 기관과 접촉을 끊고 방랑생활을 하며 살았다.[54] 이들은 국내 여권제, 모든 법정을 비판하였고, 인두세 납부나 토지 밖의 노동을 거부하였다. 이들은 항상 황무지나 사막에서 단식과 금욕의 생활을 실천하면서 사치스러운 일상사를 비판하였다. 정부의 탄압을 피해 한때 테오도시우스 파의 공장 내에서 살았지만 그들의 사치스런 안락한 생활을 보고 놀라 다시 떠나 소상인, 행상의 생활로 돌아 갔다. 이들은 정착된 거주지 내의 재산 소유도 거부했기 때문에 극도로 빈곤하였고 고립된 삶을 살았다. 경건주의적 전통은 이러한 삶의 방식을 당연한 것으로 받아들이게 만들었던 것이다.

경제활동에 적극적인 구교도 상인의 모습은 보는 시각에 따라 다양하다. 영국에서 온 이들은 러시아 상인에 대한 호감도는 매우 낮으며 부정적 시각을 갖고 있었다.[55] 그러나 모스크바를 방문하던 한 영국인의 여행기에 의하면 구교도 상인들은 대체로 정직하고 매우 도덕적이었다고 기술하고 있다. 반면 프랑스에서 온 상인들은 '러시아 상인은 유럽에서 최고로 영악한 소매상이며, 모방과 기발함에 탁월하다'고 했다. 또 다른 평가에 의하면 '뻬쩨르부르크 상인은 정력적이고, 꾀와 기재가 넘치며, 낙천적이면서도 정력적이다'라고 묘사했다.[56] 19세기 중엽 러시아 문학 속에 표현된 상인의 이미지는 매우 교활한 특성을 가진 인물로 나타나며 경멸적이며 부정적이다. 이런 이미지는 거의 19세기 말 인텔리겐찌야의 입장에서 그대로 나타난다. 이들 문학 작가들은 구교도 뿐만 아니라 상인 자체에 대해서도 경멸과 적대감을 갖고 바라보고 있다. 일반인들에게도 <구교도>에 대한 명칭에서 보듯이 이러한 경멸의 시각이 가득하였다. 경제활동에 대한 이 같은 경멸적 시각이나 평가는 17세기 말의 <교회 대분열> 사건 이후 정부의 오랜 탄압과 박해가 만들어낸 결과라고 보아야 할 것이다.

6. 문화적 함의

구교도들의 영적 개념이나 사회 경제적 삶이 러시아 전체의 정신사나 문화사 면에서 어떤 상징적 함의가 있는지 생각해 보자. 일상에서 구교도들은 언제나 은둔적이거나 고립된 삶을 살았다. 구교도들은 특별한 의상을 입어야 했다. 남자들 색깔 있는 외줄 단추로 된 겉옷이나 띠가 달린 거칠고 무거운 홈스펀 직물의 긴 상의, 넓고 붉은 천으로 된 고깔 모양의 모자를 입어야 했다. 여자들은 넓고 짧은 소매가 달린 뾰족한 끝이 있는 모자 달린 외투를 입어야 했다. 주류 정교회 신자들은 구교도를 기피했다. 이처럼 차별 받았던 구교도들은 1771년 처음으로 예까쩨리나 2세 시대에 자신의 거주 지역을 가질 수 있는 기회를 가지게 되었다. 당시 전염병이 모스크바를 휩쓸고 있었는데, 여제는 병원을 설립하여 병자를 구호해줄 것을 호소하였다. 이에 구교도들이 호응하여 병자 구호사업에 봉사한 것이 신분 변동에 중요한 계기가 되었다.

> 우리 모스크바의 상인과 잡 계급은 여왕폐하의 칙령 덕분으로 두 배의 세금을 내어 병자들을 위해 거주 지역을 사들일 수 있게 되었다.[57]

전염병이 사라진 후에도 병원은 계속 운영되어 주민들의 도시 탈출을 완화시키거나 빈민들을 먹이고 죽은 자를 위한 장례를 치룰 수 있었다. 이 대가로 구교도들은 비록 당국 경찰의 감시 하에 있었지만 처음으로 집단적으로 거주할 수 있는 거주지를 허용 받게 되었고 동시에 군대 복역 의무를 면제받았다. 물론 구교도들은 국가에 두 배의 세금을 내야했다. 이 지역이 바로 모스크바 외곽의 <프레오브라젠스크> 공동체 지역이다.

이들의 지도자였던 일리아 알렉세예프 코블린 (1731~1809)의 지도 하에 구교도들은 마음 놓고 구교 신앙을 유지할 수 있었고 그들의 재산을 공동으로 지킬 수 있었다. 코블린은 처음에는 지주 개인의 농노였지만 벽돌을 만들어 팔아 돈을 벌었다. 그 후 그는 영국 돈 2,000파운드를 주고 자유를 사서 상인의 신분을 획득하였다. 그는 <프레오브라젠스키> 공동묘지 지역을 더 확대하여 테오도시우스파 교회 공동체를 조직하는 데 성공하였다. 구교도는 결코 공식적으로는 구교도 이름의 교회 건물을 가질 수 없었다. 코블린은 뻬쩨르부르크의 북부 지역의 뷔그 공동체의 생활양식을 본따서 프레오브라젠스크 회원들의 세부적인 공동체 규약을 만들고 일상생활상 입는 회원들의 검은 색 모양의 의상까지 고안하였다. 그는 벽돌로 성당을 짓고 정기적인 회합을 소집하였다. 또한 그는 구교도의 사회 생활 안전을 위하여 모스크바 관료, 경찰 및 주요 인물들에게 정기적으로 상납하였다. 테오도시우스파는 성직자들에게는 결혼을 금지하였지만 회원들에게는 결혼을 허용하였다. 새로운 개종자를 증가시키기 위해 그는 회원들의 부와 평화로운 삶을 약속했다. 차츰 빈부를 막론하고 평화로운 삶을 원하는 사람들은 이 공동체에 재산을 맡기고 여생을 보내려는 사람들이 생겨났다.[58] 그러나 공동체가 번성하게 되자 정부는 수시로 박해와 탄압을 가했다. 짜르 파벨은 점진적으로 구교도를 소멸시킬 목적으로 약간의 구식 제례를 허용하면서 공식 주류 교회 감독 하에 두는 <통일교회>(edinoverriia, united belief)를 만들어 여기에 구교도를 개종시키려고 시도하였다. 그러나 별 성과는 없었다. 알렉산드르 1세 시대에는 박해가 일시적으로 중단되었다. 대신 코블린은 거액의 돈을 정부에 기부해야 했다.

<프레오브라젠스크 공동체> 다음으로 사제직을 인정하는 또 다른 대표적 분파인 <로고쥐스크 파>도 공동묘지 주변에서 공동체를 형성했다. 로고쥐스크는 두 번째로 큰 구교도의 중요 거점이 되었다. 이곳은 100 여 년전 구교도들이 고문 받았던 장소였기 때문에 신자들이 모여들었다. 여기에 이들은 드물게 석조 교회를 짓고는 <기적의 성인 니콜라스>에게 봉헌하였다.[59] 이 교회는 공식 교회에서 탈당한 뒤 개종하려는 신자들에게 새로운 세례식, 성유식을 필수적으로 받도록 정하였다. 이 전통은 곧 로고쥐스크 공동체에 대단한 권위를 주게 되었고 많은 회원을 거느리게 되었다. 1822년 이 공동체는 교구민이 3만 5천명에 이르고 교회 재산은 수백만 루블에 달할 정도였다. 이 공동체 안에는 회의체를 위한 관리 규약을 갖고 있었다. 또 교회건물 이외에도 관리소, 피난처, 쉽터, 외부 손님 응접실, 도서관, 사제 저택, 고아원 심지어 학교까지 구비하였다. 구교도는 사제직을 인정한다 해도 교회 계서제를 인정하지 않았다. 단지 지도자 사제에게만 의존하였다. 간혹 <통일 교회>의 사제가 초빙되어 예배해 줄 수 있었다.

프레오브라젠스크 교회는 여러 가지 이유로 자주 내분을 겪었지만 공동체 수와 재산은 꾸준하게 증가하였다. 1830년에 교회 자산이 이미 100만 루블을 넘어 섰다. 이들은 항상 테오도시우스 파 회원들에게 임대 사업을 벌이고 빈민을 구제하는 사업을 펼치기도 하였다. 니콜라스 1세 시대 당국에서 갑자기 부동산 소유 금지령을 내리자 프레오브라젠스크 교회는 테오도시우스 파의 회원 개인들에게 재산을 매각하여 관리하는 방식을 택하였다. 만일 재산권 권리가 전연 보장되지 않는 경우에 구교도들은 또 다시 다른 곳으로 이주하는 방법을 택할 수밖에 없었다.

구교도들의 분파들은 다양하였지만 서로 간에는 평등하게 대했고 자유롭게 교류할 수 있다고 보았다. 이들의 교리 상의 분열이 일상 생활 상의 대립까지는 만들지는 않았다. 모스크바의 테오도시우스파는 뻬쩨르부르크에 다수 살았던 포모르 파를 결코 경멸해서는 안 된다는 신념을 갖고 있었다.

일반적으로 정부의 갖은 탄압에도 불구하고 구교도 상인들이 살아남게 된 것은 그들이 경제적으로 성공했을 뿐만 아니라 서로 긴밀하게 유대한 데에도 기인한다.[60] 상업 활동에서 크게 약진하던 1850년대 이들은 비슷한 생활 양식과 심성으로 서로를 쉽게 알아보고 내적 유대를 최대한 활용하였으며 가문들이 서로 혼인으로 얽혀 있었다. 가장 대표적인 가문들은 랴뷰신스키, 구치코프, 모로조프, 코노발로프, 솔다쪤코프 가문들로서 각자 많은 자료를 남겼다. 이들은 대부분 처음에는 지주에게 속한 농노였다. 그러나 그의 후손들 중 비범한 사람들은 크게 성장하였다. 그들은 구교도들로서 성서를 통해 글을 읽을 줄도 알았고, 상업으로 성공했다. 그 후 그들은 구 러시아 시대의 예술의 전문가들, 고고학자, 예술가, 서적전문가들과 접촉하여 구교신앙 관련 서적과 이콘을 비롯하여 각종 예술품을 수집하는 일에도 몰두하였다.[61] 자신들의 사업과 일을 신이 내린 은총으로 보고 매우 소중히 여겼으며 무엇보다 구원을 위한 신앙의 실천으로 여겼다. 정기적으로 구교도 공동체교회에 기부금과 봉헌을 납부하였다.

뻬쩨르부르크 구역의 구교도 공동체에서 지도자였던 에핌은 당시 사업을 하고 있었다. 내무상 벨리코프 장군은 에핌에게 구교도 대신 통일교회에 합류하고 프레오브라젠스크 공동체 내에서 통일 교회를 세우도록 요구하였다. 에핌은 자신이 개종하지 않을 경우, 자신이 감옥에 갈 뿐만 아니라 모든 가족과 사업이 위협에 놓이게 된다는 것을 알았다. 또 정부는 그들의 재산을 인정하지 않을 것이고, 소상인 신분으로 강등되며, 결혼은 무효화되고, 자녀는 사생아가 되며, 재산을 상속 받을 수 없게 된다는 것을 통보했다. 젊은이는 25년간 군대 복역해야 했다. 저항은 불가능했다. 대부분 친척들은 광신도가 아닌 온건한 구교도였지만 그들은 개종 이후에도 지니고 있던 구교 의식서, 책과 이콘들을 갖고 싶어 했다. 이것을 갖는 조건으로 그들은 모두 개종하기로 결정했다. 그러나 사실상 이것은 이중 신앙의 길을 의미했다. 일부 개종을 거부한 친척이나 회원들은 다른 지역으로 이주하였고, 일부는 개종을 거부하면서 군역을 피하기 위해 5천 루블을 대신 지불했다. 에핌 구치코프가 맨 먼저 서명을 하였다. 사업은 다시 활력을 찾았다. 수좌대주교는 직접 와서 은총을 주었다. 이들은 모스크바에 있는 테오도시우스 파, 포모르 파를 방문하여 주로 부유하고 영향력 있는 사람들에게 개종을 권유하도록 요구받았다. 다른 친척들은 이런 행동을 결사 반대했다. 모로조프 가문도 처음에는 테오도시우스 파였으나 포모르 파로 전환했다가 1853년 결국은 통일교회로 개종했다.[62]

이에 비해 모스크바의 존경 받았던 구교도 상인 코노발로프의 경우 그는 공식적으로 주류 교회에 속했다. 이 덕택으로 그는 키네쉬마 시의 시장으로 임명되었는데 구교도로서는 결코 가능하지 않는 일이었다. 그러나 내면적으로 코노발로프 집안은 무 사제파 중에서도 구세주파(spasovtsy, saviours)에 속해 있었다. 이것은 내면적으로 이중 신앙을 의미했다. 그들은 자신의 신앙에 대해서 이렇게 토로하였다.

> 진정한 신앙은 영적인 것이고 개인의 신앙의 행위가 중요한 것일 뿐 교회의 소속이 중요한 것은 아니다. 신앙을 감추고 있어도 신은 영혼의 무게를 잴 수 있다.[63]

이들은 신앙을 감추고 있다가 죽기 전에 고백성사를 보고 구교도들에게 장례 절차를 밟았다.[64] 그들은 만약 정치적 지배층이 사탄의 부하이거나 무신론자일 때는, 박해에 살아남기 위해서 신앙을 감추어야 한다고 생각했다. 알렉세이 페트로비치 코노발로프는 통일교회로 개종하려고 했을 때, 당시 그 마을의 구세주파 구교도들도 합류하고자 했다. 그러나 이미 그들이 주류 교회의 신자로 등록되어 있는 상태였기 때문에 통일교회 개종이 불가능하게 되었다. 코노발로프의 문제를 통일 교회 지역 교구장과 상의했고 그의 사안은 수좌대주교에게 상정 보고되었다. 교회 측의 회의 결과 코노발로프 개인 한 사람만 통일 교회로 개종하는 것이 허락되었고 나머지는 허용되지 못하였다.

19세기 후반 모스크바의 상인층의 16%, 명예 시민권을 소지한 사람들의 12%, 모스크바 전체 명예 시민권과 상인 신분을 동시에 갖춘 사람들의 15.6%가 구교도 상인들이었다.[65] 정부는 항상 성공한 구교도 상인들에게 공식 교회로 개종하라는 압력을 가했다. 이제 성공한 상인들의 자녀들은 종교인가 아니면 정부의 특전인가라는 양자 택일의 선택에 놓이게 되었다. 특히 명예 시민권을 소지한 가문은 조부모나 부모 세대와 자녀들은 강한 저항의 방법 대신에 겉으로 통일 교회로 개종하는 경우가 많았다. 물론 이들은 내면적으로는 여전히 구교도 신앙을 버리지 않았다.[66] 그들은 통일 교회로 개종했다 해도 결코 주류 정교회로 나아가지는 않았다는 사실이 이것을 증명한다.

러시아에서 산업화의 물결이 확대된 1880년대부터 부유한 구교도 상인들이 통일 교회로 개종하는 수가 많았는데 이것은 정부의 위협보다는 전혀 다른 새로운 요인이 작용한 탓이었다. 상인들의 자녀 세대는 이제 자유로운 기회들, 즉 서구로의 여행의 기회, 근대식 교육의 기회, 서구 문화의 향유 및 새로운 기술과 산업화 기계 도입 등으로 새로운 가치관과 시각에 접하기 시작했다. 그들은 구교 신앙에서 큰 갈등 없이 통일 교회의 신앙으로 개종하는 사례가 증가했다. 구교도의 신앙자체에 대한 관용이 아니라 사회문화적 자유가 확대되어 가자 신앙의 이중 구조가 차츰 완화되는 현상을 보인 것이다.

1905년 혁명 이후 러시아에서 커다란 정치적 변혁이 일어났다. 짜르는 정치적 저항 세력을 약화시키기 위해서 국가 두마의회의 수립과 선거제를 약속했다. 1905년부터 경제적으로 성공한 구교도 상인·기업가들은 비록 일시적이었지만 자신들의 신앙과 종교적 자유를 받아내는데 성공하게 되었다. 그들은 이에 머물지 않고 스스로의 정치적 목소리를 갖기 위해 정당 정치에 참여하고자 했다. 그들 가운데에서 온건파인 알렉세이 구치코프는 제 3차 두마에서 10월 당의 당수로 선출되었다. 이것은 구교도 상인·기업가들의 사회경제적 성장을 상징적으로 보여주는 분명한 사건이었다. 그러나 1905년 혁명 이후 두마 정치 실험에서 구교도 상인들이 과연 정치적으로도 응집력을 가질 수 있을 것인가라는 물음은 전적으로 새로운 과제였다. 이점은 다음 장에서 논하기로 한다.

이상에서 우리는 러시아의 구교도의 발생이나 영적 특성을 살펴보면서 러시아인들의 정신세계와 문화사적 특성에 대해 적어도 다음과 같은 근본적 결론을 말할 수 있다. 교회 대분열로 구교도들이 추방당한 후 사회적 저변 세력으로서 신앙의 전통을 끝까지 유지함으로서 러시아의 정신과 문화의 이중 구조라는 현상을 만들어 내었다. 대 분열 이후 신앙 문제와 문화의 창조의 권한은 이제 완전히 상부 정치권력의 손에 놓이게 되었다. 이로서 16, 17세기 근대화를 향한 서구 기독교회의 개혁과 비교해 볼 때, 러시아 공식 교회는 자율성을 확보할 중요한 시기를 놓쳐 버린 셈이었다. 문화가 권력에 의존하는 방법을 택하였기 때문에 미래 러시아 문화 발전의 측면에서는 매우 비관적인 결과를 주었다. 대분열 이후 러시아 공식 교회는 내적으로 창조적 능력이 쇠퇴하는 징후를 보였다.

결국, 어떠한 사회에서도 문화는 사회나 체제의 명령이나 목적에 의해서 만들어지는 것은 아니며 문화는 오직 창조적 주체성 속에서, 자유로운 영혼 속에서, 또한 내적인 사명감에서 만들어진다고 볼 수 있다. 러시아 교회 대 분열과 구교도의 발생 사건은 이런 진리를 재확인 시켜주는 바였다. 그런 점에서 오랜 박해와 고난 속에서 자치적 전통과 구 러시아 전통적 경건주의적 신앙을 고수하려고 한 구교도들의 정신세계는 결코 과거지향적 정신이 아니라 오히려 미래지향적인 모습이 아닐까 한다.

2장 17세기 스텐카 라진과 농민반란

1. 러시아의 농민반란들

강력한 전제적 권력과 억압을 행사해 온 로마노프 왕조, 그리고 권력에 대한 순종을 강조해 온 러시아 정교회의 사회라 할지라도 러시아 민중은 오직 굴종 속에서만 살아 온 것은 아니다. 17·18세기 러시아 전제 권력은 농노제를 수립하기위해 온갖 노력을 다했다. 그러나 동시에 이 시기는 무수한 농민 저항이 일어난 반란의 시대이기도 하다.

1606~7년의 보로트니코프(Bolotnikov)반란, 1667~71년의 스텐카 라진(Stenka Razin)반란, 1707~8년의 불 라빈(Bulavin)반란, 1773~74년의 푸가쵸프(Pugachev)반란은 러시아 근세사의 4대 민중 반란에 해당된다.[1] 농민반란은 대부분 우크라이나의 흑토 지대와 볼가강 유역에서 시작하여 동남부의 스텝을 넘어 북상하여 수도 모스크바 입구까지 진격하면서 중앙 전제정부에 도전하였다. 이 중에서 특히 스텐카 라진 반란은 수만 명의 농민, 소 도시민, 소수민족과 볼가 강, 우랄 산맥지대의 부족민들이 합세한 대규모의 최초 민중 반란이었다. 이 반란은 사회 경제적 구조 뿐만 아니라, 황제의 전제 권력까지 공격하는 정치적 민중 반란으로서 매우 대담하고 격정적인 성격을 띤다. 반란은 처음에는 동남부 지역의 까자끄 인의 자치주의적인 반란에서 시작하였으나 점차 도시민의 반란, 제국 정부에

저항한 식민지인들의 반란, 종교적 분리파들의 갈등, 정치적 음모 등이 가세하였다.

그런데 17·18세기 농민반란에서 공통된 특징은 돈강 유역의 까자끄인이 맨 처음 선두에 서서 지도력을 발휘하여 반란의 주동세력이 되었다.[2] 이들 반란의 처음 목표는 대부분 반 황제 혹은, 반 짜리즘이라기보다는 '포메쉬치키'(pomeshchiki) 즉, 토지귀족 (service gentry)이나 탐관오리 관료들에 대한 저항이었다. '포메쉬치키'계급은 중세 분할 공령시대의 구 혈통 귀족과 구별되는 근세 러시아의 독특한 신 무사 귀족계급으로서 15세기 말 이반 대공 시대의 모스크바 공국의 권력 팽창 과정에서 창출되었다. 이들은 주로 하층민 출신에서 선발되어 황제 개인에 대한 절대적인 군사적 봉사의 대가로 총애와 영지를 받았고, 또한 토지에 긴박된 농민, 즉 농노를 하사받았다. 이들은 철저히 황제 일인의 은총에 매달리고 복종함으로서 구 혈통 귀족인 '봐이야르'(voyar) 계급과 매우 차별되는 성향을 갖고 있었다. 구 귀족과 신 귀족은 러시아 전제정 성립에서 씨줄과 날줄처럼 얽혀 상호 경쟁 대립하였다. 농노를 하사받은 포메쉬치키 계급의 창출로 인하여 16·17세기 러시아 역사는 서구와 완전히 다른 방향을 취하였다. 즉 중앙집권적 권력이 형성되면서 봉건제도가 붕괴되는 것이 아니라 오히려 정반대로 봉건적 농노제가 발생되는 후진적 역사구조를 낳았던 것이다.

1667~71년간의 스텐카 라진의 농민반란은 표트르 대제 이전, 즉 '구 러시아'의 역사상 최초의 농민 반란으로서 반란의 거대한 규모와 치밀한 계획 그리고 군사적 영웅담들은 한 세기 후 또 다시 발생한 18세기 말 예까쩨리나 2세 시대의 푸가쵸프 농민 반란의 전주곡이라는 점에서 매우 주목을 받을 만하다.[3] 그럼에도 불구하고 현대에 17세기 스텐카 라진반란에 관한 사료는 많지 않다. 스텐카 라진의 농민반란에 관한 가장 근본적인 논쟁점들은 그것이 농노제에 저항한 최 하층민들과 빈농들의 반봉건적인 계급전쟁인가 아니면 돈강 유역의 독점적 토지 지주 귀족 관료에 저항

한 까자끄인들의 쁘띠 부르주와적인 반란인가라는 점이다. 두 번째의 쟁점은 그것이 전통적으로 자치적인 공동체 사회로 되돌아가고자 하는 전근대적인 성격인가 아니면 17세기 상업 자본주의 도래를 맞이하여 자영농의 사유재산을 추구하는 진보적인 성격인가라는 문제이다. 더 나아가 세 번째 까다로운 쟁점은 농민들의 짜르에 대한 태도가 중앙의 정치권 권위를 부정하는 무정부주의적 성격이었는가 아니면 황제 자체는 부정하지 않는 권위 순응적 성격이었는가라는 물음이다.

농민반란의 해석에서 생긴 또 다른 혼란은 유럽과는 달리 러시아에서는 반란의 참가자들의 사회적 성분이 결코 동질적이거나 통일된 집단이 아니라는 점이다. 반란세력에는 농노-농민계층 이외에 도시민 즉, '포사드'층 (Posad), 그리고 추방된 구교도(Old Believers), 까자끄인 하층민, 변경지대의 비러시아계의 소수민족, 카스피해 연안의 상인, 선원들 등 잡다한 사회적 정치적 집단이 집합되어 있었다. 그 중 특히 까자끄인들이 반란에서 군사적 지도부 세력을 주도하였기 때문에 '농민전쟁'이라는 이름까지도 붙이기가 곤란하다는 점이다.[4]

제정 러시아 말기 대표적 역사가들 사이에서도 스텐카 라진 반란의 성격이나 주도 세력에 대해서 해석 상의 합의가 이루어지지 못하였다. 러시아 문명의 '독자성'을 강조하는 유명한 역사 철학자였던 솔로비예프(Soloviev)조차도 스텐카 라진 반란을 결코 농민 봉기가 아니라 까자끄 군사부대의 반란으로 정의 내리고 있음은 이런 난맥상을 보여준다.[5] 심지어 그를 이어서 코스트로마로프(Kostromarov)는 러시아 인들의 지배권에 저항한 우크라이나인들의 자유를 위한 투쟁으로 설명하려 하였다.[6] 그러나 시베리아 출신 역사가인 시챠포프(Shchapov)는 이들과 달리 스텐카 라진의 반란을 우랄 시대에 존재하는 분리주의적 전통을 강조하고 억압적 중앙 전제정부와의 갈등으로 보아야 한다고 명백히 규정지었다. 그는 푸가쵸프 반란 역시 지역의 민주적이고도 자치주의적인 정신에 입각한 반 전제적인 사회 갈등의 소산이라고 보았다. 한편, 객관적 역사서술의 전통을 강조하여 '러시아의 랑케'라고 불리기도 했던 클류세프(Kliushevsky)는 17세기의 농민 반란을 인민주의적인 저항의 기원으로 보았다. 그는 특히 스텐카 라진 반란이 결코 까자끄인들의 반란이 아니라 빈농과 도시 하부층, 원주민들에 의한 반 귀족층, 반 부유층에 대항한 사회적 반란으로 설명하였다.[7]

1917년 혁명 이후 마르크스주의 사관을 엄격히 따랐던 초기의 소비에트 사가들은 엥겔스의 '농민 전쟁'의 개념을 받아들여 스텐카 라진 농민 반란을 '반 토지귀족', '반 부르주와적' 반란으로 설명하였다.[8] 자연스럽게 그들은 스텐카 라진 반란을 봉건제 말기 영국의 죤 테일러의 반란, 프랑스의 자끄리의 반란, 심지어 16·17세기 독일의 뮨쩌 농민반란과 나란한 선상에 두고 해석을 시도하였다. 엥겔스의 '농민 전쟁'의 개념에 의하면 17세기 유럽의 농민 반란들은 거대한 세계사적 역사 발전 구조의 맥락하에서 봉건 경제를 붕괴시키기 위해서 봉건 지주층에 대항하여 반란을 일으켰고 상품 경제로의 전환을 촉진시켰다는 것이다. 그러므로 이 반란은 향후 도래하는'자본주의적 생산관계'를 향한 진보적 과정으로 볼 수 있다는 것이다. 이 개념 정의에 의하면 농민 반란은 역사 발전 단계에서 과거의 공동체 사회로 돌아가고자 하는 복고적인 성격이 아니라 미래를 향하는 보다 새롭고 자유롭고 높은 생산력을 가능하게 하는 생산구조와 생산관계로 나아가려는 매우 진보적 성격의 저항이 된다. 이리하여 초기 소비에트 역사가들은 17·18세기의 러시아 농민 반란을 16세기의 중부, 동부유럽의 사회적 구조와 동일시하면서 전반적으로 봉건주의를 벗어나려는 농민층의 계급투쟁으로 해석하였다. 그러나 사실 17세기 러시아는 아직 상업 자본주의의 시기로 보기에는 유럽사회발전 구조와는 괴리가 크기 때문에 서로 비교하는 것은 간단한 문제가 아니다.

레닌은 마르크스의 역사발전단계 이론을 러시아에 적용하는 데 있어서 농민계급에게 특별한 역할을 부여한 바 있다. 그는 항상 농민을 '절반의 프롤레타리아'(semi-proletaria)로 규정짓고 사회주의적 혁명에서 노동자와 긴밀한 동맹 세력이 될 수 있다고 강조했다. 또 그는 러시아 농민을 모든 농노 소유 계층, 전제정부, 자본가들 등 모든 압제자에 대한 저항 운동에서 중요한 협조자로서의 적극적인 의미를 부여하였다.

그러나 1917년 혁명이 달성된 이후 소비에트 사회는 강력한 국가 수립의 목표가 최우선시 되었다. 이후부터 레닌의 역사서술의 시각은 서서히 밀려나기 시작했다. 1920년대 마르크스주의적 사관을 적용한 대표적 역사가인 포크롭스키(Pokrovsky)와 메르손(Meerson)은 스텐카 라진의 반란을 기본적으로 반 중앙집권적인 성격과 반 봉사귀족층의 성격을 띈 군사적 반란으로 설명하면서 농민 반란의 성격을 부수적인 것으로 해석하였다.

1930년대 스탈린 시대가 전개되자 소련에서는 기이하게도 하층민과 농민 반란에 관한 연구는 급격하게 줄어들었다. 스탈린 시대에는 사회구조적인 분석, 특히 하층 민중에 관한 역사 연구가 금지되고 '국가주의' 원칙 '국가 구조'의 분석이 모든 시대구분 이론의 공식적 기준으로 채택되었다. 이것은 공산주의 이념을 기저로 하는 사회에서조차 역사 해석과 서술이 권력에 의해 좌우되고 있음을 단적으로 보여준다.

스탈린 시대의 말기에 역사 서술의 방향은 다시 엎치락뒤치락 하였다. 포크롭스키의 해석에 정면으로 맞서서 톰스키(Tomskii), 찌호미로프(Tikhomirov)는 다시 스텐카 라진 반란을 근본적으로 봉건사회에서 짜르와 압제적인 지배계급에 저항한 피압박민의 무정부주의적 반란으로 해석하였다. 이때 참가한 까자끄인들은 본질적으로 도주한 농민계급과 빈농층들이었다고 설명하였다. 이 도전은 1950년대 당시 소련역사학계에서 러시아의 역사 발전단계에 대한 논쟁을 불러일으키는 데에 크게 기여하였다. 이에 힘입어 스미르노프(Smirnov)와 포르쉬네프(Porshnev)는 스텐카 라진 반란이 러시아 전제정에게 커다란 공포심을 주었고 봉건적 분할 사회를 종지부 찍고 중앙집권적 절대정을 더욱 강화시키는 계기가 되었다고 보았다.[9] 동시에 그는 라진 반란이 가진 진보적 성격을 적극 강조하였다. 그러나 이들 사가 역시 라진 반란을 러시아의 상업 자본주의의 발생이나 역사 발전단계 이론이나 근대화 등 시대 구분과 관련짓는 더 깊은 분석으로 나아가지는 못하였다.

스탈린 사후 정치적으로 호루시쵸프에 의해서 탈 스탈린주의 움직임이 전개되었다. 이것은 역사서술 방향에도 큰 파장을 일으켰다. 1960년대부터는 보다 젊은 세대의 역사가들인 스쩨파노프(Stepanov), 마늬코프(Manykov), A. 샤피로(Schapiro), A. 프레오브라젠스키(Preobrazhenskii), A. 카자코보이(Kazakovoi) 등은 체제에 대한 미묘한 문제는 회피하였으나 스텐카 라진 반란의 지역별 연구, 반란의 단계별 변화, 사건의 세부적 연구에 몰두하였다. 이로서 지금까지 알려지지 못한 스텐카 라진 반란에 관련된 보다 많은 구체적인 사건이나 인물들이 발굴되었다. 이들은 점차 스텐카 라진 반란에서 '농민 전쟁'으로서의 성격을 재확인하였다. 그러나 이 반란을 둘러 싸고 있는 러시아 역사에서 봉건적 단계와 자본주의 단계의 구분에 관한 설명은 여전히 명쾌하게 이루어지지 못하였다. 이것은 그만큼 소비에트 역사서술에서 이론적 논의는 항상 정치적 체제의 제약 하에 놓여있음을 반증한다.

2. 농민 반란의 원인

해석상의 문제는 이 정도로 하고 스텐카 라진 반란의 구체적 이야기로 돌아 가보자. 1660년대 스텐카 라진의 반란이 일어날 무렵 러시아의 상황은 어떠했는가? 격렬한 농민 반란이 전개된 구체적 배경은 무엇이었을까? 또 이 반란은 역사에서 어떤 영향을 미쳤으며 정치사회적 변화에 어떤 함축적 의미를 갖는 것일까?

가장 근본적 원인에 대한 이야기는 모스크바 공국 말기 1580년대로 거슬러가야 할 것이다. 라진 반란의 배경은 두세대 이전의 상황에서 시작된다. 당시는 25년간에 걸친 리보니아와 전개된 지리한 국외 전쟁과 짜르와 구 귀족 사이의 피비린내 나는 내부 권력 투쟁으로 인하여 러시아 사회 전체가 갈등과 경제적 피폐함으로 지쳐 있던 시기였다. 모스크바 공국의 마지막 짜르이자 폭군으로 알려 진 이반 4세는 결국에는 영명한 아들을 남기지 못하고 사망했다. 마지막 짜르였던 표도르는 정신박약아였고 그나마 수명이 짧았다. 설상가상으로 모스크바 공국은 왕조가 끊긴 위기에서 강력한 이웃 나라인 폴란드의 새 침입을 받아 국가 자체의 붕괴의 위기를 겪었다. 내우 외환의 중첩된 위기 속에서 도시민과 농민은 이루 말할 수 없는 희생을 겪게 되었다. 도시는 침략자로부터 약탈당하였고 수도 모스크바에는 곳곳에 잿더미가 쌓였다. 농촌에서는 많은 농민들이 탈출하여 토지는 잡초만 무성하고 황폐하였다. 가까스로 도시민과 교회 성직자들의 협력 하에 전개한 애국적이고도 민족적 저항 덕분으로 폴란드의 침입을 막아내었다. 이로써 귀족 지배층은 황제 왕위의 대공위의 위험이 얼마나 무서운 것인가를 깨달았다. 그들은 내부 권력 정쟁 대신에 서둘러 위약한 귀족 가문 후예이자 과거 루리크 가문의 외척인 로마노프 귀족 가문의 어린 아들 미하일 로마노프를 새 황제로 추대하기로 합의하였다. 당시 미하일 로마노프 아버지인 필라레트 로마노프는 정교회 성직자로서 폴란드 전쟁 동안 포로로 끌려 가 있었다. 이 점이 귀족 계층들에게 추대의 합당한 이유로 작용하기도 하였다. 이로써 1613년 러시아는 '로마노프 왕조'라는 이름 하의 새 왕조가 수립되었다.

그러나 새 왕조의 수립은 러시아 인민에게 불리한 사회적 조건을 몰고 왔다. 특히 남부 변경지대에는 여전히 약탈과 폭도의 무리들 그리고 쫓겨난 몽고인 타타르인들의 반란의 행위가 끊임없이 일어 나고 있었다.[10] 로마노프의 수립 이후 새 황제는 자신의 권력의 생존과 튼튼한 기반을 위한 질서로서 모스크바 말기 일시 누렸던 인민의 자유를 취소하고 그 대신 토지 귀족과의 밀착된 관계를 선택하였다. 이를 위해 취해진 법적 조치 중의 하나가 바로 '농노제'의 도입이었다.[11] 귀족층은 토지 생산력을 확보하기 위해 농민에게 이주를 제약하고 토지에 묶어둘 수 있는 조치를 취하기 시작하였다. 이주를 금지시킨 법적 조치는 곧 농민층에게 불리한 희생을 의미하였다.

황제 직위에 오른 로마노프 왕조는 중앙집권적 통합을 완성하기 위해 끈임 없이 귀족들의 도움과 지지가 필요했고 이를 받아내기 위해 귀족들의 요구에 응해야 했다. 새 왕조 수립 이후 귀족 계급 사이에 구 혈통귀족(Boyar)과 신 봉사귀족(Pomeshchiki)의 구분은 서서히 사라지고 새 특권적 토지귀족(드보르)으로 통합되어 갔다. 황제는 이 새로운 특권적 계층을 강력한 전제국가의 권력의 기초로 만들고자 하였다. 그런데 러시아의 귀족층은 유럽의 경우와 달리 자신들의 영지에 대해 자동적인 세습권을 갖고 있지 못했다. 또 귀족층은 집단적 대표권을 가진 경험이 전연 없었다. 오직 전제군주의 총애에만 의존하는 대단히 불안정하고 비독립적인 신분이었다. 전제정이 강화되는 것은 이들 귀족층 역시 더욱 의존적으로 되는 것을 의미한다. 그 대신 절대적 충성을 받아내는 이 과정에서 황제는 새 봉사 귀족이자 특권 귀족들에게 중요한 요구 조건을 들어 주어야 했다. 귀족층은 권력에 봉사한 대가로 거대한 영지를 할당받았을 뿐만 아니라 이 영지 내의 농민의 이주권을 금지하는 특권을 요구했다. 이것은 농노제를 의미하는 것이었다. 농민의 이주와 이동을 금지하는 악법에 이어 자연히 도시의 자유인이나 중간층의 세력은 약화되고 급기야 분쇄되어 갔다. 이로써 17세기 러시아는 중앙집권적인 국가의 수립과 통일에도 불구하고 사회 자체는 인간의 기본적 '자유'를 상실하게 되었다. 역사가 뒤로 후퇴한 셈이었다.

로마노프 왕조는 전제권을 확대하고 재정확보를 위해 1646~1648년 동안 일련의 입법 조치를 통해 지속적으로 농민을 예속 상태로 묶어갔다. <1649년 법전>에 의하면 러시아 인구는 국가의 군사적, 재정적 요구에 따라 고정된 몇 개의 신분으로 완전히 재편되었다. 이에 의하면, 첫째, 원칙적으로 농민은 토지를 떠날 수 없으며, 도주농의 징벌과 기간은 무제한이며, 둘째, 도시민은 세금을 납부하고 국가의 수요를 충당하는 제조업과 상

2-1. 농노제 시대 농민들의 모습, 강 배끌기

업에 종사해야 하며, 셋째, 노예는 원칙적으로 금지되고 전체적으로 이들을 세금납부 주민으로 전환시키며, 넷째, 구 귀족을 포함한 모든 귀족층도 봉사의 의무를 가지며, 다섯째, 봉사 귀족은 지방 영지 내에서 행정적 권한 이외에도 농노에 대한 사법권을 이양 받는다는 내용을 담고 있었다.

1640년대 당시 서구에서는 폴란드, 합스부르크 그리고 독일제국 등 국가들이 유럽 내부적으로 상호 전쟁에 몰두하고 있었다. 이 덕분에 러시아는 비교적 안정된 국제정세의 기회를 갖게 되었다. 이 사이 전제정부는 과거 모스크바 공국과 달리 볼가 강과 우랄 산맥을 넘어서 동부 지역 및 시베리아로 팽창하기 시작했다. 또한 서남부 스텝지역에서도 유례없는 통제권을 장악할 수 있었다. 정부는 혹독한 예속적인 농노제를 전역으로 확대하려고 하였다. 두말 할 나위 없이 이것은 농민들의 저항과 수많은 도주농과 유랑민을 발생시키는 계기가 되었다.[12] 이들 도주 농민들은 주로 탐보브 지역을 중심으로 한 동남부 돈강 하류지역이나 알라튀르, 쿠르믜쉬 등 볼가강 하류지역으로 달아나 집단적인 거주지를 형성하여 자치적이면서도 치외 법권적 지대를 형성하였다. 그러나 과거 키예프 러시아의 핵심이었던 우크라이나를 탈환하거나 시베리아 팽창을 목표로 하는 로마노프 왕조는 동남부의 치외법권적 지역을 그대로 묵과하려고 하지 않았다. 변경 지대로 달아난 농민들은 잡히면 참수당하거나 즉각 혹독한 징벌을 받았다. 중앙 정부는 더 나아가 납세를 거부하거나 관리들에게 저항하는 모든 까자끄인, 소수 민족들의 예속화를 목표로 하였고 이는 곧 일대 충돌을 의미하였다.

그러데 17세기 후반 러시아에서는 정치 체제 재편으로 인한 사회적 격동 뿐만 아니라 특이한 종교적인 위기를 겪게 되었다.[13] 당시 유럽에서도 명불허전 종교전쟁이 확산되고 있었는데 어느 의미에서 러시아의 종교적 분열과 위기는 이러한 큰 맥락을 같이 하는 것으로 이해할 수 있다. 그러나 유럽에서 구, 신교 기독교의 분열과 종교개혁 운동은 개인적 신앙의 자유와 자치화를 목표로 한 것이었지만 러시아에서는 이와 완전히 정반대 방향으로 진행되었다. 러시아의 종교 개혁은 중앙집권적인 권력의 지시에 의하여 일사분란한 교회 조직과 통합을 목표로 삼았기 때문이다. 러시아의 정교회의 중앙의 총 주교로 임명된 니콘(Nikon)은 황제의 지시에 따라 러시아 내의 모든 지방교회를 중앙집권적인 서열제로 통합하도록 위임받았다. 니콘은 곧 지방 교회의 자체 수입의 근원을 몰수하고 자치적인 수도원 사제들의 성경해석의 권한을 금지하는 개혁에 착수하였다. 이 같은 개혁 방향은 신앙의 내적 자유가 아니라 형식적 통일을 위한 외형적 규제를 의미한다. 이것은 당연히 오랜 세월 동안 경건주의 전통과 심오한 영적 자치권을 갖고 있었던 지방수도원의 반발을 자아내었다. 지방 교회의 격렬한 영적 저항 행동으로 러시아 교회는 심한 내분을 겪었다. 중앙교회의 탄압과 황제의 개입, 파문과 처형에도 불구하고 러시아 지방교회는 개혁 명령을 거부하고 분신자살을 택하는 수천 명의 순교자와 저항자를 낳고야 말았다. 러시아 역사는 이들은 '분리파' 혹은 '구교도'라고 부른다. 이들 구교도들은 변방으로 추방되어 죽음과 같은 고통을 겪게 되었다. 그러나 그들은 갖은 탄압과 고난에도 불구하고 살아 남았다. 심각한 사실은 그 후 이들은 흔히 농민 반란 세력들과 합류하곤 하였다는 사실이다.

1650년대부터 경제적 피폐와 농노제 법안의 강화로 도주농이 더욱 속출하였다. 농민들의 저항으로 인하여 영주 살해 등과 같은 유혈적인 사태가 빈번하였다.[14] 이로 인해 중소 지주층들은 큰 타격을 받았고 정부에 도주농 처벌과 수색을 탄원하였다. 전제정부는 1662년 볼가 강 중류의 아르자마스, 알라툴스, 쿠르니쉬 등지에 도주농 수색대를 3000~5000명이나 파견하여 도주농을 색출하는 작업을 벌이기도 하였다. 도주한 농민들은 일단 잡히면, 태형, 고문, 인두형 등의 징벌을 받았다. 가히 반란에 가까운 저항이 아닐 수 없었다. 그러나 아무리 징벌을 가해도 도주농은 줄어들지 않았다. 오히려 도주농은 저항 세력을 집단적으로 형성하면서 반란의 양상으로 변하기가 일쑤였다.

그러면 이들 반란의 사회적인 주성분은 과연 누구였을까? 이 반란의 집단에서는 늘상 돈강 지대의 까자끄인들이 지도부를 형성하곤 했다.[15] 그 가장 큰 이유는 당연히 까자끄인들의 용맹 무쌍한 기질과 군사적 경험 덕택으로 저항세력에 쉽게 앞장섰기 때문이었다. 원래 까자끄인들은 몽고의 칸 지배세력이 쇠퇴한 15세기 말이래 잔류한 몽고 세력의 후예들이 모스크바 중앙 정부의 지배와 간섭을 피하여 남동부 변경지대에 이주한 데에서 시작된다. 까자끄인들은 근원적으로 특정한 소수 민족이 아니라 중앙 규제에 반발하면서 치외법권적인 지대를 형성하면 생계를 유지한 특수 집단들이다. 이들은 특히 기질이 활달하고, 용맹무쌍하며 반란적이었다. 이들은 주로 사냥, 목축, 방목, 국경수비나 흑해 연안에서 상행 등으로 생계를 유지하면서 살고 있었다. 이들은 커져가는 모스크바 중앙 정부에 대해 항상 납세와 행정적인 규제에 반발하였다. 농경지 경작보다는 돈강과 흑해연안에서의 상행이나 용병대 군인으로서의 직업이 자유를 지키는데 더 유리하였다. 까자끄인들은 끈임 없이 남동부로 향하는 로마노프 왕조의 팽창적 식민지 정책과 농노제 확장에 심한 불안을 느끼고 있었다. 까자끄인들은 늘 중앙 정부로부터 자치권을 요구했고 이 요청이 이루어지지 않으면 모스크바의 변경지대에서 전쟁이나 약탈 행위를 벌이면서 반발하거나 저항하였다. 중앙정부는 이들의 자치구역 설립 호소에 전혀 응하지 않고 매우 팽창적인 통제의 방식으로 대응해 나갔다. 정부로서는 까자끄인 문제는 항상 골칫거리였다.

1660년경 러시아에서는 다시 대규모의 2차 도주농의 물결이 일어났다. 이들 도주농들은 바로 까자끄인들이 집단적으로 몰려 살고 있는 돈강 유역의 동남부 지역으로 몰려들었다. 갑자기 이 지역의 인구가 7~8만 명으로 증가하였다. 그러나 뒤늦게 이주해 온 빈농들은 기존 까자끄인들 속에 적응하기가 매우 어려웠다. 왜냐하면 기존의 까자끄 주민 사이에서는 벌써 계급분화가 이루어져 있을 뿐만 아니라 기득권층이 형성되어 있었다. 그들 중 일부는 모스크바 정부로부터 국경 수비에 대한 보상으로 약간의 녹을 받으며 안정되게 살고 있었고 심지어 정부에 아첨하는 태도를 갖고 있어서 새로 도주해 온 빈농층은 깜짝 놀라지 않을 수 없었다. 새로 이주한 빈농들은 토지 소유나 자치구역 없이 부정기적인 상행의 수입, 용병, 약탈 등으로 생계를 불안정하게 꾸려 나갈 수 밖에 없었다. 자연이 이들은 사회불안이나 반란에 합류할 가능성이 농후한 집단이 되고 있었다.

3. 스텐카 라진의 등장과 반란

돈강 유역의 새로 도주해 온 까자끄인들의 가장 큰 고통은 식량난이었다. 1666년 이미 이들은 변방의 토지 경작의 기회와 자치권의 요구로 산발적인 봉기를 일으키기 시작 하였다. 그들은 서서히 규합되어 갔다. 이 사이 새 지도자로 스텐카 라진이라는 인물을 추대하였다.[16] 스텐카 라진은 기존 돈강 까자끄인들 사이에서 유력한 가문의 출신이었다. 키가 크고 우람하며 잘생겼을 뿐만 아니라 군사적 무예가 뛰어나 카리스마적 능력을 가진 인물이었다. 한 때는 정부로부터 우크라이나 지배권을 둘러 싼 폴란드와의 전쟁에 징발되어 나가거나 교섭의 대표로 임무를 받기도 하였다. 크림 지역의 타타르인을 격퇴시켜 공로상을 받기도 하였다. 그러나 그는 모스크바 정부에 대하여 결코 복종적인 태도는 취하지 않았다. 공교롭게도 마침 지주와의 갈등으로 인하여 스텐카 라진의 형이 러시아 귀족에 의해서 참수당하는 일이 생겨났다. 그 후 스텐카 라진은 중앙정부에 대해 증오심과 분노를 갖게 되었다.[17] 1666년 우스 반란 사건이 발생하자 그는 곧 반란군에 합류하였다.

2-2. 반란자 스텐카 라진의 이미지

맨처음 스텐카 라진은 볼가강 하류 연안에서 까자끄인 일부를 규합하여 카스피해 연안의 야이츠크(Yaitsk) 시를 기지로 삼고 볼가강을 따라 북상하여 모스크바로 진격한다는 거대한 반란의 계획을 세웠다. 모스크바 정부는 기득권 층에 속하는 까자끄인 야코블레프를 이용해 제지 공격 명령을 내렸지만 이들은 스텐카 라진과 직접적 충돌을 원치 않았다. 그만큼 스텐카 라진은 두려운 대상이었다. 스텐카 라진은 곧 추종자 세력 1,000여명을 이끌고 서서히 강을 따라 북상하면서 반란을 주도하였다. 처음에 그와 저항 세력은 지주층과 관료들에 대한 약탈로 시작하였다. 그 후 반란의 목적은 점차 해방과 자유를 목표로 삼는 거대한 농민전쟁의 양상으로 변화하였다. 정부의 진압부대의 파견에도 불구하고 스텐카 라진의 반란부대는 승승장구하여 야이츠크에서 데르벤트, 바쿠, 페르시아 입구 지역에서 전설적인 승리를 거두었다. 그 후 기지로 다시 돌아와 1669년에 볼가강에서 돈강 쪽으로 향하면서 볼가강의 하류지역의 요새지인 아스트라한(Astrakhan)을 탈취하였다. 이곳에서 빈농들과 도시민들은 스텐카 라진을 마치 신처럼 환대하였다. 추종세력이 7,000여명으로 증가하였다.[18] 스텐카 라진과 그의 부대는 빈민이나 인민을 추종세력으로 환영하면서 부자나, 지주층 관리들에게는 적개심을 표현하였다. 그는 추종자들이 점점 늘어나자 엄격한 내부 규율을 만들고 본격적 반란을 조직하였다.

반란 경로에서 스텐카 라진은 돈강에서 출발하여 볼가강으로 건너 간 다음 강을 따라 북상하여 수도 모스크바까지 진군하였다. 이 사이 반란자들은 악명 높았던 귀족층, 토지귀족 관리들을 처벌하거나 그들의 목숨을 요구하였다. 그러나 라진은 단순한 학살행위에는 동조하기를 꺼려하였다. 그보다 그는 쟁취한 지역의 주민들에게 공식적으로 부패한 관료층과 지주들에게 둘러싸인 황제를 구출한 다음 평민에게는 자유를, 까자끄 인에게는 보상금과 자치권을 줄 것을 약속하였다.[19] 그의 합리적인 행동 때문에 인기는 하늘처럼 솟아 올랐다. 귀족층과 관료들은 공포로 떨어야 했다. 황제 알렉세이와 중앙정부는 경악하지 않을 수 없었다. 당시 러시아 중앙의 군대는 폴란드와의 전쟁 직후였으므로 상비군, 종신 징집제, 서구식 훈련과 신식 무기 등을 도입하고 군사력을 키우는 준비를 하던 중이었다. 황제는 신식 정규 전투부대의 규모를 10만으로 키우는 계획을 세우고 있었다. 이 때문에 모스크바 공령 시절의 구식 부대인 스트렐치 친위부대는 해체의 위기에 빠졌다. 구식군대는 빈곤하면서도 속박되어 있었기 때문에 불만에 가득 차 있었다. 구식 군대 병사들은 정부에 저항감을 품었고 반란의 가능성이 매우 컸다. 이런 상황은 스텐카 라진에게는 대단히

유리한 군사적인 상황을 만들어 주었다.[20]

아스트라한(Astrakhan)은 모스크바의 동쪽 창으로 알려져 있다. 중세시대 이래 볼가강 하류 연안의 최대의 요새였다. 이 도시는 부유하며 동방과의 교역의 중심지로서 시장이 크고 인구가 조밀한 지역이었다. 스텐카 라진은 이곳을 공격하여 점령하는 데 성공하였다. 도시를 장악한 후 주민과 자치적 통치를 실험하였다. 스텐카 라진은 반란세력들에게 마치 신적인 존재가 되었다. 그는 아스트라한 다음에 볼가 강을 타고 점차 북상하여 체르니 야르(Cherny Yar), 짜리친(Tsaritsyn, 오늘날의 볼고그라드), 카뮤신(Kamyusin), 사라토프까지 점령하였다. 짜리친 도시의 해방 이후부터 반란은 까자끄인의 군사 반란이라기보다는 이제 그야말로 완전히 농민 반란의 성격으로 변하여 갔다. 북상하는 동안 라진의 추종세력은 수백 명의 귀족 집단과 그 가족까지 대량 학살하였다. 이 북상 동안에 놀랍게도 흔히 도시가 농촌보다 더 쉽게 투항해 왔다. 그 이유는 도시민 층(Posad) 역시 농노처럼 압제에 놓여 있었고 인구가 밀집되어 있던 탓으로 반란의 물결에 더 쉽게 선동되었기 때문이었다.

각지 주민들은 까자끄인의 공격 소문을 듣고 앞장서서 약탈 행위를 벌이면서 지주귀족과 수도원에 빼앗겼던 토지와 자유를 돌려 받으려 하였다. 특히 강제로 개종당한 원주민들이었던 알라튀르, 알자모스, 쿠르미쉬, 코스모데미안스크의 원주민들은 스텐카 라진에게 규합되기를 자청할 정도였다. 당시 합류에 적극적이던 바쉬키르인들이 후일 더욱 격렬한 푸가쵸프 반란 때에 주도적 역할을 담당하였다는 사실은 특기할 만하다.

그 외에도 종교적인 탄압의 이유로 변방으로 추방되었던 빈농 출신의 구교도 하급 성직자들조차도 반 지주, 반 관료의 입장을 취하면서 반도들을 환영하였다.[21] 구교도 성직자들은 과거에 지방 교회의 전통을 억압하고 관료적으로 교회를 통합시킨 황제를 악마의 종자, 혹은 사탄의 씨앗, 반 그리스도(Anti~Christ)로 불렀다.[22] 구교도들은 천년 왕국의 꿈을 설파하면서 반란군의 진군에 앞장서서 축성을 주기도하고 문맹의 까자끄 부대를 위해 선동적인 편지를 쓰고 낭독하는 데에 큰 공헌을 하였다. 이것은 당시 정교회의 분열과 종교적 탄압이 얼마나 커다란 사회적 갈등을 낳았는가를 생생하게 보여주는 단서가 되기도 한다. 이들의 선전 내용을 보면 첫째, 스텐카 라진이 농민을 지주 관리들로부터 해방시키고 토지를 돌려주고 이주 금지에서 구제하며, 둘째, 종교적인 관용을 허용한다는 것, 심지어 카잔 타타르인에게는 모하메드의 신앙조차 허락하리라 약속하였다. 셋째, 백성의 고통에 귀를 기울이고 구제하는 이상적인 군주를 내세운다는 것이었다. 스텐카 라진은 이제 '가짜 왕자 생존설' 신화를 만들어 내기까지 하였다. 이처럼 죽은 왕자에 대한 전설을 만들고 스스로 왕자라고 칭하는 참칭 사건은 러시아의 민중반란에 자주 일어나는 관습이었다. 이들 소문에 의하면 왕자가 귀족들의 음모에 의해 죽은 것이 아니고 구사일생으로 살아나서 피신해 있으면서 반도들을 도와주고 있다는 것이었다. 반도들은 이런 신화를 믿지도 않았지만 굳이 증명하려고 애를 쓰지도 않았으며 나중에는 그대로 받아들이기도 하였다.

1670년 여름까지 스텐카 라진은 거의 연전연승으로 2만 여명의 추종세력과 군사를 모으는데 성공하였다. 그는 이들을 이끌고 사라토프, 사마라를 거쳐 마침내 심비르스크(Simbirsk)에 당도하였다.[23] 여기서 그는 장차 모스크바에 가까이 있는 카잔, 니즈니노보고로드(고리끼)를 거쳐 수도 모스크바로 진군한다는 대담무쌍한 계획을 세웠다. 이제는 단순한 까자끄 부대의 폭동과 약탈이 아니라 대규모 사회적, 정치적인 내란으로서의 의미를 띠었다.

반란자들이 수도 근처 200킬로까지 올라 오자 황제는 경악하지 않을 수 없었다. 그는 폴란드와의 전쟁에서 일시 휴전 화약을 맺은 뒤 본격적인 진압 준비에 착수해야 했다. 그는 1670년 12월 지주귀족 출신 명장으로 알려진 기병대장 돌고루끼와 귀족 장교진과 병사들 6만 명을 징집하였다.[24] 황제는 신식 무기를 갖춘 군대를 심비르스크 주위의 요지인, 카잔, 니즈니노보고로드, 후미의 사라토프 등지에 파견하고 각 지방 행정지

사들이 이에 합류하여 포위, 대치하도록 밀명을 내렸다. 이것은 거의 내전에 가까운 공격 명령이었다.

이때 심비르스크 입성을 위한 공격에서 스텐카 라진은 전략상의 치명적인 실수를 하였다. 스텐카 라진과 그의 반란 세력은 자신들의 승승장구의 승리에 대해 너무 큰 자신감에 빠져 있었다. 스텐카 라진은 정부군의 공격에 대비하기 위해서 크게 3곳으로 분견대를 나누어 파견하였다. 이것은 중심지의 무력을 너무 분산시키는 결과를 갖고 왔다. 게다가 주민의 인기와 사기를 얻기 위해 인근 지역인 펜자, 사란스크 등지에서의 결전에서 군사적 힘과 인적 재원을 이미 너무 많이 소모시킨 이후였다. 스텐카 라진의 분견대 중 서남부로 간 미샤하리토노프는 펜자와 사란스크를 포위하기 위해 격전을 벌였다. 2차 분견대장 바스카 표도로프는 베르크니와 니즈니로모브에서 군수를 살해하고, 프로코피 이바노프는 카잔 주위에 대치하였다. 세 번째 반란군 장수인 막심 오시포프는 니즈니 노보고로드를 공격하기 위해서 알라튀를 포위하고 있었다. 그러나 이 분산전략 대신 스텐카 라진은 차라리 군사적 주의를 한곳에 집중시켜 자치적인 거점 구역을 만들어 자신의 통제권을 뿌리내리고 여기에서 쨔르에 대항하여 자치권의 권리를 협상수단으로 삼는 것이 더 유리했으리라 볼 수 있다. 스텐카 라진의 분견대는 각자 정부군대와 충돌하여 접전을 벌렸으나 수적으로 압도당할 수 밖에 없었다. 오합지졸의 반란 부대가 고도로 훈련되고 앞선 무장능력을 갖춘 정부군대에 이긴다는 것은 사실상 불가능하였다. 분견대들은 다만 정부군대가 스텐카 라진이 머물고 있던 심비르스크에 가는 길을 일부 늦추게 하는 효과만 있을 뿐이었다.

심비르스크에서 고도로 훈련되고 신식무기로 무장된 중앙의 기병 정예부대와 스텐카 라진의 반란 세력과 직접적 접전이 붙었을 때 스텐카 라진의 후진적인 농민 부대는 무너지기 시작하였다. 심비르스크에서 스텐카 라진은 전세에서의 최초의 실패를 맛보았다.[25] 쌍방 간에는 엄청난 육탄전과 살육이 서로 행해졌다. 이어서 카로토야크에서 라진의 주요한 분견대가 두 번째의 패배를 당하였다. 전세가 불리하게 전환되기 시작하였다. 이렇게 되자 곧 중부 지역의 토지 귀족과 관료들은 정부 군대의 원군의 소식을 듣고 크게 고무되었다. 힘을 다시 얻게 된 지방 관료들과 토지 귀족들은 공동방어를 위해 동맹을 맺고 라진 반란군에게 역공격을 가하기 시작했다. 그 후 정부군과 연락이 닿은 지방 귀족들과 관료들은 연합하여 볼가 강 하류에서 스텐카 라진의 추종자들의 공급로를 차단시켜 스텐카 라진을 완전히 포위하였다. 1671년 내내 그리고 그해 겨울까지 반란지역 각지에서 반란군은 마지막 저항에도 불구하고 붕괴하였다.[26] 이후 대량의 체포, 유혈적인 복수극이 진행되었다. 결국 스텐카 라진은 체포되고 재판받은 후 사진 절단 되는 등 참혹한 처형을 당하였다. 스텐카 라진의 처형 이후 나머지 반란 세력들과 가족들은 추방되거나 노예로 전락되는 처벌을 받았다. 그들의 숫자는 거의 10만에 이르렀다고 알려져 있다.[27]

스텐카 라진의 반란 동안 정복 당하였다가 탈환된 지역은 그 전보다 더 가혹한 조건으로 토지와 자유는 몰수 당하였다. 많은 반란자들은 정부군의 면도날과 같은 칼날 속의 혹독한 방법으로 고문 당하거나 사라졌다. 토지 귀족과 장교 출신의 귀족들은 몰수 당했던 모든 토지를 선물로 하사받았다.[28] 농민은 다시 완전한 농노의 신분으로 족쇄를 차게 되었다. 스텐카 라진의 반란 이후 중앙집권적인 전제 정부와 토지 귀족층은 서로의 이해 관계가 밀접하게 일치된다는 사실을 재확인 하였고 농노제를 위해 공동 결속감을 느끼게 되었다. 반란을 통해 극도의 위협과 공포를 느낀 바 있던 토지 귀족층은 생존을 위해서도 황제에게 더욱 충성하게 되었다. 전제 정부는 토지 귀족층에게 영지 내의 사법권, 농노 처분권을 무제한 인정해 줌으로서 중앙 권력의 튼튼한 사회 경제적인 버팀목을 만드는 데 활용하였다.

결국 로마노프 왕조의 황제는 농민층을 봉건영주의 인신 구속에서 해방시키거나 건전한 자영농으로 만들어 납세자 계층으로 만들었던 당시대 영국이나 프랑스와 같은 사회 구조를 전연 따르지 않았다. 또 귀족층

역시 영국이나 프랑스 귀족처럼 스스로 납세층이 되어 독립적인 신분대표권을 행사할 수 있는 법률적 근거를 쟁취한다거나 왕에게 대등한 정치적 발언권을 만들려는 발상은 전혀 갖지 않았다. 그보다는 오직 황제로부터 하사 받았던 면세 특권과 은총에 기대는 의존적 신분으로 존속하였다. 황제는 중앙 권위에 커다란 위협을 가했던 무시무시한 농민반란의 저항과 위세를 체험한 후, 토지 귀족층에게 농노법을 통해 더욱 더 많은 특혜와 개인적 총애를 하사하였고 황제에게 절대적으로 맹종하게 만드는 방법을 택하였다. 이로서 17세기 러시아는 서구와는 정반대의 역사발전의 구조를 걷게 되었다. 17세기에 러시아에서는 농민층은 해방되기보다는 오히려 토지에 긴박되었고 귀족층은 봉건적 반동 세력으로 전환함으로서 근대화에 역행하는 사회구조가 나타났던 것이다.

스텐카 라진의 반란이 실패한 이후 남은 반란의 세력과 까자끄 부대는 더욱 더 동쪽으로 달아나 먼 우랄지대와 야이츠강으로 거점을 옮기게 되었다. 그러나 스텐카 라진의 반란은 그의 죽음 이후의 새로운 농민 반란의 전형적 모델이 되었다. 스텐카 라진의 이야기는 다음 세대의 농민층에게 전설이 되었다. 그의 무용담과 승리의 구전은 농민층과 소수민족에게 사회 의식을 자극하면서 농민의 자유, 해방의 꿈을 고취시킨 마력적인 역할을 하였다. 스텐카 라진의 행적은 황제의 함구령에도 불구하고 계속 민중의 민요와 전설 속에서 불굴의 저항 정신을 지닌 영웅으로 묘사되어 노래로 불려지기도 하고 구세주 같은 인물로 미화되기도 하였다. 인민들은 라진이 숲속에서 숨어 살고 있으며 그들은 보호하고 있다고 말을 전하기도 하였고 곳곳의 지역에서는 그의 모습을 돌에 새기거나 이름자를 남겨두기도 하였다.

4. 스텐카 라진 반란의 재현 - 푸가쵸프의 난

스텐카 라진 반란의 형태는 1773~74년 역사상 최대의 농민 반란인 푸가쵸프 반란 때에 그대로 재현되었다.[29] 푸가쵸프의 반란은 규모 면에서는 라진 반란보다 월등히 컸지만 반란의 동기와 배경 그리고 반란의 과정이 근본적 스텐카 라진의 반란과 완전히 유사하다.[30] 이 때문에 스텐카 라진 반란의 중요성이 더욱 강조되기도 한다. 다른 점이 있다면 푸가쵸프의 난은 더욱 동쪽으로 밀려나 우랄 지역에서 시작한 점이다. 이 반란은 동으로 도피한 까자끄인의 후예와 모스크바 팽창의 물결을 피해 돈강, 볼가강에서 출발하여 야이츠강 연안으로 이주하여 살게 된 집단을 중심으로 발발하였다. 그들은 과거 한 세기 전에 황제 미하일 로마노프가 그들에게 국경을 수비하는 대신 완전한 자유인으로서 자치적으로 살 수 있는 권리와 야이츠강 인근의 토지를 소유할 수 있는 권한을 약속하였다고 주장하였다. 이들은 목축, 염전, 어로, 약간의 경작으로 생활을 꾸려가면서 우랄 지대의 타타르인, 칼무크인, 키르키즈인의 공격을 막아 내는 임무를 수행했다. 그러나 18세기 초부터 전제정부는 우랄 산맥을 넘어 시베리아로 팽창하려는 대 계획을 수립하고 있었다. 카프카즈 지역을 획득한 후, 우랄과 스텝 지역 그리고 중앙 아시아의 소수 민족을 정복하여 제 국민으로 흡수 통합할 계획에 본격적으로 착수했다. 또 로마노프 정부는 이 지역에 러시아계의 식민인을 파견하기도 하고 이 지역 소수민족들에게 통제권과 통행세를 부과하는 등 징세권을 행사하려 들었다. 새로운 규제와 억압을 시행함으로서 로마노프 정부와 이곳의 까자끄인과 농민들 사이에 잦은 분규와 충돌이 일어났다.

1721년 한때 표트르 대제가 야이츠 부대를 수도의 국방성의 사법권 산하에 두려고 하자 야이츠인들은 도시를 불태우고 저항한 적이 있었다. 그 후 중앙정부는 탄압과 유화 정책을 병행하면서 기존 까자끄인 일부를 정규군에 편입시켜 스스로를 자치 통제하도록 하거나 정부 대신 도주농노를 수색, 소환하거나 염세 약출의 임무를 부과하기도 하였다. 이에 따라 까자끄인들 자체 내에서 종종 이견과 내분이 생겨났다. 야이츠 지대의 빈곤한 농민층은 분리주의적 성향을 띄면서 반항적인 태도를 취하고는 하였다.

예까쩨리나 여제는 이들에게 어로, 염전에 대한 독점권을 행사하는 것 이외에도 군대의 강제 복역의 의무를 부과하고 까자끄인들의 자치적 장교 선출권을 폐지하는 등 다시 억압적인 정책을 시작하였다. 이 당시 러시아 전제정부는 남부로의 팽창 정책에서 터키와 대치하고 있었기 때문에 까자끄인들의 군사적 자치권은 절대로 묵과할 수 없는 일이었던 것이다.

드디어 1772년 오렌부르크에서 여제가 파견한 표도르 프라이만 장군은 야이츠 시의 소규모 폭동 세력을 무자비하게 진압하는 사건이 발생하였다. 이것은 더 큰 불만을 야기시키게 되었다. 곧 예까쩨리나 여제에 대한 증오심과 반란의 분위기가 발생하였다. 저항의 무우드는 이미 죽은 황제 표트르 3세의 생존설의 소문과 결합하여 나돌면서 반란의 정당성을 미화하는 양상을 띠기 시작했다. 표트르 3세는 여제의 손에 의해 독살된 인물로 알려진 황제였다. 그는 그다지 유능한 황제는 아니었지만 생존 시 이 지역의 소수 민족에게 염세를 탕감해 주고 사적농노를 국영 농노로 전환시킬 것과 강제적 농노매매에 금지령을 내리고 구교도의 귀국을 약속하는 등 꽤 그럴듯한 이미지를 갖고 있었다. 그러나 1762년 표트르 3세가 살해되자 농민층들은 이것을 독일에서 온 여제 예까쩨리나와 주변 귀족들의 음모라 믿었고 특히 여제를 주범으로 비난하기 시작하였다. 심지어 표트르 3세가 사실상 살아 있으며, 우파 지역과 체스노코브카 등지에 피신하고 있다는 소문조차 퍼지고 있었다.

이때 푸가쵸프라는 인물이 등장하였다. 그는 까자끄 출신의 병사로서 프러시아, 터키와의 전쟁에 징집된 적이 있었다. 1764년 그는 폴란드 국경 근처에 탈주한 구교도들을 잡으라는 명령을 받았으나 이를 수행하지 않아서 한 동안 귀국금지 조치를 받았다. 그 후 그는 표트르 3세의 사면

조치를 받아 귀가하는 도중 주변에서 그가 표트르를 닮았다는 지적을 받았다.[31] 이 일화가 생기고 난 후, 푸가쵸프는 구교들 사이에서 야이츠 지대의 까자끄인을 구제해 달라는 제안을 받았다. 그는 즉각 반란의 움직임에 가담하였다. 푸가쵸프는 야이츠 까자끄인에게 토지귀족층의 수탈행위를 탄핵하고 민중에 대한 사랑을 감동적으로 연설하였다. 그의 인기는 폭발적이었다. 그는 농민층에게도 미래 더 자유롭고 행복한 나라로 인도할 땅을 약속하였는데 열광적인 환영을 받았다. 푸가쵸프는 주변에 황홀한 약속을 한 덕택으로 3,000명의 까자끄인 반도들과 구교도들을 모으는데 성공하였다. 차츰 스텐카 라진의 반란의 경우처럼 다시 러시아 농민들의 꿈이었던 '자유와 토지'의 이상이 반란자들의 구호로 사용되었다.

1773년 9월 푸가쵸프의 부하였던 이반 자루빈, 막심 쉬가예프 장군은 야이츠를 자치 수도로 삼고 새 왕국을 세우기 위한 여러 성명서를 발표하였다. 이곳은 까자끄인들의 새로운 수도가 되었다.[32] 푸가쵸프는 감히 도시민의 모든 죄를 사면한다고 선포하였다. 또 그는 주민들에게 토지, 국고금, 납, 곡식을 하사하여 추종자들을 규합하였다. 그 후 야이츠를 중앙 요새로 삼고 북상하여 모스크바를 탈환한다는 계획을 수립하자 반란자들은 삽시간에 모여들기 시작했다. 반란부대는 처음에는 300여 명의 까자끄 병사만으로 단숨에 일레츠크를 무혈 정복하였다. 이곳에서 푸가쵸프는 대대적인 환영을 받았다. 쉽게 2천 명을 규합하고 무기창고를 탈취하였다. 푸가쵸프는 우랄강 연안의 최대 도시인 오렌부르크를 정복하기 위해서 일단 인근 마을 베르다에서 월동 준비를 하면서 빈민과 민중들에게 자유와 토지를 약속하는 전단을 뿌리기 시작했다. 민중과 구교도 하급 성직자들이 다시 설레기 시작하였다. 곧 겨울동안 무수한 농민들, 구교도 신자들, 탈주 농민들, 소수민족과 폴란드계 장교들, 심지어 몰락한 토지 귀족들조차 모여들어 기존질서를 무너뜨리는 계획에 동조하였다.

특히 회교 계통인 바쉬키르인과 우랄 공업 지대의 농노들은 가장 열렬한 추종자가 되었다. 바쉬키르인들은 마자르 계통의 회교도들로서 터키어를 사용하는 민족이었다. 이들은 1550년대 이후부터 모스크바의 지배하에 놓여 있었다. 그들은 신 토지귀족의 수탈과 억압, 생활권의 침해, 과세, 군역, 징집에 저항해 왔다. 1640~1770년 사이 이들은 전제정부의 식민 사업과 산업화 등으로 사회경제적인 기초를 위협 받게 되자 이미 잦은 반란으로 저항한 경험을 갖고 있었다. 1735년 오렌부르크 도시의 건설 당시의 반란 때에 거의 3만 명이 고문 받거나 처형되었다. 이런 과거 기억을 가진 지역민들에게 반란 소문과 신앙의 자유를 준다는 선전이 퍼지자 푸가쵸프는 그들에게 마치 마호멧이나 예수 그리스도의 도래와 같은 모습으로 비춰졌다.

한편 17세기 말에 우랄지대는 나름대로 광산 산업의 붐이 일어나게 되는데 구리, 철광석, 목재, 용광로, 수송산업의 붐은 1740~50년대에는 절정을 이루었다. 그러나 러시아의 산업 노동력은 대부분이 농노에 의해 충당되었기 때문에 과중한 노동부담, 가혹한 기후조건, 작업 환경, 끔찍한 생활 수준, 낮은 임금, 벌금, 태형 등으로 그 착취 상황은 가공할 정도였다. 1750~60년대에 이들 미숙련 농노 노동자들의 파업은 빈번한 사태가 되었다.[33]

푸가쵸프는 1773년 10월 특히 파업과 저항이 심한 아비아즈노-페트로프스크 제철 지대에 침투하여 들어가서 선동으로 큰 지지 세력을 얻었다. 이들의 동조 덕택으로 그는 야이츠크-오렌부르크-우파 지역을 가장 주요한 거점으로 획득할 수 있었다. 1773년 말까지 반란 부대는 1만 5천여 명으로 증가하였다. 푸가쵸프는 이들을 출신별로 조직하여 대대로 편성한 후, 각 관할 구역으로 배치하여 자치권을 부여하였다. 그의 인기는 가공할 정도로 높아져 갔다. 푸가쵸프는 군사적으로 대단히 유능한 인물이었다. 당시의 기록에 의하면 그는 마치 영국 청교도 혁명을 지도한 크롬웰에 비유되기도 하였다. 점차 우랄강에서 볼가강에 이르는 지역은 완전히 푸가쵸프의 통제 하에 놓이게 되었다. 푸가쵸프는 짜르를 흉내 낸 복장과 행동거지를 하고 수도를 베르다에 두었다. 휘하 막료 장군 역시 귀족의 흉내를 내면서 장차 러시아의 토지 귀족의 모든 권리를 빼앗아 농민들에게 반환해 줄 것을 약속하였다.

당시 예까쩨리나 여제는 터키와의 전쟁을 벌이고 있던 중이었다. 이 때문에 대규모의 진압부대를 쉽게 동원할 수가 없었다. 겨우 바실리카르, 이반 데코롱 장군을 파견 하고 심비르스크에 체르니세프를, 카잔에서 콜프를 추후 원정부대를 징집, 파견하였다. 그러나 정보와 무기 면에서 중앙 군대는 매우 불리하였다. 장군들이 패주하자 여제는 문제의 심각성에 크게 놀랐다. 더구나 여제는 자신이 표트르 3세 암살 음모의 주역이라는 푸가쵸프의 선전과 악성 소문에 대하여 대단히 불편하고 분한 마음을 견딜 수가 없었다. 그녀는 서구의 계몽된 교육을 받은 세련된 비비코프 장군을 선발하여 파병하였다. 비비코프는 매우 교양있는 인물로서 문맹의 푸가쵸프와 대조적인 사람이었다. 즉각 장군은 반란 지역 주변의 토지 귀족과의 동맹을 결성하는 방안을 택하였다. 그는 반란이 지주귀족과 빈농 사이의 빈부의 투쟁일 뿐만 아니라 어두움과 밝음의 문화가 서로 투쟁하는 대립이라고 유려한 연설과 지식으로 각성시키고 황제의 이익과 젠트리의 이익이 일치한다고 설득하였다. 토지 귀족층에게 1000 루블의 상금을 내걸고 푸가쵸프의 생포를 호소하였다. 이를 이용하여 1774년 4월 비비코프는 우랄 중류지대의 관리들의 호감을 샀고 소읍을 재탈환하는데 성공하였다. 이에 자신감을 얻게 된 비비코프는 인근 지역에서 무기를 확보하고 정규군을 모으는데 성공하였다.

비비코프는 우파(Ufa)에서 푸가쵸프 반란군과 격렬한 전투를 벌였다. 푸가쵸프의 부하였던 자루빈은 끝까지 버티었으나 우파를 지키지 못하였다. 이 전투는 상황의 전환점이 되었다. 중앙군은 다시 오렌부르크로 진격하여 푸가쵸프를 공격하였다. 푸가쵸프의 구식 반란군 부대는 예까쩨리나 여제의 신식 군대와 신식무기인 총, 포를 당해낼 수는 없었다. 이 상황은 과거 스텐카 라진 반란의 경우와 똑 같은 모습으로 귀결되었다. 이 전투에서 푸가쵸프는 대패하여 부하 군대 중 2천 명을 잃게 되었다. 푸가쵸프는 베르다를 거쳐 우랄 내지로 달아났으나 그의 부하들 3천여 명이 포로로 체포 되었다.

그러나 그의 저항은 이것으로 끝나지 않았다. 비비코프 장군이 사망하자 후임으로 시체르바토프 장군이 임명되었다. 그는 전임 장군만큼 유능하지는 못하였다. 그 사이 푸가쵸프는 비밀리에 다시 8천여 명을 규합하여 정면 대결보다 복병과 기습전으로 공격하였다. 이 불굴의 투쟁과 저항전에서도 농노, 노동자들과 바쉬키르 인들이 푸가쵸프를 도와 주었다. 이들의 도움으로 비밀리 푸가쵸프는 카잔을 기습하여 지주층, 관리, 교회 인물들, 독일계 주민을 대학살하고 약탈 행위를 벌인 후 달아났다. 카잔은 볼가강의 중류의 요충지이며 모스크바의 동쪽 입구에 해당되었기 때문에 귀족들은 공포에 떨지 않을 수 없었다. 여제는 매우 당황하였다. 전제정부는 더욱 절실하게 토지 귀족의 도움 없이는 권력이 풍랑 속의 촛불이 될 수 밖에 없다는 것을 깨달았다.[34] 여제는 토지 귀족과의 동맹이 중앙 권력의 안정에 본질이라 느끼고 일련의 특권을 추가로 약속하면서 푸가쵸프의 생포에 광적인 노력을 쏟았다. 푸가쵸프가 뻬쩨르부르크로 간다는 소문은 농민들을 설레이게 하였고 귀족층들을 몸서리치게 하였다. 만약 농민들이 해방된다면 어떤 일이 일어 날 것인가? 이에 대해서 황제, 토지 귀족층, 관료들은 모두 두려움에 떨어야했다. 지배층은 불안과 두려움 속에서 더욱 굳게 결합하였다.

1774년 7월의 대 선언문에서 푸가쵸프는 농노들의 피폐함과 황제의 폭정, 토지 귀족층의 착취를 천하에 폭로하고 해방을 약속하였다. 볼가강을 따라 니즈니노보고로드, 쨔리친, 심비르스크, 탐보프, 펜자의 주민들은 대부분 사적 농노들로서 당시 토지 귀족층의 사법권 횡포가 절정에 달할 때였기 때문에 푸가쵸프를 열렬히 환영하였다. 과중한 세금과 부역에 시달리던 탐보프의 농민들은 토지와 자치, 신앙의 자유의 약속에 즐거워하였다. 7월 선언 이후, 푸가쵸프는 연속적으로 토지 귀족층에 대한 철저한 보복극을 행하였는데 귀족층과 관리, 구교도와 분리파를 탄압하던 정교회 성직자들의 희생자는 약 2천 5백명 내지 3천 명에 이르렀다.

푸가쵸프는 스텐카 라진처럼 이때 전략적인 실수를 하였다.[35] 그는 모스크바로 곧장 진격하지 않고 볼가강에서 남하하여 우회하는 방법을 택하였다. 이것이 오히려 시간을 지체하고 상대가 힘을 다시 모으도록 여유를 주는 결과가 되었다. 그는 볼가강을 따라 하향하면서 돈강의 까자끄인의 도움을 기대하였던 듯하다. 그러나 정부군의 집요한 추격과 돈강 지역의 방어 전략은 푸가쵸프의 예상을 뒤엎었다. 이 지역의 농민들은 터키와의 전쟁으로 이미 너무 지쳐있어서 반란에 덜 매료되었다. 마침내 푸가쵸프는 체르니 야르 전투에서 정부군에게 결정적으로 패배하였고 그의 부하는 격감하였다.[36] 이후부터 밀고자가 속출되었고 푸가쵸프는 마침내 생포되었다.

여제는 특히나 푸가쵸프를 증오했기 때문에 그가 스텐카 라진처럼 영웅으로 보이지 않도록 재판 대신 즉각 참수시키는 방법을 택하였다. 푸가쵸프의 처형 이후 수천 명의 반도들 역시 참혹한 징벌과 사형과 유형을 받았다.[37] 결국 스텐카 라진 반란 당시 반도들의 피가 넘쳐 흘렀던 볼가강은 푸가쵸프의 죽음으로 다시 붉게 물들게 되었다. 러시아에서 푸가쵸프의 반란 이후 1917년 혁명까지 큰 민중 반란은 더 이상 일어나지 못했다. 근본 이유는 전제정이 푸가쵸프에 대한 기억을 완전히 제거하기 위하여 모든 수단을 동원하였던 탓이었다. 동시에 황제는 지주 귀족층에게 더욱 많은 특전을 하사하였다. 전제정과 귀족층은 철저히 밀착되었다. 이에 따라 농노제는 개혁될 가능성이 완전히 사라졌던 것이다.

5. 최후들

이상의 두 차례의 반란의 배경과 과정을 비교 요약해 보면 거의 유사한 모습을 띠고 있다. 결국 모스크바 공국 말기에 전제 정부는 지나치게 짧은 시기에 군국주의적 방법으로 천하를 통일하고 권력을 통합함으로서 상부의 귀족층에서부터 도시민, 교회, 농민, 소수민족에 이르기까지 사회에 극도로 무리한 억압과 긴장을 유발했다는 것을 알 수 있다.[38] 이 때문에 러시아 인민의 눈에는 국가란 보호를 주는 실체가 아니라 언제나 낯선 억압의 존재로만 보였다. 또 국가의 도구인 관료와 귀족층은 사악한 집단으로서 고래의 관습과 전통을 유린하며 오직 세금과 징병과 노동을 강요하는 존재로만 비춰졌다. 17·18세기 농노로 전락하던 러시아 인민은 사악한 귀족을 토지에서 내쫓고 자비와 정의를 베풀고 토지와 자치를 허락하는 구세주를 열망하는 심적 상태에 있었다. 그러나 이들 반란은 아직은 역사의 근대화의 흐름과 완전히 차단되어 있었기 때문에 마치 전통적인 공동체 사회로 되돌아가고자 하는 복고주의적이거나 혹은 천년왕국의 유토피아적인 세계관으로 나타나기도 한다. 그러나 이들의 복고주의적인 시각에도 불구하고 이들을 시대착오적이라거나 반동적인 반란으로 해석할 수 없다. 그들의 전통적인 세계관에도 불구하고 기존질서를 붕괴시키고 변화시키려는 결의에서 매우 혁명적이었고 하부계급에게 집단적인 저항의식과 정의로운 질서에 대한 열망과 정신을 심어 주었다.

특히 스텐카 라진 반란의 전설은 1870년대의 농노의 해방과 인민을 구제한다는 인민주의 운동의 신화적인 기초로 작용하였다. 스텐카 라진 반란은 항상 반전제정의 투쟁에 불꽃같은 지표가 되었다. 20세기 초에도 러시아의 지배층이 무엇보다도 제일 두려워한 것은 도시 노동자 계급이 아니라 언제나 농민 봉기의 사태였다. 1917년 10월 노동자계급에 의한 사회주의 혁명 역시 근본적으로 농촌에서의 반란이 동시에 진행되었기 때문에 성공할 수 있었다. 이런 점에서 볼 때 전통 러시아의 반전제적인, 반봉건적 농민반란은 완전한 실패로 사라진 것으로 말할 수는 없을 것이다.

3장 러시아 청년·대학생의 정치적 행동주의의 시작, 1855~1863

1. '인텔리겐찌야'의 전통

'인텔리겐찌야'란 체제 비판적이거나 또는 체제 전복적 사상과 실천적 행동에 몰두하는 반 체제적인 지식인을 일컫는다. 19세기 러시아 역사에서 인텔리겐찌야의 이야기는 단지 러시아에서 뿐만 아니라 세계사에서도 중요한 사건이기도 하다. 왜냐하면 이것은 압제적 정치 권력 속에서 지식인의 소외가 어떤 결과를 갖고 오는 것인지 또 사회 변화에서 지식인이 어떤 역할을 할 수 있는지를 보여 주는 중요한 모델이 되었기 때문이다.

1824년 러시아에서 자유주의 사상을 갖고서 최초로 입헌주의 체제를 꿈꾸던 청년 장교들에 의한 '데카브리스트 반란'은 계획이 탄로되어 완전히 실패로 끝났다. 그러나 러시아에서는 곧 이 사건을 모태로 하여 미래 러시아의 향방에 대해 토론하고 금서 서적을 탐독하는 비밀스러운 지식인 집단이 생겨났다. 1840년대 최초 사회주의 사상가에 속하는 헤르젠, 벨린스키, 투르게네프는 바로 첫 세대의 '인텔리겐찌야'에 해당된다. 역사가들은 이들을 '아버지세대 인텔리겐찌야'(the fathers)라고 부른다.

영국과의 크림 전쟁에서 전제정부가 치욕적인 패배를 당하자 러시아 국내의 '교양 사회'(obshchestvo, 옵쉐스트바)에서는 정부와 사회체제를 비판하는 소리가 들끓게 되었다. 취약한 군사적 경제적 능력이 폭로되고 농노

반란의 가능성마저 나타나자 두려워진 짜르 알렉세이 2세는 농노 해방령과 함께 사회의 전반적 자유화를 약속하는 대 개혁령을 선포하였다. 이 선언은 즉시 러시아 사회 전체를 온통 흥분과 기대의 도가니로 이끌게 되었다. 그러나 교양 사회층의 기대와 달리 농노해방 개혁은 매우 불철저하였고 오히려 비인간적임이 드러났다. 인신 해방과 토지소유를 기대하던 농민들은 오히려 더욱 빈곤해졌을 뿐만 아니라 토지 부족의 절망적 함정에 빠지게 되었다. 이 뿐만 아니라 소득 위기에 봉착하게 된 지주들과 농민 사이에 가공할 만한 토지 분쟁이 발생하면서 적대적인 사회 갈등이 만연하게 되었다.

이런 배경 하에 실망스런 해방령의 결과를 비판하는 일군의 젊은 세대의 지식인들이 등장하였다. 이들은 한 세대 전에 체제 비판과 더불어 러시아의 장래에 대해 심각한 의문을 제기하였던 1840년대 헤르쩬과 투르게네프를 위시한 선배 세대 '인텔리겐찌야'의 후예임을 자처하였다. 이들은 스스로를 '아들세대 인텔리겐찌야'로 부르면서 선배들의 사상과 행동 방식에 대해 큰 불만감을 표현하였다.[1] 이들은 당대 인기 폭발한 체르니쉐프스키의 실천적 소설 『무엇을 할 것인가』를 읽고 이에 열광하였다. 이 소설 속의 주인공인 베라라는 젊은 처녀는 의류 재봉사로서 독립적인 직업을 갖고 공동체적 생활과 자유로운 사랑을 통해 현실 참여를 실현해 보인 인물이었다. 젊은 세대 인텔리겐찌야는 그녀를 모델로 삼고 싶어 했다. 이들은 선배들의 추상적 사고에 빠진 삶이나 소극적 냉담주의를 비판하고 대신 행동주의와 적극적 현실참여, 구체적 실천을 강조하였다. 현실참여와 개혁에 대한 적극적 욕구는 마침내 상뜨 뻬쩨르부르크 대학과 모스크바 대학을 비롯한 일련의 선두적 대학가의 청년·대학생들에게 불길처럼 확산되기 시작하였다.[2]

러시아의 정치사상사와 혁명운동의 발전에서 1855~63년 짧은 기간 동안의 청년·대학생들의 정치 운동의 양상은 매우 흥미롭다. 왜냐하면 이 사건은 후일 발발한 1917년 10월 볼셰비키 혁명까지 60여 년간의 인텔리겐찌야 운동의 역사의 축소판이 되었기 때문이다. 급진파이든 온건파이든 모든 사상의 흐름, 계보와 조직들은 여기에 기원을 두고 있다.[3] 이름 없는 무명의 청년·대학생들의 사고와 행동 방식들은 역사 속의 하부 구조를 구성한다. 실제로 당시대 러시아 청년·대학생들의 정치적 행동주의는 무수한 지도적 사상가들의 견해나 이론의 구체적 실천의 통로가 되었다. 이런 점에서 이 사건은 그 시대상과 역사를 사실적으로 재구성하는데 도움을 줄 것이다.

그러나 오늘날 자유주의적 역사가들은 일반적으로 1860년 당시 청년·대학생들의 급진주의 운동이 매우 즉흥적으로 발생한 것으로서 해석한다. 이것은 정치 차원에서 정부와 인텔리겐찌야와의 타협의 가능성을 말살시켰을 뿐만 아니라 오히려 러시아 정치문화의 고질적 이중주의, 혹은 양극화 현상을 해소하기보다는 더 강화시킨 것으로 비판한다. 또한 이 운동을 러시아 사회가 직면하고 있는 근본 문제에 대한 해결책이 아니라 미성숙의 징후를 보인 것으로 지적하면서 매우 부정적인 평가를 내리고 있다.[4] 이와 대조적으로 소비에트 역사가들은 당시 청년세대의 정치적 행동주의가 혁명을 표방하는 통일된 투쟁의 표현이라고 주장한다.[5]

필자의 견해로는 이 양자 해석은 모두 다 몇 가지 점에서 재론의 여지가 많다고 본다. 왜냐하면 1860년대는 사상적 심리적 변화가 여러 번의 지그재그 굴절을 겪은 시기였으므로 일률적으로 부정적이거나 찬양조의 평가를 내리는 것은 온당하지 않다. 대신 당시 사상과 행동들을 상황별의 미묘한 변화와 관련지어 판단하는 것이 타당하다. 사실 1860년대 초까지만 해도 러시아에서는 아직 그 누구도 혁명을 생각하고 있지는 않았다. 아직은 평화적 개혁에 대한 열망이 더 컸으며 점진적 개혁이 가능하다고 본 지식인이 대다수였다. 급진적 청년층이 혁명주의자로 전환하거나 허무주의로 빠져든 것은 그로부터 10년 이상 훨씬 지나 1870년대에 나타난 현상이다. 역사는 결과를 먼저 알고 있다는 장점 때문에 자칫 과거에 거슬러 올라가서 미리 예정된 판단을 내리는 경우가 있는데 이것은 그나 큰 실수가 아닐 수 없을 것이다. 그러므로 최초로 청년·대학생들의 지적인 면모와 행동주의가 나타났던 순간의 희망과 노력, 그리고 좌절과 악몽의 급격한 급진주의로의 전환의 과정을 면밀하게 검토하는 것이 필요하다.

이를 위해서 먼저 1861년 짜르 알렉세이 2세의 자유주의적 대 개혁 선언이 러시아 대학 내부 자체에 어떤 영향을 주었는지 살펴볼 필요가 있다. 그 다음 대학의 변화상이 청년 지식층에게 어떤 영향을 미쳤는지, 이들이 어떤 경로로 정치적 논제에 접하게 되었는지 살펴 보자. 동시에 당시 청년·대학생들은 러시아 미래에 대해 어떤「신 사회」상을 꿈꾸고 있었는지 검토해 보자. 과연 자유주의적 서구 역사학자들이 비판한 것처럼 그들의 실천적 행동주의가 정말로 사회적으로나 정치적으로 파괴적 영향을 주었는가를 검토해 보자.

2. 러시아 대학의 외적 변화

1848년 2월 혁명 이후 유럽에서는 신성동맹의 반동세력이 완전히 붕괴하고 부르주아적 자유주의 혁명이 성공의 정점에 달하고 있었다. 그러나 정작 러시아는 억압적 전제정 하에서 자유주의의 침투를 막기 위한 혹독한 검열과 반동정책에서 한 발짝도 물러서지 않고 있었다. 영국의 캠브리지 대학, 옥스퍼드 대학이나 프랑스의 소르본느 대학 그리고 독일 예나대학과 합스부르크 비엔나에서 대학은 항상 과학적 연구와 지식 그리고 정치적 사회적 사상의 탄생과 확산의 매개자로서 핵심적 역할을 행하고 있었다. 자유주의 혁명이 성공하면서 대학은 모든 세속적 교육의 결정 권한을 쟁취하고 있었다.

그러나 러시아의 경우는 이와는 한참 달랐다. 1855년 당시 러시아 제국 전체에서 고등교육 기관의 학생들의 숫자는 단 5천 명도 되지 않았고 인구의 0.01%도 되지 않았다. 이 같은 상황이 황제의 대 개혁령을 맞이하여 크게 변화할 수 있는 계기를 맞이한 것이다. 갑자기 러시아에서 대학교의 역할이나 양적 질적 성장의 필요성에 관한 문제가 비상한 주목을 받게 되었다. 유럽 사회의 지식과 교양 수준을 부러워하면서 교육받은 유능한 인재의 확보는 대학 자체 문제일 뿐만 아니라 러시아 전체 정치적 사회문제로서 새로운 논의의 대상이 되기 시작하였다.[6] 이에 러시아 정부는 단지 대학교의 양적 성장의 절박성에 이어 대학이 제대로 발전하기 위해서 학문적으로나 교육적으로 자치와 사상적 자유가 필요하다고 보는 '정치적' 문제에 직면하게 되었다. 어느 한편으로 자유주의적 개혁이나 근대화 과정에서 고등교육기관이나 대학의 자율성을 둘러싸고 정치권과 지식인이 겪는 대립과 갈등은 대다수 국가들이 겪는 보편적 문제이기도 하다.

유럽에 비해 19세기 러시아 대학의 역사는 아주 짧다. 가장 오래된 모스크바 대학만이 19세기 이전인 1755년에 설립되었고, 그 외 하르코프(Kharkov) 대학, 카잔 대학은 1804년에, 상뜨 뻬쩨르부르크 대학은 1819년에, 키예프 대학은 1834년에 겨우 설립되었다. 학생들의 숫자도 소수였다.[7]

특이하게도 러시아의 젠트리, 즉 토지 귀족층과 대학의 관계는 언제나 불편한 관계를 갖고 있었다. 왜냐하면 러시아의 상층부 고급사회의 자녀들은 러시아 국내의 교육 기관을 택하지 않고 언제나 유럽으로 유학을 가는 길을 선택하며 서구에 의존하는 모습을 지니고 있었다. 1764년 당시의 모스크바 대학의 등록자수는 겨우 48명으로 그 중 젠트리 층 출신은 8명뿐이었다.[8] 19세기 초에도 그 숫자는 100명을 넘지 못했다. 철학이나 사상, 문화 면에 관심 있는 젠트리들은 대부분 개인 가정교사(Tutor)와 서구의 대학을 이용하였으며 교양이나 문화 소양보다 공직 진출이나 정치적 출세를 원하는 이들은 사관학교를 택하여 졸업 후에 신분 등급표 상 높은 등급을 받았다.

이에 비해 국내 대학에서는 사회 구성 성분상 평민층 출신, 즉 하급관리, 하급성직자, 극히 드물게는 자유 신분을 획득한 농민의 자제들이 많았다. 이 때문에 대학은 지배층 엘리트를 만드는데 별로 기여하지도 못했고 영향력을 갖고 있지도 못했다.[9] 정부는 국내 대학에 젠트리 층을 끌어들이기 위해 입학자격에 신분 제한을 가하고 졸업 후에는 귀족의 작위를 받을 수 있는 8등관의 등급을 수여하는 등 여러 가지 유인정책을 썼다. 그러나 젠트리들이 비로소 대학 입학에 관심을 갖기 시작한 것은 자유주의를 추구하던 1824년 데카브리스트 반란이 실패하고 서구사회를 흠모하던 지식인들이 체제 순응을 피해 지하로 내려가기 시작하고부터였다.

데카브리스트 반란이 진압 된 후, 점차 짜르와 여론 교양사회(Obshchestvo), 특히 귀족 출신 지식층과의 상호 불신감이 깊어졌다. 후자는 현실 참여를 기피하고 대학에서 은신처를 찾아 관념적 이론논쟁에 몰두하거나 소극적 냉담주의 태도를 취하였다. 니콜라스 1세 전제 정부의 반동 정책의 심화로 다시 대학 입학의 길이 제한되었다. 하층 신분의 입학이 금지되면서 등록금 제도가 도입되거나 인상되는 정책이 실시되었다. 데카브리스트 반란의 싹을 자르기 위해 짜르 니콜라스 1세는 대학 내의 자율권을 박탈하고 모든 교육기관을 관구의 행정 관료의 감독 통제 하에 두었다. 대학 위원회의 결정권이 크게 축소 제한되었다. 정부가 직접 개입하여 교과목을 결정짓거나 정부 마음에 들지 않는 교수는 자의적으로 해임하며 군출신의 감독관을 대학 내에 상주시키기 시작하였다. 지적, 정치적, 도덕적 분위기 뿐만 아니라 심지어 학생들의 종교적 성사까지도 모두 감시 감독하였다.[10] 이런 분위기 탓으로 러시아 대학이 적극적으로 대학 기능을 수행할 수 없음은 당연하였다. 인문고등 학교 학생이나 대학생 수는 거의 정지하였다.

1848년의 대학 등록자는 명목상 겨우 4,000명을 넘었고 인문 고등학생 수는 18,911 명이었다. 그나마 1848년 유럽의 혁명 이후 대학생 수는 25%가 줄고 말았다.[11] 1848년 한 해는 러시아 대학에 또 다른 불리한 영향을 주는 사건이 발생하였다. 원래 모스크바 대학은 러시아에서 졸업 동창들 사이에 단결심을 갖게 만든 유명한 장소였다. 한때 지식인들 사이에 사상적으로 슬라브주의자-서구주의자의 토론과 대립이 일어났던 곳도 바로 이 대학이었다. 그러나 1848년 유럽 혁명의 소식 이후 지적 그룹 사이에 좌절감, 마비감이 밀려들어 오자 모스크바 대학도 지적 활기를 크게 잃게 되었다. 정부로부터의 끈임 없는 의심을 받던 철학 강좌는 폐강되었다. 그나마 남아있던 대학위원회의 권한이 사라졌다. 학장, 학감은 더 이상 선출되는 것이 아니라 문부성 장관으로부터 파견되었다. 대학교의 학감의 기능은 증오의 대상이던 행정청과 관구 교육 감독관의 기능과 동일한 것이었다. 점차 교수진과 학생의 지적인 활기는 떨어지고 수동적으로 변하였고, 그 대신 출세하기 위해 기회주의의 입장을 취하는 분위기만이 만연하였다.[12]

그런데 이 무렵 뜻밖의 역사적 사건이 발생한 것이다. 크림 전쟁에서 러시아는 영국으로부터 상상할 수 없을 정도의 치욕적 패전을 겪게 되었다. 이 패전으로 러시아의 취약한 군사력, 경제력이 전 유럽에 폭로되었다. 이것은 정제정부 위신에 큰 타격을 주었을 뿐만 아니라 국내에서는 개혁과 변화가 절실히 필요하다는 비난 여론이 폭발하게 되었다. 여론 사회 층은 기존의 교육의 질이 개선되어야 하며 교육받은 사람의 수도 증가해야 한다고 강력하게 비판했다. 거세지는 여론의 비판 하에 위기감을 느낀 정부는 농노제 개혁과 더불어 사회적 자유의 도입도 약속하였다. 이 선언에는 대학의 개혁문제도 포함되어 있었다. 곧 대학에서 새로운 분위기가 형성되기 시작하였다. 대학 내의 자율권, 자치권을 부여하는 행정적 변화가 도입되고 1855년부터 자격시험만 합격하면 누구나 대학에 입학하도록 허용되었다. 그 어느 사회라 하여도 인간의 지적 욕구는 본능적인 것이다. 또한 지위 상승의 기회가 주어지면 교육에 대한 열의는 불처럼 뜨거워지는 것이다. 정교회의 가치관이 강하다고 해도 이런 점은 러시아에서도 마찬가지였다. 갑자기 대학등록자의 수가 증가하였다. 동시에 변화에 대한 기대감과 낙관적인 분위기가 갑자기 커지기 시작하였다.

1854~1859년까지 러시아의 대학 인구는 5,020 명으로 짧은 순간에 괄

목하게 증가하였다. 특히 상뜨 뻬쩨르부르크 대학은 규모가 세 배로 커졌다.[13] 이전에 금지되었던 강좌가 개설되고 특정한 학문서적 수입금지령이 철회되었다. 대학 내의 감독관이나 각 관구의 교육관들이 군부 출신에서 문민 출신으로 교체되고 감시영역도 크게 축소되었다. 이러한 자유화에 대해서 수적으로 증가한 대학생들의 반응역시 대단히 민감해지고 활발해졌다. 교육과 학문의 기회가 늘어나면서 러시아의 청년·대학생들은 미래 변화와 진보에 대해 기대감이 점점 커져갔다. 정치와 사회 문제에 대한 토론 속에서 그들은 짜르나 그의 관료들이 '개선' 이상의 그 무엇인가를 해야 할지 전혀 모르고 있다고 주장했다. 상부에서의 방향 감각의 상실은 명령의 연쇄를 타고 모든 교육관, 감독관, 학감, 구시대의 교수들에게까지 전해져서 자신감을 잃어버리고 있다고 비판했다. 청년 지식인·대학생들이야말로 구세대와는 달리 러시아를 변화시킬 수 있는 의지를 갖고 있으며 또 그 방법을 알고 있으며 특정한 역할을 할 수 있다고 생각하기에 이르렀다.

어느 나라에서든 사회 발전을 위해서 젊은 세대가 이처럼 사명감에 찬 시대 감각과 활기에 찬 자발성이 있다는 것은 매우 긍정적인 현상임에 틀림없을 것이다. 이런 세대적 자부심이 갑자기 러시아 대학가에서 생겨난 데에는 몇 가지 요인이 작용하였다. 우선 두말 할 나위 없이 한 세대 전에 심한 소외 속에서도 체제비판적인 입장을 취해 온 러시아 인텔리겐찌야들이 남겨준 지적 전통이 그 첫 번째 요인이었다. 그 다음으로 1860년 대학생 수는 여전히 소수로서 엘리트적 소명의식에 젖어 있었는데 더구나 짜르가 곧 대학과 그 인사들에게 새로운 중요성을 부여한다는 포고를 내렸으니 대학생이 된다는 것은 스스로 곧 사회의 전위대가 되며 나라의 유일한 희망임을 확신하게 만든 것이었다. 이들은 학교 밖의 교양 사회(Obshchestvo)가 젊은층, 특히 대학의 젊은 층을 지지하고 공감하고 있다고 생각하였다. 사회 내의 다른 어떤 세력도 청년·대학생들만큼 국가의 희망으로서의 역할을 다 해내지 못할 것이라 자부하였다. 전제 정부는 크림 전쟁에서 패전 이후 자신감을 잃었고 그 여파 속에서 짜르 니콜라스 1세는 갑자기 사망했다. 유럽과는 달리 러시아에서는 중산층이 거의 존재하지 못한 조건을 갖고 있다. 이제 변혁이 일어날 시기에 대학생들은 지리적으로 집중되어 있어서 지적 교류와 유대감이 공고할 뿐만 아니라 조직이 쉽게 이루어질 것이므로 나라의 막중한 역할을 행하기에 적합하다고 생각했다. 마지막으로 특기해야 할 또 다른 중요한 요인은 중·하층 계급출신의 청년·대학생들은 그들도 본래의 신분에서 벗어나 새 엘리트 계층에 포함될 수 있다는 사회적 지위 상승의 기회와 기대감으로 가득 차게 된 점이다.

청년·대학생들의 이러한 여러 심적 기대감, 소명 의식이 당시 새로이 형성된 계급으로서 이른 바, '잡 계급'(Raznochintsy, mixed class의 뜻)의 등장 사이에 어떤 관계가 있는지 좀 더 자세하게 살펴보자. 최근까지 1860년대 청년층의 급진주의 운동의 발생을 '잡 계급'이라는 사회적 요인으로 설명하는 것이 통상적이었다. '개혁자'로 불리는 짜르 알렉세이 2세의 대학 개방정책으로 인하여 갑자기 많은 평민이나 중·하층출신 자제들이 대학으로 쏟아져 들어왔다. 이들은 대개 하급성직자, 하급관리, 농민, 빈곤한 젠트리 층의 자제로서 지방출신이었다. 이들로부터 '잡 계급'(Raznochintsy) 즉, 다양한 계층에서 나온 사람들, 즉 '섞인 사람들'이라는 용어가 생겨났다.

러시아에서는 상공업에 종사하면서 부유하고 자유로운 중산층이 거의 존재하지 않았다. 따라서 객관적으로 볼 때, 젠트리 층과 농민·농노계층의 사이에 속하는 일종의 중간 하부층에 속하는 신 계층이었다. 소비에트 역사가들은 흔히 이들을 봉건주의에서 자본주의로 이행하는 시기를 구별하는 데에 적용한다. 1861년을 이후 '잡 계급'이 젠트리 층을 대신하여 인텔리겐찌야의 주류를 이루었다고 주장하였다. 사실 많은 서방 자유주의적 학자들도 이 개념을 엄밀한 사회학적 분석 없이 그대로 받아들이고 있다.[14] 물론 1860년대 지적 급진주의의 지도부의 상당 요소가 이들 '잡

계급'에서 나왔음은 사실이다. 급진주의 운동의 이론적 기초를 수립하여 청년층의 우상이 된 N. 체르니쉐프스키와 도브로류보브(Dobroliubov)가 하급성직자, 농민집안의 출신으로서 그 좋은 예이다. 그러나 아직까지 '잡계급' 출신의 인물들이 청년·대학생들의 급진주의 성장의 결정적 요인이라고 말할 수 있는 증거는 충분하지 못하다.[15] 체르니쉐프스키는 귀족층 자제 사이보다 평민층 자제에게 더 인기가 있었다고 볼 수 없었다. 실제상은 오히려 그 반대였다. 상류출신 청년·대학생들 스스로는 자신들이 향유해 온 특권 지위에 대한 양심의 가책, 죄의식 때문에 체르니쉐프스키로부터 대단히 큰 호소력을 느꼈다. 체르니쉐프스키의 적극적이면서도 실천적인 도덕주의 사상과 문화적 독특한 생소함이 그들을 더욱 매료시켰던 것이다. 또 대조적으로 역사학자 그리즌(A.Gleason)의 설명에 의하면 대부분 하층 출신의 대학생들은 사회적 사상 자체보다도 러시아 사회 내의 상층 지위로 올라가는데 관심이 더 컸다.[16] 그러므로 급진화와 '잡 계급'의 등장 사이의 인과관계는 결코 일반론으로 강조할 수는 없다.

흔히 급진화의 또 다른 요인으로 세대 간의 갭을 들기도 한다. 그러나 이 점 역시 너무 강조하면 실제상과 어긋나게 될 위험이 있다. 1840년대의 지식인의 가치관과 1860년대의 그것 사이에는 사실상 차이점보다 유사점이 훨씬 더 많이 보이기 때문이다. 체르니쉐프스키의 이론이나 지적 원칙들이 결코 아버지 세대 인텔리겐찌야의 가치관을 거부하는 것이 아님을 볼 때, 그 차이점은 과연 무엇인가? 그것은 원칙상의 문제가 아니라 기질과 스타일 그리고 심리적 분위기라고 보는 것이 타당하다.

청년·대학생들의 급진화의 변화의 배경으로 반드시 주목해야 또 다른 요인은 짜르 알렉세이 2세가 선포한 '대 개혁,' '농노해방' 자체로 인한 자유화에 대한 기대감의 급격한 상승이었다. 소수 급진적 지식인의 경우는 광범한 사회적 공감 없이 그들의 활동을 추구할 수 있을지 모르나 대규모의 청년·대학생 운동은 대학 밖의 실질적 지지를 깨닫기 전에는 확산되기 어려운 것이다. 청년·대학생 운동은 그들이 일체감을 느낄 수 있는 대학 밖의 인물을 필요로 하였다. 즉 대학 내의 교수들의 가르침 이외에도 대학 밖 사회의 지식층, 인사들, 언론계의 인물, 영향력 높은 정치계의 세력가 등이 그들의 존재를 인정해 주어야 한다. 이런 점에서 당시 러시아 청년·대학생들은 유리한 요소를 모두 갖추게 되었다. 예를 들면 런던에서 망명 중인 헤르쩬, 오가료프(Ogarëv)의 사상이 국내로 자유롭게 유포되기 시작하였다. 또 당시대 가장 인기 넘치던 지식인들의 잡지인 『동시대인』(Sovremniki)의 중심 인물이었던 체르니쉐프스키의 저서들, 가까이 상뜨 뻬쩨르부르크 대학의 유명한 자유주의적 교수 카벨린(C.Kavelin)의 강의[17], 슬라브주의자였던 카잔 대학의 시챠포프(Shchapov) 등의 강의를 청강할 수 있는 기회가 갑자기 그들을 크게 고취시키기 시작하였다. 청년·대학생들이 이들 교양 사회와 얼마나 밀접한 유대감을 느꼈는지 당시대 대학생이었던 판텔레프(L.Panteleev)가 다음처럼 생생하게 회고하고 있다.

> ……카벨린은 그의 학생들과 친구가 되려고 애썼다. 재능 있는 학생은 누구라도 그의 일요일 아침 토론 모임에 참가할 수 있었다. 이 모임은 학생을 위해 특별히 만든 것이었다. 그는 주저 없이 자기의 견해를 피력하였고 학생들의 반대 의견도 아주 주의 깊게 경청하고 존중하였다. 이 모임에서는 문학이나 학문적 질문뿐만 아니라 당대 정치적 구조에 관한 것도 토론하였다. 농노해방문제가 주된 것이고 그 다음은 대의기구 설치에 관한 문제였다. 우리들이 젬스트보 (Zemstvo, 러시아 지방정부 내의 대표 기구로서 농노해방이루 도입) 제도의 준비에 대해 안 것은 맨 처음 그를 통해서였다. ……카벨린은 그의 넓은 학식과 안목 그리고 교제로 인해 당시의 중요한 사회적 문제는 무엇이든 능통하였다. 나는 학생으로서 그와 함께 잡지 「세기」에 게재할 논문을 준비하였다. 정말 흥분되는 경험이었다.[18]

학생들이 읽을 수 있는 잡지의 종류는 100% 급증하였다. 이것은 많은 청년·대학생들에게 비판적이고도 개혁적인 관점을 표현할 수 있는 구체적 통로가 되었다. 정기 구독자도 3,000 명에서 7,000 명으로 늘어났다.[19] 문필가로서의 직업을 선택하는 것은 성공의 첩경으로 보였으며 그 직업은 재능 있는 대학생들에게 선망의 대상이 되었다. 이러한 변화들이야말로 대학가에서 학생들의 의식이 쉽게 정치화되거나 실천적 행동주의로 전환하는 근본 토대가 되었다.

3. 최초의 정치적 행동주의

청년·대학생들의 행동주의가 맨 처음 극적으로 나타난 곳은 상뜨 뻬쩨르부르크 대학이었다. 농노해방의 소문에 힘입어 대학생들은 이것이 곧 그들 자신의 해방이라고 여겼다. 1856년 대학생들은 '해방'이라는 말에 착안하여 학생자치집회(Skodki)를 조직하고 학생들의 권리장전을 작성하면서 지체 없이 학내 문제에 관한 그들의 여러 가지 요구를 대학당국에 요청하는 적극적 태도를 취하였다. 더 나아가 차츰 기존의 모든 질서를 바꾸려는 욕구가 팽배하였다. 당시 대학생 모잘렙스키(L. Modzalevsky)는 이렇게 회고하고 있다.

> ……우리 대학의 등록학생수는 1~2년 사이에 350 명에서 1,000 명으로 증가하였다. 모든 신분, 직업, 연령층이 다 섞여 있었다. 생활은 점점 소란스러워졌다. 가차 없는 거부감, 도전적 행동방식이 대학으로 침투하였고 학생들은 승리에 찬 기분으로 예전의 모든 도덕률, 사회적 규범의 원칙 등을 거부하였다. 그러나 아직 새로운 원칙을 발견한 것은 아니었다. 사실은 새것을 제시하기보다는 낡은 것을 거부하기에 더 바빴다. 차츰 우리는 자유를 누리면서 본질적 문제의 해답을 찾으려는 강의로 몰려 다녔다.[20]

학생자치집회는 점차 교육 당국의 동의 없이도 실행할 수 있는 각종 계획안을 다루었다. 특히 극빈 학생들이 강의를 들을 수 있도록 기금을 모으는 융자 은행(Kassy)을 만들거나 이를 운영하기 위한 각종 독서회, 연극 등을 개최하였다. 개인 도서관과 여러 서클 등이 자연발생적으로 생겨나기 시작하였다. 그리고 모임은 자연스럽게 여태껏 금지되었던 논문, 시 등을 게재하는 잡지를 만들어 자체적으로 배부하였다. 아마 이런 일들은 대학이라면 자연스럽게 발생하는 건전하면서도 당연한 문화 활동이 아닐 수 없을 것이다. 그러나 러시아에서는 오랫동안 자치권이 억압되어 있다가 갑자기 자유화가 주어진 탓에 급물살을 타면서 확산되었다.

그러나 학생들의 이 같은 차지 조직 활동이 늘어나자 대학 내의 감독관, 관료들은 심한 불안감과 긴장감을 느끼기 시작했다. 학교 당국의 잦은 간섭과 이에 대한 학생들의 불만과 저항 탓으로 종종 경찰과의 충돌이 일어나기 시작하였다. 1857년 모스크바 대학과 카잔 대학에서 학생들이 관리들과 물리적으로 충돌하는 사건이 일어났다. 이 사건으로 몇몇 학생이 재적되었고 동시에 학생들과 갈등을 일으켰던 감독관과 학감도 사퇴해야만 하였다.[21] 이 충돌은 처음에는 전혀 정치적 색채를 띤 사건이 아니었다. 그러나 이 사건에서 학생들은 금방 집단 유대감을 느꼈고 집단행동으로 승리를 경험한 최초의 사례가 되었다. 이에 대한 보상책으로서 가난하고 궁핍하여 학업을 지속할 수 없는 학생들의 재정 보조를 위한 호소가 받아들여졌다. 1859년 말에는 모스크바 대학생의 2/3가 등록금 면제를 받았다. 그러나 이 혜택은 오래가지 못하였다. 1861년 다시 이것이 폐지되자, 곧 '50루블의 등록금'제도는 학생들의 격렬한 핵심 의제가 되었다.[22] 이 문제에 대한 해결책으로 대학생들은 기금을 모으기 위한 각종 연극, 음악회, 독서회를 개최하고 공동도서관을 자치적으로 운영하는 조직 활동을 확대하기도 하였다.

대학 내에서 학생들의 자치활동에 대한 정부의 최초의 태도는 불분명하면서도 이중적이었다. 학생들의 활동의 열기가 대단하였기 때문에 정부는 단호하게 금지하는 결정을 수행할 수 없었다. 공식적 법률로는 금지하면서 비공식적으로는 방관하는 태도를 취하였다. 이 사이 진보적이고도 자유주의적 교수들, 즉 A. 린니첸코(Linnichenko), 블리히(Bulich), 카벨린(Kavelin)은 각기 키예프 대학, 카잔 대학, 상뜨 빼쩨르부르크 대학에서 학생들의 '일요 학교'(가난한 자녀를 위한 sunday school) 운동, 각종 연주행사, 집회를 조직하는 것을 도와주었다. 또 학생들이 자치 법정을 조직하여 학생들의 기금 운영에서 부정이 있었던 사건을 재판하도록 주선하기도 하였다. 1858년 겨울 하르코프 대학에서 경찰에 의해 학생 2명이 비밀히 연행되는 사건이 발생하였다. 이 때문에 300 여명의 대학생들이 항의하는 시위가 일어나 대학 당국이 굴복하는 일이 일어났다. 이외에도 학생들에게 인기가 없던 인물의 강좌를 단체 배척하거나 명망 있는 강사를 초빙하도록 요구하는 일이 빈번하였다. 이 현상은 특히 모스크바 대학과 카잔 대학에서 매우 빈번하였다. 이런 역사 때문에 모스크바 대학과 카잔은 '인텔리겐찌야들의 대학'이라는 별명을 갖기도 했다.

1859년 사건 이후 집단행동 사건 덕택으로 학생들은 꽤 자신감을 얻게 되었고 자유로운 의사표현 욕구가 더욱 커져 갔다. 차츰 대학 내의 논제와 국가적 의제 사이의 경계선이 흐려지면서 정치적 의제에 대하여 급진적 입장을 표현하는 모습이 공공연히 나타났다. 첫 번째의 계기는 1861년 1월의 「농노해방령」 선포 이후 베즈드나(Bezdna)에서의 발생한 농민 저항 사건이었다. 당시의 농민반란과 무자비한 유혈적 진압 소식은 청년·대학생들에게 큰 자극을 주면서 격분을 불러일으켰다. 대학생들 사이에 농민의 죽음을 애도하는 대 시위가 일어났다. 당시 시위는 심하게 탄압받았는데 이 시위 사건에 참가한 카잔 대학의 교수, 학생들이 다수 제적당하였다.

시위 사건 이후 차츰 정부는 대학생들의 조직 활동에 대해 노골적인 경계심과 적대감을 갖고 대처하기 시작하였다. 정부의 개혁 과정이나 시행의 면모를 보면 짜르 알렉세이 2세의 개혁은 결코 청사진을 갖추었다거나 자유화의 장기적인 개혁을 목표로 한 것이 아님을 알 수 있다. 임시변통이나 온정주의에서 나온 막연한 낙관에 근거를 둔 개혁은 쉽게 포기될 수 있는 바이다. 곧 황제는 학생들의 시위에 대해 커다란 불쾌감을 표현했고 이것을 정부나 체제 전복의 음모로 의심하였다. 이런 대응은 러시아 전제정부의 자유화 개혁 정책이 얼마나 피상적이며 기초가 박약한 것인가를 잘 말해 준다.

1861년 농노해방령 선포 직후 황제는 문부성과 대학 당국에 「5월 규제령」(May Rules)을 작성하여 배부하였다. 이것은 기존에 허용했던 대학 자유화 정책을 겨우 5~6년 만에 폐지하기 위한 것이었다. 곧 이것은 대학생들의 행동주의가 폭발하는 계기가 되었다.[23] 지금까지 온건한 입장을 취해 온 자유주의적 교수들, 카벨린과 스파소비치의 타협적 조정안은 정부로부터 굴욕적으로 무시되었다. 관구의 교육장은 다시 군부 장교인 필리슨(G.Filison)으로 경질되고, 새로 온 대학감 스레즈넵스키(Sreznevsky)는 완전히 도덕성이 결여된 반동적 인물이었다. 황제와 상뜨 뻬쩨르부르크 대학교 교수들 사이의 의견 조정이 결렬되었다. 지난 5년간 주어졌던 대학의 모든 자치 권리가 폐지되었다. 이에 대학생들은 경악했고 본격적인 저항을 위한 집회와 조직 활동을 준비하기 시작하였다. 카벨린에 의하면 '예전의 체제에서는 학생들을 평정시킬 수 있었으나 새 규제 속에서는 폐교할 수 밖에 없는 상태'였다.[24]

쌍뜨 뻬쩨르부르크 대학생이었던 셸구노프(N.V. Shelgunov), 미하엘리스(E.P. Mikhaelis), 포크로브스키(M.P. Pokrovsky)는 비밀 행동대를 조직하였다. 이들 중에는 체르니쉐프스키와 가까운 친교를 나누는 청년·대학생들이 매우 많았다. 1861~2년 사이 학생들은 강당을 점거하고, <5월 규제령>과 새 등록 허가서를 거부하는 연설을 행하였다. 반동적인 교수실에 침입하거나 학교기물들을 파괴하면서 경찰과 충돌하기 시작하였다. 대학위원회는 궁지에 몰렸으나 정부로부터 양보를 받아낼 수 없었다. 교육장 필리슨과 대학생의 극적 대치가 계속되는 가운데 다수 학생이 체포되거나 구금되었다. 대학 밖의 여론 교양사회와 교수들이 학생에게 동정적 입장을 취하는 가운데 정부는 총격전의 위협으로 학생들을 해산시켰다. 결국 대학생들의 행동주의적 분규는 물리적 탄압으로 저지되었다. 학생들의 저항의 대가는 비싼 것이었다. 겨울의 유혈적 대치가 있었을 때 수백 명이 체포되었고 다수 부상자가 나왔으며 무수한 학생들이 유형지로 보내졌다. 정말로 가혹한 징벌이 아닐 수 없었다.

이후 상뜨 뻬쩨르부르크 대학은 마비상태에 빠져 실질적으로 1863년 8月까지 휴교상태에 들어갔다. 이 동안 다수의 대학생들이 학교를 떠나야 했다. 일부 급진주의적 학생들은 삶과 투쟁의 새로운 방도를 찾으러 나섰다. 해방 군주로서 알려졌던 알렉세이는 청년·대학생들로부터 완전히 불신감을 받았고 대학위원회는 모든 자율권을 모두 잃었다. 이로서 곧 대학생, 대학당국 및 교수들 사이의 유대감이 상실되었다. 대학 집행부는 다시 관료주의, 관등제, 황제가 내린 혜택에 충성하는 인물로 교체되었다.[25] 대학가는 개혁령 이전 시대에 존재했던 억압, 검열, 감시 속에 활성을 잃고 이제는 무관심, 냉담, 출세주의 태도만 가득 차게 되었다. 1860년 후반부터 정부의 개혁에 대한 기대가 모두 무너지자, 많은 청년·대학생과 젊은 지식인들은 지하로 숨어 들어가 정치 활동가로 전향하는 운명을 택하였다. 이들 중 대표적 인물들은 황제의 암살을 기도한 카라코죠프(Karokozov), 절망적 생애를 마친 시챠포프(Shchapov), 혁명주의자로 전환한 트카쵸프(Tkachev), 피사레프, 네차예프 등이다.

이런 과정 속에서 우리는 청년·대학생 및 젊은 지식인층의 최초의 행동주의가 정부와의 관계에 따라 희망과 좌절을 수없이 반복하는 굴절을 겪었음을 알 수 있다. 학생들의 집단행동에서는 처음부터 혁명적 행동주의가 발생한 것이 아니라 대학 내의 학생들의 자치권, 자유화 권리 확대 및 사회 참여와 개혁을 실현하려는 자연스러운 기초적 목표에서 시작되었다. 1859년 키예프 대학의 교수였던 파블로프(P.V. Pavlov)와 그의 학생들은 자원 일요 학교를 조직하여 하층민에게 문자 교육을 시키려는 운동을 시작하였다. 이 운동은 상뜨 뻬쩨르부르크 대학생들이 가장 활발하게 전개하였다. 이것은 러시아 사회의 미래를 개선하려는 실천적인 사회참여의 의식에서 비롯되었다.[26] 1년 동안 상뜨 뻬쩨르부르크에서만도 20여 개의 일요학교가 세워졌고 일요 학교에 등록한 학생 수는 5,000 명에 이르렀다. 당시 사회적 분위기에서 일반 하부 사회층 사람들의 교육의 기회와 배움 그리고 자기 계발에 대한 욕구가 얼마나 강렬한지 알 수 있는 잣대가 된다. 그러나 이것조차도 1861~2년의 정부로부터 금지 처분을 받아 이 모든 운영이 중단되었다. 정부는 청년·대학생들이 하층민에게 정치적 선동을 행하는 장소라는 혐의에서 일체 독립적 운영을 허용치 않았다. 타우빈(Taubin)에 의하면 1860~62년간 활동한 일요 학교사들 450 명 가운데 실제로 불법적 독서를 한 사람은 아무도 없었으며 그 중 세 사람만이 모호한 발언을 한 것으로만 나타나 있었다.[27] 정부는 기초 하층민 사회의 사회문화적 욕구에 전혀 부응하려고 하지 않았다. 전제 정부의 태도는 사회문제에 대한 깊은 관심과 사회 참여 의도를 가진 청년·대학생, 젊은 인텔리겐찌야나 하층 대중들에게 큰 실망을 주었음은 두말할 나위가 없었다. 결국 자유화에 대한 급상승하던 기대감은 무너졌고 이와 더불어 시작된 청년·대학생들의 최초의 실천적 행동주의 체험은 아무런 성과 없이 종식되고 말았다.

4. 인민의 이미지

전제정부가 대학 문제에서 탄압적 반동 정책으로 회귀하자 깊은 좌절감에 빠지게 된 청년· 대학생 지식인들 사이에 서서히 기질상의 변화가 생겨났다. 이 미묘한 과정을 엿볼 수 있는 좋은 예가 이들의 인민, 혹은 농민에 대한 이미지와 가치관이라 할 수 있다. 1860년대 '잡 계급' 출신의 사상가, 문필가들이 그려 낸 인민의 상과 이미지에는 미묘하지만 명백한 변화가 일어나고 있었다. 그 대표적인 언론인과 작가였던 리쉐트니코프

(F. Reshetnikov), 우스펜스키(N. Uspensky), 포미아롭스키(N. Pomialovsky), 레비토프(A. Levitov), 쿠쉬첸스키(N. A. Kushchevsky), 보로노프(M. A. Voronov)이다. 이들 대부분은 중·하층 계급 출신으로서 1855~65년의 해방기 동안 고향을 떠나 상뜨 뻬쩨르부르크, 모스크바 등지에서 대학을 다니다가 도중에 그만두고 평론, 저술 등으로 생계를 꾸려 나가던 청년층 지식인이었다. 이들은 1860년대의 10여 년 동안 『동시대인』, 『러시아의 발언』, 『조국에의 수기』 등에 정기적으로 기고하면서 청년·대학생의 여론형성에 영향을 주었다.[28]

이들은 처음에는 농민을 이상주의적이거나 낭만적으로 묘사하기를 거부하고 농민 생활의 추하고 어두운 면을 있는 그대로 묘사하였다. 이들의 농민 상은 1840년대의 아버지 세대 인텔리겐찌야들이 그려낸 모습과는 매우 대조적이다. 과거에 농노를 소유한 토지 귀족계급의 자제로서 선배인 구세대 인텔리겐찌야들은 죄의식을 갖고 농노제를 비판하는 입장에 있었으므로 농민적 생활을 흔히 이상화하여 보았다. 현실에서 대개혁 선언과 함께 자유화의 가능성과 기대감이 커질 무렵에는 인민이나 농민에 대한 이미지가 전혀 이상적인 모습이 아니었다. 다시 말해 현실 참여의 가능성이 열리고 농민층을 쉽게 접촉할 수 있을 때에는 러시아 농민에 대한 지나치게 환상적이거나 동정적인 표현은 사라졌던 것이다. 그러므로 1860년대 청년·대학생들이 그린 현실주의적 농민 상은 개혁을 낙관하고 기대감에 차있던 당시대 청년층의 심적 태도의 특성을 그대로 나타낸 것이었다.[29] 농노 해방을 전후하여 현실을 있는 그대로 표현할 수 있게 되자 많은 이들이 농민을 소재로 하는 구체적 농촌 소설을 쓰기 시작하였다.[30] 이들은 1840년대 젠트층 문필가들이 농민 대중과 너무 괴리되어 있어서 농민 생활을 추상적으로 밖에 이해하지 못하고 있다고 꼬집어 비판하였다.

과거 지식인 들은 그들은 농민소설가가 된다는 것은 당시 농민 속에서 많은 시간을 보낸다거나 그저 그들의 장면을 기록하거나……그들의 대화 속에 재밌는 구절을 삽입하는 것을 뜻하였다. ……또 어떤 이는 러시아 농민은 너무 단순하기 때문에 가까이 갈 필요없다. ……그저 시종들과 잠깐 환담하거나 창문을 통해 농민을 바라보는 것으로 충분하다고 생각하였다……[31]

사실 투르게네프, 피젬스키, 그리고리예피치 등 젠트리 출신 작가들은 농민을 아주 낭만적 존재로 묘사하고 있다. 이에 대해 급진파였던 체르니쉐프스키는 경멸조로 말하였다.

…그들은 농민 생활을 아주 고귀하고 활력과 끈기에 넘치는 것으로 묘사하여 우리는 이 우스울 정도로 훌륭한 인물에 눈물이 나올 지경이다.[32]

'잡 계급' 출신의 청년작가들은 선배들의 사상을 비판하면서 농민의 실질 모습을 있는 그대로 묘사하였다. 그 묘사는 예술성보다는 사실성, 혹은 민속적 정확성을 더 중시하였다. 그렇게 그려낸 농민의 상은 때로는 추하고 무식한 모습을 지니고 있다. 특히 N. 우스펜스키와 리쉐트니코프는 가장 대표적 청년 작가였다. 그들이 그려낸 농민의 성격은 거칠고, 무식하며, 주정뱅이거나 폭력적인 것이었다. 농민 공동체라는 것도 오로지 농민의 탐욕이나 야만성에 이바지하는 권위적 기관이었을 뿐이었다. 농민뿐 아니라 같이 등장하는 장사꾼, 부농 지주, 중하급관리들 역시 착취적이거나 무감각한 사람들이었다. 그 무대 역시 선술집, 노름장, 혹은 좀도둑이 모인 싸움터이기 일쑤였다. 체르니쉐프스키가 이 작가들의 관점을 극찬했다는 것은 의미심장한 일이다. 결국 이들이 구세대 인텔리겐찌야의 낭만적 농민상을 부정한 것은 무엇을 뜻하는 것일까? 역설적으로 이것은 청년세대 지식인들이 농민층의 저속함을 경멸하려는 것이 아니라 오히려 농민층과 직접 연결하려는 진지한 의도를 뜻한다. 농민층에 대한 막연한 환상을 버리고 그들의 실제적 모습을 제시하는 것이 농민층을 계몽하고 현실 개혁의 의지를 깨우치는 지름길이라 본 탓이었던 것이다.

그런데 특이하게도 자유화가 중지되고 반동과 탄압책이 재개되면서 청년·대학생 지식인들이 지하 활동으로 숨어 들어가게 되자 농촌생활, 농민을 또 다시 이상주의적 모습으로 그리기 시작한 것이다. 이것이 바로 1880년대 등장하기 시작한 '농촌으로!' 운동을 전개한 인민주의(Populists) 사상의 기초가 되었다. 즉 정상적이거나 자연스러운 현실 참여의 길이 차단되자 다시 '인민(농민)의 상'을 매우 이상적으로 그리는 태도로 되돌아갔다. 러시아 인텔리겐찌야에게 이런 굴절은 여러 번 나타난다. 이런 상황은 청년·대학생들의 행동주의와 직결된다. 이들은 농민들이 더 나은 생활을 추구하지 못하는 것은 그들의 저항의 힘이 약해서가 아니라 개별적으로 구원을 찾으려 했기 때문이며 단합하면 성공을 거둘 수 있다고 생각했다. 리쉐트니코프는 이렇게 술회하였다.

> ……만일 농민들이 그처럼 무지하고, 술주정꾼이며, 탐욕스럽고, 난폭하다면 주위 환경이 그렇게 만든 것이며 특히 빈곤과 압제가 주된 원인이다.[33]

1870년대 혁명적 청년 인민주의자들의 농민상은 과거 인텔리겐찌야들이 꿈꾸던 환상적이고도 이상적인 모습으로 다시 되돌아갔다. 그리고 자신들이 추구하는 이상 사회를 성취하는 데 농민을 추종자이거나 지지 세력으로 삼고자 하였다. 사실 인민주의 운동 속에 담겨져 있는 이런 엘리트 중심의 지배의 특성은 매우 비민주적 측면을 갖고 있다. 농민의 상에 대해 가장 극적 변화를 겪은 인물은 강사였던 시챠포프와 대학생 트카쵸프의 경우였다.

시챠포프는 카잔 대학의 민속학, 역사학 강좌를 담당한 교수로서 청년·대학생들에게 농민과 인민의 잠재력을 제시한 지식인이었다. 그는 하급성직자 집안의 출신으로 러시아 농민의 예찬자이기도 하였다. 그는

1860년 가을 최초의 강의에서 금방 학생들의 관심을 끌기 시작하였다.

3-1. 전통 러시아의 농민 공동체 생활 낙천적 이미지

> ……나는 오늘 러시아사 강의에서 국가주의 원칙이나 러시아 중앙집권주의에 관한 문제로 시작할 생각은 전혀 없다. 그보다는 민족성, 지역주의에 관한 생각을 더 많이 갖고 있다. ……나는 우리 시대엔 인민이 역사의 주된 요소이며 인민의 생활이 역사의 본질적 내용이라는 확신이 서기 시작하였다.[34]

처음에 시챠포프의 반국가주의, 반 전제정의 입장은 친 슬라브주의 사상에서 출발하였다. 서서히 인민을 예찬하는 그의 사상은 청년·대학생들에게 인민민주주의를 위한 행동주의 원칙을 만드는데 큰 자극이 되었다. 사실 대학생들 일반은 그의 친 슬라브적 요소에는 별 관심이 없었다. 그 예로 1861년 12월 시챠포프는 자신의 오랜 염원대로 인민주의 운동의 대부였던 체르니쉐프스키와 처음 상면하였으나 그의 친 슬라브적 입장 때문에 양자의 견해가 충돌하기도 하였다.[35]

3-2. 청년 인민주의자들의 대부 체르니쉐프스키

시챠포프는 상뜨 빼쩨르부르크 대학에서 대학생 행동주의가 정부와 무력적 충돌을 일으켰을 때 시챠포프는 학생들에게 인민민주주의 정치에 대한 신념을 굳혀 주였다.

> ……인민이 로마노프왕조를 선출하였으나 왕조는 강제로 절대권력으로 바꾸었다. 러시아 교회는 차츰 공동체 정신을 상실했고 표트르 이후 젠트리 층은 인 민을 착취, 억압해 왔다. 구교도 (Old Believer)들과 농민들만이 인민의 진정한 대변자로서 전제정에 대항해 왔다.[36]

시챠포프는 농노 해방령 이후 농민생활의 개선 가능성이 전연 없음을 보고 낙망하였다. 그는 군주의 온정정치 하에 사회개혁이 가능하리라 본 초기의 기대감을 모두 포기하고 황제를 대신할 수 있는 지적 엘리트의 역할을 강조하였다.

……러시아인민은 위대한 성취에도 불구하고 유럽 문화를 필요로 한다. 이 문화는 교육을 받은 소수, 특히 교양사회의 대표적 인텔리겐찌야들이 전파 해야 한다. 슬라브주의자들은 구교도처럼 죽은 과거생활에 대해 쓸모 없 는 향수병에만 젖어 있을 뿐이다. 만일 교육받은 소수가 유럽 문화를 무지 한 대중에게 전파시킬 수 있다면 러시아는 곧 위대한 나라로 인정받을 수 있을 것이다. ……[37]

말년에 그는 완전히 친 슬라브주의적 관점을 버리고 혁명주의자로 전환하였다. 이 같은 극적인 전환은 무엇을 뜻하는 것일까? 이것은 점진적 사회 개혁이나 계몽의 방법에 대한 꿈이 완전히 좌절되었음을 의미한다. 미래의 도덕적이고도 평등한 농민 공동체 생활의 가능성에 대한 신념이 무너짐에 따라 이것은 곧 국가에 대한 증오심으로 연결되었다. 시챠포프는 전제정부에 대한 비판으로 인하여 개인적으로 정치적 박해를 받아 대학에서 추방되었고 고난의 생활 속에 빠졌다. 박해 속의 그의 삶의 과정은 그 후 베라 피그넬, 플레하노프 등 인민주의자들의 혁명적 역사관에 커다란 영향을 미쳤고 그의 무정부주의적인 경향은 바쿠닌과 일치하였다.[38]

슬라브주의에서 혁명주의자로 전환한 시챠포프와 대조적으로 서구주의 입장에서 혁명주의자로 전환한 인물은 트카쵸프였다. 모스크바 대학생으로서 트카쵸프는 농노해방 이후 실제로 법률이 농민의 권리를 전혀 보호해 주고 있지 않다는 사실을 깨달았다. 그도 처음에는 해방될 인민의 개선된 삶을 크게 기대하였고 기존 정치질서 내에서 위로부터 개혁을 통해서 사회적 개선을 획득할 수 있으리라 본 낙관적 세계관을 가진 청년 대학생 지식인이었다. 그가 가장 우려한 점은 상층계급이 개혁의 과정을 독점하거나 그들의 이익을 위해 악용할 수 있다는 점이었다. 1860년 초에 낙관론 속에 트카쵸프는 다음과 같이 글을 썼다.

농민이 자유를 얻어 지주에게서 독립되고 그의 물질적 복지가 새로운 보장을 받을 수 있게 되면 그에 따라 지적 자산, 교육을 받을 수 있을 것이다. …그러면 지주-농민의 관계가 변모하여 농민은 지주를 더 이상 오직 운명에 의한 주인으로 보지 않게 될 것이다. 지주들도 농민을 사유재산으로 보는 것이 아니라 개인으로서의 권리를 인정할 것이다. …차츰 양계급 사이의 불신, 적대감도 사라지고 토지 귀족의 이해와 지방의회인 젬스트보의 이해가 일치할 것이다.[39]

해방령에 의하면 성문법이 인민의 권리를 보장한다고 했다. 그러나 현실에서 러시아 농민의 공동체 생활에는 또 다른 법률 즉, 관습법이 여전히 존재하여 농민과 지주들 사이의 지배복종의 관계가 달라지지 않고 있음을 트카쵸프는 비난하였다. 1861~2년 상뜨 뻬쩨르부르크 대학생들의 행동주의적 운동에 가담하였다가 옥고를 치르면서 트카쵸프는 차츰 대학 밖의 급진적 인텔리겐찌야의 사상을 따르기 시작하였다. 그는 비밀히 독일로부터 들어 온 유물론적 역사 해석을 탐독하고 받아들였다.[40] 이 도식에 따라 트카쵸프는 러시아의 기존 질서의 비합리성을 지적하면서 1865년경에 러시아의 분열된 사회상을 '계급 간 전쟁 상태의 러시아'라고 단정 지었다. 차츰 그는 러시아 기존 체제를 전면 부정하고 혁명적 방안을 택하는 입장으로 전환하였다.

러시아의 기존 질서는 변경시킬 수 없는 역사적 법칙이거나 발전의 불가피한 결과는 아니다.…동시대의 사회현상을 불가피한 것으로 보는 것은 터무니 없는 불합리성이나 위선, 오류를 영구적 법칙이라고 부르는 것과 같다. ……현재의 러시아 사회 질서는 시민사회 개념의 본질을 부정한 것으로 반사회적이며 가장 중요한 역사 목표인 인민의 행복을 무시한 사회질서로서 그것은 파괴되고 새로운 질서가 탄생되어야 할 것이다.……[41]

트카쵸프는 기존 질서 속에 모든 악의 근원이 있다고 지적하며, 확고한 결의와 분명한 이해가 있으면 악을 제거하는 것이 가능하다고 주장하였다. 그는 합리적인 새 사회 실현을 위해서는 역사적인 "비약"이 필요하다고 설명하였다. 사회 변화에 관한 이론을 더욱 깊이 탐독하면서 트카쵸프는 개혁주의자로서의 모습을 완전히 벗어버리고 혁명주의자로 전환하였다. 트카쵸프는 자신의 투옥과 대학에서의 퇴학처분 등으로 불행한 삶을 영위하면서 극단적 과격주의자로 변화하였다. 짜르 알렉세이 2세의 반동정책의 재개와 더불어 그는 짜르 암살 사건에 합류하였다.

1860년대 대부분 청년 대학생 인텔리겐찌야들은 트카쵸프처럼 전제 러시아의 질서 내에 점진적 개혁의 가능성이 불가능하다는 점에서 절망감을 느꼈다. 이러한 내적 심리적 변화는 러시아에서 기본적 인권과 자유, 헌정의 원리가 부재함으로서 급진적 인텔리겐찌야만이 러시아의 변혁을 가능하게 할 유일한 세력이라고 보는 믿음으로 귀결되었다. 트카쵸프는 농노 해방 이후 인민의 잠재력을 완전히 포기하였다. 극단적인 엘리트주의 원칙을 택하고 이상 사회를 향한 급속한 실현 욕구, 수단과 방법을 가리지 않은 입장, 테러, 선동의 방식을 서슴없이 택하였다. 그의 변신은 후일 볼셰비키의 독재적 정치 철학의 어두운 면을 예고하는 가장 전형적 선례가 되었다.

5. 우파와 좌파의 탄생

1855~63년간의 청년·대학생들의 정치적 행동은 사실 당시까지는 매우 산만한 정견에 토대를 둔 것으로서 뚜렷한 지도력 없이 시작된 움직임에 지나지 않았다. 1861년 1월 해방령의 선포 이후 오랫동안 억압의 전제정하에 놓여왔던 러시아 사회에서 청년·대학생들의 정치문제에 대한 자유주의 열망이 갑자기 급상승하면서 의식이 발생한 경우였다. 그러나 갑자

기 솟은 이 불길 같은 열망은 후일 기대에 차지 않을 경우 그만큼 실망이 급강하할 것이며 쉽게 격분하고 쉽게 과격화 해지는 심적 리듬을 가질 양상이었다. 정부는 임시변통의 온정주의적 해결에만 의거했고 이런 리듬의 근본 의미를 전혀 이해하려고 하지 않았다. 또 상호 불신을 가중시키는 일련의 구체적 사건이 일어날 때마다 청년·대학생 지식층에게 징계와 박해라는 진자만을 되풀이했다. 정부의 개혁이 후퇴하고 쉽게 반동의 조류가 되돌아왔다. 청년·대학생들의 행동주의 시도가 완전히 와해되었을 때에도 자유주의 개혁을 바라던 야권의 상층여론사회는 아무런 지지행동을 보이지 않았다. 이로서 청년·대학생 집단과 러시아의 야권 진영과의 유대감이 얼마나 피상적이며 조정장치가 없는 서로 소외된 사회인가를 보여 주고 있다.

러시아에서 청년·대학생들 사이에서 극단적 혁명주의 세계관의 흐름을 완화시킬 수 있으려면 적어도 몇 가지의 요인들이 작용해야 했다. 첫째, 하부층에서는 농민들이 지방의 '대표 기구' (representatives)를 통해서 그들의 불만의 입장과 의사를 호소하고 개선을 요청할 수 있는 통로를 가질 수 있어야 했다. 그러나 러시아 정치사회에서는 '대표'라는 단어 자체가 반역시 되었다. 둘째, 상층사회 중 개혁적인 요소가 정치권력을 부분적이나마 분배받을 가능성이 있는 경우였다. 그러나 1861년에 두 가지 가능성은 전혀 상상할 수 없었다. 만일 소수지만 계몽된 젠트리 층이 효과적으로 조직되어 정부의 개혁의 문제점에 대하여 지주와 농민층의 사이에 중재할 수 있는 역할이 가능하다면 러시아의 사회변화 과정은 크게 달라질 수 있었을 것이다. 그러나 실제로 젠트리층은 너무 쉽게 겁을 먹었다. 짜르 정부와 젠트리 층 자체의 갈등, 대립이 존재했지만 급진적 그룹에게 보다는 언제나 짜르에게 더 가깝게 서 있었다. 이런 상황 속에서 청년·대학생들의 행동주의는 그들의 열정과는 달리 해방령 다음 해엔 어떻게 할 것인가에 대해 아직 구체적 계획이 존재한 것도 아니었으며 젠트리층도 합세하지 않았고 농민도 깨우치지 않는 상태가 지속되었다. 이 사이 크림 전쟁에서 패배로 인하여 열세에 있던 전제정부는 정치적 위력과 힘을 다시 회복하였다.

공교롭게도 1863년 이후 급진파 세력을 더욱 빨리 와해시키고 신 우파를 득세하게 만든 사건이 연이어 일어났다. 그 첫째는 1860년, 1871년에 각기 이탈리아와 독일이 통일을 달성하면서, 전 유럽에 민족주의 감정이 확산되기 시작한 점이다. 이것은 러시아에서도 갑자기 정치적 분위기를 우익화하는데 이바지하였다. 지금껏 후퇴하고 있었던 보수주의자들은 러시아의 국력을 강화해야 한다는 명분 하에 이제 공개적으로 급진파 세력을 비난할 수 있었다. 상뜨 뻬쩨르부르크 대학의 보수적 입장을 취해온 니키쩬코는 오히려 정부의 온건한 검열정책을 비난하였다.

> ……우리들의 전망은 더욱 암담해질 것이다. 만일 한 정견이 우세해지면(급진파를 뜻함) 온건한 원칙, 그의 대표자들은 모두 분쇄된다. 그러면 무엇이 남을 것인가? 그것은 새로운 학정이다. 극단적 급진파들은 러시아에게 무시무시한 미래를 준비하고 있다. 그들은 점진적 개혁 대신 인위적인 혁명을 원하고 있다. 얼마나 맹목적인가? 그들은 무대에서 연극을 하는 것처럼 혁명을 원한다. ……러시아가 원하는 것이 과연 혁명일까?[42]

그런데 민족주의 감정이 교양 사회에 차츰 확산되어 가는 동안 1862년 5월 상뜨 뻬쩨르부르크에서 일련의 대화재 사건이 발생하였다. 이로 인해 인근 주민, 하층민들은 커다란 피해와 고통을 입게 되었다.[43] 화재 전문가들은 아직도 그 원인을 찾아내지 못하고 있으나 가능성은 여러 가지였다. 정부의 계획적인 도발인지, 해방령 이후 토지소유권의 손실을 겪은 젠트리 층의 저항인지, 아니면 토지부족과 기근에 빠진 농민층의 보복인지, 파산에 이른 시장 상인이 보험을 얻기 위한 것인지, 혹은 급진파의 행동인지, 그렇지 않으면 단순히 우발적인 것인지 등등 다양한 원인이 존재한다. 그러나 화재가 발생했을 당시에 여론은 일제히 상뜨 뻬쩨르부르크 대학생에게로 비난이 쏠렸다. 또 한편 학생들이 농노 해방을 비난한다는 소문은 농민들로부터도 적의감과 극도의 의심을 유발하였다.[44] 여기서도 우리는 대학가의 급진적 청년·대학생들의 의견이 여론 층에게 전달되는 통로가 얼마나 미약하고 비조직적인가를 알 수 있다. 대화재는 특히 하층민들에게 큰 고통을 주는 것이었으므로 그들의 비난은 더욱 불리하였다. 놀랍게도 투르게네프나 카벨린과 같은 자유주의자들까지도 확고한 증거도 없이 쉽게 학생들을 비난하였다. 이 사실에서 당시 1860년 중반에 여론이 쉽게 우익화되고 있음을 엿볼 수 있다. 군중은 곧 반란을 준비하는 폴란드인과 청년·대학생 지식인이 연합하여 러시아를 붕괴시키려 한다는 소문을 믿었고 정부 당국이 화재 희생자와 마찬가지로 도움을 필요로 한다는 동정을 얻게 되었다.

시기적으로 이와 비슷하게 1862년 초 모스크바 대학생 자이츠넵스키(Zaichnevsky)가 작성한 「젊은 러시아」(Young Russia) 선언문이 화재 직후, 정부에 입수 공개됨으로서 방화의 혐의를 더욱 확실히 하는 계기가 되었다.[45] 이 상황을 이용하지 않을 리 없는 정부는 이 글을 모든 급진파의 체포의 구실로 삼았다.

> …최근의 불행은 수많은 러시아 인민을 고통 속에 몰아 넣었으나 귀중한 교훈을 남겨 주었다. ……그것은 러시아 인민의 폐하에 대한 믿음을 재확인 시켜 주었으며……폐하의 사랑에 인민은 감동받고… 교회와 국가의 적에 대한 증오심이 더욱 강해졌다는 것이다……[46]

여론이 우경화하게 된 세 번째 사건은 1863년 1월 폴란드 대봉기 사태였다. 이전까지 러시아의 급진적 인텔리겐찌야에게는 속국 폴란드 민족주의에 동정하는 입장을 취하는 것이 일반적 경향이었다. 또 실제로 러시아의 청년·대학생과 폴란드의 급진파 사이의 긴밀한 접촉이 있어 왔다.

그런데 폴란드의 대 봉기 사태는 러시아 내의 반동적 민족주의 감정을 불러 일으켰으며 이것은 청년·대학생들의 급진적 정치활동을 비난하는 좋은 계기가 되었다. 온건파에서 보수적 입장으로 전환한 당대의 대표적 정치가 미하일 카트코프(Mikhail Katkov)조차도 다음처럼 반동적 의견을 술회하였다.

……러시아와 폴란드의 관계는 이제 더 이상 경쟁자가 아니라 도저히 공존하며 살 수 없는 적국이며 문제는 이들 사이에 어느 편이 우위를 차지하느냐가 아니라 이들 중 어느 편이 존재할 것인가 하는 것이 되었다.…[47]

이런 일련의 사건을 계기로 1863년 말부터 정부는 탄압, 검열정책의 재개하였고 동시에 신 우파가 여론을 지배하게 되었다. 1855~63년간 개혁령 초기에 활동이 왕성하였던 급진파 대부분은 투옥되거나 유형의 징벌을 받았다. 급진적 잡지, 서적들은 폐간당하였다. 대학가는 다시 관료적인 보수 반동적 행정관, 교수들로 대치되었다. 이에 대해 헤르쩬은 다음처럼 탄식하였다.

…상뜨 뻬쩨르부르크 새 테러가 생겨났다. 가장 위험스러운 테러이며 일종의 협박과 같은 테러였다. 그것은 퇴보를 지지하는 사람들로부 터 정부가 도움 받는 테러이며 사자의 테러가 아니라 덜 자란 송아지의 테러 였다. 탄압과 폐간, 폐쇄, 몰수, 체포가 끊임없이 계속되었다……[48]

그러나 신 우파의 득세 이후에도 급진적 청년·대학생들의 움직임은 결코 완전히 종식되지 않았다. 오히려 지하활동이나 음모 활동의 방안을 택하기 시작하였다. 그 심리적 태도와 행태는 오히려 매우 파괴적이고 혁명적으로 변해감으로서 좌우의 간극이 더욱 깊어졌다. 그들의 운동이 쉽게 과격화되고 정부와 인텔리겐찌야 관계가 정치적 양극화로 귀결을 맺게 된 것은 미래 러시아 지식층의 향방에 매우 불리하게 작용하였다.

이상에서 우리는 1855~63년간 러시아가 맞이한 최초의 정치적 해빙기에 등장한 급진적 청년·대학생의 정치적 행동주의의 최초의 경험을 살펴보았다. 결론적으로 이들의 행동주의는 러시아의 기존 질서 속에 융합되지 못하였으며 또 정부는 사회적 자유화를 향한 점진적 근대화의 계기는 성과 없이 끝나 버리고 말았다.

그러나 우리는 그 후 러시아에 지속적으로 출현하는 혁명적 급진주의 운동을 결과론적으로 평가하여 청년·대학생들의 정치적 행동주의가 마치 러시아 정치의 양극화 현상의 주된 책임으로 보는 것은 옳지 않다. 이 운동이 처음부터 파괴적이거나 혁명적 싹으로 시작된 것이 결코 아니었다. 이들은 현실에 대한 객관적 접근의 노력에서 시작하여 개혁을 열망하였으나 몇 차례의 굴절을 겪었다. 그리고 종국에 가서는 전제정부의 개혁의도에 대한 믿음을 포기하였고 혁명의 방식을 택하였던 것으로 보는 것이 더욱 타당한 이해일 것이다.

대학가 주변에서 일어난 최초의 정치적 행동주의는 러시아 역사상 최초의 지식인에 의한 집단적 정치의사 표현의 경험이었다. 해방령 이후 예고되는 사회적 자유화에 대한 기대, 청년·대학생들의 정치 발언의 욕구는 한편에서 볼 때 오히려 근대화의 건강한 성장을 보이는 것이기도 하다. 그러나 정부는 이를 전혀 수용하지 못하였다.

결국 러시아의 정치 구조상 대의 기관이나 여론의 표현을 허용할 여지가 전연 없는 가운데 선포한 농민 해방령이나 자유화의 정책이란 그저 짜르의 온정주의적인 선심 혹은 기회주의적인 손짓, 임시방편적인 여론 무마의 손짓에 지나지 못했다. 만일 전제정부가 1860년대부터 점진적으로 지식인들의 사회참여, 정치적 의사의 표현, 농촌문제의 아래로부터의 접근, 혹은 일요학교 운동에서 나타나듯이 건설적이며 긍정적인 접촉의 기회를 허용하였더라면 청년 지식층의 열망과 기대를 건강한 방향으로 이끌고 나갈 수 있었을 것이다.

4장 '인민주의 운동'(v narod)이란 무엇인가?

1. 인민이란 무엇인가?

대학가에서 이름 없는 무명의 청년·대학생들이 자유와 개혁을 위한 최초의 정치적 행동주의를 전개하고 실패를 경험하는 동안, 상층부 엘리트 지식인들에게도 커다란 지적 운동이 일어나고 있었다. 이들 새 세대 인텔리겐찌야들은 이른바 '인민', '인민주의'라는 개념을 중심으로 새로운 사상적 흐름과 지적 조류를 만들어내고 있었다.

'인민' (혹은 민중 people), 러시아어로 '나로드'(narod)란 말은 지배층과 권력자에 의해 억압받는 평민으로서, 재산이나 교육에 의한 재능(talent)을 갖고 있지 못할 뿐만 아니라, 일체의 권력 참여의 기회 역시 누리지 못하는 평범한 다수 피지배층을 의미한다. 그런데 프랑스 대혁명 시기에 사회철학자들이 혁명적인 다수 평민층에게 '역사를 재생시키는 힘'으로서의 '인민'이라는 독특한 의미를 부여하면서 이 용어는 정치적인 힘을 갖기 시작했다. 그러나 '인민의 힘'에 대해서 가장 강렬한 신념을 갖고 이상화하면서 신봉했던 사상가들은 러시아 지식인들이었다.

1840년대 러시아의 사회 사상가였던 슬라브주의자들은 독일 낭만주의 철학자들로부터 인민의 '자연적 진리'와 관료, 학자들의 '인위적 진리'사이의 대비 개념을 빌려와 러시아 사회에 적용하기 시작했다. 그 후 이들은 '인민'(narod)이란 용어를 러시아인의 민족적 특성을 뜻하는 것으로 개념을 규정하고 이상화하면서 광범위하게 사용하기 시작했다.[1]

1860년대 러시아에서는 황제 알렉세이 2세가 대 개혁령과 농노해방을 실시하자, 사회 전반에 자유주의 개혁과 사회 변화를 희구하는 심리적 변화가 일어나기 시작했다. 이때 러시아 역사의 전환을 기대한 많은 사상가들이 등장했다. 이들 사이에서 '인민'의 용어는 기묘하게도 서로 다른 두 가지 뜻이 뒤섞여 사용되었다. 한 일파는 우익 사상가인 카트코프, 파데예프, 이그나찌에프 등으로서 '인민'을 러시아의 민족적 애국적 정신의 주체로 규정하고 국수주의적 신념을 발전시키는 데 이 개념을 적극 사용하였다. 또 다른 사상가는 대표적 좌파인 헤르쩬, 체르니쉐프스키이다. 이 두 사람은 '인민'을 자본주의나 사유재산권에 때묻지 않은 러시아 농민과 공동체 생활 속의 단순하면서도 순진한 사회성, '순수한 인민의 영혼'의 뜻으로 사용하였다. 이렇게 하나의 개념을 완전히 정반대의 방향으로 이용한 것은 당시 러시아에서 오랫동안 억압되어 있던 사상과 학문의 자유에 대한 기대가 봇물처럼 터졌으나 단 한번도 제대로 된 과학적이고도 학술적 분석이나 공적 논쟁의 기회를 갖지 못한 탓으로 풀이된다.

러시아의 최초의 사회주의 사상의 대부였던 헤르쩬은 이미 그가 창간한 잡지 『종』(The Bell)에서 '인민에게로!'(v narod)와 '토지와 자유'(zemlia i volnia)라는 슬로건을 만들었는데 이것은 젊은 세대의 인텔리겐찌야를 크게 고취시키게 되었다. 이러한 '인민'의 사상은 러시아에서 그 후 행동주의적 급진파 지도자가 된 바쿠닌과 미하일로프스키에게 전달되면서 사회 혁명 사상의 싹을 배태하는데 깊은 영향력을 발휘하였다. 러시아의 소위 아들 세대의 인텔리겐찌야들은 과거 선배 사상가들이 '인민'에게 부여한 신비에 찬 추상적 의미를 거부하고 루소가 말하던 엘리뜨와 대조적인 '순진하고도 감성에 넘치는 야만 상태의 인간' 혹은 '내면적인 빛'에 의해 '완전함을 가진 인간으로서의 인민'을 지칭했다. 더욱 나아가서 인민의 목소리만이 사회의 불의와 모순을 해결하는 진정한 세력이 될 수 있다는 급진적 사상을 개진하였다. 동시에 이 개념은 필연적으로 평등주의와 직결되어 모든 종류의 압제적 기구, 심지어 서구의 의회까지도 포함하여 산업 자본주의적 체제에 저항해야 한다는 강력한 사상적 무기로 변화하게 되었다. 다시 말해 '인민'을 토대로 러시아의 기존의 정의롭지 못한 권위와 짜르 체제에 도전하는 봉기를 준비해야 한다는 것이다. 여기서 '인민'은 당대 유럽에서 유행하던 생산수단의 소유와 비소유로 구분하던 마르크스의 '계급'과는 판이하게 다르다. 산업자본주의나 산업화 자체에 대한 역사적 인식을 내포하고 있지 않으며 '압제자와 피 압제자'의 대립이라는 이분법적 세계관에 토대를 두고 있다. 그러므로 인민들의 최우선적인 목표는 정치적인 해방, 중앙권력에 대한 저항, 자유와 자치였다. 이러한 특성은 아직 산업화가 전연 시작되지 않은 당시대 러시아의 사회 경제 발전구조와 체제를 반영하는 것으로 볼 수 있다.

점차 러시아의 때 묻지 않은 농민층에게 러시아를 구원할 힘이 있다는 신념은 젊은 청년, 대학생, 지식인들에게 물결처럼 번져나가 커다란 지지를 받게 되었다. 이것은 1870년대 급기야 대규모 행동적 사회운동으로서 인민주의 운동을 탄생시키게 되었다.[2] 그러면 실천적 사상과 운동의 구체적 모습을 살펴 보자.

2. 인민주의 사상의 발생

인민주의자들의 세계관은 근본적으로 그들의 사상적 지주이자 대부로서 헤르쩬과 체르니쉐프스키의 농민 사회주의 사상에서 커다란 영향을 받았다. 특히 농민 공동체 구조와 경제를 공부하던 체르니쉐프스키는 일찍이 러시아 인민에 대해서 다음과 같이 말하였다.

> …러시아 인민은 온갖 고난에도 불구하고 공동체 생활양식을 존속시켜 왔 다. 그 공동체는 러시아 인민을 구할 것이다. 이것을 파괴한다는 것은 인민을 억압하여 지주와 경찰에 넘겨주는 것이다. 미래에 유럽은 농촌 토지의 분할을 후회하면서 다시 공동체 질서를 수립하려고 할 것이다..... 공동체의 공동 소유는 농민계층의 복지 뿐만 아니라 농업 자체의 성공을 위해서도 필요불가결한 것이다… 그것은 농민의 이익과 토지의 개량, 그리고 노동의 의무를 양심적으로 수행하는 생산방식을 서로 결합시킬 수 있는 유일하고도 완벽한 이성적인 수단이다… 이 결합 없이는 성공적인 생산이란 불가능하다.[3]

그 후 인민주의 이론을 가장 대표적으로 발전시킨 인물은 미하일로프스키, 라블로프, 바쿠닌을 위시하여 크라브친스키, 브레쉬코프, 쟈슐리츠 등이다. 이들의 삶의 과정과 행적들은 대부분 기이하고 비극적이면서도 열정적인 삶으로 가득 차 있다. 바쿠닌은 일찍부터 해외로 추방되어 유럽에서 방랑자로 살면서 국제적 민중봉기 및 혁명 생활에 희생적으로 참여했다. 그는 스위스에서 고독한 생을 마감하였다. 이들은 개인적으로 서로 직접 통신하거나 가깝게 교유하지도 않았고 늘 고단한 삶을 살았다. 따라서 각자 조금씩 다른 세계관과 조직, 저술활동, 운동의 방향을 주장하였고 서로 충돌하거나 불화하기도 했다. 그렇긴 하지만 이들에게는 러시아 사회주의 사상과 운동의 제 1세대로서의 공통된 몇 가지 대 전제가 있었다.

미하일로프스키나 라블로프는 국내에서 활동한 가장 선두적 지도자였다. 이들의 사상은 급진적일 뿐만 아니라 무정부주의에 가까운 언어와 신념을 포함한다. 그러나 이들에게는 당대 유럽에서 유행하던 인민주의 사상과 매우 다른 독특한 점이 있었다. 이들에 의하면 모든 사회 운동에는 반드시 개인의 인격과 도덕적 주관이 선행되어야 한다는 것이다.[4] 이때 '개인'은 자신의 행복과 자유를 추구하거나 사회보다 개인을 우선시하는 자기중심적이거나 자기도취적 개인이 아니라 소속된 사회에 헌신하는 숭고한 도덕과 희생심을 가진 개인을 뜻한다. 이런 점에서 빌링톤의 설명에 의하면 인민주의 사상가들은 1840년대 관념적이고 탁상공론에 몰두하던 귀족적이나 상층 지식인 인텔리겐찌야와 완연히 다르며 또 서구의 쁘띠부르주아 출신의 권력을 목표로 하던 세속적인 운동가들과도 절대적으로 구분된다. 파이프스의 지적대로 러시아 인민주의자들은 죄의식과 구원을 강조하는 종교적인 순교자처럼 내면 세계를 강조하는 특징을 갖고 있었다.[5]

1868년 체르니쉐프스키의 공동체 이상의 사상을 더욱 깊이 공부하고 새로운 세계의 건설을 위한 구체적인 방법을 찾아내기 위해서 상뜨 뻬쩨르부르크 근교에 일련의 지식인들이 모여들었다. 이들은 그렙 우스펜스키(Gleb Uspensky), 살트이코프(Saltykov), 슬렙쪼프(Sleptsov), 레비토프(Levitov), 나우모프(Naumov), 카로민(Karomin), 나페도프(Nafedov), 쿠로츠킨(Kurochkin), 폴론스키(Polonsky), 보우초크(Vouchok) 등이었다. 이들은 스스로를 인민주의자 혹은 인민주의 지식인이라 불렀다. 이들 젊은 세대의 급진적 인텔리겐찌야들은 검소한 별장을 짓고 상호부조를 통해 많은 서클은 만들었다. 이들은 비밀히 만나 독서를 하고 사회문제에 대해 토론을 벌였다. 이들은 특히 당시대 프랑스에서 유행한 프루동의 『인민』사상에서 큰 영감을 얻었다. 또 이들은 인민을 공부하기 위해 특별히 러시아의 지리, 민요, 민속학 등을 위시하여 농촌생활의 특성에 관한 연구에도 몰두하였다. 이들은 미래 러시아의 새로운 질서를 건설하는 데에서 정부의 개혁의 능력이나 서구적 의회를 통한 방법을 불신했지만 정치적 권력을 쟁취하기 위한 폭동의 방법 역시 매우 경멸했다. 그보다는 더 큰 사회 경제적 개혁을 위해 인민 속에서 살면서 인민에게 지식을 전파하고 인민의 삶과 같은 삶을 살기로 서로 맹서하였다.

이 일단의 인민주의자들은 마르크스주의의 결정론이나 물질론을 거부하였다. 심지어 독일의 사회민주주의나 국제적 노동조직인 제 1 인터내셔날을 계급 이익에만 몰두하는 물질적이고도 속물적인 집단으로 여기고 거부하였다. 그보다 인간의 도덕적 이상주의나 형제애, 헌신과 봉사의 원칙을 숭배하고자 하였다. 사회주의 원리는 국가제도에 의해서가 아니라 각 개인의 주관적 선택과 도덕적 이상에 의해서 수행된다고 주장했다. 이 같은 사상과 입장은 당시 1870년대 유럽의 계급적 투쟁이나 사상적 갈등에 비교에 볼 때 참으로 독특한 현상이 아닐 수 없다. 그야말로 러시아 인민주의자들만이 갖는 유일한 흐름이었다.[6] 이러한 세계관은 자연스럽게 실천적 행동 면에서도 독특한 러시아적인 방식을 낳았다. 우스펜스키와 살트이코프는 관료출신의 지식인으로서 저술 속에서 '인민'이라는 용어를 사용했지만 미하일로프스키는 '인민'을 행동과 실천의 대상으로 전환시킬 것은 강조하였다. 그는 다음처럼 역설한다.

> … 인민에게 봉사하고 인민에게 이익이 되도록 모든 개인적 이익은 포기하라. 서구의 부르주아지나 상류층이 말하는 인민을 위한다는 위선적인 주장은 따르지 말라…
> … 예전부터 모든 특권층은 무한한 빚을 지어 왔기 때문에 인민주의자들은 사회적 갱생이나 개인의 인격 완성을 위해 반드시 노동으로 봉사해야 한다… 인민주의자들은 직접 농촌으로 가서 농민적인 생활을 하거나 농민에 관한 모든 것을 공부하는 태도를 취해야 한다…[7]

사회적 하부층에 해당되는 농민층에 대한 인민주의자들의 이처럼 순수하고 고결한 열변은 거의 숭고한 도덕적 수준에 이른다고 볼 수 있다.

국가의 존재에 대해서 인민주의자들은 어떤 입장을 취했는가 알아 보자. 국가의 권력에 대해서 인민주의자들은 대체로 냉담하고 냉혹하기까지 하다. 1870~71의 프러시아-오스트리아 전쟁에 관한 소식을 듣고 미하일로프스키는 독일의 중앙집권적인 국가주의는 영국의 경제적 자유방임주의만큼이나 위협적인 것이라 비판했다. 이들은 1871년 프랑스의 파리 콤뮨의 실패와 탄압에 관한 소식을 들으면서 국가의 존재에 대해 더욱 큰 적대감을 느꼈다. 직접 노동에 종사하는 생산자들의 대표로 구성된 연방주의나 자치주의 조직과 평등은 오직 러시아만이 실현할 수 있으리라는 결론에 도달했다. 파리 콤뮨의 실패 소식이 러시아 인민주의자들에게 '인민에게로'(v narod) 혹은 '농촌으로!'의 실천 운동을 더욱 서두르도록 불길 같은 자극을 주었다는 사실은 반드시 기억할 만하다. 파리 콤뮨 사건의 탄압과 자치적 정치실험의 좌절이 미하일로프스끼와 라블로프에게 준 충격은 마치 한 세대 전 1848년 유럽 혁명의 실패와 좌절이 당시 선배 지식인이었던 헤르쩬에게 준 충격과 유사했다. 이 두 사건은 러시아 급진파 지식인들에게 서구의 자유주의나 정치적 정당에 의한 사회민주주의, 집단과 계층의 이익에만 기반을 둔 의회제 그리고 유럽사회의 물질주의에 점점 더 큰 혐오감을 느끼게 하였다. 결국 보다 근본적 사회변혁은 러시아 전통적인 토대에서 찾아야한다는 생각에 더욱 깊이 빠져 들어갔다.

이들은 유럽의 진보적 지식인들과 달리 러시아 인민주의 지식인들에게는 궁극적 사회주의의 건설은 특정 정치적 정당이나 조직에 의해서가 아니라 민중의 의식 상의 변화, 계몽, 도덕적 판단과 지성에 의해서만이 가능하리라고 인식하였던 것이다. 이런 인식하에서 인민주의자들은 '인민에게로!'(v narod)라는 기치를 만들고 대규모의 물결처럼 농촌으로 발길을 돌리는 조직적 사회운동을 시작하였다. 이 운동은 당시 혹독하고 억압적인 전제정의 구조 하에서 매우 도전적이면서도 실천적인 운동의 싹을 뿌리는 계기가 되었음을 두말할 나위가 없다. 그러나 아직까지 이들 젊은 세대의 인민주의자들은 정치 권력의 문제에는 관심이 없었다. 그보다는 러시아 농촌에서 공동체 생활이 갖는 정의로움, 사회주의의 진보적인 측면 등을 가르치고자 하였다.

이와 비슷한 시기인 1861~63년 사이 대학가에서 최초의 정치적 행동적 소요가 일어나 사회를 놀라게 한 사건이 일어났다. 이 사건은 청년·대학생들에게 사회참여 욕구를 크게 진작시킨 사건이었는데 이들은 자연스럽게 '인민에게로!'(v narod) 의 물결에 합류하기 시작했다. 곧 1861년 <대

개혁령>의 위선적 측면이 드러나자 사회 상층 여론 사회는 <대 개혁령>과 이에 대한 저항적 사건에 대하여 의견이 둘로 양분되었다. 그 중간 입장은 궁지에 몰렸으며 중재자의 힘을 전연 갖지 못하고 있었다. 비판적인 입장을 취하던 많은 청년·대학생들은 이 급진적인 흐름에 몰려들었다. 이 같은 저변의 사회적 분위기 속에서 미하일로프스키와 라블로프의 인민주의 사상은 커다란 반향을 얻으면서 급격히 확산되었다. 이 운동의 사상적 지도자로서 미하일로프스키는 이들에게 다음처럼 선언하였다.

> … 청년 지식인들은 농촌 공동체야말로 유럽에서 러시아를 가장 빛나는 위치에 올려놓을 수단이라고 믿을 필요가 있다… 그들의(혹은 우리의) 이상은 농촌공동체 사회, 즉, 미르(mir)를 개발시켜 러시아의 새로운 사회질서의 기본 단위로 만드는 것이다.[8]

또 그는 더 나아가 다음을 강조하였다.

> … 콤뮨, 아르텔 조직 등이 그 자체가 목적이 아니라 개인성과 사회적 도덕을 발달시키는 유일한 수단인 것이다… 모든 사회적 협동은 아무리 호소력 있게 들린다 해도 그것은 아직도 추상적일 뿐이고 단지 그것이 인간의 품성을 발달시키고 고통에서 보호하고 따라서 기쁨의 영역을 넓히는 정도에 이르기까지 숭배 받아야 할 필요가 있다.[9]

미하일로프스키에 이어 인민주의 이론의 제 2인자였던 라블로프는 유럽 각국에서 전개되고 있는 지하혁명 활동이나 폭력적인 인민봉기 사상을 거부하였다. 이를 목격한 라블로프는 러시아에서는 독자적으로 농촌의 농민과 인민을 중심으로 하는 민중적인 사회주의적 행동의 실천, 또 자유와 도덕의 실천으로서의 사회주의를 강조하였다.[10] 라블로프의 이상주의적 준비론과 실천 방안 때문에 초조한 기질을 가진 다수의 러시아 청년 인텔리겐찌야들이 라블로프를 떠나기도 하였다. 그러나 라블로프는 유럽의 많은 사회주의 운동가들에 관한 수 없는 겉치레 명성을 잘 알고 있었다. 또 흔히 그것이 권력에 대한 허영과 열정의 희생이 되고 말았다는 사실도 잘 알고 있었다. 그는 혁명운동에서 젊은 세대의 고결한 의무의 개념과 자기 확신, 자유의지, 역사적 비결정론을 결합시켜 보려고 하였다. 그리고는 끈임 없는 자기 성찰과, 순수한 헌신과 인민을 계몽시키는 활동에 몰두하였다. 이러한 라블로프의 비폭력적 헌신사상은 후일 L. 톨스토이의 도덕주의에 의거한 인민주의 사상에 커다란 영향을 주었다.

미하일로프스키와 라블로프의 이론적 설파가 퍼져가는 도중에 이들의 점진적인 '준비론적' 전술을 비판하면서 더욱 적극적인 저항과 '반란', '농민폭동'의 계획을 원하는 행동적 집단이 생겨났다. 이런 행동주의적 욕구는 러시아 전제정부에 의하여 해외로 추방당하여 유럽의 국제적 인민주의 봉기의 선두 지도자로 활약하면서 널리 이름을 퍼뜨리고 있는 바쿠닌에 의한 영향이 매우 컸다. 그러나 바쿠닌의 조기 혁명의 강령은 러시아의 국내사정에 잘 맞지 않았다.[11] 예를 들면 바쿠닌의 영향을 받았던 과격한 행동파였던 네챠예프의 범죄적 테러활동은 바쿠닌의 권위에 커다란 타격을 가하는 사건이 되었다. 네챠예프는 혁명을 위해서 필요하다면 형식과 수단을 불문하고 기존의 사회적 도덕성을 경멸하고 증오하며 파괴시킬 수 있다고 주장하던 청년 지식인이었다. 네챠예프 사건은 1860년대 혁명가들 사이에서 가장 혐오스럽고 잔인한 극단적 사건을 말해주는데 그는 필요하다면 거짓말, 위조, 독약의 사용도 서슴치 않는 극렬한 행동까지도 불사했다. 그는 혁명의 승리에 도움 되는 것이라면 무엇이라도 도덕적인 것으로 간주한다고 주장함으로서 혁명 대의의 순수함보다는 이상한 허위와 허세 그리고 병적인 집착과 불건전한 행위의 습성을 남기게 되었다. 특히 1869년 11월 5일 인민주의자를 밀고한 사람을 살해함으로서 세인의 이목을 집중시켰다. 이 사건은 마르크스주의자들로부터도 격심한 비난과 멸시를 받았다.

농촌으로의 물결은 러시아 지식인들에게 향후 중요한 전통인 '자발적 주의주의,' 혹은'자발주의'(voluntarism)의 성향을 키웠다. '자발주의'에 의하면 사회의 변혁은 결정론이나 경제적 단계에 의해서가 아니라 사회내부의 자발적인 행동, 의도적이며 적극적인 행동, 주관적인 실천과 참여에 의해서 이루진다는 사상이다. 이런 '자발주의' 성향은 후일 레닌의 전위대 조직론 사상과 중앙집권주의적인 볼셰비키의 중요한 사상적 일부가 되었다.

3. 인민주의의 실천적 운동

청년세대 인민주의자들에 의한 '인민에게로'(v narod) 의 물결과 행동적 실천의 모습에 관한 이야기로 돌아가 보자.

1871~74년 사이 러시아에서는 세계사에서 유례를 볼 수 없는 대규모의 젊은 청년 지식인들의 자기희생적이며 순례적인 급진적 사회운동이 집단적으로 발생하였다. 여기에는 스쩨파노프, 클레망스, 오신스키, 크라포트킨, 리소구프, 헬프만, 쟈슐리츠, 페롭스카야 등을 위시하여 대부분 청년, 지식인들, 대학생들로 구성된 인민주자들이(이중 4분지 1이 여성이었다) 인민과 직접 접촉하기 위해 주로 동남부 러시아의 35여개 주의 농촌으로 떠났다.[12] 이들은 미래 러시아를 개혁한다는 신념과 도덕적 열정에 휩싸여 '인민에게로!'(v narod) 라는 구호를 내세우면서 러시아의 '인민을 계몽시키거나 혁명 의식을 고취시키기 위해 여러 종류의 직업을 위장하여 농촌으로 스며들었다. 여기엔 어떤 중앙이나 중심의 지도부나 조직이 있는 것도 아니었다. 오직 신문, 잡지, 지적 서클 등의 글과 사상에 고취된 인텔리겐찌야들이 자발적으로 벌인 사회 운동이었다. 이 사상에는 농민층을 오랫동안 수탈해온 토지귀족 지배층의 죄에 보답하기 위한 순례 행위로서 자기헌신적 신념이 내포되었다.

수많은 청년·대학생들은 스스로를 '인민주의자'로 부르면서 주된 화합의 중심지를 모스크바 근교 아지트를 펜자, 사라토프, 사마라 등지에 두고 크게 3 개 방향의 지역을 목표로 삼았다.[13] 집중적으로 파견된 첫 번째 지역은 러시아 동남부 지역으로 볼가 강과 돈강 하류 사이의 소도시들이었다. 이곳은 역사적으로 최대의 농민 반란이 시작되었던 중심지였다. 두 번째 목표지역은 중부 러시아지대로서 모스크바 주변 교외, 블라디미르, 사라토프, 사망 등 예전의 예속 농노들이 가장 많이 밀집된 지역이었다. 여기서 인민주의자들은 주로 교사, 의사, 수공업자 등의 직업을 갖고 침투하여 정착하였다. 세 번째 지역은 주로 분리파 구교도들이 모여 사는 먼 변경지대로서 봉기 준비나 소요를 선전 선동하기 위한 장소로 보고 몰려 들었다.[14]

인민주의 운동의 행동가들은 처음에는 직접적 정치 반란의 계획이나 구체적 선동은 일체 삼가하고, 오직 비폭력적인 방법으로만 운동을 시작하였다. 이런 점에서 1860년대 유럽의 폭동을 시도한 인민주의 운동과 비교하여 볼 때, 러시아의 인민주의 운동은 매우 다르다. 그들은 러시아 농민층에게 사회주의의 사상과 역사적 진보, 그리고 공동체 사상의 가치에 대해 가르치면서 러시아의 전통 농촌 공동체인 미르(mir)의 도덕적인 경영방법, 생산성을 높이는 운영, 아르텔(공제조합으로서 전적인 공동분배를 강조하는 콤뮨보다는 영리적 특성을 띠는 조합) 조직의 내용과 필요성, 또 경제적 이윤의 동기보다는 평등과 정의에 근거하는 사회적 생활과 조직, 자치적 신용 대부제, 민중 교육 등을 가르치고자 하였다.

그러나 이들의 노력은 곧 농민층과의 첫 대면에서 두꺼운 철옹벽에 부딪히게 되었다. 농민층은 깊은 불신과 경계심을 갖고 적대적인 반응을 보였다. 청년 인민주의자들과 농민층 사이에는 도저히 메꿀 수 없는 깊은 갭이 나타났다. 인민주의자들의 도덕적 사상과 신념은 도저히 실현될 수 없는 매우 공상적인 것으로 드러났다. 우선 무엇보다도 이들은 계획의 실행을 위한 어떤 구체적인 대화의 통로나 공감하는 사회적 조직을 전연 갖고 있지 못했고 또 가질 수도 없었다. 현실 정치계 내에서 어떤 진영이나 그룹도 이들에게 우호적인 관심을 보이지 않았으며 돕는 집단도 없었다. 게다가 전제질서는 인민주의 운동가들이 비록 비폭력적이면서도 비조직적인 활동을 전개했음에도 불구하고 이들을 매우 위협적 존재로 보았다. 그러나 사실 지배층의 압박보다도 더욱 극적인 좌절감은 인민주의자들 자신이 속죄의 대상으로 그처럼 이상화해 왔던 농민의 실제 행동과 반응에 나타났다. 러시아 농민들은 해방령 이후 분배받은 작은 크기의 분여지 때문에 사적 토지를 소유하고자 하는 점점 더 강렬한 토지 소유욕에 빠져들고 있었고 전혀 반란의 의지를 보이지 않았다. 그들이 지주귀족에겐 심한 적대감을 갖고 있으면서도 짜르에게 희망을 걸고 있다는 사실이 인민주의자들에게는 큰 충격을 주었다.[15]

당국의 체포와 탄압, 그리고 농민의 불신이라는 이중의 벽에서 인민주의 실천 운동이 전개되었던 대부분의 지역에서 곧 약 1,500 여명이 체포, 투옥되었다. 운도의 선두 지도자 역할을 하던 인물들이 체포되고, 잡지 『년보』와 여타 급진파 잡지들이 폐간 처분당하면서 인민주의 사상을 추종하는 사람들도 극심한 탄압을 받았다. 곧 1870~75년간의 '인민에게로!'(브 나로드)운동은 궤멸당하는 위기에 빠졌다. 자기 희생과 헌신적 노력에도 불구하고 무자비하게 희생을 겪게 된 인텔리겐찌야들은 이제 정당이나 위로부터의 조직을 통한 정치 활동 없이 혁명이란 불가능하다는 쓰라린 결론에 이르렀던 것이다.

인민주의자들의 농촌에서의 실천 운동에 대한 극심한 탄압으로 인한 궤멸의 위기와 좌절에 빠지게 되자 인민주의자들은 크게 세 방향으로 향방이 찢어졌다. 이것은 향후 세대 러시아 인텔리겐찌야들의 사상적 계보뿐만 아니라 정치적인 파당과 조직의 파벌을 나누는 흐름과 일치한다. 첫 번째 방향은 수도 뻬쩨르부르크와 모스크바를 위시한 중앙으로 다시 돌아와 쟈코뱅식의 중앙 조직에 의거한 과격한 폭력과 테러주의, 즉각적인 봉기, 암살, 혹은 폭동을 통한 권력 장악의 전술을 택하였다. 이들은 비밀

4-1. 인민주의 테러에 의한 황제 알렉세이 2세의 암살 장소.
현재, 상뜨 뻬쩨르부르크 도심의 '피의 구세주 성당'

히 테러 활동을 전개하기 위하여 '인민의 의지'당을 조직하였다.[16] '인민의 의지'당에 속한 과격한 인민주의자들은 황제를 포함하여 100 여명의 악명 높은 고위관료 귀족의 암살을 위한 계획에 착수하였고 전제정부와 정면대결을 벌여 나갔다.

두 번째 집단은 폭력 사용 면에서 '인민의 의지' 당보다 덜 과격한 방법을 취하였다. 그 지도적 인물이 바로 미하일로프스키와 라블로프였다. 그는 테러주의보다 인민의 직접적인 참여를 보장할 헌법쟁취 투쟁, 계몽과 선전활동을 선택하였다.[17] 그러나 미하일로프스키는 인민주의의 민주적 이상이 현실에서 갈수록 실현 불가능해지자 비민주적 폭력사용 문제 사이에서 심각한 갈등과 딜렘마를 느꼈다.

세 번째 대안은 전혀 새로운 조류였다. 당시 1880년대 유행하던 서구의 마르크스주의적 서적과 이론을 비밀히 도입하여 산업화 이후 갓 태어 난 도시의 프롤레타리아 노동자들의 노동 저항을 통한 사회주의 혁명운동의 노선을 택하는 방안이었다.

1871~74년간의 인민주의 실천 운동은 정부의 혹심한 탄압과 농민층의 냉담에 의해 완전히 좌절되었다. 인민주의 운동에 참여했던 많은 급진적 젊은 지식인들은 농민사회주의 실현을 위한 방법론에서 의견이 크게 둘로 분열되었다. 가장 심각한 분열은 온건한 라블로프와 과격한 트카쵸프 사이에 일어났다. 트카쵸프는 현실적 승리를 위해서 중앙집중적인 조직과 계획적인 정치적 선동의 방법을 강조하였다. 라블로프는 엘리트에 의한 선동의 방법을 매우 혐오하였고 이것을 비 사회주의적인 것으로 대항하고 인민주의 사상의 정수를 지키려고 하였다. 당시 젊은 여성 인민주의자의 한 사람이었던 베라 피그넬은 라블로프에 대해서 다음과 같이 회상하였다.

> 그는 가장 어려운 시기에 나를 도와주었다. 내게 영원히 떠난 적 없는 원칙들을 내게 알려 주었다… 그는 혁명운동의 실패의 원인들을 가르쳐 주었다. 라블로프의 추종자로서 안톤 타키스는 인민주의 운동의 이론과 공식에서 악을 본 것이 아니라 비준비성, 비현실성, 무지 등에서 악을 지적하였다. 그는 미래 혁명의 대의에 대한 신념을 굳게 갖고 있었다. 현재의 좌절은 일시적인 국면이라고 여겼다. 대의가 필요로 하는 것은 봉기와 폭발이 아니라 끈기와 수고와 헌신 그리고 준비라는 것이다… 포기하지 말아야 한다… 그는 내가 모스크바를 떠나서 농촌으로 가서 '인민'이 어떤 것인가를 이해 할 수 있도록 도와 주었다.[18]

라블로프의 도덕론적 사상을 당시에는 '준비론적 사회주의관'으로 지칭되었다. 그의 준비론적 사상은 즉각적인 인민봉기를 강조하는 바쿠닌이나 테러주의를 선택한 트카쵸프의 행동파의 양측에서 공격을 받았다. 그러나 라블로프는 러시아 농민들의 힘과 고통은 극적 수준에 다다르지만 그들의 사회주의적 본능은 아직 믿을 수 있는 단계가 아니며 지나친 환상을 가질 수 없다고 주장하였다.

현재는 구질서의 도덕적 질병으로 오염되어 있다. 다만 콤뮨의 가장 큰 장점은 그 크기, 조직, 결속감 뿐이다. 앞으로 이 구조 내에서 진정으로 인간적인 개인이 발전할 수 있도록 도덕과 지식 면에서 크게 발전되어야 한다.[19]

선동과 음모는 정치 혁명을 갖고 올지 모르나 사회혁명은 결코 갖고 오지 못하리라 보는 라블로프의 주장에 대해서 당시에 초조감에 빠져있던 행동파들은 커다란 거부감을 표시했고 폭력적 행동주의로 돌아서기도 했다. 라블로프는 많은 청년 인텔리겐찌야들이 고립된 상태에서 절망적인 방랑생활에 젖어 있고 정신분열, 심지어 자살 등의 병적 상태를 보일 때마다 괴로워하였다. 그는 이들에게 당에 가입하여 농민과 접촉하면서 공동체 생활을 통해서 결속감을 가질 것을 요구하였다. 라블로프는 미래에 오게 될 사회주의 혁명의 결정적인 순간에 대해 다음처럼 강조하였다.

첫째, 구질서 내에서 민중의 고통이 증가하고 고통이 감소할 가능성을 완전히 상실할 때, 둘째, 지배층이 도덕적으로 마비되고 그 사회의 가장 최고의 지식과 재능 있는 인물을 끌어 들이는데 실패하거나 무능해졌을 때, 셋째, 구 질서 내에서 계몽된 개인들조차 구질서에 혐오감을 느끼고 신 질서를 위해 모든 것을 모험걸기로 한 때, 비로소 혁명이 일어나야 한다.[20]

그러나 우리는 라블로프를 위시한 도덕적 준비론자나 트카쵸프와 같은 행동파는 기질만 달랐을 뿐이며, 세계관과 목표에 대한 인식에서는 사실상 큰 차이가 없음을 지적해야 한다. 왜냐하면 라블로프는 미래사회에서의 삶이 어떤 형태를 취할 것인가에 대해 다음처럼 논하고 있는데 이것 역시 다분히 혁명적이고 사회주의적인 색채를 띠고 있기 때문이다.

4-2. 라블로프 사상을 따른 인민주의 도덕의 실천가 레브 톨스토이의 모습

> 사회주의에서는 모두가 기꺼이 일하고, 상하층이나 육체적, 정신적 노동의 구분은 존재하지 않는다. 발전 정도에 따라 일하고 개인의 경향과 판단은 억압에 의해서가 아니라 교육과 집단 여론에 의해서 형성되며 여론과 개인의 규형이 미래 노동자 사회주의의 성공이 열쇠가 될 것이다.[21]

그러나 역사는 잔인한 여신의 질투이던가. 미하일로프스키와 라블로프의 점진적 인민주의 사상은 1870년대 말기에 이르러서 도저히 뚫을 수 없는 벽에 부딪히게 되었다. 한편으로는 농민의 냉담한 반응이 인민주의자들에게 도저히 극복할 수 없는 좌절을 주었고 또 다른 한편에서는 유럽의 민족주의가 확산됨으로서 갑자기 국내 상층지도부에서 국수주의적인 분위기가 팽배하기 시작했다. 심지어 자유주의자들조차도 범게르만주의

와 범슬라브주의의 조류가 적대적 관계에 빠져들자 국수주의적 팽창에 지지를 보냈다.

이런 상황 하에서 1875년 인민주의자였던 마크 나탄손은 농촌에서의 사회주의 혁명의 가능성을 포기하고 수도 뻬쩨르부르크에서 최초의 노동자계급 조직이라고 볼 수 있는 <북부혁명적노동자동맹>을 만들었다. 그는 카잔 성당 앞에서 노동대중 시위를 조직하였다. 이것은 인민주의자들의 <농민으로!> 운동이 끝나는 순간을 의미했다. 이때 인민주의 노선을 버리고 대신 마르크스주의 서적과 사상을 비밀리에 유포하는데 선두 역할을 한 인텔리겐찌야였던 플레하노프는 연설문을 작성하였다.

정부는 더욱 무자비하게 인민주의자들을 체포하거나 투옥하였고 인민주의자들의 희생은 극단으로 치달았다. 체포의 물결이 거세어지자 인민주의자들 사이에서는 즉각적인 봉기와 반란을 지지하는 급진적 행동파들이 늘어났다. 한편, 남부에서는 인민주의 당이 비밀히 조직되어 일차적인 반란을 시도하였다. 1878년 2차 황제암살 기도가 실패하자 일부 극단파 인민주의자들은 '테러부대' 조직으로서 '23인 집행위원회'를 구성하였다. 이 속에는 피사레프, 안네스키, 레세비치, 프로토포트 등의 인물이 활약하였다. 이들은 널리 존경받던 미하일로프스키를 지도자로 추대하는 아이러니컬한 움직임도 있었다. 이들은 기존질서에 정면으로 도전하는 직접적인 충돌을 주장하면서 다음처럼 선언하였다.

> 도덕의 기준이란 국내의 합법적인 법에 따르는 데 있는 것이 아니다. 국제적이고도 보편적인 인간의 의지 속에 있는 것이다.[22]

그러나 테러의 문제에 관한 한, 미하일로프스키나 라블로프는 짙은 혐오감을 표시하였다. 준비론자들은 행동파와의 갈등 속에서 민주적 이상과 테러 방식 사이의 모순을 지적하면서 폭력을 거부하였다. 특히 미하일로프스키는 감상적 폭력은 자살적인 순교일 뿐만 아니라 혁명가들의 열정을 낭비할 것이며, 무의미한 희생이 되리라 예언하였다. 정치적 테러로는 사회주의를 결코 갖고 올 수 없을 것이며, 사회경제적 변혁을 위한 토대로서 지방의 자치의회 (젬스키 소보르)를 구성할 것과 헌법 투쟁을 벌일 것을 주장하였다. 그러나 마침내 1881년 수도 뻬쩨르부르크에서 극단파에 의해 황제 알렉세이 2세가 암살당하는 사건이 발생하였다. 이 사건으로서 러시아 사회는 완전히 경직되었고 인민주의자들에 대한 비난이 극에 달하였다. 미하일로프스키조차 더 이상 러시아에서는 자신의 준비론이나 점진적 개혁에 의한 변화는 불가능하다는 결론을 내리게 되었다.

사실 인민주의자들의 사상이나 행동에서 테러 그 자체가 본질적 요소라고 볼 수는 없다. 이것은 극히 일부 소수의 경우에 지나지 않는 조류일 뿐이다. 테러는 일체의 의사표현의 수단이 금지된 사회에서 발생한 절망적인 대안으로 사용된 한가지 유형에 지나지 않았다. 더우기 테러 방법은 좀 더 과학적으로 대처하고자 하는 마르크스주의 사상으로 전향한 인텔리겐찌야들에 의해서도 거부되었다.

황제 알렉세이 2세가 암살되고 알렉세이 3세가 등극한 이후 러시아 정치는 과거 그 어느 때보다 더 극심한 반동 정책으로 돌아섰다. 정치나 권력에 관한 어떠한 논의 자체가 금지되었다. 체제 비판적인 집단에 대한 전면적인 공격과 대량의 체포 물결이 계속되었다. 당시에 허용되었던 그나마 일부 대학 및 교육 기관 내의 자유, 언론의 자유가 모두 취소되었다. 아래서부터의 민중의 교육의 시도조차 완전히 분쇄되고 말았다. 대부분의 인민주의자들은 체포되거나 유형에 보내졌다. 나머지는 변신할 수밖에 없는 상황에 빠졌다. 피신하거나 숨어들은 남은 인민주의자들은 자기 패배감 속에서 절망의 나날을 보내었다. 또 다른 일부는 오직 문화적인 역할 만으로 후퇴하였다. 이들 조류 중 중요한 한 사람이 레오 톨스토이에 해당된다.

한편, 1890년대 러시아에서 본격적인 국가주도의 산업화가 실시되어 뻬쩨르부르크, 모스크바, 키예프, 하르코프 등에서 산업화로 인한 도시

인구가 20만에서 200만으로 급증하였다. 중공업 위주의 대규모 공장, 철도 부설 등으로 도시에 밀집하여 거주하는 무산 노동자 계층이 급속도로 증가하였다.[23] 이와 병행하여 농촌 공동체와 콤뮨은 빠른 속도로 붕괴하기 시작했다. 많은 청년세대 젊은이들은 인민주의 운동이 분쇄된 후 정신적인 지주를 잃고 좌절감과 패배감 속에 빠져 있었다. 이 사이 일부 지식인들은 인민주의 운동의 대안으로서 1880년대 말에 플레하노프가 비밀히 수입해 온 마르크스의 『자본론』을 탐독하면서 도시 노동자계급의 대중적 혁명운동의 가능성에 새로운 희망을 얻고 이론적으로 전향하기 시작했다. 그러나 이 상황 속에서도 미하일로프스키는 마르크스 이론과 도저히 화해할 수 없는 이유는 다음과 같이 말하였다.

> 마르크스 이론 가운데에 역사적 결정론과 자본주이 필연론은 인간의 자유로운 도덕적 선택과 상치되는 것일 뿐만 아니라… 산업자본주의의 도래는 러시아의 전통적 사회구조를 해체시키는 과정에서 가장 비인간적이고도 기계적인 방법에 의거하고 있다.[24]

미하일로프스키가 우려한 대로 1890년대 유럽에서 벌써부터 쟝 조레스, 프루동, 엥겔스, 카알 리프크네히트 등 마르크스의 후예들 사이에서는 사회주의적 전환 과정에서 주관적 의지의 역할과 객관적 물질적 구조의 역할의 우위성에 대한 논쟁이 격렬히 벌어지고 있었다. 특이하게도 이 사이 러시아 마르크스주의자들은 이론상으로는 마르크스의 역사적 유물론과 계급 투쟁 이론을 따랐지만 실천 행동과 전술 면에서는 여전히 개인적 순교와 도덕적 자기희생을 강조하던 인민주의자들의 전통이 아직도 강한 영향력을 발휘하고 있었다.[25]

4. 좌절과 그 이후

인민주의 운동의 사회이론의 근본적 전제는 '노동하고 억압받는 인민'을 이상화하고 인민의 자발적 의지와 능력에 의해 인민을 위한 사회적 평등과 자치를 실현하는 것이었다. 이들에게 가장 중요한 기치는 '토지와 자유'(zemlia i volia, land and freedom)였다. 러시아의 토지 공동체 조직인 콤뮨은 커다란 미래성과 생명력을 가진 조직으로 강조되었다. 이들에 의하면 콤뮨의 기초 단위는 미르(mir,농촌공동사회)로 구성된다. 이것은 농민의 자유로운 생산연합체로서 외부의 폭력이나 강제적 개입만 없다면 토지의 정기적인 재분배와 자치적 경영을 통해 농민의 물질적 생산력을 향상시키며 복지를 달성할 수가 있다고 보았다. 미르는 자본주의적 경영이나 사유재산제의 폭압을 경험할 필요 없이 이 단계를 뛰어 넘어 서구와 과학과 기술을 도입하여 충분히 자생할 수 있는 기구로 보였다.

인민주의자들의 세계관에서 인류의 가장 큰 악은 불평등이었다. 이것이 사라지지 않는 한, 정치적 자유는 무의미하며 필요하지도 않았다. 인민주의자들은 자유방임 경제는 필연적으로 불평등과 빈민을 낳을 것이므로 특히 증오하였다. 이런 근거에서 러시아 인민주의자들은 서구의 부르주아적 정치적 선거권 투쟁이나 의회주의를 매우 불신하고 위선적인 것으로 경멸하였다. 진정한 사회주의 혁명이 성공하려면 가능한 한 빠르게 인민을 교육, 훈련시켜서 아래서부터의 혁명을 준비해야 한다. 자본주의 성장을 기다리는 것은 매우 위험하며 사유권이 침투하면 오히려 불리하다는 것이다. 그러므로 인민에 의한 사회주의 혁명은 현재 전제질서를 붕괴시키고, 평등과 자치정부에 대한 모든 장애 요소들 즉, 중앙권력, 지주층, 강압적 사법경찰, 자본가 층을 모두 제거한 다음 직접적으로 노동에 종사하는 생산자들의 조직만으로 구성된 민주적 의회소집, 대중 교화의 방법으로 자유로운 생산자들의 연방사회를 구성한다는 것이다.[26]

미하일로프스키에 의하면 인민주의는 산업화 자체가 아니라 자본주의적 산업화에 반대하는 것이었다. 그에 의하면 자본주의는 반드시 인민의 희생과 수탈을 수반하는 것이었다. 그러므로 그는 러시아에서 산업화는 도시에서 생산자 조직, 조합, 자치경영을 통한 방법으로 진행되어야 하며 여기에 국가가 계획을 갖고 개입하고 수탈과 불평등을 막기 위한 보조기구로서 활약해야 한다고 주장했다. 그러나 러시아에서 산업화가 도래한 이후에도 산업 노동자 인민은 공장 내에서는 사회 내에서 어떤 기초적 권리나 대표적 발언권의 기회를 갖지 못했다. 미하일로프스키는 1890년에 도래한 러시아의 대 기근의 비극은 바로 이러한 전제적이고도 비도덕적인 산업화의 결과 탓이라고 비판했다. 러시아가 자본주의 단계를 뛰어 넘어 산업화를 이룰 수 있으며 농민에 의해서도 충분히 사회주의를 건설할 수 있다고 본 미하일로프스키를 위시한 인민주의자들의 사상과 신념은 마르크스주의자들로부터 공상적이라는 비판을 받았다.

인민주의 사상에서 미르 공동체의 생명력에 대한 강조에 이어 또 다른 중요한 요소는 개인적 도덕성에 대한 신념과 의무감이었다. 인민주의자들은 사회주의 혁명과 새 질서에 의해 개인의 인성을 완성할 수 있다고 보았다. 그러므로 그들은 혁명은 개인의 의지, 본능적인 자발성에 의해 진행될 수 있다고 믿었다. 인민에게는 일정 수준 이상의 교리 지식이외에 더 이상 가르칠 필요가 없다. 왜냐하면 인민은 고대로부터 지켜온 공동체적 생활 습관과 이상을 이미 본능적으로 지니고 있기 때문이었다. 따라서 혁명에서 지식인의 역할은 오직 보조적일 뿐이며 가장 민주적인 형태에서 가장 성공적으로 실현할 수 있다고 주장했다. 인민주의자들은 결코 마르크스의 필연론, 변증법적 관계, 계급투쟁, 계급독재 이론을 지지하지 않았다. 오히려 마르크스의 프롤레타리아 독재와 필연론은 국가기구, 엘리트의 권력, 의식화 등은 새로운 강권적 독재를 의미하며 해방을 저해할 가능성이 있다고 경계하였다.

이처럼 인민주의자들에게서 개인의 주관적 의지와 자유, 그리고 자발성 요소는 이론의 핵심을 이룬다. 폭력 사용의 문제에 관해서도 인민주의자들은 마르크스주의자들과 대립하였다. 짜르의 암살 사건이 발생하였을 때 미하일로프스키와 라블로프는 극단파의 테러 사용에 크게 경악하였고 도덕적 이상과의 모순 때문에 극심한 갈등을 느꼈다.

R. 파이프스는 러시아 인민주의자들이 갖고 있는 이러한 독특한 심리현상은 러시아 인텔리겐찌야들의 도덕적 죄책감, 속죄사상에 비롯되는 것으로서 한편으로 러시아의 정교 신앙의 순교자적 희생과 헌신의 기질이 크게 작용하였다고 설명했다. 미하일로프스키와 L. 톨스토이의 '인민'은 단순히 사회의 노동하는 계급을 뜻하는 것이 아니라 러시아 사회에서 희생된 평범한 민중을 의미했다. 따라서 인민주의 사상 속에 인텔리겐찌야는 사회의 갱생이나 개인의 인격완성을 위해서 반드시 '인민'에게 봉사하고 속죄해야한다는 도덕적 의지를 포함하고 있었다. 이런 점에서 도덕적 시각 면에서나 기질 면에서 러시아 인민주의 사상은 유럽의 인민주의 사상과는 매우 다른 출발점을 가지고 있다고 할 수 있다.

인민주의 운동이 최종적으로 큰 패배감을 느끼고 자기 변신을 결심한 것은 1890년대 중반에 시작한 도시의 무산 노동자들의 대규모 노동저항을 목격하고 난 이후부터였다. 이때는 러시아의 산업화가 본격적 궤도에 올라 1885년, 1896년 대규모로 밀집된 도시의 산업 노동대중이 전투적으로 반전제적 반자본주의적 투쟁을 전개하기 시작한 순간이었다. 특히 1896년 상뜨 뻬쩨르부르크 손튼 면직물 공장에서의 발발한 파업을 시작으로 하여 3만 명의 노동자가 전 도시 내 시위를 전개하면서 총파업을 벌였다. 이 저항은 대단히 전투적이었고 유럽의 그 어느 지역의 노동운동보다 더욱 더 폭력적이었다.

미하일로프스키는 이 사건을 목격하고 이제는 인민주의자들의 개인성 회복을 위한 도덕적 구호가 의미를 상실함을 깨달고 충격을 받았다. 이때 그는 도덕적 사회주의가 사라지리라는 것을 예견하였는데 후일 그의 예견은 적중한 셈이었다. 왜냐하면 사상적으로 전향한 많은 젊은 세대의 마르크스주의적 인텔리야겐찌야들 속에는 많은 노동자출신의 인물들이 포함되어 있었다. 이들은 인민주의 이론의 비현실성과 진부함을 비판하고 있었고 사상과 도덕의 순수함보다는 중앙 집중적으로 조직되고 계획적인 권력 장악의 전략과 엘리트 지도력, 역사적 결정론에 매혹되고 있었다. 폭력에 의한 정치 혁명 이론에 매료된 마르크스주의 인텔리겐찌야들은 역사에서 도덕성이나 개인의 의지 요소를 전연 믿지 않았다. 그 대신 이들은 인민 대중을 의도한 계획대로 의식화 시키고 정치세력으로 조직하면서 무장봉기와 조기 혁명의 상태로 이끄는데 몰두하였다. 이런 새 조류 속에는 미래 볼셰비즘이 세력을 키우기에 아주 유리한 토대가 숨어 있었다. 자유주의적 근대화에 실패한 러시아 역사는 새로운 전환 속에 다시 휘청거리기 시작하였다.

5장 러시아 노동자 계급의 급진주의(radicalism) 전통의 뿌리, 1870~1914*

1. 역사와 노동자 계급

러시아 역사에서 민중의 역사를 논할 때, 1917년 10월 혁명에서 등장한 산업 노동자들의 봉기의 역사는 매우 인상적이며 충격적이다. 왜냐하면 산업노동자 계급은 농민층의 인구보다 월등히 적은 수 일 뿐만 아니라 서구의 어느 나라 보다 훨씬 낙후된 산업화 수준에 놓여 있었음에도 불구하고 1905년 혁명, 1917년 2월 혁명, 그리고 마지막에는 10월 사회주의 혁명에서 급진적 계급의식과 행동주의로서 전제정부와 온건파 자유주의 정부를 무너뜨리는 데 결정적 역할을 했기 때문이다.[1]

잘 알려져 있듯이, 유럽 각국에서는 19세기 산업화 이래 노동자들은 자본주의적 생산구조와 부르주아 정치체제에 도전하는 대규모 노동 운동을 전개하였다. 이 운동은 기존의 정치구조, 사회구조를 재편시키는 데까지 나아갔다. 마침내 점진적 사회민주주의라는 방식으로 노동대중과 자유주의 체제 사이에 타협이 이루어졌다. 노동계급은 사회주의적 여러 정당과의 관계에서도 독립성과 자율성을 유지하면서 상호 제휴하는 모습을 보여주었다.[2] 이처럼 유럽의 노동계급은 타 계급과의 관계를 대등하고 안정적인 방식으로 정립하면서 민주주의 발전에 큰 성과를 거두었다.

그러나 러시아 노동자 운동은 이와 대조적으로 반자본주의, 반전제정의 투쟁을 벌였고 마침내 과격하면서도 혁명적인 방식으로 귀결되었다. 유럽에서 가장 후진적 나라에서 사회주의 혁명이 일어났다는 점, 1861년 농노해방 이후 1914년까지 불과 40 여년 만에 노동계급이 그처럼 폭발적인 응집력을 갖게 되었다는 점은 많은 역사가들을 놀라게 한다. 또 1905년 피의 일요일 사건 이후 특이하게도 러시아 노동자들은 자연발생적으로 신디칼주의(Syndicalist)와 유사한 총파업 전술과 자치적인 공장 소비에트 회의체를 조직하였다. 또 제 1차 세계대전이 진행되던 1917년 2월과 10월 사이 8개월 동안 역사에서 전혀 선례가 없던 상황이 일어났다. 공장 노동자 자신들이 직접 개입하는 자주적 산업관리로서 발생한 이른 바 '노동자 관리'(Workers' Control)의 운동은 줄곧 마르크스주의적 역사가에게나 비마르크스주의적 역사가에게도 놀라운 충격으로 다가섰다.

이것이 단지 볼셰비즘의 영웅적 지도력의 결과인 듯 선전하거나, 아니면 전쟁으로 인한 경제적 피폐함과 사회적 불안감으로 인한 히스테리칼한 우발적 결과라는 감상적인 논조는 이제는 수정되어야 할 것이다.[3] 급속도의 근대화와 산업화의 충격, 이로 인한 사회구조의 분해가 어떤 위기를 가져오느냐에 관한 문제는 '우연 발생성'만으로는 설명될 수가 없다. 또한 오늘날 과거 사건들의 숨겨진 심층적 사료를 추적할수록 러시아의 노동계급의 운동이 볼셰비키의 혁명이론의 지도 하에 진행된 것이 아니라 대단한 정도의 독자성과 뿌리 깊은 저항의 전통을 가진 민중운동으로서의 성격이 드러나고 있다. 이 때문에 러시아 노동운동의 급진주의 특성의 원인 분석은 반드시 과학적으로 규명되어야 할 세계사 연구의 중요한 주제가 아닐 수 없다.[4]

이를 위해서 먼저 다음과 같은 요소를 생각해 볼 필요가 있다. 첫째, '계급'과 '계급의식'이란 무엇인가라는 문제이다. 마르크스의 『자본론』에 나타나는 '계급의식'과 서방 노동사가들 사이에 사용되는 '계급의식'의 개념을 비교하여 보면 러시아 노동계급의 실체에 대해 뜨거운 논란이 벌어지리라는 것은 불 보듯 분명하다. 그러나 역사서술에서 개념 정의 문제는 언제나 '실제 이루어진 바'를 모두 다 포용할 수 없다는 근거를 생각할 때 우리는 '실제 일어나고 있는 바'에 더욱 주목해야 한다. 둘째, 러시아 산업화가 유럽 제 국가의 경우와 어떤 다른 특이성을 가지며, 이 특징이 러시아 노동계급 형성과 관련해 어떤 영향을 주었는 가라는 문제이다. 셋째, 러시아의 반체제 집단인 급진적 인텔리겐찌야와 노동계급과의 관계에 대한 점이다. 이 양자 사이의 관계가 맨 처음 어떤 모습으로 시작되었으며 어떤 변화와 굴절 과정을 겪었는지, 이것이 노동계급의 급진적 의식 전환과 어떤 관계가 있는지를 살펴 볼 필요가 있다.[5] 마지막으로 1870~1914년 사이 노동계급의 대중운동의 구체적 사건을 검토하면서 노동계급의 전제정에 대한 정치적 입장의 변화상을 살펴 볼 것이다. 노동계급의 의식에 관한 이러한 일련의 요소를 검토해 보면, 1917년 10월 혁명 그 자체의 성격에 관해서도 새로운 고찰이 가능하리라 본다.

계급과 계급의식이란 무엇인가

산업사회의 도래와 함께 산업화에 대한 국가의 역할이나 노동계급의 역할에 대한 진지한 논의는 초기 사회주의자들에 의하여 시작되었다. 대량의 산업 빈민과 계급 간의 참담한 불평등을 몰고 온 자본주의와 산업화를 단순한 거부감에서가 아니라 역사적인 필연적인 제 단계로 인식하고 변화와 재편성에서 적극적 역할을 노동계급에게서 찾으려 한 이는 마르크스이다.[6] 비록 결정론적 형태이기는 하지만 그는 계급을 단지 재산의 유무에 의해서가 아니라 사회내의 생산력 증가를 위한 경제적 역할 집단으로 규정짓는다. 또 이 경제관계는 역사 변화의 근본석 구조를 이룬다는 전제를 갖는다. 계급의 발달은 단지 생산관계 체계에 의해서만 이루어지는 것이 아니라 특정 상황단계에서 공동의 이익을 추구하기 위해 계급 이념이나 정치적 운동을 일으킬 때 이루어진다고 주장한다. 그러나 엄밀히 보아 마르크스 정의상 계급 형성에서 주관적 조건 즉, 인간의 목적과 목표에 대한 의지 부분과 객관적 조건의 구분에 대한 설명은 매우 모호한 대목이다. 자본주의의 붕괴과정과 새로운 생산체제로서의 사회주의로의 전환과정에서 노동계급의 의식의 역할에 대한 설명은 더더욱 불분명한 면모를 갖고 있었다. 이 점에 관해서는 후일 실천적인 목적에 따라 그의 후예들이 갖가지 대립적인 해석을 덧붙이면서 논쟁의 깊은 골짜기로 빠져들었다.

1960년대 영국의 유명한 마르크스주의적 역사학자였던 E. P. 톰슨(Thompson)의 계급에 대한 정의는 정곡을 찌르는 면이 있다. 톰슨은 그의 저서『영국 노동계급의 형성』에서 '계급'이란 단순히 통계적 숫자이거나 이론적 범주가 아니라 '인간관계'에서 실제로 일어나고 '체험하는 바'라는 것이다.[7] 이것은 역사가가 시간과 사건 내에서 사회적 과정을 통찰할 때 비로소 파악되는 것인데, 이를 좀 더 알기 쉽게 설명한 코스카의 말을 빌려 보자.[8] 첫째, 계급은 어떤 정태적 실재물이 아니라 '하나의 과정'이라는 것, 즉 계급은 항상 만들어지고 있거나 사라지는 과정에 있다는 것, 둘째, 계급형성의 과정은 자동적인 것도, 되돌릴 수 있는 것도, 완결되는 것도 아니라는 것, 셋째, 계급형성에는 여러 가지 패턴이 있을 뿐만 아니라 '좀 더 계급적인 계급'(more class) 혹은 '좀 덜 계급적인 계급'(less class)으로 나타난다는 것이다.[9] 요컨대 실제 역사를 보면 계급들이 따로 떨어져 있는 독자적인 실재물로 존재하고 나서 그 주변의 적대 계급을 발견하고 서로 투쟁을 하는 것이 아니라, 오히려 그 반대로 사회 내에서 적대적인 이해관계를 느끼고 이를 둘러싼 투쟁을 시작하고 이 투쟁하는 과정에서 스스로를 계급으로서 '의식하게' 된다는 것이다. 따라서 '노동 계급은 만들어졌다기 보다는 스스로를 만들어 간다'는 것이다.

문화적 경험과 내적이고도 주관적 체험을 중시하는 톰슨의 이 같은 접근은 알튀제를 위시한 구조주의적 마르크스주의자로부터 즉각적인 비판을 받기 시작한다. 한마디로 구조주의자들은 '계급은 생산 과정 자체의 기능을 제외하고서는 논할 수 없음'을 강조하고 계급이란 생산 관계의 주체가 아니라 반대로 생산관계 및 과정의 형태에 의해 결정되는 것으로 보고 마르크스가 중시여긴 생산구조의 객관적 조건을 부각시키려 들었다.[10] 마르크스주의적 역사가 내에서도 계급의 정의에 관해서는 이처럼 인식상 커다란 차이가 나타난다. 계급의 개념 정의 면에서 주관적 의식이나 객관적 구조 두 가지 요소 중 어느 것을 근본적인 것으로 보든지 간에, 19세기 유럽에서나 러시아의 실제 역사상 객관적이고도 기계적인 경제적 조건만이 노동조직과 운동의 규모를 결정하지 않는다는 사실이 분명히 나타난다.[11] 즉 노동자들의 운동과 조직에 결정적인 영향을 미친 것은 노동자들 역사적인 체험 상의 강도, 문화적인 전통, 정치적인 조건, 정부와의 관계 내지 정치 문화적인 요인이나 국가권력의 사용에 있어서의 특수한 패턴 등이 더 중요한 작용을 하고 있다는 점을 주목해야 할 것이다.

이런 시각에서 노동자들이 받은 문화적 충격과 체험 등 주관적 요소를 강조한 톰슨의 계급에 대한 정의는 러시아의 경우를 설명할 때 매우 유용한 설득력을 가진다. 왜냐하면 러시아의 노동 계급의 발생을 설명할 때, 산업화의 수준 자체보다도 러시아 산업화의 특수성, 전제정의 정치·사회적 상황에서 생겨난 극단적 소외감, 지식인의 급진주의 운동의 영향, 농촌 농민반란으로 인한 집단 저항의 체험과 기억의 전통을 빼놓고는 논의할 수 없기 때문이다.[12] 다시 말해, 러시아 노동자들의 조직 운동, 의식 그리고 내적인 체험이 언제부터 혁명적인 변화를 희구했는지, 그들이 적어도 어느 순간에 그들의 자유와 경제적 이해가 전제정부와 양립할 수 없으며, 반체제 저항 운동에서 전국적 규모의 결속감을 느꼈는지를 추적할 수 있을 때 우리는 러시아 노동계급의 형성의 시작점을 찾아 낼 수 있다는 것이다.

2. 러시아 산업화의 특수성과 노동자

1861년 농노 해방 이전까지 러시아 산업은 부르주아지나 자유 임노동자가 없는 산업 구조였다. 이에 대해서는 소비에트 역사학자 였던 P. 랴시첸코와 T. 바라노프스키의 연구가 매우 중요한 자료를 남겨주고 있다.[13] 러시아에서 자본주의의 발생 시기에 대해서는 논란이 매우 심하다. 시장 생산을 목표로 한 '수공업 공장제'(혹은 매뉴팩처)의 역사는 18세기 말에 겨우 등장했지만 규모는 극히 미미하여 러시아 역사에서 거의 드러나지 않았다. 19세기 내내 이것과 '봉건적 가내수공업'의 양식 즉, '쿠스타리(Kustari)'제와의 경쟁이 지속되었지만 자본주의적 단계에는 이르지 못하였다.[14]

러시아는 나폴레옹 전쟁으로 국제무대에 접하면서 앞서가는 유럽의 경제력을 보고 큰 충격을 받았다. 그러나 1825년 이후로 섬유, 식기, 가죽 등 경공업 부문에서 생산이 증가했다. 그 이유는 이 부문에서 상대적으로 농촌 주변지역에서 농민층으로부터 자유 임노동자를 (비록 임시고용이기는 하지만) 구하기가 매우 쉬웠기 때문이다. 경공업부문에서 324개의 업체가 1850년까지 갑자기 492개로 증가하고 자유고용 노동력은 18%에서 최고 83%로 증가하였다.[15] 산업 혁명이 제대로 이어지려면 매뉴팩처를 대규모화 할 수 있는 노동력의 완전한 해방, 기계의 도입, 대규모의 자본투자, 기업가의 전문화, 기술의 성숙도가 필수적이다. 그러나 19세기 중엽까지도 러시아의 생산능력은 전제정부의 시대착오적인 통치제도, 경제정책, 사회구조 등으로 인하여 기존제도 상에서 근본적 변화가 일어나지 않았고 생산능력은 거의 정지상태에 빠졌다. 기존의 봉건적 산업은 계급의 특권을 이용한 독점권, 국가로부터의 지나친 보호와 간섭, 농노와 부역의 존재, 폐쇄적인 사회적 구조, 낮은 교육과 기술 수준, 빈곤한 다수국민의 낮은 구매력 등으로 더 이상 진전될 수 없었다.

1850~60년 사이 농노제에 기초했던 러시아 농업부문에도 위기가 닥쳐

왔다. 우리는 이 무렵 급증했던 농업위기와 농노반란들이 시장경제의 음성적 침투 때문이었다는 점을 염두에 두어야 한다. 곡물부문에서의 교역량의 증감은 곡가변동에 영향을 미쳤다. 농노와 지주계급은 시장경제에 적응할 수 없었고 과잉공급은 적자와 생산에의 위축을 가져오기도 하였고 때로는 예기치 않게 가격이 폭등하는 경우도 생겨났다.[16] 이것은 기존의 봉건적 매뉴팩쳐나 수공업 생산제가 생산성의 한계에 달했음을 말하는 것이다.

크림 전쟁에서 치욕스런 패배를 겪고 국내의 비판적 여론의 심한 압력을 받게 되자, 1861년 황제 알렉세이 2세는 대개혁과 농노 해방령을 선포하였다. 농노해방령은 인구의 80%에 이르던 5,100만 명의 농노를 해방시켰으나 이들 중 토지를 갖지 못한 농촌 프롤레타리아가 300만(남자만) 세대에 이르렀다. 이들은 총 농민의 11%에 해당된다.[17] 이들이 곧장 도시 공장노동자로 변화하지는 않았는데 최대의 이유는 숙련도 부족 때문이었다. 그러나 해방령이 선언된 후 산업지대로 이주한 공장노동자와 공업 생산량에 급격한 수적 변화가 일어났다. 단기간에 70만 명에서 140만 명으로 급증하였다.[18] 특히 대기업 공장에 고용된 노동자의 평균 수는 500 명에서 840 명으로 증가하였다. 레닌이 지적한 바대로 그야말로 러시아 산업화는 원시적 수탈과 자본 축적을 거듭하면서 빠르게 독점단계에 돌입하였다.[19]

1890년부터 전제정부는 총리 위떼의 강경한 산업화 계획안에 의거해 국가와 황실이 직접 개입하는 대규모 산업화계획을 본격적으로 추진한다. 산업화는 거대한 규모의 외자를 도입하여 특히 중공업 부문과 대기업 부문에 집중 투자하였다. 이 부문의 산업노동의 노동자 수가 갑자기 60~100%이상 증가하였다. 그러나 시베리아 횡단 철도부설을 시작한 총리 위떼의 산업화는 대부분 국가의 군사적, 정치적 필요에 따라 선택한 것으로 대중의 생활수준 향상을 고려한 것은 전혀 아니다. 대 투자에도 불구하고 수익은 항상 외자차관의 이자 상환으로 돌아갔다. 투자에 따른 수익률은 발생하지 않았다. 1900년대 초기에도 기술 수준은 영세성을 전혀 벗어나지 못하였다. 대다수 국민은 초기 시설 투자를 위한 과세와 상환금의 탓으로 더욱 빈곤해져 갔다.

20세기 초에 러시아 산업분야에서는 섬유업과 금속업 부문의 공장 노동자들이 압도적 숫자를 차지하고 있다. 1913년에 이르러서는 노동자는 증가하나 기업의 수는 감소하고 있는데 이는 기업의 고도의 집중을 말한다. 사적인 중소기업의 감소는 중·소시민층의 성장의 부진을 의미하였다. 러시아의 대기업 집중은 당시대 독일보다 훨씬 더 심하다. 1895년 당시 소규모 기업은 총 노동자의 15.9% (독일의 경우 31.5%) 밖에 차지하지 못하였으며, 500명 이상을 고용한 대규모 기업은 5%인 894개로서 노동인구의 54% (당시 독일은 15.3%), 즉 125만 세대의 노동자를 고용하고 있었다.[20]

광산업 부문에서의 집중도는 더 충격적이다. 1890~1900년 사이 광산업의 경우 1,000명 이상의 광부를 고용한 대기업수의 증가는 112.6%에 달했고 노동자수는 159.4%의 증가를 보였다. 지나친 집중현상은 경제적으로 후진되고 자본주의가 성숙한 단계에 미치지 못한 농촌공업 지역에서 노동운동이 쉽게 과격해지는 경향을 만들기도 하였다.[21]

기업의 집중도에 이어서 지역적인 불균형과 편중도 역시 심하다. 러시아의 산업은 상뜨 뻬쩨르부르크, 모스크바의 두 대도시와 남부 러시아의 우크라이나지역의 예까쩨리나슬라브, 하르코프, 켈손, 우랄 광산지대, 바쿠 유전지대, 트랜스코카서스 광산 등 소수 몇몇 지대에만 집중되어 있었고 철도부설 역시 이 지역의 산업을 위한 요소로만 제한된 것으로서 일반인의 삶의 질을 개선하기 위해 만들어진 것은 아니었다. 소수 도시 지역에서만 집중된 대기업 공장들은 정말로 심하게 열악한 작업환경, 빈곤한 노동자의 불결하고도 참담한 거주지의 밀집, 즉 빈민지대 증가를 가져왔다. 이처럼 사회계층의 빈부의 구분이 현저한 상뜨 뻬쩨르부르크에서 산업 빈민노동자들의 과도한 밀집은 유럽에서 가장 열악한 산업 환경이었고 집단적 계급의식을 쉽게 유발시킬 수 있는 상황을 만들게 되었다.

러시아 노동자의 농민적 성격

러시아 산업화가 국가 주도의 위로부터 이루어진 독점적이고도 전근대적인 유형이라는 사실에 이어서 노동 계급의 형성에서 특이한 형태를 가져온 또 다른 요인은 노동자들의 도시화의 낮은 정도, 즉 도시화 적응에의 실패라는 점이다. 도시화의 낮은 정도는 노동력 공급과 수요의 불안정과 노동운동의 행동주의 성향과도 긴밀한 관계가 있다. 우리는 1890년 이후 도시로 이주한 자유로운 노동자들의 숫자 상의 변화를 면밀히 분석해 볼 필요가 있다. 분석해보면, 도시 노동자들의 수적 변화가 불안정하고도 들쭉날쭉하면서 불규칙했던 곡선을 발견할 수 있다. 1890년 이후 산업지대로 이주한 노동자들이 농촌과 어느 정도로 지속적인 밀착 관계를 갖고 있는가라는 문제는 소비에트 사가, 서구 마르크스주의 사가 그리고 비마르크스주의 사가들 사이에 복잡하고도 뜨거운 쟁점이다. 왜냐하면 이 지수는 도시산업 프롤레타리아 계층의 의식수준과 관계가 있기 때문이다. 레닌과 소비에트 마르크스주의 사가들은 1890년에 이미 세습적 도시 프롤레타리아층이 노동자의 50%를 이루고 있으며 그중 97%는 영구적 노동자로서 토지를 완전히 떠났으며 특히 혁명 운동이 활발했던 상뜨뻬쩨르부르크의 경우는 노동자 89%가 영구적 프롤레타리아라고 주장한다.[22]

그러나 산업노동력의 형성은 농촌으로부터 유입되어 온 인구에 의존하지만 러시아의 농민의 이주는 영구적인 결별이 아니라 아주 복합적 양상을 띤 이주의 형태이다. E. 존슨은 왕복 이주 현상을 지적한다. 그는 농민의 토지매매의 금지, 도시세금의 부담, 산업의 경기변동, 인구변동, 숙련의 정도, 연령 등에 따라 농민은 농촌에서 도시로, 다시 도시에서 농촌으로의 엇갈리는 방향의 이주를 계속하고 있다는 증거를 자세하게 제시하고 있다.[23] 1906년 스톨핀 개혁까지 도시나 공장으로 떠난 농민의 98%는 여전히 공동체에 묶여 있는 상태였고 법적으로는 농민의 신분이었다.

레닌의 추종자들은 노동자의 성향에서 봉건 시대의 잔재가 점차 감소하고 계급의식이 성장함을 강조하지만[24], 이에 대해 폰 라우에는 러시아 노동자들의 도시에서 산업화질서에 적응은 대단히 점진적이며 고통스러운 과정이었고 적응이 이루어진 이후에도 농촌의 전통적 세계관과 공동체 방식의 자치주의적 욕구가 끝까지 남아 있음을 강조하였다.[25] 또 혁명 직전 시기의 계층 간의 대립을 연구한 헤임슨은 러시아 노동계급과 심적 불안정성이나 부적응 내지 소외감, 호전성은 바로 이 농촌과의 유대감에서 비롯된 것으로 설명하고 있다.[26] 이 같은 시각 상의 차이를 해결하기 위해서는 가족생활의 변화, 직접·간접적인 농촌과의 연계방식, 도시 내 공장 고용 및 정주의 기간, 도시에서 동향 노동자간의 교류, 행동, 습성 등에 주목해야 할 것이다.

1885년까지만 해도 법적으로 농민이라는 신분을 갖고 있던 노동자는 91.5%였고 1902년에는 여전히 87.3%에 이른다.[27] 그러나 이 외형적 숫자보다 계절이동 노동자나 임시노동력에 의거한 공장고용 인구의 분류가 더욱 더 현실적이다. 예를 들면 1885년 아버지가 노동자였던 노동자의 비율이 55%였으나 1899년에는 44%로 감소하였다. 또 반대로 1885년 아버지가 농민이었던 노동자들이 45%였으나 1899년에는 오히려 55.6%로 증가하는 의외의 기이한 현상을 보이고 있다.[28]

소련경제사가 랴시첸코는 1890년대 말경 이미 러시아 산업노동자의 태반이 "세습적 프롤레타리아"이며 금속가공부문에서는 농촌으로 돌아가지 않는 영구적 노동자라고 강조하였다. 그러나 실제 통계를 보면, 농촌과의 연계가 끊어진 노동자의 비율은 상뜨 뻬쩨르부크 지역에서는 매우 높지만 여타지역에서는 1917년 당시까지도 아직도 농민 계층가족 출신의 도시 노동자들의 비율은 평균적으로 직물업에서는 39.6%, 금속업에서는 37.3%에 달한다.[29]

여기에서 하나의 물음이 제기될 수 있다. 이처럼 같은 지역출신의 농민이 동일한 공장에 집중된 것은 어떤 영향을 주는 것일까? 그것은 분명히 노동조직과 운동에 있어서 직업별 또는 산업별 조직이 아니라 별개 지역 내의 공장별, 출신별의 유대감과 개별 작업장 내에서의 같은 고향이나 마을 출신, 즉 동향배(젬랴키)의 응집력, 공장 내 조직의 충성심을 뜻한다. 이는 서구와 달리 전 도시에서 산업 부문별로 뭉치는 노조주의가 성장하지 못하고 지역별 유대감이나 농촌적 정서가 산업 투쟁에 침투하는 원인이 되었다. 또한 러시아 노동자들의 조직의 경험상 산별, 부문별 노동조합보다 미세한 '공장위원회' 조직이나 '자치적 소비에트'가 더 익숙한 제도로 활용된 것은 바로 이러한 배경 탓이다.

인구 통계의 분석을 유명한 통계 역사학자 라쉰의 연구에 의하면 혁명 직전 당시에도 도시화의 정도가 낮은 모스크바나 우랄지역에서는 농촌과의 연계를 갖은 노동자비율이 여전히 압도적으로 높다는 사실이 분명히 나타난다.[30] 농민들이 도시로 이주하는 것은 심각한 분여지 토지부족 현상, 빚, 만성적 빈곤, 혹은 더 나은 생활보장의 희망 때문일 것이다. 그러나 그 이주방법은 일시적으로 이루어지지 않고 있었다. 그 이유는 도시에서의 일자리 공급의 변덕스런 변화와 농촌공동체에의 속박 때문이다. 1910년경 대도시에 거주 연한이 10년이 넘는 노동자는 총 농민 중의 25%였고, 그 중 25% 정도의 농민이 도시에서 태어났다.[31] 그 나머지는 경작활동은 하지 않아도 여전히 농촌에 토지를 갖고 있거나 소득의 일부를 가족에게 보내는 전통적 형태의 농민-노동자 계층이었다.

1905년 러일 전쟁과 스톨핀 토지 개혁은 이 같은 농민-노동자 범주를 더 증가시켰다. 도시에는 미숙련 노동자나 젊은 세대의 새로운 노동자 계층의 비율이 더 급증했다. 이때 이주한 농민들의 대다수는 비흑토 지역인 중부 러시아, 북서부 러시아 즉, 트베리, 프슈코브, 비테브스크, 노브고로드, 스몰렌스크, 코스트로마, 빌나, 야로슬라브, 리아잔 등지에서 왔다. 같은 지역출신의 농민들이 같은 공업지대에서 일하는 것이 통상적인 모습이었다. 이런 사실은 러시아 농민의 이주 물결이 일방적인 것이 아니라 끊임없는 왕복이라는 두 가지의 방향으로 이주했다는 사실을 뒷받침하고 있다.[32] 같은 지역에서 온 농민들이 동일한 공장에서 집중적으로 고용되어 일하면서 생활하였다는 구조는 자연스럽게 농촌에서의 일어나는 각종 농민적 저항과 고난의 소문을 공유하게 마련이다. 동시에 이 정서는 작업장에서도 그대로 되풀이 될 수 있는 분위기를 만들 수 있었다.

최근 소련사가들도 전통 마르크스-레닌주의적 개념을 포기하고 러시아 산업화의 특수한 유형이 주는 결과를 받아들였다. 라쉰 역시 1917년경 노동자의 30%가 아직도 농촌에 토지를 소유하고 있음을 인정하였다.[33] 그러나 이것이 A. 판크라토바의 지적처럼 노동자들이 농촌으로 되돌아가기를 희망한다고 볼 수는 없다.[34] 또 L. 이바노브의 주장처럼 노동자들이 농촌적인 유대를 완전히 벗어나려고 한다는 성향을 가졌다고 말할 수도 없다.[35] 도시에서의 공장생활의 빈곤과 속박은 농촌 공동체(코뮌)에서의 부담만큼이나 고통스러운 것임이 분명하기 때문이다. 자유를 얻고 빈곤을 벗어나려는 노동자들을 '농민의식'이나 '프롤레타리아의식'이라는 용어로만 설명할 수 없다. 젤닉의 표현을 빌리자면 그것은 러시아 봉건적 농노제에 대한 적대감과 자본주의적 수탈에 대한 적의감이 혼합된 계급의식이며 그 비율은 산업부문과 경기순환의 지점에 따라 다양했을 것이다.[36]

5-1. 수도 공장지대의 도시 빈민 노동자 모습

이런 맥락에서 보면 우리는 왜 20세기 노동계급의 노래 속에서 왜 농촌을 지향하는 인민주의적 비애를 담은 주제가 등장하는지 또, 왜 정치적, 경제적인 쇠퇴와 부흥기 동안 낡은 사고와 새로운 사고가 동시에 나타나는지, 또 1913~14년 사이 행동주의 성향이 부활할 무렵, 왜 다시 가장 진보적이라는 금속노동자 사이에 농촌 지향적인 신인민주의적 성향이 부활하는지, 1917년 '노동자의 산업관리'와 같은 급진적 프롤레타리아적 목표가 '토지에 대한 열망'과 같은 쁘띠부르주아적인 요구가 동시에 나타나는지, 얼핏 모순된 것으로 보이는 이 모든 현상을 쉽게 납득할 수 있다.

러시아 노동계급의 형성을 논할 때 숙련도의 기준 역시 특이한 양상을 보인다. 일반적으로 유럽 국가에서는 숙련도가 높은 노동자들이 계급투쟁의 발상지가 되었다. 산업화, 기계화로 인해 이들의 우월했던 지위가 하향함으로써 자본가에 대한 강한 적의감을 표현하였다.[37] 러시아의 중공업 부문에서의 숙련공 역시 어느 정도 중요한 역할을 한다. 도구제작, 주형제작, 기계조작 전공, 조각부문은 고도의 세련된 기술을 요하였던 것은 사실이다. 이들은 뒤늦게 도착한 미숙련공보다 높은 임금과 위신을 누렸고 초기 노동조직에서 지도력을 행사한 것도 사실이다. 그러나 특이하게도 러시아의 숙련공은 영국처럼 '노동귀족'을 형성하는 데까지는 이르지 못하였다. 그 이유는 무엇일까? 첫째, 특히 기술면에서 가장 선진적이었다는 금속공들의 경우를 예로 들면 직능별 조합조직을 구성하는 전통을 배우지 못했고, 둘째, 러시아 중공업부문의 노동자들에게는 형식적 5~7년의 도제기간을 둔 직업훈련기간의 전통이 없으며, 셋째, 그 숙련공들의 작업이 전적으로 수동적 수공업적 기술에 의존하는 것이 아닌 최신형의 기계조작 베아링, 포탑선반기, 자동기획기, 수평적 발전기 등을 조립하는 작업이었다. 이런 상황은 새로운 기계도입이나 대량 생산제에 의해 단기간에 대체될 운명이었다.[38]

1907~8년 러시아 산업은 유럽과의 경쟁에 뒤지지 않기 위해 갑자기 대량의 최신식 기계를 도입하면서 제 2의 산업 혁명기를 맞이하였다. 또 새

토지 개혁령으로 인해 농민이 엄청난 규모로 미숙련공이 유입됨으로서 산업조직과 기술 면에서 갑작스럽게 숙련공을 밀어내고 대체하는 변화가 일어났다. 이러한 갑작스러운 상황 변화는 그나마 존재하던 소수 숙련공을 반숙련공의 범주 속으로 금방 희석시키는 결과를 가져왔다. 결과적으로 러시아 노동계급 간의 숙련공과 미숙련공 사이의 기술상의 세분화가 이루어지지 못하면서 숙련공 주도의 노동조합의 전통은 전혀 발전하지 못하였다. 이른바, 숙련공의 희석화라는 현상 역시 러시아 산업 공장 현장에서 점진적인 노동투쟁의 노선이 성장할 수 없는 또 다른 요인으로 작용하였던 것이다.

3. 최초의 행동주의적 노동자 저항

러시아 노동자들이 1917년 혁명기에 급진적 계급의식과 행동주의를 표출한 것은 제1차 대전에서의 대 참패로 인한 참사와 희생과 경제적 고통으로 인하여 일어난 단기적이고도 우발적인 사건이었는가? 오늘날 이 답변에 대해 동의하는 이는 아무도 없다. 그보다 다음처럼 물음을 바꾸어 묻는다. 1870년대 첫 산업화 이후 가중되어가는 경제적 수탈과 불평등 고통과 절망에 대해 그들은 어떤 모습으로 저항하였는가? 노동자들의 급진적 계급적 행동과 노동 저항에 대해 전제정부나 지배계층은 어떻게 대응하였는가?

러시아의 노동자들은 오랫동안 억압적 전제정과 사회구조 속에서 개인의 기본적 자유나 재산권을 전혀 경험하지 못하였다. 봉건적이며 예속적인 농촌공동체를 임시로 떠나 갑자기 도시 빈민 노동자로서의 자기변화를 맞이했다. 여기에 러시아의 정치구조 자체 내의 모순과 대립이 중첩적으로 작용하였다. 1870년대 농촌에서 계절노동자로서 도시에 도착한 후, 도시화가 이루어지거나 사회적 신분상 적응이 이루어지기도 전에 노동자들은 곧 시대착오적인 전제 정부와 테러와 암살로 저항하는 급진적 인텔리겐찌야 사이의 양극화된 정치적 대립을 목격하게 되었다. 당시 전제정부는 인텔리겐찌야 집단에 의한 황제의 암살 사건으로 인하여 혹독한 검열과 반동적 정책으로 돌아 섰던 중이었다. 정부는 사회의 어떤 집단이든지 토론이나 집회까지 허용하지 않는 억압적인 사법권과 경찰감시에 의한 지배권을 행사하였다. 이 상황은 노동자들에게도 그대로 적용되었다. 도시에 갓 도착한 노동자들에게는 대표제는 말할 것도 없고, 작업장 내에서 결사나 어떤 집회·회의조차도 불법적인 것이었다. 1870년대 초 처음으로 노동자들은 작업장 내에서의 단체 의사 표현의 기구와 제도가 없는 상태에서 노동 저항을 시작했다. 정부는 이 소요를 즉시 정치적 저항이나 반란으로 취급하였으며 그 후에도 노동자 소요는 항상 군대 동원에 의해 잔인하게 진압을 받곤 하였다.[39]

그러나 러시아 노동자의 저항 운동은 1870년대부터 1914년 사이 약 40여년 사이 유럽의 그 어느 나라보다 더 빠르게 급진적 전환을 겪었다. 파업의 규모와 투쟁성이 극적으로 나타났던 대표적 사건은 1885년 모스크바 모로조프 공장의 파업, 1896년 상뜨 뻬쩨르부르크 손튼 면직물 공장의 전 도시 파업, 1905년 피의 일요일 사건이후 한 해 동안 전국적으로 확산된 총파업, 1914년 7월 우랄지대 파업과 무장봉기이다.

1917년 10월 혁명까지 40년간의 노동 저항은 시기에 따라 노동자의 의식과 투쟁 양식이 여러 번의 지그재그의 굴절과정을 거치면서 점점 급진적으로 성장하는 모습을 보여 주는데 크게 4 단계로 시대구분 지을 수 있다. 최초의 시기는 산업화가 시작되던 1870대부터 1896년 1일 노동 11.5시간제를 쟁취하였던 상뜨 뻬쩨르부르크 손튼 면직공장을 필두로 한 전도시 파업 사건까지, 두 번째는 1897~1905년 피의 일요일 사건과 그 후 선동적 방법에 의한 경제주의 투쟁과 좌절의 시기, 세 번째는 1905년 실패 이후 1912년 레나 광산의 대학살 사건까지, 역사상 최초의 합법적 노동조합주의의 실험과 실패의 시기, 그리고 마지막 네 번째는 1912년에서

1917년 10월까지 무력적 봉기에 의한 과격한 행동주의의 시기이다.[40]

첫 번째 시기에 해당되는 1870년대 노동 운동은 최초에는 소규모 노동 소요로 시작하였다. 소요의 원인은 산업 생산력 증가에도 불구하고 러시아 사회전반의 빈곤과 낮은 구매력으로 인하여 생산품 순환이 일어나지 않은 산업위기, 임금 저하, 심화된 수탈이었다. 저항은 곧 호전적이고도 투쟁적인 양상으로 비화하기 시작했다. 첫 번째 시기에 일어난 대표적인 노동자 파업은 1885~88년 사이, 1897~98년 사이, 1900~02년에 바쿠 전 지역의 무장파업이었다. 특히 1885년 모스크바 시 외곽의 이바노보 보즈네센스크 (또는 오레코보 쥬에보)의 섬유노동자들은 유혈적 파업을 전개하여 전 러시아를 놀라게 하였다. 1896년의 손톤 면직공장, 뉴포트 공장, 세미아코프 공장, 라페름 담배공장, 푸찔로프 기계공장, 레베데브 면직공장에서는 동조 파업이 전 도시로 확산되는 대담한 모습을 보였다. 대부분 임금저항으로 시작된 자생적인 것이었으나 그 양상은 원초적 반란처럼 폭발적이면서도 행동주의적 분규들이었다. 정부의 군대 파견으로 일시 진압되었다. 그러나 군대에 의한 진압에도 불구하고 해마다 계속해서 파업의 규모나 횟수는 점점 늘어나 통상적인 것으로 변해갔다. 1890년대 이후에는 노동자 파업 운동은 지역적으로도 수도인 상뜨 뻬쩨르부르크 뿐만 아니라, 먼지역인 남부 러시아 지역, 트랜스 코카서스, 중부 모스크바 외곽지역, 우랄 광산지역 등에서도 빈번해졌다. 노동자들은 공장 내에서 타 지역의 투쟁의 소문을 들을 때마다 동요하였다. 특히 바쿠 유전지대에서는 농촌 봉기에 관한 소문을 듣고 파업을 전개하였다.

E. 존슨의 연구에 의하면 농민-노동자라는 성격이 당시 호전적이며 행동주의적인 파업의 발생에 장애가 아니라 오히려 자극적인 역할을 하였다.[41] 특히 후진적 지역 모스크바, 우랄, 남부지대의 파업에서는 같은 지역출신별의 노동자들 즉 '젬랴키'(동향인)의 공동 정서와 유대감이 강하게 이바지하였다. 이들은 같은 기질과 생활습성을 그대로 가졌고 동향인의 공제모임, 아르텔, 계 등으로 이주지역 내에서 동질적인 유대감, 애환, 희

노애락을 같이 하였다. 이곳에서 노동자들은 불황기에 농촌으로 되돌아가곤 했다. 농촌에서 다른 직종, 다른 지역, 공장에서의 소식을 서로 나누고, 그것이 파업 방법에 관한 지식의 원천이 되는 수가 많았다.[42] 1885년 모로조프의 공장의 대파업은 바로 이주노동자들에 의한 정보교환의 결과이다. 점차 1890년대 갈수록 농촌-도시와의 왕복의 속도는 더 빨라졌다. 끊임없는 왕복의 물결은 쉽게 도시와 농촌 농민 반란과 상관관계를 맺었고 그 변화가 전달되었다.

일련의 투쟁적 파업은 차츰 러시아의 반체제적 급진적 인텔리겐찌야와 수천 노동자들을 연결시키는 효과를 가져왔다. 급진적 인텔리겐찌야들은 도시에서 비밀리에 인쇄된 인민주의자 대부였던 체르니쉐프스키의 저서나 그의 추종자 네크라소프 저서, 혹은 마르크스주의자 플레하노프의 저서나 혁명적 팜플렛, 신문, 전단을 배포하였다.[43] 물론 당시 혁명주의자들의 선동 선전활동이 그 이후 노동 운동의 촉발에 미친 영향력을 지나치게 높이 평가할 수는 없다. 왜냐하면 최초의 대중적 운동으로서 임금 인하 결정에 대한 불만으로 촉발되었는데 당시 1885년 블라디미르주의 모르조프 공장의 유혈적 파업조차 인민주의자들의 조직적 계획이나 지도의 영향은 전혀 찾을 수 없는 독립적이고도 우발적인 형태였기 때문이다.[44] 대부분의 경우 각기 경제적 붐과 팽창 이후 고용노동의 불균형한 수적인 증가로 인한 임금 하락과 거주와 생활환경, 작업조건이 크게 악화된 순간에 폭발하였다.

파업의 세부적 사건에 대해 특히 중요한 사료를 남겨 준 모스크바의 경우를 살펴 보자.[45] 1880~1900년 동안 모스크바에서만 452회의 파업이 일어났다. 이때는 1차 산업화의 급속한 팽창과 더불어 농촌에서의 이주의 물결이 대규모로 이루어지던 때이다. 노동자들은 농촌에서의 과중한 토지 상환금, 채무, 빈곤의 불안의 해결책으로 도시에 이주해 왔다. 그러나 도시 공장에서는 바라는 결과가 전혀 나오지 않았다. 사실 1880년대 러시아 산업자본주의는 초기 팽창적 원시적 자본축적의 단계에 있었고 노동자의 지위는 어떤 법적 보호의 대상이 아니었다. 노동시간은 12~14시간 이상이 보통이며 여성의 야간노동, 유아노동도 확산되어 있었다. 1880년대 재무성의 산하의 공장 감독관은 비참한 환경을 이렇게 보고한다.

…노동자의 거주지는 공동 막사에 여러 칸으로 나뉘어져 있었고 낮고도 습기 찬 어두운 오두막이었다. 여기서 노동자는 가족과 아이들과 굶주리면서 추위에 떨며 함께 지내기도 하였다. 공장에서도 기계 밑에서 잠자는 경우도 보통이고, 작업장은 소음과 희미한 불빛, 먼지에 가득 차 있는 열악한 상태이다. 노동자는 아침 6시에서 저녁 8시까지 끼니 시간외엔 늘 작업을 하였다. 내가 조사한 81개의 공장에서 정규적으로 임금을 지불하는 곳은 71군데 뿐이었다. 그러나 그것도 믿을만한 근거가 없었다. 임금은 고용주의 재정상태나 뜻에 따라 고정되지 않게 지급되었는데 때로는 체납된 채 해고되기도 하고, 일이 적을 때엔 임금 없이 비싼 매점에서 물건을 외상으로 사용하여야 했다. 그뿐만 아니라 작업장 내의 복잡한 작업 규정으로 갖가지 벌금제는 자의적으로 시행되었다. 임금의 태반은 이 벌금과 외상으로 미리 상쇄되었다. 지켜지지 않을 땐 자동 해고였다. 예를 들어 작업장 내에 집단적으로 몰려 입장하면 1루블, 9시 이후 공장 뜰에서 노래하면 5루블, 벽에 낙서해도 벌금, 다른 작업장에 들어가도, 숙박지에서 빨래해도, 작업날 노래해도, 미혼남자가 가족거주지역에 있어도 벌금이 매겨졌고, 이 모든 벌금은 고용주의 수입이었다." [46]

상상 이상으로 낮은 임금 수준은 이주 노동자들과 농촌과의 유대가 다시 강화되는 요인이 되곤 하였다. 다시 말해, 즉 노동자는 도시에서 수탈되는 또 다른 빈농으로서의 모습을 띠었다. 1891~92년에 닥쳐 온 전 러시아의 대기근은 남부 곡물 생산지와 볼가강 하류 지방에 큰 타격을 주었다. 이로 인한 산업 공장지대로의 이주의 물결은 다시 1898년까지 재개되어 공장노동자의 수는 150만으로 갑자기 거의 2배로 급증하였다. 산업 보유 군대의 증가와 임금은 반비례하는 것이 자연스런 귀결이다. 노동시간 연장은 남용되었고, 거주지와 식수 등 생활조건은 점점 더 비참한 상태에 빠지게 되었다. 노동자들은 흔히 고용주로부터의 받는 수치스런 굴욕감, 부당한 대우, 비인간적인 노동조건 탓으로 겨우 연명할 수 있는 생활의 수준에서 나아지리라는 희망을 거의 가질 수 없었다. 그들은 이렇게 한탄하였다.

'… 우리들은 다른 생활, 다른 행복에 대한 모든 개념을 잃어버렸다.' [47]

투쟁적 대규모 파업은 10년 만에 다시 상뜨 뻬쩨르부르크에서 재개되어 1894~96년에 전국으로 확산되었다. 특히 1896~97년 사이 상뜨 뻬쩨르부르크의 섬유공들의 파업이 일어났다. 곧 이것은 전 도시로 파급된 동정적 연대파업으로 번져갔다. 이것은 규모가 엄청나게 큰 자연발생적인 대중운동의 극적인 사건이 되었다. 마침내 정부는 굴복하였다. 고용주들의 반대에도 불구하고 노동시간을 1일 11.5시간제로 개정하였다.[48] 이 사건은 국가에 대항한 노동자들 전체의 계급적 유대감을 확인한 중요한 계기가 되었다. 레닌과 사민당은 오히려 당시 파업 노동자들의 규모와 응집력에 크게 놀랐다. 이 사건은 급진적 인텔리겐찌야들에게 큰 자극과 용기를 주게 되었다. 이 무렵 레닌을 위시한 급진적 사회민주당의 역할에 대해서는 많은 논란이 있지만 당 차원에서는 제휴가 아직 일어나지 않았고 급진적 인텔리겐찌야와 각 지역의 행동주의자(prakchiki)들 사이의 개별적 보조와 조언이라는 차원에서 이루어졌다. 이 사건을 계기로 오히려 급진적 인텔리겐찌야들이 사회민주노동당의 창당과 조직을 서두르게 되었음을 지적할 필요가 있다.[49] 노동자들은 행동주의적이고도 투쟁적인 파업 거듭함으로써 정부로부터 중요한 양보를 얻어내었고 이것이 다음 10년간의 의식의 성장에 중요한 기초가 되었음은 두 말할 나위가 없다.

위떼 산업화 이후 일시적인 호황을 만나 취업의 기회가 증가하였다. 이후 노동자 운동은 먼저 시기의 체험을 토대로 이제는 우발적인 방법보다는 좀 더 조직적인 방법을 취하고 있음을 보여 준다. 즉, 파업은 호황기엔 경제적 문제에 더 치중하면서 소규모로서 횟수가 빈번해지나 불황기 때엔 정치적인 문제에 치중하며 횟수는 줄어들지만 규모는 더욱 커지는 모습을 보였다.

그러면 이러한 초보 단계의 계급의식을 '마르크스주의적 도시 프롤레타리아의 계급의식'으로 개념정의 내릴 수 있는가 또, 이들이 추구한 바가 체제의 변혁 내지 과격한 정치적 재편성을 목표로 하는 '혁명적 의식'으로 볼 수 있는가? 이 물음은 끝없이 마르크스주의 이론가들을 괴롭히는 질문이다. R. 수니의 지적대로 이 일련의 노동 운동은 폭력과 계급을 기초로 한 운동이지만 조직이나 고도의 훈련의 수준을 갖추지 못했음은 분명하다. 그러나 고도로 발달된 '의식적' 저항과 역사적 목표가 결여되었다고 해서 '의식'의 발생 그 자체를 부인할 수는 없을 것이다.[50] 노동자들은 파업을 호소하는 연설과 우발적인 저항 속에서도 이미 그들의 꿈과 생계가 도저히 전제정 체제나 자본주의의 경제와 공존할 수 없다는 표현을 명시적으로 보이고 있기 때문이다.

예를 들어, 1879년에 처음으로 조직된 「북러시아 노동자연맹」의 강령을 보자. 이것은 극소수 노동자 엘리트와 인민주의자들 간에 만들어진 상징적 시도였는데 그 강령의 내용은 단지 개별 공장 내의 노동자들의 생계 문제에 집착한 것이 아니라 미래 사회질서와 자신들의 삶 전체에 대해 사고하는 것으로 매우 의식적 표현을 담고 있다. 언론의 자유, 이주의 자유 등 인간의 근본적 자유를 갈구하고 있으며, 코뮌과 노동자 연합이라는 자치적인 연방제를 이상화하였고 계급적 특권의 폐지, 전제정의 상비군 폐지, 정의로운 세제, 교육을 받을 권리 등, 인간의 기본적 권리를 꿈꾸는 새로운 사회 질서를 향한 언어로 가득 차 있다. 동시에 이 모든 기본권들이 기존의 정치 질서와 경제 구조 하에서는 양립이 불가능하다고 강조하는 역사의식을 자극하는 내용을 품고 있다.

> …노동자들이여! 이제 우리들은 여러분을 부르고 있다. 우리는 여러분의 목소리와 양심과 의식에 호소한다. 서구에서처럼 단결하여 해방의 기치아래에 모여 들어야 한다. 노동자들이여! 위대한 과제가 우리들 앞에 놓여 있다. 우리들과 형제들의 해방을 추구하고 세계를 새롭게 변형하는 것은 바로 우리들의 의무이다. …이제 가서 농촌과 도시에 복음을 전해야 한다. 여러분들의 성공은 도덕적인 힘에 달려있고, 이로서 여러분은 힘에 가득 차 있으며 세계와 러시아에서의 혁명은 바로 여러분에 의해서 이루어질 것이다.…[51]

4. 급진적 인텔리겐찌야와의 만남

V. 본넬은 흥미있게도 1905혁명 이후 1914년 사이 노동대중과 급진적 인텔리겐찌야 및 사민당과의 구체적 접촉에 대해 자세하게 연구하였다.[52] 이 연구에서 그는 사민당과 비밀리 접촉한 노동자들과의 관계가 지시와 명령 하달의 관계가 아니라 오히려 대등하면서도 상호적이었다고 지적한다. 또 이들의 대면에서 노동자들은 자주 인텔리겐찌야에게 강한 불신심과 경계심을 표현하였다. 본넬은 노동자들의 반응에서 오히려 레닌과 그의 추종자들이 노동자들의 요구에 적응해야만 했던 국면을 지적해 주고 있다. 왜 이 같은 분위기가 나타났을까?

사실 노동자에 대한 급진적 인텔리겐찌야의 영향은 노동자들의 정치 인식이나 의식의 성장 과정을 추적하는 데에 제외할 수 없는 요소이지만 결정적인 것은 아니다. 왜냐하면 1870년대 초반부터 1896년까지 파업을 계속하여 마침내 1905년 혁명을 일으키는 데까지 나아간 노동자들의 인식 세계나 행태에서는 아직도 농촌 농민들이 지녀온 오랜 반란의 기질과 전통적 자치주의적 성향과 색채가 강하게 나타나 있기 때문이다. 노동자들은 아직도 농촌 공동체와 연계가 남아 있거나 한 번도 바깥 세계를 경험하지 못한 자들이 다수였다. 이 상황에서 산업 공장의 참담한 노동환경에 접하면서 큰 충격을 받았고, 항상 도시 일상생활에 대한 부적응과 큰 좌절과 절망 속으로 쉽게 빠졌다. 자신의 삶을 개선하거나 기초 생계의 고통을 완화하려는 희망에서 거의 본능적으로 저항을 벌이곤 하였으나 체제의 전복과 혁명을 위한 투쟁을 가르치려는 급진적 인텔리겐찌야의 이론이나 투쟁 방식에 대해 두려움과 거부감, 또는 심한 간격을 느꼈다. 특히 일자리의 기회가 늘어 날 경우엔, 기술의 습득에 대한 열망이나 기대감이 커지게 되는데 그 때마다 노동자들은 자신들의 일상생활에서 겪는 고통을 완화하고 더 나은 일자리와 임금을 받기 위한 자기 계발의 욕구를 표현했다. 그러나 이에 대해 관심을 표하지 않는 인텔리겐찌야에 대해서는 심한 갈등과 불신감을 표출하고 있었다.

> "지식인들은 우리와 다르다. 그들은 우리에게 알고 싶은 것을 가르쳐 주려고 하지 않는다. 나는 새로운 일자리를 갖고 싶다. 우리는 글을 읽는 것을 배우고 지식을 배우고 싶다. 특히 화학이나 수학 지식 등, 기술을 배우고 싶다. 나도 능력을 갖고 싶다." [53]

러시아 노동자들은 청소년기에 가족을 떠나 도시직공으로서 상뜨 뻬쩨르부르크의 검은 연기가 나는 공장지대에 정착하였다. 도제로서의 기술과 교육을 배우면서 이들이 맨 먼저 부딪친 문제는 자아 존재와 미래에 대한 문제였을 것이다. 러시아 농촌에서 만연한 가부장적인 가정과 엄한 가장의 독재, 폭력, 빈곤, 음주벽, 미신에 가득 찬 그리스 정교회의 예배와 신앙, 온정적이나 절대적인 존재로 전설과 같은 짜르와 농촌 생활 사이의 깊은 심연을 보아 온 이들 청소년 노동자 세대는 그런 생활을 벗어 나기 위해 도시에 도착하였다. 그러나 도시에서 산업적 상황이나 세속적 문화를 접촉하면서도 자기 자신의 능력을 더욱 더 키운다거나 건전한 시민으로 성장할 수 있는 교육의 기회나 사회 환경은 전연 체험할 수 없었다. 이들 청소년 세대의 농촌노동자가 완전히 도시에 정착하는 데까지는 10여년이 걸리는 것이 보통이었다. 그 과정은 미래에 숙련공으로 성장하거나 보다 나은 임금을 보장받고, 겨우 저축을 하여 농촌으로 가족 생활비를 보내거나, 혹은 토지를 살 계획을 세우거나 아니면 독립하여 도시에서 거주지를 마련하거나, 등등 이 모든 빈곤을 해결코자 하는 기대감을 갖는 과정이었을 것이다.[54]

노동자들에게는 인민주의자들의 가르침 중 자본주의의 저항이나 체제의 전복보다는 공장 내에 조건에 대한 문제, 노동자들 개개인의 존엄성, 계급적인 연대감, 때 묻지 않은 농촌생활의 소박성의 이야기가 더 감동적이었다. 농민 집단인 미르(mir)와 그 조직을 보호하는 기능과 권리에 관한 얘기가 훨씬 더 이끌리는 것이었을 것이다. 노동자들은 점차 도시에서 기술 숙련도를 높이게 됨에 따라 영구 정착을 원하게 되었고, 유능한 기술자로서 자기 향상을 바라는 욕구가 자연스럽게 생겨났다. 이에 일부 노동자들 가운데에는 비록 노동자일지라도 교육을 받고 글을 읽을 중 아는 지적 노동자(worker-intelligentsia)로 성장하고 싶은 욕구가 생겨났음은 당연한 일이다. 이들은 교육의 가능성에 강한 희망을 느끼게 되었다. 그러나 그 같은 욕구가 정부의 교육제도나 문화적인 시설로 전연 충족될 수 없는 상황에서 처음에는 지적인 그룹으로서 급진적 인텔리겐찌야가 바로 이 기능을 부분적으로나마 행하기 시작하였던 것이다. 1881년 짜르 알렉세이 2세가 암살되는 사건 이후 재개된 반동 정치, 숨 막히는 탄압과 검열, 경찰 통치하에서 생겨난 몇 안 되는 비밀스런 독서서클(kruzkhi)은 신기한 자기 향상 욕구의 배출구였다. 이를 통해 엘리트 노동자들이 차츰 배출되었다. 이들은 문학교육이나 기초 지식을 배우면서 동시에 사회변혁을 위한 갖가지 이론을 듣게 되었다.

점차 지적 노동자들은 잦은 탄압과 경찰감시와 고용주의 차단, 수탈 속에서 빈곤에서의 해방, 나은 생활, 임금인상의 욕구를 느끼면서 도시 생활 전반의 개방과 병존하는 탄압, 인텔리겐찌야의 선전과 선동 속에서 처음으로 개인의 자유와 권리에 눈뜨기 시작했을 것이다. 많은 경우에 있어서 이 독서서클은 인텔리겐찌야의 원래 계획처럼 계몽된 혁명가를 훈련시켜 체제 전복을 위한 지하 정치활동의 뿌리가 되기보다는 노동자들의 자아 의식의 발견 내지 새 세계관을 구축하는 데에 더 중요하게 작용하였다.[55]

러시아의 산업화의 역사에서 러시아 노동자 대중과 급진적 지식인, 인텔리겐찌야와의 갈등은 노동 운동의 불안정성의 징후 중의 하나일뿐만 아니라 장기적으로 볼 때, 추후 사회적 비극의 징조가 되기도 했다. 왜냐하면 양 세력의 분열은 노동자 계급이 과격한 행동주의로 전환했을 때 서로에게 믿음을 줄 수 있는 적절한 도덕적 사회상에 대해 타협점을 찾지 못하는 현상을 보였다. 실제로 이 갈등은 극히 초반부터 나타나기 시작한다. 1896년의 대파업으로 1일 11.5노동 시간제를 확보하게 되자 사민당은 노동자 대중운동의 커다란 승리에 개가를 올리게 되었다. 그러나 아이러니컬하게도 노동자들이 대중적 저항을 통해 의식 수준이 더 높은 단계에 들어서자 마자 노동자들과 급진적 인텔리겐찌야는 주도권을 사이에 두고 대립과 분열이 나타났다.

여기에 덧붙여 당시대 전제정의 재개된 정치적 탄압정책이 작용하였다. 한편으로 1896년에 정부는 노동법에서 후퇴하면서 대신 또 다른 한편으로는 마르크스주의적 그룹과 노동 지도부 조직을 대상으로 대량 체포하거나 궤멸하는 작전을 개시하였다. 지극히 불안정하고 비밀스러운 정치 행동만이 가능한 상황에서 사민당과 급진적 인텔리겐찌야는 당의 중앙조직과 지방조직, 노동자와의 연계방식에 대해, 또 투쟁의 목표 및 전개방식을 둘러싸고 내분에 돌입하였다.[56] 그러나 이 분열 속에는 이미 오래 전부터 노동운동 그 자체의 목표와 방법에 대해 분열의 싹이 숨어 있다. 마르크스주의의 도입 이후 급진적 인텔리겐찌야는 언제나 노동투쟁을 전제정부를 전복하고 새로운 생산관계를 도입하고, 사회주의 국가를 수립하는 세력의 수단으로 삼아서 노동자에게 이러한 정치적 혁명 의식을 주입하려 하였다. 그러나 실제 인텔리겐찌야가 비밀의 독서 서클을 통해 접촉한 바 있는 노동자들은 소수의 숙련된 노동자 엘리트들이었고 다수 대중과의 접촉은 늘 요원한 문제였다. 게다가 마르크스주의적 인텔리겐찌야들이 이론적 논쟁에 몰두하고 있는 동안 지식인들이 전연 예기치 않게 1885~1896년 사이 산업현장에서 노동자들은 독자적인 흐름으로 호전적면서도 행동주의적인 저항과 파업운동을 전개하기 시작했던 것이다.

보수적 역사학자인 R. 파이프스의 지적에 의하면, 당과 노동자 계급 사이의 갈등은 이미 초기부터 내재해 있다. 가장 간단한 예로 1885~1897년 사이에 당-엘리트노동자 양자의 갈등은 표면화되어 노동운동의 지도권, 기금운영, 대표선발상식에 대해 이견이 나타났다. 「투쟁연맹(Union of Struggle)」은 노동자를 제외한 사민당 인텔리겐찌야의 조직에 지나지 않았고 노동자는 별개로 「중앙노동자그룹(Central Workers' Group)」을 조직함으로써 이원적인 노동조직이 발생하고 있었다.[57]

1896년 상뜨 뻬쩨르부르크에서 노동자들의 전체 도시로 파업 물결이 격렬하게 확산되자 마르크스주의적 인텔리겐찌야는 당 조직 상의 매우 유리한 국면을 맞이하였다. 이 사건을 계기로 러시아사회민주노동당 (이하 사민당으로 약함)을 창당하였다. 그러나 당내 현실파 인텔리겐찌야들은 혁명 노선을 가르치던 노동자-엘리트들과 접촉하면서도 다수 대중의 투쟁에서 그들이 배제되는 데에 당황하였다. 이 때문에 독서서클을 통한 의식화 및 이론화 훈련이라는 방법을 포기하였다. 그 대신 다수 노동자들에게 접근하여 관심과 지지를 얻기 위해서 이들에게 절실히 요구되는 매일매일의 경제적인 요구와 공장 작업장 내에서의 고통과 고용주의에 대항하는 구체적인 법적 투쟁을 지도하는 방법을 택하기로 하였다. 이들 중 온건파 지도자였던 마르토프는 1898~1903년까지의 지하활동 동안 노동자들의 지지를 확보하기 위한 방안으로서 전적으로 새로운 지침서를 작성하였다. 이것이 바로 유명한 그의 『선동에 관하여』(ob Agitatsii') 라는 소책

자이다. 이것은 곧 상뜨 뻬쩨르부르크, 모스크바, 키예프, 오뎃사, 이바노보-보즈네센스크, 예까쩨리노슬라브의 사민당 지부의 행동파(prakchiki)에게 큰 인기를 얻었다.

> … 그것은 지금껏 전개되어 온 파업 행동의 좁은 선전적인 전략을 벗어나 대중선동의 방법으로 노동계급의 투쟁을 주도하는 것이었다.[58]

경제적 요구를 충족시키기 위한 대중 선동의 방법은 처음에는 노동자들의 의식화와 투쟁의 효과를 가져 오고 고립이라는 고질적 문제의 해결의 실마리를 주는 듯 보였다. 그러나 또 다시 경제주의 방식은 사민당 내에서의 이론적 혼돈과 내분을 가져오기 시작하였다.[59] 레닌은 경제주의 방식을 명백한 원칙을 배신한 수정주의로 규정짓고 마르토프를 비롯한 멘셰비키를 '정통 마르크스주의적인 교리에서 이탈하려는 부르주아적 물질적 노동조합주의'의 시초라고 맹비난하였다. 선배인 악셀로드 역시 다음처럼 경제주의를 비판했다.

> 1896~97년의 성과에도 불구하고 그것은 단순히 경제주의적이며 어떠한 정치적 목표나 요구도 정립하지 못한 기회주의적이며 편협한 경제적인 이익이나 노동조합주의의 한계에만 묶여 있는 부르주아적 투쟁에 자나지 않는다.[60]

그러나 이 시점에서 우리는 사민당이 전술상으로 취한 경제주의 방식에 대해서 우리는 좀 더 신중하게 헤아려 볼 필요가 있다. 사민주의를 연구한 역사가들인 브레난, 젤닉, 윌드만은 러시아에서 경제주의의 방식이 원칙에서 이탈한 수정주의 노선이라고 보는 데에는 매우 부정적이다.[61] 왜냐하면 당시의 노동자의 입장에서 경제주의 노선은 전혀 합법적 제도나 집회의 자유가 허용되는 않는 상황에서 택할 수 있는 유일한 방식이었다. 러시아 노동자에게는 공장법과 고용주에 저항하는 것 자체가 전제정부로부터 자유와 권리를 보장받기 위한 투쟁의 의미를 띠기도 한다. 그러나 노동자들이 일상의 경제적 관심에만 몰두함으로써 그들이 혁명적인 정치적 안목과는 멀어지리라는 레닌이나 혁명파들의 비판은 사민당의 이론가들과 노동자들의 입장과 세계관 사이의 간극을 점점 더 벌어지게 만들었다.[62] 급진적 인텔리겐찌야들은 노동자들의 자연스러운 체험과 욕구사의 변화를 기다리려 하지 않았고 엘리트주의에서 벗어나지 않았으며, 당 중앙집권주의의 원칙에 의거한 훈련과 선전의 방식에 따른 의식화만을 주입하려 들었다.

양 집단 사이의 이 같은 불편하고도 불안정한 관계는 러시아 노동자 운동이 종종 인텔리겐찌야와의 접촉하기보다도 차라리 정부가 간혹 사탕처럼 제공하는 온정주의 물결에 편승하여 성장하는 기이한 모습을 띠기도 한다. 가장 전형적인 예로서 한때 노동자들이 경찰관 쥬바토프에 의한 반동적 경찰 사회주의의 비호 하에 성장하거나, 가퐁 신부의 온정적 노조주의의 지도를 택한 적이 있었다.[63] 노동권리를 위한 투쟁에서 노동자들이 이러한 관료나 공적기구의 도움을 받으려 한 기괴한 현상은 바로 급진적 인텔리겐찌야가 노동대중의 기초적이고도 자연스러운 욕구에 부응하지 못했다는 사실을 극명하게 보여 준다. 결국 일반 노동대중과 급진적 인텔리겐찌야와의 사이에 커져가는 괴리감은 불신으로 번져가게 되었다. 이 양상은 후일 1917년 2월~ 10월 혁명 사이 이론적 급진 인텔리겐찌야와 사민당에 대한 행동주의적 노동자들의 철저한 거부감과 냉담한 태도에서 극적으로 드러나게 되었다.

5. 1905년 혁명과 합법적 노조주의 좌절

1901~1903년 사이 경제주의 투쟁과 병행하여 노동자들은 독립적 노동

조직의 자유와 기회를 요구하는 시위를 전개하였다. 이 과정에서 1905년 1월 500여 명이 희생되는 유혈적인 「피의 일요일」 사건이 발발하였다. 이 사태는 급진적 인텔리겐찌야나 사민당의 지도와는 전혀 상관없이 일어났다. 이 사건은 1905년 내내 역사상 최대의 전국적 총파업과 혁명을 야기 시켰다. 이 혁명에서 러시아 노동자들의 호전적이고도 반란적인 행동주의 성향이 두드러지게 작용하였다. 1905년의 10월의 한 달만에 파업 참가자는 예년 4만 3천명의 파업자 수에 비해 열 배가 넘는 43만 명으로 증가하였다. 1905년 전국의 총파업 참가자수는 280만 명으로 추정된다.[64] 이 소요는 후진적 농촌에서도 농민 반란을 불러 오며, 심지어 크론슈타트, 포쩸킨, 티플리스, 블라디보스토크 등지의 병사들의 반란까지 야기 시켰다. 더욱 더 나아가 노동자는 스스로 '소비에트'(민중적인 평의회 뜻)라는 이름의 급진적 자치 조직 회의체를 만들어 내는 행보를 내디디었다. 최초의 소비에트 조직은 매우 자생적이면서도 공장 내의 충성심을 확인해 주는 전통적인 농촌의 자치공동체의 색채를 띠었다.

1905년 혁명은 결코 급진적 인텔리겐찌야의 계획적 선동의 결과는 아니다. 그 단적인 증거로서 소비에트 조직은 마르크스주의 사민당과 전혀 별개의 조직이었다. 소비에트 조직은 작업 현장의 지역별 충성심, 젬랴키(동향인)를 바탕으로 공장 내에서 노동자들의 직접적 대표기구로 만들어졌다. 소비에트 조직의 운영과 지도에는 멘셰비키파가 더 많이 관여하였다. 그나마 이들 역시 개별적인 차원에서였지 결코 당의 집단적인 차원에서 이루어진 것이 아니었다.[65]

마침내 1905년 10월 전제정부는 총파업 투쟁에 굴복하였다. 황제는 「10월 선언」을 공표하였고 러시아 역사상 최초로 두마 의회와 노동자들의 노동조합 결성권을 인정하였다. 이로서 러시아 노동운동은 새로운 단계, 즉 자유주의적 가능성을 내포한 노동조합주의의 실험단계에 접어들게 된다. 1906년 이후의 각종 노동조합과 시위와 단명했던 소비에트회에 가담한 사람은 금속공, 섬유공, 인쇄공뿐만 아니라 양복재단사, 목공, 연

5-2. 1905년 혁명 모스크바 도시 노동자 봉기

공과 같은 수공업자(remeslennik)와 판매원, 점원, 마부 등과 같은 서비스 노동자들도 있었다. 이때까지도 러시아 노동자 뿐만 아니라 일반인에게조차 서구적 노동조합주의나 단체교섭권, 쟁의권, 산별조직, 불평처리위원회 등은 익숙한 개념이 아니었다. 노동자의 이익 불만을 전달하는 기구로서 아직도 지역출신 유대감이 강하게 표현되는 작업장내 공장위원회(factory committee)가 더 익숙한 조직이었다.

당연하게도 1905년 혁명과 이후의 노동자들의 조직상의 체험은 노동자들의 정치적 의식을 일깨우는데 전환점과 같은 역할을 하였다. 이 점은 레닌과 볼셰비키 자신들조차 예견 하지 못했던 급작스러운 전환이었다. 예를 들면, 1906~1907년 6월 사이 노동조합이 처음으로 합법화 되자마자, 상뜨 뻬쩨르부르크의 경우 5만 5천명이 가입하여 273개의 노조가 등록되었으며, 전국의 653개 노조에서 24만 6천명이 가입하였다. 이는 도시의 총 노동자 중 약 10%를 차지하는 숫자이다.[66] 본넬은 이들 중 상뜨 뻬쩨르부르크의 금속 노동자들이 최초로 전 시내 단위조직 가입에 성공하였다는 것과 20~39세 노동자들이 75%를 차지하였다는 것, 그리고 노조

지도자는 인텔리겐찌야 출신이 다수이나 의외로 노동자 출신의 지도자들이 꾸준히 성장하였다는 것을 지적한다.[67] 노동자들은 경제적 보조, 문화적 보조를 위한 기금, 각종 행사, 강의, 토론, 회합, 신문발간, 도서관 유지, 기타 여론 전달 기구 등에 높은 관심을 보였다. 이것은 비록 초보 단계나마 러시아에도 노동 계급이 노동조합주의가 꾸준히 증가할 수 있다는 가능성을 보여 주고 있었다.

노동조합이 인텔리겐찌야와 노동자 사이의 상호 접촉을 위한 매우 유익한 활동 무대가 되리라는 것을 인정하지 않을 수 없었다. 사민당 중 특히 멘셰비키는 많은 노동자들로부터 지지를 얻어내기 위해서는 노동조합에 가담하는 것이 중요하다고 판단하여 초기에 적극 참여하였다.[68] 그 후 멘셰비키들은 노동조합 지부에서 차츰 큰 세력 기반을 키워갈 수 있었고 이 속에 서구식 사회주의 이념을 심으려 했다. 슈바르츠 연구대로 1905년 이후 노조주의 실험에서는 레닌파보다도 멘셰비키의 역할이 매우 컸다는 것은 의미심장하다.[69] 노동조합의 지도부에 큰 영향력을 행사할 수 있게 된 멘셰비키는 조합 활동을 통해 노동자들의 계급의식을 고취시킬 것, 노동자들의 유대감을 전국적으로 확대할 것, 지역적 경제 투쟁을 전국적 정치투쟁으로 확산시킬 것, 대중 조직의 기반으로서 확대할 것 등을 토론 석상에서 활발히 강조하였다. 그러나 이때에도 멘셰비키는 여전히 당과 노동자들과 관계는 상하의 관계가 아닌 상호적이었고 자문의 역할을 할 뿐이었다.[70] 노동자들은 아직 사회주의를 이해하지 못하였고 가장 바라는 것은 기본적·시민적 자유, 선거권, 파업권 등 시민권 요구들이었다. 처음으로 노조의 합법화를 받아 낸 노동자들 사이에서 볼셰비키의 무장봉기의 전술은 지지를 받지 못하였다. 당연히 볼셰비키와 노동조합주의는 매우 적대적인 관계에 놓여 있었다.[71]

1907년 스톨핀 농지법 개혁은 산업화의 새 단계를 몰고왔다. 다시 젊은 세대의 농민층이 도시로 대량 이주함으로서 갑자기 미숙련공이 절대다수를 차지하게 되었다. 이것은 산업화의 제 2차 비약단계를 의미하는 것이다. 또다시 노동자들 사이에 숙련도나 직능별 계층의 구분이 흐려지면서 희석화가 거듭되었다. 자연히 노조투쟁에서는 임금 인상, 노동시간 단축 혹은 단체 협상권의 요구 못지 않게 해고와 고용에 대한 개입권, 도제 임금률에 관한 결정권, 자주적 <노동자 관리> 등의 급진적 요구가 빈번하게 나타났다. 이러한 급진적 요구는 쉽게 정치적 요구로 비화될 가능성이 있었다. 이 상황하에 노동자의 요구에 대해 정부는 대단히 긴급하고 유연한 대응을 해야만 한다. 그러나 전제정부가 과연 이 같은 안목이나 정책 능력을 가질 수 있는가 하는 점이 다음 역사 변화에서 중요한 관건으로 나타나게 되었다.

전제정부의 노동자 사회 통합의 실패

전제정부는 오직 황제권만이 사회를 구할 수 있는 유일한 구조라고 생각하는 정치 문화에 집착하고 있었다. 이런 경우에는 정부의 정책과 능력이 사회변화를 이끄는 일차적 변수 요인이 된다. 위로부터의 산업화와 대외적 개방, 사회 경제적 구조 상의 변혁을 시작한 전제정부는 이에 따르는 사회 욕구에 부응해 그 어느 때보다 더 생명력 있고 수미일관되며 합리적 정책을 펼칠 수 있는 강한 정치력이 요구되는 것이다. 전제정부는 급진적 인텔리겐찌야와 산업 대중의 양면 공격에서 적어도 한 요소와는 의사소통이 이루어져야 했다. 복잡한 정책의 결정권에서 최소한의 권한이라도 배분할 수 있는 의사를 가져야하고 이것을 사회통합의 수단으로 활용할 수 있어야 했다.

1905년 10월 노동자 총파업 이후 정부의 위신은 일단 크게 후퇴하였다. 더 큰 혁명을 피하기 위해 황제 측이 서둘러 공표한 <10월 선언>은 지금까지 억압되어 있던 사회의 모든 계층과 집단에게 비로소 새 질서 내에 자유주의적인 세력을 형성할 수 있다는 강력한 열망을 갖게 만들었다.[72] 본넬은 1906년 이후 <10월 선언>에서 황제가 약속한 노동조합의 허용이나 두마 의원을 선출하는 선거인단 선거과정에서 노동자들이 대단히 적극적이었으며 파업이나 폭력의 방식보다는 합법적 노동조합에 적응하려는 모습을 연구한 바 있다. 이때 흥미로운 점은 사민당이 노동자들에게 '공식적으로 노동자 이익을 대표하는 정당'으로서 사민당을 승인해줄 것을 강조하였으나 노동조합에 가입한 대다수 노동자들은 정치적으로 중립의 입장을 취하려고 했다. 사민당원들은 당 차원이 아니라 개별적인 차원에서만 노조에 가입하였고 노조 내에서도 조언이나 보조적인 역할에 머물렀다는 것이다.[73]

노조 지도부로 침투하려는 사민당의 집요한 노력에도 불구하고 공감을 얻은 수는 여전히 30%에도 이르지 않았고 나머지 대다수는 정치적 중립이나 반사민주의의 입장을 취하였다. 이 새로운 상황에서 만일 정부가 꾸준한 정책 의지를 가지고 노동자들에게 공장 대표제와 정치적 의사표현의 통로를 허용할 수 있다면 미래 사회 통합을 달성할 수 있는 절호의 기회를 가질 수 있었을 것이다.

멘셰비키와 볼셰비키는 두마제도가 도입되고 난 이후부터 이제는 단지 이론적인 차원에서뿐만 아니라 실제조직, 하부 당 간부, 행동범위 면에서 완전히 별개의 당으로 분열되었다. 레닌과 그 추종자들은 노동조합주의가 경험주의적이고 물질적 향상에만 몰두하며 비 혁명적이고도 수정주의라고 비판하면서 멘셰비키를 공개적으로 변절자로 비난하였다. 볼셰비키는 노동조합의 방법으로는 결코 노동자를 구할 수 없으며 오직 지하활동과 정치적 선동의 방법만이 노동자들에게 계급의식을 고취시킬 수 있다고 주장하고 정치 중립적인 노조주의를 혹평하였다.[74] 그러나 노조 내에서는 멘셰비키가 훨씬 더 많은 지지를 얻고 있었고 볼셰비키는 밀려나 있었다.

역사는 노동자들이 열망한대로 진행되지 않았다. 문제는 전제정부였다. 러시아 노동자 계급의 급진적 행동주의나 반란적 성향이 다시 살아나게 되는 데에는 산업화의 모순이나, 불평등, 계급대립보다 러시아의 전제정의 억압성이 더욱 더 큰 요인으로 작용하였다. 1907년 6월 힘을 다시 회복한 전제정부는 제 2차 두마를 강제 해산한 후, 서서히 반동주의로 돌아가는 모습을 취하였다. 전제정부는 국가권력이 잠시 잃었던 통제력을 회복하자 기습적인 선거법 개정과 스톨핀의 토지개혁법을 단행하였다. 정부는 <10월 선언>에서 허용했던 합헌적 질서 그 자체를 취소하고 반동적 공격을 가하기 시작했다. 두마 의원들의 활동권한을 축소시키고 지방정부 기구를 탄압하였다. 전제정부를 에워싼 고위 관료층은 두마제 자체를 폐지하기 위해 노력하였고 사회 각계 각층에 허용되었던 대표제와 언론의 자유와 조직들을 탄압하였다. 정부의 이런 행위를 자유주의 지식인의 대표자였던 스트루베는 절망적인 어조로 "자살적인 싸움"인 것으로 항의했으나 소용없었다. 황제 니콜라스 2세는 온정주의적 전제 권한을 확고히 회복하는 것만이 러시아 국가와 사회에 안정을 가져오리라는 시대착오적인 정치 인식을 절대로 버리지 않았다. 그러나 이런 정책들은 결국은 두마에 대한 노동자들의 기대가 실망으로 변하게 만들 뿐만 아니라 교양 사회층에 대한 불신과 냉담을 불러 일으키게 되었다. 이 결과로 정부와 노동자들 사이의 중재자 역할을 할 수 있는 온건 자유파의 입지는 끝내 무너지고 말았다.

노동자들은 노종조합에 대한 잦은 검열과 체포 물결에 위축되었다. 합법적 노동자 조직은 내리막길을 걷기 시작하였다. 1907년 모스크바의 46개 노조와 4만 8천명의 조합원은 1909년에는 21개 노조회원이 7,000명으로 감소하였다. 이에 따라 합법적 파업운동도 침체하기 시작했다. 1907년만 해도 총 74만 명의 노동자가 파업에 참가했는데 이것은 전체 산업노동자의 41.9%에 해당되는 것이었다. 1909년에는 6만 4천명, 1910년에는 4만 6천명으로 3.5%, 2.4%로 급격히 감소하였다. 탄압 탓으로 인하여 파업의 동기 역시 공격적인 것이 아닌 방어적인 내용으로 달라져 갔다.[75] 그러나 정부는 합법적 노조의 탄압은 안정보다는 더욱 위험한 비합법적 맹

목적 노동저항을 낳으리라는 것을 예상하지 못하였다. 정부가 다시 두마와 각계 각층의 여론대표 기구 뿐만 아니라 노동조합의 활동마저 전혀 허용치 않는 반동적 태도를 취하자, 노동자들은 더 이상 두마에게 기대를 걸지 않게 되었다. 노동조합 운동은 이제는 오직 비밀스러운 방향, 지하운동, 비합법적인 수단만 가능한 상태에 빠지게 되었다.

1909~1910년 한때 러시아 경제의 소비재 부문에서 경제팽창이 이루어졌다. 1910년 제 2산업화의 붐으로 공장 노동자 수는 179만에서 1914년 240만으로 폭증하였다.[76] 도시 노동자수는 10여 년만에 60%가 증가하였고 대부분이 집중적 대기업에 고용됨으로써 다시 실질 임금이 하락되고 노동조건과 주거 상황이 극도로 참담해졌다. 이 당시 증가의 대다수는 미숙련공들이다. 이들의 대다수는 농촌의 토지부족 현상으로 오랜 빈곤에 시달려 온 빈농, 농촌프롤레타리아들로서 도시 급진주의자들의 "토지 재분배" 선전에 쉽게 동요되었다. 1911년 파업이 서서히 재개되었다. 이 시기는 그 어느 때와 달리 정치적 파업으로 전환되거나 급진주의의 방향과 다시 제휴할 가능성이 커져가고 있었다. 다시 1905년 당시의 경우처럼 무장투쟁과 반란의 분위기가 되살아났다. 이런 전환의 가장 큰 이유는 반동주의로 회귀한 전제정부에 대한 증오심과 무력한 두마와 지식층에 대한 실망이었다.

이 와중에 1912년 6월 우랄 지역의 레나 금광의 광부들의 소요가 일어났다. 정부는 1905년 혁명의 반복을 막기 위해 강압적인 입장에서 선제적으로 학살을 지시하고야 말았다. 우랄 광산지대의 대파업에는 6만 명이 참가하였다. 레나 대학살은 500명의 사상자를 내었다. 이것은 치명적인 실책이었다. 1897년이나 1905년의 총 파업과는 완전히 다른 양상을 보인다. 그들은 전혀 노조를 통한 합법적 대화의 창구에 호소하지 않았다. 그 대신 즉각적으로 반정부적 방법과 행동주의, 폭력 그리고 급진주의 방향으로의 선회하였다. 소문은 각 지역의 산업지대에 확산되어 모든 금속공의 83.8%, 도시 외곽 후진적 지역의 노동자의 69.1%가 동조 파업에 참여했다. 노동자 집단은 이미 노조주의 실험과 각종 인쇄 출판물을 통해 집단 의식과 조직의 경험이 상당히 성숙되어 있던 바였다. 저항은 반전제정의 선전과 함께 정치적인 파업으로 전환하였다. 이것은 노조주의의 실험이 종말을 뜻하는 것이었다.

1912년에 재개된 파업의 근본적 세력은 누구였을까? 그것은 두말할 것도 없이 농촌에서 새로 도착한 비숙련공들이었다. 이들은 이미 1907년 선배 노동자들과 달리 합법적 노조주의에는 달리 열성을 보이지 않았다. 첫 번째 이유로서 1909~1910년 사이 새로 도착한 인구는 단군 미숙련공들로서 대기업에 집중 고용되었다. 이 사이 중소기업의 수는 오히려 감소하였다. 이들은 도착하자마자 1907~9년의 불황의 고통을 경험하였고, 농촌과 유대는 거의 끊어진 도시거주자들로서 이른 바 제 2세대 프롤레타리아들이다. 또 다른 이유는 농촌에서 토지부족과 만성적 빈곤의 경제상황을 경험한 빈농들로서 점진적 노동조합주의를 경험해 본적이 없는 세대였다.

1912~1914년간 자유주의자를 탄압하고 두마를 억압한 정부의 반동주의는 매우 시대착오적이었고 정책은 비효율적이거나 모순에 가득 차있었다. 지식인 교양사회는 무기력상태에 빠져 들었다. 정부는 이 시기에 사회적 통합을 위한 어떤 노력도 않은 채 시간을 낭비하였다. 1912년 레나 학살 이후 사민당은 완전히 양분되어 제각기 다른 노선을 택하였다. 이 때부터 멘셰비키는 노동자들의 지지를 급속히 상실하였다. 이와 대조적으로 레닌은 노동자들의 무장봉기의 가능성을 보게 되자, 예전 노선과는 달리 노동조합이나 기타 어떤 조직이든 강한 관심을 보이기 시작하였다. 그는 노조를 혁명을 이루기 위한 수단으로 보았다. 그리하여 법적으로 허용된 각종 정간물을 대량 인쇄하거나 유포하고 노동자와 협조할 수 있는 사업이면 무엇이든지 적극적으로 활용하려고 했다. 이때 볼셰비키는 처음으로 인쇄공 노조 내의 양대 세력 간의 논쟁에서 노조가입 회원의 다수파의 지지를 받았다. 그 이유는 멘셰비키의 합법적 전략과 전제정부의 태도에서 실망한 노동자들이 등을 돌리기 시작하였기 때문이다. 1913

년 금속공 노조들이 이론적 강령을 볼셰비키로부터 받아내는 것을 시작으로 곧 재단사노조 역시 지도부 다수를 과격파에서 선출하였다. 이때부터 볼셰비키들의 상황 적응의 능력과 전략의 기술은 큰 효과를 거두기 시작하였다. 볼셰비키는 다음과 같이 선전하였다.

> 멘셰비키는 자유주의자들처럼 지식인을 위하는 당이며, 볼셰비키는 노 동자를 위하는 당이다.[77]

1914년 미숙련공들에 의한 무장 봉기의 심적 분위기가 확산되는 가운데 볼셰비키는 노동자를 위하는 당이라는 이미지를 만들기 위해 모든 선전적 수단을 강구하였다. 이 선전은 정부로부터 완전히 실망한 노동자 계급에게 쉽게 먹혀들었다. 1914년 결국 노조가 완전히 공식적으로 불법화되자 노동자들은 합법적 기구를 통한 의사소통의 마지막 희망을 포기하게 되었다. 곧 볼셰비키는 같은 해 혁명적인 봉기계획을 제시하였다. 많은 노동자들은 무장투쟁을 선택하는 급진주의적 전환과 더불어 볼셰비키와의 긴밀한 제휴의 제안을 받아들였다. 그러나 바로 이 순간 제 1차 세계대전이 발발하였다. 러시아 정부는 전혀 전쟁에 준비되지 않은 상태였으나 국제적으로 이해관계가 얽혀 들면서 전쟁에 말려들게 되었다. 봉기는 일시 주춤하였다. 그러나 러시아가 전쟁에서 연일 비참하게 참패하면서 노동자들의 무장 봉기나 행동주의는 1917년 2월에 다시 되살아나게 되었다. 1917년의 이야기는 다른 글에서 논하기로 한다.

이상에서, 우리는 1912~14년의 노동계급의 의식이 급진적으로 전환된 근본 요인은 여러 가지로 분석할 수 있다. 그러나 이것이 순전히 볼셰비키의 선동의 결과라고 하는 바는 지금까지 40여 년에 걸친 노동자들의 오랜 기간 누적된 역사적 저항의 경험과 구조를 무시하는 주장이 아닐 수 없다. 멘셰비키의 대표였던 마르토프는 당시의 많은 노동자들의 급진적 전환에 대해 이렇게 말했다.

대중적 과격주의가 생겨난 이 무렵에 이미 인텔리겐찌야의 주도적인 역할은 완전히 끝났으며 차라리 지적-룸펜 프롤레타리아가 더 많은 영향력을 행사했다.[78]

제 2차 산업화 이후 등장한 젊은 세대의 행동주의적 미숙련공은 서구적 노조주의를 경험할 기회를 가진 적이 없었다. 오직 즉흥적이고도 투쟁적인 집단행동만이 유일한 방법으로 경험한 세대이다. 이들 이른 바 지적 프롤레타리아들은 권력을 향한 심리적 욕구와 더불어 급성장한 집단들이다. 노동계급과 기존제도와의 통합이 완전히 실패한 후, 이들은 반란의 분위기를 조성하는데 결정적인 영향을 미쳤다. 1914년 제 1차 세계대전이 발발할 이들 새 세대의 노동자들은 정부와 지배층, 고용주 사회를 완전히 적대적 시각으로 보고 있었다. 이제 투쟁의 방법 면에서도 전적으로 새로운 것, 즉 체제의 전복과 혁명을 바라는 정치적 파업을 통한 저항만을 유일한 도구로 생각하는 인물들이었던 것이다.

러시아 노동계급은 그 폭발적인 행동주의 체험과 저항에도 불구하고 타 계급과 '도덕 경제'(moral economy)위에 바탕을 둔 미래 사회상을 논의할 수 있는 민주적 소통 관계나 정치적 실험을 해 볼 시간을 얻지 못하였다. 이를 위해서는 노동자들은 적어도 두 세대 이상의 기간이 필요했다. 그러나 노동자들은 불행히도 그런 혜택을 누리지 못하였다. 처음으로 노동조합주의를 실험하였던 1906~1912 년은 그 결실을 맺기에는 너무도 시간이 짧았으며 노동자 계급은 투쟁적 의식과 실제 조직 사이의 불균형이나 간극을 해소하기도 전에 1차 대전이라는 새로운 전쟁 상황을 맞이하였다.

6장 러시아 최초 사적 상인·기업가의 등장

1. 러시아에도 사적 상인·기업가가 있었는가

19세기 말까지 오직 전제정과 젠트리 문화에 젖어있는 지배 구조의 러시아 사회에서 과연 사적인 상인층이나 자본주의적 기업가가 있었던가? 러시아 노동자들이 사회주의적 혁명을 달성하기 위해 급진적 투쟁을 벌였다면 그 대상이 자본주의적 기업가나 공장주가 아니라면 누구란 말인가? 부르주아적 자본가나 산업가들 없이 어떻게 산업화가 진행될 수 있단 말인가? 농노 해방이후 전개된 산업화 격변 속에서 자본주의적 기업가나 공장주들은 당시대 사회구성이나 변화에서 이렇다 할 만한 역할이나 지위를 차지하기는 했던가? 이런 의문은 누구나가 당연히 혼란스런 눈빛을 가지고서 물을 수 있는 흥미진진한 질문이다.

사실 혁명 이후부터 전제 러시아 시대의 상인층·기업가들은 혁명과 내전의 역사에서 철저한 패배자로 남아 있다. 이 때문에 오랫동안 이들에 관한 이야기는 땅속 깊이 파묻혀져 있었다. 혁명 이전 시대에도 러시아 사회에서는 귀족 관료층과 토지소유 귀족이 절대 우위의 주도권을 행사하고 있었고 상인·기업가들은 항상 상대적으로 저급한 신분으로 취급받았으며 아무도 그들에 대한 역사서술을 시도하지 않았다. 그나마 남아 있는 사료들은 상인·기업가 계층이 직접 출판한 자서전이나 서한집, 사진,

신문 발간의 후원을 받은 자들이 남긴 짧은 신문기사들 뿐이다. 또한 러시아 역사를 연구하던 서구 학자들은 항상 기업가나 상인계층보다 인텔리겐찌야의 문제에 더 큰 관심을 쏟았고 소비에트 역사서술에서는 기업가들은 오직 '착취자,' '인민의 적'으로 적대시되어 공적 서술에서 완전히 배제되었다.[1] 최근 두 세대 전까지만 해도 상인과 기업가는 고골리의 <죽은 혼>에 등장하는 이기적이고 교활한 사기꾼 주인공 파벨 치치고프와 유사한 이미지로 묘사되고 있었다.

> "상인들이란 그저 교활하고 탐욕에 넘쳐 있어, 가정이나 사업장에서는 폭군에 가깝고 그저 고객을 속이는데 몰두하지... 그저 무식하고 허풍장이 짓을 곧잘 하므로 파산하기 일쑤여...귀족을 부러워해서 모방하려고 안달이나 있어··· 딸들을 귀족 집안에 시집 보내려고 갖은 온갖 아첨과 매수 작전을 다 부리는 것들이라구···" [2]

만일 역사에서 끈임 없이 정확하고 과학적 연구가 이루어지지 못하면 우리는 늘 편견 속에서 머무를지 모른다. 그러므로 우리에게는 다음과 같은 문제의식이 생겨난다. '젬스트보(지방대표회의체) 지주귀족은 자유주의적이며, 상인·기업가 부르주아지는 반동적이었다.'라는 등식은 과연 정확한 것인가? 이것은 지나치게 단순하여 역사의 상당 부분을 왜곡시키고 본래의 상을 흐리게 만드는 것은 아닐까?

1970년대 냉전 이념에 의거한 역사서술이 퇴조되는 가운데 서구 역사학계에서 러시아의 사적인 상인·기업가에 대한 관심이 생겨나기 시작하였다. 이것은 기업사를 단기 경제 성장의 측면이 아니라 사회문화사의 중요한 새로운 장르로서 보려는 학계의 움직임에서 자극받은 덕분이었다. 대표적인 역사가들은 루안(Ruane), 브룸필드(W. Brumfield), 오웬(T. Owen), 웨스트(J. West), 포트키나(Potkina), 리이버(A. Rieber) 등이다.[3] 이들에 의하면 제정 러시아에서 국가 주도 산업화가 시작되기 두 세대 이전, 즉 1840~1880

년 사이 이미 모스크바를 중심으로 한 중부 러시아 지역에서 많은 사적 기업가들이 소상인 수준에서 출발하여 상당한 수준으로 자본을 축적하였고 수도 뻬쩨르부르크와 경쟁적인 수준에서 별개의 경제활동의 축을 형성할 정도에 이르렀다는 것이다.[4] 이러한 연구는 놀라운 새 시각이다. 이 연구 동향은 19세기 말 사적 상인·기업가 집단은 착취적 부르주아 계급으로 보는 소비에트 전통적 시각이나 전제 정부에 종속된 계급으로 보는 보수적 시각과 완전히 다르다. 이들에 의하면 상인들은 하나의 새로운 근대적 사회 집단으로 등장하고 있었을 뿐만 아니라 정치적으로도 독립적 시각을 갖고서 정체성을 갖기 위한 노력을 기울였다는 것이다.[5]

일찍이 미국과 세계의 기업사 연구의 첫 행보를 내디딘 J. 슘페터는 현대 사회에서 기업가들은 경제적인 혁신 뿐만 아니라 문화적 변동에서 절대적인 영향력을 발휘하고 있다고 주장한다. 그 이유로서는 고도의 산업화의 발달에서 기업가 개인의 혁신과 정신적 역량이 압도적 역할을 한다는 것이다. 이것은 의미심장한 말이다. 왜냐하면 역사변화에서 물질적 구조보다도 인간의 정신과 도전에 대한 저항심, 용기, 창의력, 리더십, 심지어 유토피아에 대한 열정이 변화의 원동력이 된 경우가 왕왕 있기 때문이다. 그런 점에서 19세기부터 1905년 혁명 직전까지 모스크바 시와 주위 중부지역의 상인과 기업가의 등장에 관한 이야기는 우리의 흥미를 끌기에 충분하다. 19세기 말 러시아에는 두 개의 도시가 서로 경쟁하고 있었다. 당시에는 이런 격언이 널리 알려져 있었다.

> ‘관료 공직자로서 출세를 하거나 권력에 관심이 있으면 뻬쩨르부르크로 가고, 철학을 공부하거나 장사를 하려면 모스크바로 가야 한다.’

뻬쩨르부르크는 짜르와 관료 귀족이 거주하는 행정중심의 수도였고 화려하고 세련된 서구화 색채의 문화가 매우 강한 도시였다. 이에 비해 모스크바는 전통적 농업지역으로서 구 러시아 문화의 색채가 강하고 체제비판적인 인텔리겐찌야가 운집하거나 소 행상들이 우글거리는 촌스러운 도시였다.

바로 이 같은 분위기의 모스크바에서 20세기 초 사적 상인·기업가로 성장한 가장 대표적 유명한 인물들은 사바 모로조프(Savva Morozov) 2세, 미하일 랴부신스키(Riabushinski), N. 나이졔노프 (Naidenov), 표트르 코노발로프(Konovalov), 이반 마몬토프(Mamontov), 표트르 구치코프(Guchkov), 파벨 트레짜코프(Tretsiakov), 코코레프(Kokorev), 솔다쩬코프(Soldatenkov) 등이다.[6] 이런 이름들은 러시아 근대사에서 그늘 속에 가려져 잘 거론되지 않고 있다. 그 만큼 러시아 역사 서술에서 상인·기업가 집단에 대하여 무관심하며 냉대하는 분위기가 강함을 말하여 주고 있는 것이다.

루커만에 의하면 특히 모스크바 주의 농노에서 백만장자로 성장한 모로조프, 마몬토프. 랴부신스키는 미국의 록펠러나 반델빌트처럼 약진한 대 기업가였다.[7] 1890년대 러시아에서 이들 사적 기업가에 의한 투자액은 40억 루블에 해당되고 공장의 수는 1,369개였다. 국내 전체 생산고 30억 루블 중 모스크바 주의 사적 기업이 담당한 생산고는 9억6천 루블로서 25%를 넘어섰으며 섬유생산고는 58%, 1900년 초의 무역고는 11억 루블로서 전국 총액의 18%를 담당했다.[8] 이 숫자는 엄청난 영향을 행사할 수 있는 수준이 아닐 수 없다.

여기서 우리는 다음과 같은 질문을 해보자. 만약 러시아에서 상인·기업가 계층이 성장했다면, 그들이 어떻게 해서 19세기 후반 이후 지주귀족 계급을 능가하는 그처럼 거대한 부를 축적할 수 있었으며, 예술과 문화 사업면에서 그처럼 커다란 후원사업을 벌여 세계적 수준에 이르는 성과를 낼 수 있었는가? 왜 1917년 10월 혁명에서 러시아 상인·기업가 집단은 자유주의 운동에서 추동력의 역할을 못하고 쉽게 무너졌는가? 또 러시아의 상인·기업가 집단은 귀족계층, 관료, 인텔리겐찌야, 노동자와 농민 사회와 각자 어떤 관계를 가졌는가? 이런 질문들은 19세기 러시아의 근대화 과정과 1917년 혁명 직전의 사회상의 퍼즐을 이해하는데 크게 도움이 될 것이다.

2. 상업의 도시 모스크바의 성장

1861년 농노해방령이 선포되기 전까지 러시아는 철저한 세습적 신분 사회였다. 러시아의 신분 구조는 짜르 하의 최 정점의 황실 측근의 고위 관료 귀족(High Nobility), 토지소유 귀족(Dvorianstvo), 정교회 고위 성직자(Dukhovenstvo), 도시 상인(Kupechestvo), 소상인(Meshchanstvo), 농민(Krestian-stvo)의 서열로 나뉘어져 있었다. 이들 중 우리의 관심을 끌고 있는 상업 인구는 크게 3 종류로 갈라 져 있다. 제 1등급과 제 2등급 길드에 가입한 상인층(kupechestvo, 쿠페츠)[9], 행상 및 소상인층(meshchanstvo, 메쉬찬), 수공업자(remesleniki, 리메슬레닉)로 인구 대장에 등록되어 있었다. 이 중 가장 부유한 '쿠페츠' 층은 서구 부르주아지에 해당된다. 그러나 이들은 신분에 해당하는 납부금을 내지 않으면 언제든지 상인 신분은 회수되고 소상인 신분으로 전락되었다. 신분을 마치 돈으로 사는 것과 같았다. 그만큼 자유롭지 못하다는 의미를 띠고 있었다. 전제정부는 항상 도시 상인들을 궁정 수요품 조달을 위한 중개업자나 징세청부업자 신분으로 취급하였다. 중앙 관료들과 귀족 지주층도 이들을 각종 차별 대우와 규제로 경시했다.[10] 이 같은 각종 규제 때문에 러시아의 상인 계층은 상인(kupechestvo)이라는 칭호까지도 자율적으로 고수할 수 없었다. 1834~1869년 사이에 규제로 인하여 많은 상인들이 소상인으로 지위 전락할 정도였다.

국가가 상인 신분의 활력적 발전을 통제하는 동안, 모스크바의 상인에게 자신들의 전통문화 역시 장애요소로 작용하였다. 당시 이들 외적인 용모는 농민(Muzhik)과 별로 다르지 않았는데, 지역의 관리들에게는 굽실대야 했으며, 공직 감투와 지위를 따내려 갖은 술수를 썼고, 시장에서는 모험적 장기투자보다는 단기 이익에 집착하면서 쉽게 돈을 벌려고 속임수를 거침없이 쓰고, 거래 시에는 오직 현금만을 믿으려 하였다. 그러나 이러한 단기적 이윤에 대한 탐욕의 모습은 러시아 상인들의 후진된 속성이라기보다는 신분 자체가 항상 불안정하고 조만간 어떻게 변할지 예측할

6-1. 모스크바의 한 부유한 상인 모습

수 없는 변덕스런 정부의 억압적 정책 탓이었다. 억압과 통제가 심한 상태에서는 장기투자나 신용과 금융이 도저히 발전할 수 없는 것이다.[11]

1840년대까지도 러시아에서는 특별히 큰 상업 도시는 없었다. 당시 뻬쩨르부르크의 인구는 겨우 47만, 모스크바 인구는 39만에 지나지 않았고 1860년에도 인구 10만 이상의 도시는 모스크바에 이어 세 번째 큰 도시에 속하는 오뎃샤 정도였다.[12] 상업종사 인구는 많아야 25만을 넘지 못하여 총인구의 0.5%였다. 그런데 상업 인구 중 모스크바의 상인들이 22%에 해당되었다. 이것은 상인 계층이 유달리 전통적 도시인 모스크바에 많이 몰려있음을 뜻한다.

1860년대 이처럼 집단적 응집력을 갖게 된 모스크바 상인의 수는 얼마나 되었을까? 그들의 경제력에 비해 실상 숫자는 크지 않았다. 1881년 러시아 전체에서 상인의 숫자는 총인구 9,200만 중에서 대략 80만에 해당되는 것으로 등록되어 아직 1%에도 이르지 못하였다. 이들 중 부유한 등급에 속하는 상인 5~6만은 자본가 계급을 형성할 만큼 막대한 부를 모았다. 이들 중 모스크바 상인은 도시 인구 75만 3천 중 2만 2,900명 정도였고, 명예시민 칭호를 획득한 자들은 9,200명이었다.[13] 이 사실에서 볼 때, 모스크바의 상인의 비율은 타 도시에 비해 월등히 높았고, 동시에 러시아 전체 인구 중 상인이 차지하는 비율에 비교해서 모스크바 상인의 집중도는 거의 8배 이상에 해당된다. 그만큼 상인 신분을 획득한 인구가 모스크바에 지속적으로 집중되어서 상인을 제외한 채 모스크바 생활을 논할 수 없다는 것은 당연한 말이었다.

1890년부터 총리이자 재정상 세르게이 위떼(S. Witte)가 수행한 국가주도의 계획적 산업화로 인하여 1890~1900년까지 단 한번 불경기를 제외하고선 40억 루블의 투자가 쏟아졌고 총 산업생산량이 300% 이상 증가하였다.[14] 국가주도 산업화에서 중공업, 수송, 교통, 철도, 금속, 광산, 화학 부문에 투자가 집중되었으나 경공업부문의 투자는 미미하였다. 이에 비해 경공업 부문에서는 사적 기업가와 자본가들의 투자가 집중되어 노동자 14만 명이 대량으로 투입되었다. 가족위주의 기업이 차츰 주식회사, 합병회사의 형태로 전환되어 대기업의 집중도가 커져갔다. 소상인이나 소기업은 오히려 감소하는 경향을 띠었다.[15] 1902년 경 모스크바 상인들의 부의 수준을 가늠해 볼 수 있는 흥미 있는 통계가 있다. 총 1만 6,600명의 사적 상인, 1,400여명의 기업주, 그리고 7,900여명의 상업시설의 소유주, 나머지 7,300여명은 상업 가게 임대주로 구분된다. 대 기업주 1,400여명의 평균 년 소득은 5만 루블에 이르고, 그 가운데 최상층 300여명은 년 소득이 평균 24만 루블에 이른다.[16]

1880년대 이들 상인·기업가들의 투자에 의하여 모스크바는 이제 도시면모를 갖춘 각종 아름답고 세련된 건축물과 저택들, 미술전시관, 무역상사, 은행, 증권거래소, 극장 등이 가득 들어서게 되었다. 붉은 광장위의 유럽 최대의 백화점인 <상부 지구 아케이드>, <하부지구 아케이드>(오늘날'굼 백화점'Gum의 전신)들은 이들 상인과 기업가들의 투자에 의해 세워졌다. 산업화로 도시에 급격하게 대량의 인구가 유입되면서 이 상황은 소비를 위한 물자의 공급이나 생산을 자극하였다. 상인들은 면직물, 가죽, 신발, 식기류 등을 비롯한 각종 일용품을 생산, 매매하여 돈을 벌어들일 수 있는 기회를 포착하였다. 이미 모스크바는 서구에서 네 번째로 인구가 많은 도시로 변화하였다.[17] 그 뿐만 아니라 모스크바에는 러시아 문화에서 소위 '은의 시대' (Silver Age)에 해당되는 신예술 운동을 전개하는 예술가들이 각지에서 모여 들었다. 특히 오페라, 극장, 미술 전람회 등등은 도시 생활의 소비와 활력을 자극하는데 크게 기여하였다.[18]

1890년대 모스크바 상인, 기업가들은 스펙트럼처럼 매우 다양한 겉모습을 띠고 있었다. 대 저택과 미술관을 보유하고 모스크바 도심에서 멋진 마차를 타고 다니면서 눈에 띠게 유럽화한 의상을 입은 세련된 대부호의 모습에서 시작하여 구식 스타일의 모자와 턱수염을 갖고서 겨우 글을 읽을 줄 알면서, 허풍을 떨고, 폭음 폭식하고 쉽게 돈을 뿌리는 망나니 같은 상인에 이르기까지 다양하다. 최근 역사학자 루커는 모스크바 기업 엘리뜨의 모습을 흥미진진하게 크게 네 부류로 나누어 묘사했다. 첫째, 가장 전통적으로 존재하던 중소 상인들로서 이들은 오래된 창고와 시장 내의 가게를 가진 자들이다. 이들은 스스로 독학하여 장사에 성공을 거두었다. 독일, 영국에서 온 상인들과 접촉하여 장사하려고 갖은 노력을 한다.[19] 자식들만큼은 어떻게 해서든지 공부시켜 기술과 지식을 얻게 하려고 필사적이다. 이들은 최신식 파리의 유행 옷을 흉내 내고 희극 극장에 다니는 것을 즐긴다. 그러나 가정생활은 여전히 가부장적이고 대가족을 유지하며 엄한 전통적 방식에서 벗어나지 못한다.[20] 두 번째 부류는 전락한 구중소귀족신분이나 잡계급 출신으로서 첫 번째 부류보다는 사회적 신분이 높은 편이다. 이들은 쓰러져가는 가문의 재산을 구제해 볼 요량으로 장사길에 들어섰다. 이들은 주로 곡물도매상, 설탕, 주류, 종이, 가죽, 면직물 등 경공업 소비재를 취급한다. 세 번째 부류는 외국에서 온 기업가들로서 모스크바 생활에 적응하려고 하면서도 여전히 비 러시아적인 문화 습성을 갖고 러시아인들과 교유하는 집단이다. 네 번째 부류는 상업과 장사에서 규모를 키운 후 기업가로 변신한 엘리트층에 속하는 대상인, 대기업가들이다. 이들은 가계상의 뿌리를 갖고 가문을 형성하는 데에 성공한 상인·기업가들이다. 이들의 선조는 18세기 말 농노신분에서 시작하여 1820년대 소상, 행상에서 살아남아 그 자식과 손자들이 1860년대부터 제조업으로 전환하면서 막대한 부를 축적하는데 성공하였다. 점차 이들은 모스크바 시의 행정부, 시 두마, 환거래위원회 등 공직 생활에도 진출하는데도 성공하여 도시의 영향력 있는 인물이 되면서 명예시민 신분을 획득하였다.[21] 바로 이 네 번째 부류가 우리에게 가장 큰 관심을 끈다. 이들에 대해 좀 더 자세히 분석해 보자.

3. 모스크바 엘리트 상인·기업가들

1840년대 특히 두각을 나타내기 시작한 모스크바의 사적 상인·기업가들인 A. 구치코프, 아브리코소프, 모로조프, 코노발로프, 나이졔노프, 우쉬코프, 체트베리코프는 원래 모두 지주 소유이거나 아니면 수도원 소속 국영농노로서 지방의 빈곤한 농민 출신들이었다. 그들 중 도시에서 태어난 인물은 극소수로서 트레짜코프, 시츄킨 정도였다.[22] 이들은 서구의 부르주와지와는 전혀 다른 모습을 띤다. 이들은 처음에는 스스로를 바깥 세계에 잘 내세우지도 않았다. 사회적으로 존경이나 위신을 누리지도 못한 그야말로 사회 저변에 속하는 사람들이었다. 출신 성분상 그들은 중산층이 아니라 오히려 하부층에 속했다. 모스크바의 사적 상인·기업가들 중 상당수는 농노 출신일 뿐만 아니라 비밀리에 전통 신앙을 신봉하는 분리파 교도, 즉 구교도이거나 소수민족 출신 등 사회적으로 주변부에 속하는 인물들이 많았다.[23]

최초에 이들은 중앙 정부로부터 징세청부업을 맡은 농민로서 혹은, 봉건적 지주의 사적 소유 농노로서 소규모의 행상에서 출발하였다. 이들 중 일부는 행상과 수공업에 꽤 성공하여 주로 모스크바 근교, 칼루가, 코스트로마, 야로슬라블, 블라지미르, 등지에서 볼가 강 연안의 니즈니노보고르드 정기시장을 중개상으로 오가면서 조금씩 이윤을 모으기 시작하였다.[24] 19세기 초부터 흘류도프, 크레스토브니코프, 프레호코프, 랴부신스키는 지주에게 거액의 돈을 바쳐서 자유를 획득한 것으로 유명하다. 자유를 산 후, 차츰 자기들만의 개인 소유의 작업장을 세워 돈을 모으기 시작하였다. 그러나 이들의 성공의 과정은 단순히 우연적인 운수가 아니었다. 그야말로 자본주의 이론가인 A. 허쉬만의 주장에 딱 들어맞는 경제적 성공을 위한 불굴의 노력과 추구의 삶이었다.[25] 이들은 단순히 돈을 모으기에만 바쁜 상인이나 자산가라기보다는 '이해관계를 합리적으로 추구하고' 경제적 성공이 국민 경제에 이득이 된다는 사실로 스스로 자부심으로 가득 채우고 정체성을 키워가는 집단으로 변모해 갔다. 이러한 과정을 좀 더 자세히 살펴 보자.

6-2. 붉은 광장 위의 아름다운 거대한 상업지구 아케이드, 오늘 날 굼 백화점 상가의 전신

부유한 상인 집안에서 태어나 공직자로 활동하던 젊은 부릐쉬킨은 당대 모스크바의 30여개 대 상인, 기업가 가문을 몇 개의 범주로 나누어 자세히 기록하고 있다.[26] 그의 설명에 따르면 최정상에 위치한 집안은 상업과 산업 생산에서 최고의 성공을 거두고, 상인협회나 은행 및 공직 활동에 헌신하는 인물들로서 모로조프(Morozov), 바흐루쉰(Bakhrushin), 나이졔노프(Naidenov), 트레짜코프(Treti'akov), 시츄킨(Shchukin) 가문이다. 두 번째 부류는 사업상으로는 큰 성공을 거두지만 상인신분을 벗어나 귀족이나 관료층에 합류한 사람들로서 1917년 2월 혁명 이후 전제정이 몰락하자 동시에 같이 사라진 집안이었다. 프로호로프(Prokhorov), 알렉세예프(Alekseev), 셸라푸찐(Shelaputin), 쿠마닌(Kumanin), 솔다쩬코(Soldatsenko), 야쿠니치코프(Yakunichikov) 가문이 그런 경우였다. 세 번째 부류는 한때 최고위 상인 등급에 속하였으나 경제적으로 쇠퇴하거나, 파산하여 다른 집단에 합류한 사람들로서 흘류도프(Khludov), 마몬토프(Mamontov), 보트킨(Botkin), 마주린(Mazurin), 아브리코소프(Abrikosov) 집안이 그런 경우였다. 네 번째 부류는 기업 활동보다도 정치가나 공적 활동, 도시 두마대표, 시 행정가, 금융가 및 은행조직가로서 명성을 얻은 상인들인데 구치코프(Guchkov), 크레스토브니코프(Krestovnikov), 코노발로프(Konovalov), 븨쉬니아코프(Vishniakov), 루카븨쉬니코프(Rukavishnikov) 가문이 이에 속한다. 마지막 다섯 번째 부류는 기업 분야 이외에 사회 문화적 활동, 저술 작업, 자선이나 기부활동, 예술후원 등으로 명성을 얻은 집안으로서 랴부신스키(Riabushinskii), 크라실쉬치코프(Krasil'shchikov), 우쉬코프(Ushkov), 쉬베쵸프(Shvetsov), 브토로프(Vtorov), 타라소프(Tarasov), 코코레프(Kokorev), 구보닌(Gubonin), 부릐쉬킨(Buryshkin) 가문을 들 수 있다.

모스크바의 대표적 상인·기업가 엘리뜨 가문과 그들의 내면적 생활과 세계관을 살펴보면 몇 가지 공통점이 드러난다. 모로조프 가문의 창시자인 사바 모로조프 1세와 그의 가계 집안은 은밀하고도 독실한 구교도였다. 사바 1세는 1820년대 면직물 생산에 집중하여, 당시 정부로부터 관세 혜택을 받아 영국산 면직물에 대항하는데 성공하였다. 독일인 기업가인 크노프(Knop) 남작의 도움을 받아 러시아에서 처음으로 영국산 모터식 면직기계 설비를 도입하여 가동한 <니콜스크 직물공장>은 그를 단번에 최고 부자의 지위에 올려 주었다. 1873년에 그의 아들 찌모페이는 모스크바에서 <Savva Morozov's Sons and K>, <Timofei Morozov and Sons> 주식회사로 합병하였다.[27] 이것은 원료 수입에서 시작하여 직접 생산, 유통, 판매까지 총괄하는 주식기업으로 변모했다. 찌모페이는 전 러시아에 모로조프 공장의 면직물이 독점적으로 판매하였고 그의 재산은 6천만 루블에 이르렀다.[28] 또 모로조프 가문은 모스크바 기업주협회, 환거래위원회, 상인협회 등의 조직에서 중심 역할을 하면서 뻬쩨르부르크 기업가 협회에 대항하여 경쟁적으로 활동하는 데 앞장섰다.

알렉세이 바흐루쉰은 리아잔 주의 가축도매상인 출신이었다. 그는 1830년 모스크바로 이주하면서 상인으로 가입 등록하였다. 그는 가죽장갑을 생산하고 값싼 염소 가죽을 대량 사들이기 시작하였는데 당시로서는 혁신적인 시도였다. 그는 모스크바에서 처음으로 벽돌로 된 수도관을 집 주위에 파서 만들었고, 과감하게 자신의 얼굴의 턱수염을 면도하여 주변을 놀라게 했다. 그는 아들에게 프랑스어를 가르치기 위해 가정교사를 들이고 사업을 가르치기 시작하였다. 러·터 전쟁 때 바흐루쉰은 군용 장갑과 군용 장화, 군복을 조달하여 큰 부를 거머 쥐었다. 곧 그는 공장에 <Alexei Bakhrushkin and Sons>라는 이름을 붙이고 합자 주식회사로 전환하였다. 그의 가족은 대가족이었고 한데 모여 살았으며 자녀들은 유명 상인 집안 인물들과 결혼하였고 교수, 시 두마의 활동가, 예술수집가 등으로 성장했다. 바흐루쉰은 특히 굉장한 규모의 예술품을 수집했는데 말년에 그는 이것을 전부 <루만쩨스끄 박물관>에 기증하였다. 바흐루쉰은 개인적으로는 매우 검소하여 인색하였으나 대외적으로는 큰 자선사업을 행하였다. 시립요양원, 무료 피난민 가옥, 방랑자나 걸식인을 위한 거주지, 빈곤 청소년을 위한 수공업기술학교, 늙은 예술가를 위한 학교를 세웠다. 자라이스끄 시에는 바흐루쉰의 이름을 딴 요양시설이 많이 있다. 커다란 자선활동 덕분으로 그는 황제로부터 명예시민의 칭호를 얻었다. 그는 귀족(Dvorianstvo, 드보르)의 작위와 칭호를 제안 받았으나 거절하여 더욱 유명해졌다. 대신 박물관 기증의 대가로 장군의 칭호와 훈장과 높은 관등을 받았다.[29]

우파로 이름난 나이졔노프 가문은 수즈달 군의 수공업자 집안이었다. 1765년 모스크바로 이주하여 면직물 생산으로 큰 부를 획득하였다. 니콜라스 나이졔노프는 19세기 말까지 25년간 <모스크바 환거래위원회> 의 장직을 맡으면서 큰 위신을 얻게 었는데, 이 덕택으로 그는 뻬쩨르부르크의 재무성 고위관료를 자주 접촉할 수 있었고 그의 상업에 큰 이익을 얻었다. 나이졔노프는 모스크바 상인들의 역사를 기록하기 위해 18세기 말부터 80년간에 걸친 『납세인구조사서』 전집 10권과 『모스크바 도시의 자료집』을 편집하여 지도, 그림, 판화를 만들어 출판하였다. 또 160개의 이르는 모스크바 오래된 교회의 사진첩을 발간하여 오늘날 귀중한 역사자료가 되었다. 또 그는 모스크바 시 두마에 대표로서 오랫동안 활동하면서 상인에 대한 과세부담 문제를 통해 상인들이 도시를 관리하는 책임과 결정권한을 가질 수 있게 하였다. 그는 모스크바에서 가장 크고 아름다운 주택을 가진 부호로서 모스크바 상인을 대표하는 상징적인 삶을 살았다.

트레쨔코프 가문과 시츄킨 가문 역시 대 부호로서 이들은 특히 당시대 유럽의 최고급 미술품을 열광적으로 수집하는 인물들이었다. 이들의 수집품은 프랑스인들도 놀라게 하였다. 특히 시츄킨은 1812년 나폴레옹 전쟁 시절 모스크바에 관한 책을 출판하여 애국심을 표현하였으며 러시아 고 미술품을 대량 수집하여 10권의 책으로 엮어내면서 후일 모스크바 시에 미술품을 기증하여 장군의 칭호를 받았다.[30]

모스크바 시장으로서 공적 활동으로 특히 유명한 인물인 니콜라스 알렉세예프도 탁월한 가문이었다. 그의 선조는 야로슬라브에서 1746년 모스크바로 이주하여 상인으로 등록하고 주로 은제품, 식기 등을 팔았다.

그는 면화세척, 면화표백, 양모세척 공장을 세웠고 생산 제품을 돈강 유역과 시베리아 지역으로 후송하는 사업을 벌였다. 니콜라스는 모스크바 시의 빈민의 주택과 환경개선을 위한 막대한 재정모금에 성공하여 중앙정부를 놀라게 하였다.

상인이지만 귀족의 신분을 획득한 대표적 인물은 쿠마닌 가 집안이었다. 알렉세이 쿠마닌은 나폴레옹 전쟁 시기 군용품 조달의 활약으로 모스크바 시장으로부터 훈장을 받았다. 그는 거부가 된 후 상업고문관으로 활동하면서 1830년에 4관등에 이르는 성 블라디미르 훈장을 받아 귀족의 신분에 올랐다. 그의 아들과 사위도 각각 명예시민으로서, 시장이나 시두마의원으로서 공직활동을 행하여 유명한 가문의 일환이 되었다. 쿠마닌 가와 비슷한 경우가 쉘라푸찐 가였는데 1792년 포그롭스크에서 모스크바로 이주한 후 주로 냉동 생선 도매업자가 되어 막대한 부를 축적하여 정부의 상업고문관으로 임명되었다. 모스크바의 외과대학 의학연구를 위한<미네랄 연구소>를 설립 기증하여 훈장과 함께 귀족의 신분을 획득하였다.

쿠마닌과 비슷한 경로를 밟은 집안이 야쿠니치코프가였다. 바질 야쿠니치코프는 야로슬라브의 독점적 시장에서 막대하게 큰 부를 벌고 마몬토프 집안과 결혼을 하였다. 처의 외가는 트레짜코프 집안이었다. 1881년대 기근 시기에 아내 지나이다는 탐보프 주에서 구호 식품단을 조직하여 자선활동을 전개했다. 그녀는 특히 구 러시아의 전통적 문양의 자수 수예품을 만드는 공장을 세워 자선활동에 기여하여 전 유럽에 명성을 얻었다. 그의 며느리도 1908년 모스크바에서 유명한 목공예 공장을 경영하여 가업을 계승하였다.

흘류도프 가문 역시 리아자노프스키 주에서 1824년 모스크바로 이주하여 상인으로 등록하였다. 그는 풍물 상가에서 돈을 번 후, 도시 저지대의 땅을 사들여 모험적으로 큰 규모의 혁신적 기계로 가동하는 면직 공장을 설립하였다. 아들들은 매우 정직, 청렴하였으며 상당한 지성을 소유한 것으로 알려져 있다. 알렉세이 역시 구 러시아의 문헌원고나 고서적을 수집하였는데 원고가 430책, 고문서책은 624권이 되어 사후에 니콜스크 수도원에 기증하였다. 아들 이반은 상업재판소 임원이 되었고 1859년에 설립된 <모스크바거래위원회> 의장에 선출되었다. 1862년에는 모스크바시 상업산업부처 의장으로 선임되어 황제 알렉세이 2세로부터 산업자문관 칭호와 함께 3급 훈장을 받았다. 흘류도프 가는 영국 리버풀에 무역업소를 설립하여 북미 등 세계 여러 나라와 상업거래 관계를 가지면서 부를 계속 증가시켰다. 1890년대 제 3세대 인물들은 사업보다도 문화재단 사업, 자선단체 사업, 무료기수사, 요양원운영, 기술수공업학교, 아동병원 운영 등에 더 큰 관심을 쏟았다.

마몬토프 가와 보트킨 가는 비슷한 공통점이 있었다. 마몬토프 집안은 산업이나 공장운영, 철도사업 등에서, 보트킨은 차 사업으로 큰 부를 모아 백만장자가 되었다. 이들은 사교성이 뛰어나 예술과 문학가들과 많이 어울려 다녔다. 특히 사바 마몬토프는 모스크바 주민들의 삶에 복지를 가져다 준다는 목표 아래 북부 야로슬라브의 철도부설 사업에 투신하여 철도 왕으로 불렸다.[31] 처음에 짜르 정부는 마몬토프를 위시한 사적 기업가들의 철도 부설 요청을 탐탐치 않게 생각하였으나 러시아의 산업화를 위한 정부의 외자 도입에 따른 부담이 갈수록 과중해지자 결국 허락하였다. 그러나 철도부설에는 막대한 자금이 필요하였다. 1863년 철도건설계획 수립을 시작한 모스크바 기업가들은 민간 법인은행설립 허가를 요구하였다. 수세기 동안 짜르 정부는 산업 발전을 위한 민간 은행이나 금융회사를 허용한 적이 없었다. F. 치죠프는 은행을 관료가 아니라 기업가들 자신이 직접 회계와 사업과정을 철저하게 관리함으로서 국립 철도보다 더 저렴하게 건설할 수 있다고 주장했다.[32] 이렇게 하여 1870년대 이후 짜르로부터 허락을 얻게 된 모스크바 상인, 기업가들은 사립 은행 및 금융회사를 통해 거대한 사업자본금 유치와 축적을 가능하게 할 수 있는 절호의 기회를 획득하였던 것이다.

6-3. 기업가 마몬토프가 후원한 예술가들을 위한 아지트 저택, 아브람쩨프로 불림

또한 마몬토프는 성악가로서 자신이 오페라를 직접 연출 하거나 운영하였다. 그의 주위에는 그로부터 후원을 받은 전통러시아 예술가들이 항상 운집해 있었다. 그의 후원 덕택으로 무소르그스키와 림스키 콜샤코프 작품이 빛을 보게 되었다.[33]

본래 기업가 출신이었으나 기업 자체보다 정치가로서의 활동으로 유명한 인물은 구치코프, 크레스토브니크와 코노발로프였다. 원래 구치코프 가는 독실한 구교도로서 칼루가 주 출신이었다. 선조 표도르는 18세기 말에 모스크바로 이주한 후 모직물 공장을 설립하여 돈을 벌었다. 정부로부터 심하게 구교도 신앙을 박해받았으나 끝까지 개종을 거부하여 유형지로 추방당하였다. 가장 유명한 인물은 알렉세이 구치코프인데 영국의 남아프리카에서의 보어 전쟁을 참관하였고 러일 전쟁에도 참전하였다. 정치에 관심이 많았던 구치코프는 제3차 국가두마의 의장직을 맡아 10월당의 주도적 인물로 활약하였다. 그러나 10월 당내에서도 알렉세이 구치코프의 정치적 입장은 지주 귀족이나 관료들의 반동적 군주정 세력과 대립하였다. 그 후 그는 온건우파에서 갈라져 나오는 새로운 정당 세력을

형성하여 관심을 끌었다. 그로부터 우리는 상인, 기업가들의 정치적 입장의 성장과 진화 과정을 추적할 수 있다.[34]

한편 그레고리 크레스토브니크는 러시아 인으로서 처음으로 화학제품 생산을 위한 공장과 철도건설에도 모험적 투자를 하여 뻬쩨르부르크의 관료들과 재정상 위떼와 긴밀한 친교를 맺은 인물이었다. 그는 1896년 <전러 니즈니노보고르드 산업박람회> 조직을 맡아 크게 활약하여 칭찬을 받았다. 또 그는 전 러시아의 상인산업가연합회의 설립을 제안하여 조직 활동에 깊숙이 가담하였다. 그러나 1905년 혁명 이후 엘리트 집단 사이에 정치적 의견 대립과 충돌이 격심하게 되자 상인·기업가 집단의 입장과 방향을 결정해야 하는 어려운 상황에 부딪혔다. 그는 뻬쩨르부르크의 기업가들의 요구와 모스크바 상인·기업가들의 주장을 중재해야 하는 입장에 놓이게 되었다. 이 때 그는 모스크바 상인·기업가들에게 단지 모스크바 중심의 지역적 조직보다 전·러 조직의 중요성을 강조하고 지도력을 발휘하여 뻬쩨르부르크와 모스크바의 중간교량 역할을 맡았다. 그러나 양 도시의 상인 기업가들의 연합과 통일은 실패로 끝나고 말았다. 결국 러시아에서는 영향력 있는 상인·기업가들의 정치 조직의 탄생은 1차 대전까지도 성사되지 못하였다. 이로서 자유주의 정부는 물질적, 실질적 세력 기반을 갖는데 실패하였고 이것은 차후 자유주의 임시 정부의 결정적인 취약점이 되었다. 그 후에도 크레스토브니크는 사바 모로조프가의 딸과 결혼을 하여 면직물 기업가들과 돈독한 관계를 유지하면서 <모스크바 상인 은행위원회> 의장직을 맡아 활동했다. 그는 끝까지 전통적인 모스크바 상인의 기질을 잃지 않았고 모스크바 상인의 입장을 충직하게 고수하였다.[35]

알렉세이 코노발로프는 최초 선조의 4세대에 속하는 인물이었다. 그는 정식 교육을 많이 받지는 못하였으나 유능한 기업가로서 주변으로부터 존경을 받았으며 재산은 2천 300만 루블에 이른다.[36] 그는 1905년 혁명 이후 정치에 투신하여 1917년 2월 혁명 이후 임시정부로부터 상업산업부장관에 임명되어 임시정부와 운명을 같이하였다.

또 다른 중요한 정치활동가로서 코노발로프와 절친한 인물이자 독실한 구교도인 파벨 랴부신스키를 들 수 있다. 1887년부터 랴부신스키 가문의 공장은 주식회사로 변형되면서 면직물 이외, 제지공장, 아마공장 등 일련의 새로운 사업으로 확대되어 2천100만 루블의 재산을 모았다.[37] 그의 저택은 모스크바에서 가장 아름답기로 유명하다. 랴부신스키는 진보적인 신문 『러시아의 아침』(Утро России)을 창간하여 모스크바 상인층의 입장을 대변하였다. 그는 약간 좌파적 기질을 띠면서도 국민경제 내에서 상인의 역할을 항상 강조하였다. 1911년 총신 마클라코프의 정책과 10월당 지도자였던 나이제노프를 비판하여 사이가 매우 나빠지게 되었다.

브토로프는 시베리아 출신이었으나 주로 모스크바에서 중개무역, 날염공장 3개를 운영하면서 1900년에 주식회사로 전환하였다. 그들의 재산은 천 만 루블에 가까웠다. 그는 자산을 기반으로 <모스크바 산업은행>을 획득하고 이를 토대로 다시 일련의 산업체와 화학 공장을 사들였다. 전쟁 시 그의 공장은 군수품 납품을 생산하였다. 이 때문에 소비에트 사가들은 그들 러시아의 금융자본주의의 선봉장으로 지목하고 산업이 금융에 종속된 사례로서 기술하고 있다.[38] 그러나 브토로프의 기업은 근본적으로 생산 활동에 더 큰 관심을 쏟은 기업이었다. 그의 금융회사와 은행은 산업생산의 자금을 조달하기 위한 은행이었지 은행이 산업을 장악하거나 주식이나 할인증서, 유가증권 등 환가치에만 집중하는 금융기관과 사뭇 달랐다. 금융자본가로 규정하는 것은 매우 편향된 지적이라 볼 수 있다.

마지막으로 코코레프가를 살펴 보자. 구교도였던 바질은 소금매매 중개상으로 시작하여 차츰 독점적으로 포도주 사업에 손을 대기 시작하였다. 당시 주류업의 수업은 정부 재정의 45%에 달할 정도로 중요한 사업이었으므로, 정부는 그의 사업을 정부를 위한 전매중개업자로서의 역할을 행하도록 허용하였다. 그의 전매업에 대한 철저한 정비 사업은 대 성공을 거두어 단번에 대상인으로 성장하였다. 이 때문에 그는 <러시아의 포도주 제왕 라피트>라고 불리었다. 이외에도 1857년 바질은 슈라한에서 석유수출을 위한 정유공장을 세워 곧 <자카프카즈회사>, <바킨스크 석유회사>, <볼고-카민스키 은행>을 설립하였다. 또 모스크바에서 250만 루블 가치의 <코코레프물류창고회사>, <북부보험회사>, <러시아해운업상사>를 설립하여 수천만 루블의 자산가로 성장하였다. 그의 명성은 크림 전쟁시 전매업을 중지하고 흑해참전 병사를 위한 연회와 기부활동을 전개함으로서 전 러시아에 널리 퍼지게 되었다. 그러나 그는 대다수 모스크바 엘리뜨 상인·기업들과 공통적으로 뻬쩨르부르크 관료 귀족을 적대시하였는데 특히 서구의 개인주의와 의회주의를 불신하고 전통 러시아의 공동체 제도를 칭송하였다.

4. 지식인과의 교유

1861년 해방령까지 모스크바 상인들은 큰 공장의 소유주가 된다고 해도 교육 배경과 학력 수준이 낮았고 부자유한 신분 탓으로 언제나 가족기업에 집착하는 폐쇄적 습성을 보였다. 첫 세대 상인의 대부분은 비록 번성해도 단기적, 중소규모의 도매업에 머물렀다. 그들의 상거래는 전문 상업교육이나, 경영의 기술, 회계학, 유럽의 경제학 이론에 의거하기 보다는 개인적 친분, 구두약속, 인적 인맥, 뇌물, 자녀 혼사 근거로 이루어졌다. 여기에는 집안의 과거 내력이 짜르 정부나 정교회의 빈번한 박해와 압제에 의해 숨어 살아 온 구교도 출신이 상당수 있었기 때문이다.[39] 그러나 모스크바 상인이 가부장적이거나 몽매주의 특징을 갖는 것은 러시아의 문화적 특성 자체가 비세속적이면서도 비실용적인 탓에도 기인한다. 상인들에게 유일한 교육이란 교회슬라브어로 된 기도책 뿐이었고 그들은 인문적 자유교양 교육을 받아 본적이 없었다. 이 때문에 서구의 외국

문화나 사상은 무조건 무신론으로 보이거나 전통 질서를 파괴시킬 두려운 것으로 보였다. 그런데도 특이한 점은 제 1세대 기업가들은 이 같은 폐쇄적인 가족생활과 습성에도 불구하고 신앙에 대해서는 매우 경건하였고 빈민층에 대한 자선사업에 대해서는 후한 태도를 보였다. 이 모순적인 태도는 금욕과 영적 묵상을 중시여기는 슬라브 정교 신앙의 오랜 전통에 기인하는 것이었다. 그들은 신으로부터 미움을 받으면 영원히 파멸한다고 믿었다. 그들은 일단 친구, 동료, 신자들과 친해지면 상호간에는 철저하게 신의와 신앙의 계명을 지켰다. 서구 상업 기술의 실용적 이점을 알기 전까지 그들은 거의 맹목적 수준에 이를 정도로 과거 전통과 관습 그리고 신앙에 의존하였다.

1840년대 제 1세대 많은 모스크바의 상인들은 끈질긴 노력으로 상업활동에서 이익을 축적하는 데 성공하였다. 그러나 아직은 대부분 모스크바 상인들의 경제적 가치관은 생존에 집중하였을 뿐, 민족주의나 민중 복지와 같은 거대한 사상에는 별 관심이 없었다. 이들은 농노신분에서 살아남기 위해서 가족 기업의 기초적 팽창에 몰두했고 신분사회 내에서 좀 더 자유로워지거나 인정받는 지위로 상승하는 데 주된 관심이 있었다. 이들이 러시아의 국가와 사회 속에서의 자신의 정체성, 사명감, 역할을 깨닫게 된 전환점은 1854년 크림 전쟁에서 러시아가 치욕스럽게 참담하게 패하는 것을 접하게 된 순간이었다.[40] 1854년 흑해 연안의 세바스토플의 함락, 영국에 의한 러시아 함대의 침몰, 무수한 해군의 희생, 더 나아가 서구의 수입통로의 차단, 미래 경제적 난관의 소식은 상인층에게 충격적인 두려움 그 자체를 가져다 주었다. 이 와중에 황제 니콜라스 1세가 서거하자 모스크바 상인은 '신의 분노'가 일어난 것처럼 극심한 공포마저 느꼈다.

1854~55년 사이 모스크바 상인들은 집단적으로 애국적 분위기에 고조되어 즉시 병사들과 군대를 위한 모금운동을 벌여 92만 5천 루블을 전선에 전달하였다.[41] 심지어 모스크바의 차 상인이었던 세르게이 보트킨은 1855년 직접 전선 심페로폴 육군병원에 가서 봉사활동을 수행하였다. 또

종전 조약이 체결된 후 코코레프는 상인집단을 이끌고 모스크바 입구성문에서 장병을 맞이하여 개인적으로 전쟁영웅을 위하여 2만 루블을 기부하고 이들에게 만찬을 제공하였다. 이 사건은 그들에게 애국적 민족 감정, 민족에 대한 사명감, 자신들의 역할에 대한 자부심을 느끼게 하는 계기가 되었다. 그들은 이미 서구의 상업적 위력에 큰 두려움을 느꼈기 때문에 상업의 번영을 위해서라도 '조국 수호' 라는 열망과 애국심에 더욱 크게 휩싸였다.

그런데 또 다른 한편에서 이와 꼭 같은 수준으로 열렬한 애국적 감정을 느끼고 있던 집단이 있었다. 그들은 바로 친 슬라브주의 인텔리겐찌야였다.[42] 사상가인 악사코프는 1850년대에 슬라브주의 사상에 새 개념을 추가하여 매우 공격적인 친 슬라브주의 운동으로 발전시켰다. 그는 러시아의 미래는 정교신앙의 사회, 계급적 차별이 없는 평등한 공동체 사회, 그리고 황제와 신민 사이에 신비한 사랑에 의거한 단합된 사회가 되어야 한다고 강조하였다. 친 슬라브주의자들은 서구 가톨릭 사상과 개인주의적 자유주의와 합리주의 철학을 경계하였고, 또 서구 의회주의는 오직 개인간의 경쟁에 의거한 정치제도로서, 이것은 러시아 전통에는 매우 이질적인 제도이며 러시아 민족이 갖고 있는 고유한 응집력이나, 사랑, 단결심과 일치의 전통을 파괴시킬 것이라고 경고하였다.

> 서구의 자유주의는 러시아인들의 고유한 '사랑과 신앙'에 가득 찬 영혼을 침식시킬 것이다… 지금 러시아에서는 서구 사상의 침투로 인하여 점점 계급 전쟁과 폭력과 무신론이 난무하고 있다.[43]

그렇다면 지금까지 서로 접촉한 적이 없던 상인계층과 이들 친 슬라브주의 지식인들이 어떻게 서로 가까워지게 되었을까? 상인과 기업가들은 중앙 정부에게 서구 상품에 대한 고율관세 도입정책을 호소하면서 은행설립이나 러시아 내국 사적 자본의 형성을 위한 민간은행 설립에 관한 법적 허가, 사적 자본에 의한 철도부설의 허가를 간청하고자 하였다. 상인들은 서구를 경계하고 불신하는 친 슬라브주의자들과 연합하고 접촉함으로서 자신의 목소리를 전달할 수 있는 절호의 기회를 갖게 되었다. 양자는 즉시 경제관련 잡지발간과 언론 사업을 통해서 서로 접촉하기로 하였다. 곧 모스크바의 상인과 사적 기업가들은 친 슬라브주의자들에게 언론 사업을 벌일 수 있도록 재정적 후원을 제공하기로 합의하였다. 이리하여 양자는 1880년대까지 서로 밀접한 동맹 관계를 맺고 제휴하게 되었다. 원래 이 양 집단은 학문적으로나 철학적으로 워낙 서로 다른 문화를 가졌지만 서로의 입장과 이익을 보호하기 위해 도움이 필요하였기 때문에 제휴는 매우 오래 지속되었다. 무엇보다도 사적 상인·기업가들은 경제 정책에서 과거에는 상상도 못했던 든든한 동지를 얻었을 뿐만 아니라 새로운 고급 지식과 사상까지 얻을 귀중한 통로를 획득하게 되었던 것이다.[44] 특히 모스크바 기업가들은 친 슬라브주의자들의 반 서구적 정치사상을 적극 수용하였다. 자신들이야말로 러시아의 순수한 농민 계층의 후예로서 러시아 전통에 밀착되어 있으며 러시아 인민 복지를 위해 헌신하는 민족주의 경제의 진정한 수호자로 자처하였다. 이 시점에서 모스크바 기업가들은 러시아 인민의 경제적 유토피아를 위한 새로운 사회 발전을 이룰 수 있다는 가치관에 집착하고 황홀한 자부심에 빠져들었다. 특히 토지소유 귀족 출신이면서도 이러한 경제적 유토피아 건설의 사상의 대부역할을 P. 치죠프는 크림 전쟁 중의 상인들의 병사후원 기부금 활동을 극력 찬양하였다.

모스크바 기업가들이여 영원하라[45]

크림 전쟁이 끝나자 곧 모스크바 상인 중 특히 자선활동을 활발히 하는 코코레프와 마몬토프는 친 슬라브주의 지식인들에게 잡지창간을 위한 재정적 후원을 직접 제공하였다. 이 후원금으로 친 슬라브주의 지식인들은『러시아 논평』(Russkaia beseda),『농촌복지』(Selskoe blagoustroistvo)를 창간하였다. 이 잡지에서 두 집단은 농노해방의 정당성과 러시아의 내재적이고도 토착적인 독립적 민족자본 형성을 극력 강조하였다. 심지어 1861년 농노해방령이 선포되자 이를 축하하기 위해 모스크바 시 정부는 많은 자유주의적 지식인과 작가들, 언론가, 관료, 지주 및 장성들이 파티를 개최하였는데 여기에 모스크바 상인들과 기업가들을 초대하였다. 당연히 기업가들이 파티의 후원금을 내었다.[46] 이 모임에서 모스크바 기업가들은 인민 복지나 경제적 유토피아 사상을 내세우는 친 슬라브주의 사상에 매료되었다.

> 러시아 인민은 서구보다 영적으로 우월하다. 비록 러시아가 과거 경제적으로 후진되었지만 복종과 선량이라는 미덕을 갖추고 있으므로 개인과 사회가 조화할 수 있는 국민이다. 러시아 민중의 최고 덕목은 독립, 자조가 되어야 한다… 인민의 삶을 개선하기이해서는 무엇보다 상업과 산업에 몰두해야 한다. 키예프, 노보고르드 프쉬고프의 역사에서 보듯이 러시아 상인은 민중을 대표한다. 상인들은 위대한 러시아 삶의 본질이다. 이들은 농민에서 비롯되었으며, 진정한 러시아의 정교 신앙을 수호하는 자들이다.[47]

이후 모스크바 기업가들은 정부의 고율 관세정책을 위한 투쟁에서도 친 슬라브주의 지식인들의 커다란 도움을 받았다. 친 슬라브주의자들은 당시 서구의 자유주의 무역 정책이나 정부의 관세 정책에 대해 대대적인 공격을 퍼부었다. 러시아의 직물은 영국산 고품질 상품에 비해 경쟁력이 매우 떨어졌으므로 러시아 기업가들은 필사적으로 수입고율관세 정책을 요구하였다. 그러나 관세 수입은 전제정부로서는 커다란 수익이 걸린 문제였다. 뻬쩨르부르크의 고관 귀족들은 질 좋은 해외 사치품을 낮은 세금으로 수입하고자 했기 때문에 관세 투쟁은 결코 쉽게 달성할 수 있는 사안이 아니었다. 이 때문에 모스크바 기업가들은 국내 자생 기업의 입장을 옹호하는 언론을 재정적으로 적극 후원하였다. 기업가들의 언론후원 사업에서 가장 탁월한 성과는 『산업소식』(Vestnik promyshlennosti, 1858~1863)지의 창간이었다. 당시 러시아 사상계에서 지식인들의 정기간행물 발간 운동은 짜르 정부의 탄압이나 검열에도 불구하고 집요한 생명력을 갖고 성장하고 있었다. 『산업소식』(Vestnik promyshlennosti)의 기사들은 중부 러시아의 기업가들의 열망을 표현하고 낭만적 민족주의적 경제발전 전략을 설명하는 데 주력하였다.[48] 이 잡지는 당시 정부나 기업가 및 지식인에게 깊은 영향력을 행사했고, 슬라브주의자들과 모스크바 상인층 사이 상호 협력하게 만드는 토대가 되었다. 경제학자였던 I. 밥스트의 경제적 지식이나 사상은 기초 교육조차 제대로 받지 못했던 모스크바 상인과 기업가들에게는 신 지식을 주입시켜 주는 경이로운 존재였다.[49] 당시대 친 슬라브주의 지식인들은 모스크바 상인과 기업가들의 상업적 성과를 찬탄하였지만, 동시에 그들이 자주 단기적 이익, 좁은 시각이나 우매에 빠지는 것을 경고하면서 계몽하려고 했다. 특히 기업가들을 계몽시키는 교육에 헌신적이던 F. 치죠프는 상인이나 기업가들을 양성하는 교육의 필요성, 지식의 도모, 합리적인 생산성 개선 방안을 가르치기도 하고, 서구의 유명한 기업들에 대한 정보나 글을 소개하기도 하였다.[50] 산업 부문에서 얻는 개인의 이익이 반드시 전체의 복지로 연결된다고 주장하는 F. 치죠프의 글들은 모스크바 기업가들을 만족시켜 주었다. 특히 국가 경제정책에서 관료들의 무능함과 서구 위협에 대항하는 싸움에 대한 글들은 폭발적인 인기가 있었다.

그러나 1870년부터는 모스크바 기업가들과 친 슬라브주의자들 사이에 자주 의견 충돌이 일어났다. 친 슬라브주의 지식인들은 재정적 후원을 받고 있으면서도 주로 추상적이거나 순수 이론적 주제나 혁명 사상의 논쟁에 몰두하는 편이었는데 이것은 전혀 기업가들의 관심사가 아니었다. 기업가들은 단기적으로 일어나는 경제정보나 실제적 홍보를 더 원했다. 이 때문에 종종 잡지 구독료 후원이 소극적으로 변하여 갈등이 일어나기도 했다. 이로서 많은 잡지들은 기금 부족으로 폐간되었는데, 이 경우에 기업가와 지식인들의 관계는 서로 비판적이거나 냉담하게 변하기도 하였다.[51] 대신 기업가들은 좀 더 빠르게 돌아가는 국내외의 실물 경제에 대해 보도하는 정기간행물, 즉 『증권』(Aktioner)지를 후원하였다. 이 잡지의 편집자들은 대부분 토지소유 귀족 출신들로서 대학 교육을 받은 지식인들이었다. 상인이나 기업가들 사이에서는 아직 그만한 지적 수준을 갖춘 이가 아무도 없었다. 『증권』(Aktioner)지는 미국과 유럽 각국의 상업 무역을 설명하고 영국 투자들의 생애기, 새로운 산업 기술제품에 대한 설명, 최근 러시아 산업과 상업의 발전 동향에 대한 계몽적 기사들이 실려 매우 인기가 있었다. 이것은 경제적 민족주의 사상을 홍보하였고 모스크바 기업가들을 끌어 모으는 데 효과가 있었다.[52] 1863년에 악사코프는 경제문제 이외에도 정치적 논제를 실은 『시대』(Den')지를 창간하였으나 검열관을 화나게 하여 폐간조치를 받았다. 정치적 검열을 받게 되면 기업가들의 경제적 민족주의 운동은 쉽게 타격을 받거나 흔들리게 되었기 때문에 기업가들은 재정적 후원을 받는 지식인들의 기사 글 주제 선택에서 자주 마찰을 빚기도 했다. 그러나 전반적으로 러시아 기업가들은 1855~75년 사이 친 슬라브주의 지식인 덕택으로 농노문제를 위시하여 러시아 국내외 경제문제에 대해 공개적으로 발언할 수 있는 기회를 갖게 되었으며 정치적 판단과 행동에서 길잡이를 얻게 되었다.

모스크바 상인이나 기업가들에게 친 슬라브주의자들과의 교유는 양면적인 영향을 미쳤다. 기업가들은 한편으로는 자본주의적 성장과 경제 발전을 지속적으로 추구하는 사상적 근거를 얻었으나, 다른 한편으로는 서구 부르주아지와는 달리 서구 자유주의적 의회제를 혐오하고, 전제 정부만이 러시아를 구하는 유일한 체제로 여기는 태도에 더욱 집착하였다. 이 때문에 러시아 사적 기업가들은 1861년 대개혁이나 농노해방이 자유주의적인 영향에 의해서가 아니라 전통적 슬라브주의적 관념인 '짜르와 인민 사이의 사랑의 실현'에 의해 달성되었다고 생각하고 있었다. 그러므로 1860~80년대 내내 모스크바 상인이나 기업가들은 겉으로는 신식 서구 흉내를 낸 복장을 하고 있었으나 내면적으로는 전혀 유럽화 된 존재는 아니었다. 이런 이중성은 기업 팽창의 동기나 방법에도 그대로 나타났다.

5. 철도 건설과 민족 러시아

크림 전쟁 이후 모스크바 상인·기업가들의 정체감의 성장에서 획기적인 계기가 된 데에는 친 슬라브주의 인텔리겐찌야와의 교류 이외 또 다른 중요한 사건이 있었다. 그것은 철도 건설 사업 사건이었다. 철도는 국가 경제에서 혈관처럼 중요한 기능을 행사한다. 그러나 러시아 철도선은 서유럽 바르샤바에서 황실 수도인 뻬쩨르부르크와 모스크바에만 연결되어 있을 뿐, 아직 중부 지역이외의 지역이나 남부, 북부 그리고 시베리아 횡단하는 선로는 전연 갖고 있지 못하였다. 러시아 기업가들은 이것을 개탄하였다. 이들은 인민 복지를 위한 유토피아 건설을 위해서 국내 자본에 의한 철도부설이 절대적으로 중요하다고 주장하였다.[53] 특히 남부 루빈스크 곡물 상인이던 N. 쥬발레브는 모스크바 상인인 레페쉬킨에게 인민에게 생산품을 더 원활하게 공급해 줄 중부와 끄림 사이의 철도 부설을 간곡히 요청하였다. 모스크바 상인은 수도 뻬쩨르부르크 관료들이 고율의 외자로 중앙의 뻬쩨르부르크 철도를 부설함으로서 국내의 루블화가 평가절하 되었다고 비판하였다. 왜냐하면 제정 러시아에서 가장 중요한 철도노선인 바르샤바-뻬쩨르부르크-모스크바를 연결하는 <니콜라스 철도선>이 프랑스의 값비싼 외국자본의 이자를 치루고 건설되었으며, 또한 방만한 관리, 뇌물, 부패 등으로 매년 재정 적자를 면치 못하고 있다는 사실이 폭로되었기 때문이다.[54] 그러므로 모스크바 사적 기업가들은 정부가 비록 소규모 노선이라 해도 자립적 민족자본에 의한 지역 철도 건설을 허락해줄 것을 호소하였다. 처음에 짜르 정부는 사적 기업가들의 요청을 탐탐치 않게 생각하였으나 러시아의 산업화를 위한 정부의 외자 도입에 따른 부담이 갈수록 과중해지자 결국 허락하였다.

그러나 철도부설에는 막대한 자금이 필요하였다. 1860년 중앙국립은행이 설립되었으나 아직 민간 법인은행은 존재하지 않았다. 수세기 동안 짜르 정부는 은행은 오직 국가의 요구나 군사적 전쟁비용 충당을 위해서만 존재한다고 생각했고 산업 발전을 위한 민간 은행이나 금융회사 설립을 허용한 적이 없었다. 1863년 철도건설계획 수립을 시작한 모스크바 기업가들은 민간 법인은행설립 허가를 간청하였다. 사립 은행 및 금융회사의 설립은 사적기업가들에게 거대한 사업자본금 유치와 축적을 가능하게 할 수 있는 절호 기회를 제공했다. 그들은 철도 건설 재정충당을 위한 은행을 설립하거나 이를 위해 토지를 담보할 수 있다고 주장했다. 그들은 관료가 아니라 기업가들 자신이 직접 회계와 사업과정을 철저하게 관리함으로서 국립 철도보다 더 저렴하게 건설할 수 있다고 강조했다. 모스크바와 인민에게 사랑받는 순례지인 자고르스크 사이의 철도는 지역 인민의 일상생활에서 실질적 이용이 많을 것이므로 흑자경영이 가능할 것이라고 설득하였다. 마침내 친 슬라브주의자인 청렴한 기업가 F. 치죠프가 이 사업을 직접관리 할 것이며 민족자본에 의해서 건설된다는 소문에 모스크바 주변의 상인과 기업가들이 투자에 대거 몰려들었다. 이것은 그야말로 민족주의 감정과 산업이 협조하는 대표적인 사례가 되었다.

치죠프와 마몬토프를 위시한 모스크바 사적 기업가들은 인민 경제를 위한다는 슬로건을 내세웠다. 이로서 러시아 역사상 처음으로 전혀 국가 보조금 없이 모스크바-자고르스크[55] 노선 철도 건설에 착수하였다. 처음에 자고르스크 수도원장은 자고르스크 철도 건설에 대해서 조용한 순례성지에 기계소리가 들어오는 것을 마치 악마처럼 경계하였다. 그러나 더 많은 순례자들이 수도원을 방문하고 민족적 전통 러시아를 더 널리 알릴 수 있다는 기업가의 설득에 의해 동의하였다. 그러나 기업가들의 지난 많은 성공에도 불구하고 대주분 토지소유 귀족층이나 지식인들은 자신들의 신분에 자부심이 대단했으므로 이 사업을 계획하는 기업가들을 이기적이며 천박한 태도를 가진 무식한 촌뜨기라고 생각했고, 돈을 위해 목숨 바치는 탐욕스러운 자를 보듯이 멸시하는 태도를 여전히 버리지 않았다. 이런 모멸적 시각에 대해 기업가들은 스스로 다음처럼 변호하였다.

> 토지소유 귀족은 데까브리스트 후예로서 나라를 위해 목숨 바치지만 상인은 나라를 위해 황금을 가져다 가져다 줄 것이다.[56]

자고르스크 철도부설에 가장 적극적으로 투자한 기업가들은 치죠프, 이반 마몬토프, 쉬죠프, 바질 코코레프였다. 이들은 처음에 모스크바-자고르스크 노선(66킬로)에서 시작하여 북쪽으로는 야로슬라블(200킬로), 동쪽으로 니즈니노보고르드, 남쪽으로는 리아잔 볼가강 하류를 거쳐 끄림반도까지 총 278킬로의 철도를 민간자본에 의해 건설한다는 상상을 초월하는 원대한 계획을 세웠다.[57] 자고르스크 노선은 총 450만 루블이 필요하였다. 1858년 회사의 투자단은 내부에서 80%를 주식을 사들여 자본을 출자하고 나머지는 공모하였다. 그들은 연수익 9%를 약속하였다. 이것은 통상 정부가 약속하는 5%에 비해 엄청 높은 수익률이었다. 한때 재정위기가 도래하여 회사 자체의 지분 몫이 1/3로 전락하는 두려운 상태에 빠지기도 했다. 당시 중앙정부의 철도 감독 관료인 델비히 남작이 모스크바 철도건설에서 보인 모스크바 기업가들의 성실성을 인정하고 추가 융자를 보증하였다.

1860년 5월에 자고르스크 수도원 원장의 예배를 필두로 하여 철도 부설 공사가 착공되었다. 치죠프는 철도왕 마몬토프와 같이 스스로 직접 설계와 예산을 감독하였고 마침내 건설이 성공적으로 이루어졌다. 자고르스크 노선은 대 성공이었다. 철도 투자에 가담한 기업가 모로조프, 마몬토프, 치죠프, 고르보프 등은 각각 300만 루블의 지분배당금을 받았다.

마몬토프를 위시한 모스크바 기업가 투자단은 이어서 야로슬라블, 쿠르스크, 코스트로마, 남부 볼가강 방면의 볼고그라드선 연장선 건설을 위한 자본금 모금에 착수하였다.[58] 이중 특히 쿠르스크 노선은 1874~1892년 사이에 성공적으로 운영되어 자본금이 6,600만 루블에서 9,000만 루블로 증가하고 4년 만에 빚을 완전 상환하였다. 이들 친 슬라브주의적 기업가들은 모스크바 주위 50킬로의 환상선 철도 건설을 실현하면서 더 나아가 중앙아시아로의 연장 공사를 꿈꾸었다.[59] 이들은 철도건설에서 러시아 민족의 경제적 유토피아를 건설한다는 슬로건을 내세우면서 국가가 외자를 도입하기보다는 국채를 발행해 줄 것을 호소하였다.

철도사업을 수행하면서 모스크바 기업가들은 민영 법인은행업에서도 미래에 엄청난 수익이 가능하다는 것을 발견하였다. 원래 최초 민간법인 은행이 1864년 7월 뻬쩨르부르크에서 설립되었으나 여기에는 다수 외국인 투자자와 유태인이 가담하고 있었다. 1864년 6월 모스크바 기업가인 코코레프는 러시아인들만의 자본으로 구성되는 <모스크바상인은행> 설립을 제안하였다. 모스크바의 철도부설사업의 성공을 목격한 서구의 수출입업자들도 이 은행에 대하여 투자를 약속하였다. 이 은행은 1869년에 120만 루블의 자본금으로 개원하여 1917년 10월 혁명 폐점될 때까지 모스크바 기업가들의 사업 자본을 조달하고 운용하였다. 1867년 첫 해 배당금과 이자수익은 12%, 1869년은 19.4%에 이르고, 모스크바 전체 은행 자본의 27.7%를 차지하였다. 또 최초 자본금 126만 루블이 일년만에 1870년에 500만 루블을 넘어섰으며, 1914년에는 1500만 루블로서 제국 전체에서 14번째 순위의 은행이 되었다.[60]

차츰 다수 상인과 기업가들은 은행과 금융 할인 사업의 묘미를 배우기 시작하였다. 금융업은 제조업 이상으로 수월하게 자본 축적을 가능하게 하지만 동시에 많은 위험을 내포하는 산업이기도 하다. 모스크바 은행의 가동 후 기업가들은 더 나아가서 <모스크바상인상호신용금고>를 설립할 것을 계획하였다. 이것 역시 <뻬쩨르부르크신용금고> 설립에서 본

받은 것인데 오직 모스크바 사적 기업가들의 자본으로 구성됨으로서 외국자본이 침투하지 않은 러시아인의 지역적 공제회 성격이 농후하였다. 이들 기업가는 그야말로 자신들이 경제적 민족주의를 수호하며 인민 복지를 위한 독립적 자본을 축적하는 수호자라고 만족스럽게 생각했다. 이 금고를 활용한 회원은 1869~1871년 사이에 1,443명에서 1,890명으로 자본금은 3,880만 루블로 증가하였다. 러시아에서는 1880년대 산업화 이후 빈번한 과잉 투자로 파산하는 대기업들이 속출하곤 하였다. 이에 말려든 모스크바 은행도 많은 손실 위기를 겪었지만 <모스크바상인협회>는 비교적 건실한 운영 덕분으로 건재했다.[61]

> 신의 축복 없이는 아무것도 할 수 없다. 단지 깃발을 내리고 운명에 복종하는 것이다… 그러나 운명과 운수는 준비된 마음에 은총을 내리는 법이다.[62]

중앙의 정부는 모스크바의 철도건설 사업이 정부 측보다 더 큰 수익률을 내는 것을 보고 놀랐다. 이 성공을 토대로 치죠프와 마몬토프는 남부 쿠르스크 선에 이어서 북부 아르한겔스크 노선 건설의 야망을 품기 시작하였다. 과거 뻬쩨르부르크 모험가들이 몇 번이나 북부 해안에서 해운업을 시작하였으나 모두 다 파산하였다. 물론 치죠프와 마몬토프는 실익계산을 하였지만 북부개발 사업은 황금의 땅이기 이전에 북부 러시아가 전통적 구 러시아의 문화와 슬라브주의의 근원을 갖고 있다는 전설적 사상에 더욱 매료되었다. 그들은 아르한겔스크와 무르만스크 사이의 해운 수송업과 수송시설의 결핍으로 어로에 종사하는 러시아 인민의 삶이 극도로 빈곤할 뿐만 아니라 영세한 수준에 있으며 무역이나 해운업에서 영국, 네덜란드, 노르웨이 상선이 독점한다는 사실을 참을 수가 없었다.[63] 이들은 기업가적 열정과 러시아 인민을 위한 경제적 유토피아를 건설을 위한다는 신념을 가지고 곧 무모한 북부 개척 사업에 착수하였다.

그러나 북부 개척을 위한 재정적인 모험은 철도부설사업의 모험을 월등히 능가하였다. 대부분의 투자자들은 모험을 꺼려하였으나 마몬토프는 열정적으로 매달렸다. 이들의 사상에 감탄한 T. 모로조프, 이반 악사코프를 위시한 몇 기업가들은 건설에 참가하지는 못해도 기부금을 보내 주었다. 1873년 <아르한겔스크-무르만스크 해운회사>는 선박과 물류유통을 위한 창고 건설과 600만 루블의 자본금으로 창설되었다. 정부는 이 북극개발 사업 계획서에 큰 기대를 갖고 승인한 후, 5만 루블의 보조금을 투자하기로 하였다. 그러나 회사는 혹한의 북극 지방에서 전문적 기술자와 선원 부족, 청렴한 회계 및 경영인 부족으로 수익을 내지 못하고 자금 압박에 시달렸다. 더욱이 선박의 작은 고장, 조난 등으로 자본이 거의 40%로 줄어 들었다. 불안한 투자자들은 자금을 회수하기를 바랐다. 마몬토프는 정부의 최후 보증과 보조금 없이는 도저히 북극개척 사업과 해운업이 지속될 수 없는 궁지에 봉착하였다. 결국 그는 재정 위기 상태에 빠졌는데 이 사실이 알려지자 투자자들이 자금을 회수해 가기 시작하였다. 은행이 위기에 빠져들자 그가 투자하여 진행 중이던 야로슬라블, 아르한겔스크 그리고 불가 철도건설 사업조차 난국에 빠져버리고 말았다. 뻬쩨르부르크의 고위 관료는 불리한 증언을 했다. 이렇게 되자 중앙정부는 마몬토프에게 사업 중지명령을 내렸다. 결국 1899년 마몬토프는 자금 횡령의 죄목으로 재판에 기소되었고 1,500만 루블에 달하는 모든 재산을 몰수당하고 파산 선고를 내었다. 한때 철도 재벌의 명성을 가졌던 마몬토프는 구러시아세계를 부활시킨다는 유토피아적 목표에도 불구하고 과잉투자의 희생물로 끝났다.[64] 마몬토프의 몰락은 당연히 다른 사적 기업가들에게 커다란 충격이었다. 그 후 전반적으로 사적 기업가들은 금융부족, 합리적 경영교육의 기회 부족, 정부의 끊임없는 개입, 금융 시장의 압박을 견뎌낼 수 없었다. 결국, 일반 인민들의 구매력 부족 등으로 북부 철도 건설이라는 유토피아적 계획은 중단되고 말았다.

6. 노동 분규와 상인·기업가들의 딜레마

민족 경제 건설의 자부심을 내세우면서 팽창한 러시아 사적 상인·기업가들의 길은 험난하였다. 특히 제 2세대 상인·기업가가 당면한 최대의 딜레마는 1880년대부터 폭발하기 시작한 기업 내 노동분규 사건이었다. 노동문제는 러시아 사적 기업가들의 친 슬라브주의 애국심에 의거한 경제적 유토피아의 한계를 극명하게 드러낸 측면이었다.[65] 1884년에 폭발한 모로조프 직물공장 노동자들의 파업은 기업가뿐만 아니라 정부와 지식인들을 놀라게 하였다. 모로조프와 마몬토프 공장은 노동자들의 임금수탈로 사회 여론으로부터 가장 혹독한 비판을 받았다.[66]

그러나 이 결과론적 비판은 근본적 이유를 설명해 주기보다는 오히려 애매모호하게 만든다고 할 수 있다. 러시아 기업가들은 일반적으로 가족중심적 기업에서 출발하여 노동자들에 대해 항상 가부장적이며 온정주의적 경영방법을 적용하고 있었기 때문에 전혀 자신들이 수탈하고 있다고 생각하지 않았다. 그들 스스로는 마치 장인 기술자로 여겼고, 빈농 출신의 노동자들의 생계를 책임지고 있다고 생각하고, 노동자들이 권위에 복종하는 것이 당연하다고 여겼다. 러시아에서는 가족기업에서 공장제로의 전환은 매우 더디고 전국에서 자유 임노동을 활용하는 서구방식의 공장제를 아직 경험하지 못하고 있었다. 대신 동네, 친척, 혹은 주위 농촌마을의 동류의 사람을 계절적으로 집단 고용하였기 때문에 자신들이 그들에게 일자리를 제공하고, 그들 가족에게 은혜를 베풀고 있으며, 지역민을 살리는 사명을 수행한다는 생각에 젖어 있었다.

대체로 1880년대까지는 노동소요가 간헐적으로 일어났지만 기업가들의 권위는 크게 손상되지는 않았다. 예를 들면, 1884년 일련의 공장법에도 불구하고 모로조프는 여전히 가부장적 독재자로 군림하였다.[67] 그는 철저한 훈련과 노동기강만이 양질의 저렴한 면직물을 생산할 수 있으며 영국산 생산품을 이겨낼 수 있다고 굳게 믿었다.[68] 기업가들은 자신들의 입장을 옹호하기 위해 새 신문 『모스크바의 목소리』(Golos Moskvy) 발간에 착수하였다. 또 이반 악사코프의 『러시아인 』(Rus)지를 후원하였다.

> 1885년 대파업의 원인이 기업가 탓이 아니라, 1882년 이후 일련의 법 대문에 사회주의적인 사상이 유입된 탓이며, 중앙내무상 붕게는 교조적이며 현실경제를 몰이해하는 인물이다. 또한 <공장감독제> 실시가 노사관계에 지울 수 없는 불신의 악영향을 주었으며, 마치 기업가를 착취자로 여기게 만들었다. 그것은 노동자들에게도 아무런 도움이 되지 않는다. 노동과 기업가 관계는 '동맹'의 관계이지 '대립'의 관계가 아니다.[69]

1897년 오레코보 주예보에 있는 모로조프가의 니콜스크 직물공장에서 또다시 노동 운동 역사상 두 번째로 큰 폭력적 파업이 폭발하였다. 무장 파업은 근처의 이바노보 보즈네센스크 시로 확산되었다. 짜르 정부의 시각에서는 노사문제는 곧 정치 문제였다. 이 반란은 짜르의 승인 하에 까자끄 군대의 파병으로 진압되었다. 노동 분규가 폭발할 때마다 중앙정부는 항상 기업가들의 자율적 행동을 일체 금지하고 직접 개입하였다. 이 때문에 진압 이후에는 기업가-노동자의 관계에서는 자율적 협상이나 타협의 기술이 성장하기보다 계급적 증오심이나 불신이 더욱 커져가기만 했다. 기업가들의 입지는 갈수록 약화되었다. 정상적인 노사 대화의 이루어지지 못하였고 상황은 더욱 꼬여 가기만 했다.

러시아의 산업화는 정부 주도하에 진행되고 있었고 국영 공장의 주인이 바로 황제 자신이었다. 이때문에 정부는 노동자의 분규가 발생할 때마다 이것은 정치 질서를 위협한다고 간주했다. 각 주 경찰국이 도시 내 기업의 노동자문제를 직접 감독하는 <공장감독제>법을 수립하는데 착수하였다. 이에 놀란 기업가들은 정부가 날로 복잡해지는 산업 문제를 전문적으로 다루기 위해 재무부와 별도로 상업산업부를 창설할 것과, 그 아래

의사통로 기구 <상산위원회> (Committee of Commerce and Industry)를 설립해 줄 것을 간청하였다.[70] 그러나 이들의 간청은 기각되었다. 이것은 기업가들의 열등한 정치적 위치를 말해 준다. 이런 순간에도 기업가들은 기업의 자유를 얻어내기 위해 자유주의적 정치적 기구, 언론, 젬스트보, 시 두마의 정당, 혹은 지식인들의 통로를 활용할 수 없었다. 그만큼 자유주의적 세력 사이에서는 상인·기업가들에 대한 적대적인 분위기가 농후했다. 이것은 지주 귀족이나 지식인들에게는 아직도 러시아의 근대화를 가로막는 세계관에서 벗어나지 못하고 있음을 단적으로 반영하는 것이었다.

1890년대 후반 노사분쟁에서 국가로부터 의존적 도움을 받은 기업은 새로운 팽창의 승승장구의 길로 들어섰다.[71] 최고의 이윤을 누렸던 모로조프의 니콜스크 직물공장의 경우 1894년에는 순이익이 280만 루블로서 56% 이익률을 누렸다. 1895년에는 310만 루블로서 62% 이익률을 자랑하였다. 비록 정치적 입지는 취약하지만 러시아 기업가들의 경제적 위력은 날로 격상하였다. 친 슬라브주의의 성향을 띠는 『볼가』(Volgar)지는 기업가들이 마치 조국의 영향과 명예를 옹호하는 사명을 수행하는 것으로 스스로 세뇌하였다.[72]

사실 1890년대부터 산업화가 점점 기계화의 단계로 접어들고 또 잦은 흉년과 농업 위기로 농촌에서 생계위기에 처한 농민들이 대량 도시로 이주하면서 노동시장이 급속도로 불안전하게 되었다. 이에 따라 노동자들의 파업이 더욱 빈번해지고 격렬해지리라는 것은 불 보듯 뻔한 일이었다.[73] 어느 의미에서 보면 러시아 기업가들은 시대의 변화를 전혀 예고하지 못하고 있었다. 서구에서는 이미 파업 개념 그 자체를 노동자들에게는 합법적이고도 필수적인 무기가 되었으나 러시아 기업가들은 구시대적인 가부장적 온정주의적 경영정책에 집착하면서 평화적인 파업의 개념이나 기능을 전연 이해하지 못하고 있었다. 사실 장기적으로 볼 때 기업이 노사문제에서 국가권력에 의존하는 것은 매우 취약하고 불건전한 구조에 빠져들게 하는 요인이 된다. 왜냐하면 기업가들은 노사문제에서 전제 정부의 개입에 의존한 대가로 정치적 문제에는 마치 의자 위에 놓인 오리처럼 침묵해야 할 입장에 놓였게 때문이다.

7. 예술후원 사업과 박애

19세기 말 사적 기업가들이 아무리 많은 재산을 모아도 귀족신분의 러시아 토지소유 계층이나 지식인들은 항상 농노 출신인 상인에 대해 우월의식을 가졌다.[74] 귀족은 여전히 상인과 기업가들을 천박한 '촌뜨기'로 보는 경멸어린 시선을 버리지 않고 있었다. 20세기 초에도 대 기업가들은 상층 귀족들의 사교 모임에 초대받지 못하였다.[75] 기업가들은 일반 대중으로부터 존경이나 인정을 받기 위해 다른 방법을 택하였다. 그것은 바로 문화와 예술 사업을 후원하고 자선 활동을 벌이는 것이었다.[76]

그런데 기업가들의 자선활동의 양상은 서구 유럽 여러나라의 자선활동과는 매우 다른 양상을 지녔다. 이들은 서구주의적인 철학이나 정치학, 혹은 여타 사회과학의 분야에 대한 후원에는 전혀 관심이 없었다. 이에 대해서 오히려 불신감이나 경계심마져 갖고 있었다. 그보다 기업가들은 귀족이나 서구화를 지향하는 지식인과 달리 스스로를 애국적이라 믿으면서 자신들이 친 슬라브주의적 유토피아를 건설한다는 명분에 집착했다. 1840년대 제 1세대 기업가들 대다수는 문맹이었고 정식 교육은 전혀 받은 적이 없었다. 1880년대 제 2세대 상당수의 기업가들조차 자녀를 외국유학이나 여행에 보내면서도 학교 교육을 끝마치기보다는 현실적인 기술이나 상업 기술을 배우게 하는 데에 더 큰 관심이 있었다.[77]

1890년대 제 3세대 기업가 후손들은 부모 세대와 달리 도시의 대학에 진학하기도 했으나 극히 일부만 학문이나, 과학 분야에 진출하였다. 러시아 사적 사인·기업가들 대부분은 지식 그 자체를 추구하는 교육에 대해 불신감을 갖고 있었다. 자녀들이 글읽기와 쓰기 그리고 기초 산수(3R) 능력만 갖추어도 충분하다고 생각하였다. 그 이상의 공부를 하면 비현실적이거나 게으른 인간으로 변하며, 더 나쁜 경우에는 기존질서를 전복시키려는 위험한 지하 서클 집단에 쓸려들어 갈 것이라고 걱정했다. 이것은 참으로 서구 부르주아 기업가들과 매우 다른 모습이었다.[78] 기업가들의 이러한 멘탈리티는 반서구적 가치관의 때문이기도 했다. 러시아 정교 신앙의 반주지주의 전통이 그들에게 전제정의 정치적 검열에 대한 두려움보다 더 뿌리 깊은 영향을 주었다. 1860~80년대에도 제 2세대 기업가들이 유일하게 공통적으로 즐겨 읽거나 인용하는 책은 오직 성서였다.[79] 구교 신앙은 비록 분리파라고 해도 친 슬라브주의 사상의 근간을 이루고 있었기 때문에 기업가들에게 철학이나 사회과학과 같은 비판적인 인문학 분야에 냉담한 자세를 갖게 만드는 원인이 되었다. 이 때문에 비록 학교 교육을 받아도 내면적인 결핍감은 벗어날 수 없었던 듯으로 보인다. 이러한 이유 탓으로 학문 분야보다는 자선사업이나 예술 후원 사업에 몰두하거나 시, 지방 정부 관련 기구에서 봉사하는 공적 활동에 더 관심이 많았다.

19세기 후반 예술 후원 사업에 적극적인 기업가들 중 탁월한 인물은 특히 P. 트레짜코프, S. 마몬토프, K. 솔다쩬코프 그리고 T. 프로코로프였다. 이들은 당대의 음악가인 루빈스타인, 챠이코프스키, 림스키꼴샤코프, 무소르그스키의 작곡 활동을 후원하면서 러시아 국민주의 음악이 발전되도록 기여하였다.[80] S. 마몬토프는 화가 I. 레핀, V. 플레노프에게 후원하여 후일 유명한 이동 전람회파를 창출하는데 크게 기여하였다.[81] 특히 골리찐과 트레짜코프는 프랑스의 유명한 인상파의 그림을 수집하고, 대량 매입하는 데 몰두하였다.[82] 기업가들은 최고수준의 예술가를 후원함으로서 자신의 명성이 올라가게 된다는 것을 알았다. 또 이 명예가 자신의 기업을 홍보하는 효과가 있음을 발견하였기 때문에 더욱 적극적으로 후원사업을 전개하였다. 또 정기간행물 후원 사업은 예술가 이외에도 문인, 수집가, 학자를 만나게 해주는 계기가 되었다. 특히 문학 분야에서 기업가들과 그 가족들은 A. 체홉과 L. 톨스토이를 가정으로 초대하여 교류하기도 하였다. 이 때문에 많은 부유한 모스크바 기업가들은 <예술을 사랑하는 사람들의 모임>, <건축가 협회>, <고고학회>, (성서학회), <음악협회> 그리고 <공업기술학회>등의 각종 협회 조직에 활발히 참가하고 기부금을 내었다.[83]

그러나 기업가들의 예술 후원 사업의 동기를 보다 면밀히 조사해 보면, 그 이면에는 매우 독특한 또 하나의 흐름이 존재하고 있다는 것을 알게 된다. 원래 예술후원 사업이나 자선 활동은 정교 교회 신앙심의 전통이 강한 러시아 상층 귀족들에게는 의례적 관행이었지만 19세기 후반 사적 기업가들의 경우에는 이와는 다른 요인이 추가적으로 작용하였다. 1850년대 친 슬라브주의자들의 사상을 수용한 이후부터 사적 기업가들은 러시아 민중 예술과 문화 속에 러시아의 본래의 전통과 영혼이 들어있다고 믿기 시작하면서 민중 예술을 후원하는 것은 바로 민족 문화를 부활시킨다는 애국적 행동으로 여겼던 것이다. 이들에게는 예술 후원이 단지 사회적 명성을 인정받는 수단이 될 뿐만 아니라 마치 예술 부문에서의 민족적 운동을 전개하는 것으로 큰 자부심을 주었던 것이다.

1870~90년 사이 철도 재벌이었던 S. 마몬토프는 그 전형적 사례였다. 그는 모스크바 교외의 아브람쩨프 영지를 매입하여 수많은 화가, 건축가, 무대 예술가와 모스크바 오페라 음악가를 초청하여 작업실과 숙식을 제공하면서 예술가들의 메카를 만들려고 시도하였다. 그는 예술가들에게 구 러시아의 민중의 삶의 모습, 이미지, 복장, 건축 모습을 복구하도록 요청하였는데, 그것은 바로 자신들의 정체성을 찾으려고 한 열망과 일맥상통했다.[84] 특히 서구화된 뻬쩨르부르크와 달리 모스크바 출신 기업가들은 모스크바와 중부러시아, 그리고 북부 러시아는 전통 러시아의 영혼의 본원지라고 생각했고 자신들의 애국주의에 대단한 자부심을 느꼈다. 그의 후원에 의해 활동했던 화가 I. 레삔, V. 수리코프, 프루벨, 고로빈과 세로프의 작품은 대부분 과거 러시아 민중의 삶과 이미지를 형상화하는 데

몰두한 예술가들이다.[85] 특히 레핀의 조언대로 젊은 화가들은 러시아의 전설, 민담에서 나오는 이야기 속의 영웅과 기사, 사건을 삽화로 그렸고 신비로운 영웅들을 연구하여 사실적으로 묘사하였다.

> 그림 속의 인물을 그릴 때에는 구 러시아적인 인민의 기질, 즉 단순성, 충직성, 애국심, 순결함 그리고 힘과 용기를 그려내야 해…[86]

주제와 양식 면에서 이들 예술가들의 운동은 고전주의나 순수예술의 조류라기보다는 그 시대의 민족주의적 열정을 반영하는 성격이 훨씬 더 강하다. 이들 기업가들의 구 러시아 민속예술과 문화에 관한 집착은 마치 경제면에서 민족 복지의 유토피아를 건설한다는 대의와 직결되어 있었다.

모스크바의 기업가들은 예술후원 이외에 극빈자, 고아, 과부 등 약자들에 대한 자선 활동에도 각별한 관심을 갖고 있었다.[87] 이들 중 많은 선조들도 17세기 말의 교회 대분열(Raskol) 이후 정교회에서 분리되어 나온 구교도로서 전제 정부에 의해 도시 밖 멀리 추방되어 빈곤하게 살아야 했던 극빈층 사람들이었다. 이들은 살아남기 위해서 수공업이나 행상에 종사하면서 자신을 보호하기 위하여 집단적 종교적 공동체 생활과 상호공제의 전통을 유지해 왔었다. 그 전통은 19세기 중엽까지 그대로 존속되었다. 정기적으로 그들은 빈민 구제와 교회 유지를 위해 많은 액수의 자선금을 기부하였다. 그 규모는 엄청났다. 예를 들면 1889년 459개 자선기구의 총 43만 명에게 자선 기부금을 지불하였다. 이중 40개는 사립 자선단체 기구였고 20개는 개인이 직접 관리하는 기구였다. 기부원금 2,496만 루블의 이자액과 매년 거두는 총 532만 루블을 합치면 그 금액은 매우 놀라운 액수이다.[88]

모스크바에서 자선활동은 뻬쩨르부르크 경우보다 월등히 큰 규모로 이루어졌다. 모스크바 빈민이 일인당 수혜 받는 자선금액은 동시대 프랑스 파리, 베를린, 비엔나의 금액보다 더 큰 것이었다. 이런 사실은 놀라운 일이 아닐 수 없다. 관대한 기부 형태는 러시아인 특유의 정교외의 신앙과 종교적 심성에서 비롯되었다. 모스크바 내 기독교도들에게 1년 3번 기부하고 각 교회에 매년 100루블씩 기부하고 자신의 고향 수도원에 각각 10,000루블씩 기부하였다. 이들은 자선 행위는 본질적으로 '받는 자의 복지'라기보다는 '주는 자의 영적인 구원을 위한 것'으로 주장하였다.

> 모스크바 기업가들의 자선활동의 일차적인 동기는 그 자신의 '영혼에 대한 관심'에서 비롯된 것이다. 대신 기부자들의 영혼을 기억하고 기도해 줄 것을 부탁한다.[89]

이런 관행은 서구 사회에서는 도저히 이해할 수 없는 특이한 현상이었다. 자선 기부 활동에는 개인적 영혼 구제라는 동기 이외에 친 슬라브주의와 애국주의가 작용했다. 기업가들은 과거 1812년 나폴레옹 전쟁 시대 철저히 파괴된 모스크바 재건을 위해 시 정부에 170만 루블을 기부한 적이 있었다. 이것이 선례가 되어 기업가들은 그 후 크림 전쟁, 러·터 전쟁, 1903년 기근, 1905년 러·일 전쟁 시 수백만 루블씩 모금하였다.[90] 이 대가로 기업가들은 종종 훈장, 메달, 명예시민 직위나 혹은 귀족 작위를 받기도 하고, 사회적 명예와 존경을 받는 기회를 가지게 되었다. 확실히 예술후원 사업 못지않게 대규모 자선활동은 종래에 천대받던 기업가와 상인계층을 상류사회와 사교계에 합류할 수 있게 해 주는 지름길이 되었다. 가장 유명한 사례를 들면, 1898년 대공의 부인인 엘리자베드가 조직한 유명한 <모스크바 자선사회>에 상인인 루카비쉬니코프가 초대받아 많은 귀족, 고위 관료와 성직자 그리고 교수를 만나게 되어 인맥을 가질 수 있었다. 이쯤 되면 토지소유 귀족이나 지식인들 혹은 귀족층들은 기업가를 함부로 멸시할 수 없는 상황이 된다. 그런데 사적 기업가들의 자선 기부금은 정기적으로 국가에 기부하는 것이 아니라 개인이 직접 관리하는 비정규적 형태를 띠었기 때문에 약간은 변덕스럽고, 자의적일 때도 있었다.[91] 당시 비평가들은 기업가들의 자선 사업이 개개인 수혜자들에게 은혜로 주기보다 사회전체에 정규적으로 주는 형태로 변화할 것을 요구하기도 하였다. 자유주의적 인텔리겐찌야는 개별적 자선기부보다 일반적 기관이 설립되어야 한다고 주장했고 보수파들은 기업가의 자선이 세속적 목적보다는 종교적 원칙에 입각해야 한다고 비판했다. 그러나 사적 기업가들은 아직 '공적 의무,' '공공봉사'의 개념은 인식하지 못하고 있었다. 여전히 이 개념은 귀족층에게 해당되는 개념이었다.[92]

이상에서 우리는 19세기 후반 러시아의 사적 기업가들의 성장 배경과 기업 팽창의 전략을 고찰한 결과 다음과 같은 몇 가지 중요한 특징을 알 수 있다.

첫째, 1840년대 모스크바를 중심으로 한 중부지역에서는 황실이 있는 수도 뻬쩨르부르크나 여타 도시들의 상인층과 성격이 매우 다른 상인 집단이 성장하고 있었다. 이들은 소상업과 행상을 통해 상업기술을 획득하고 직물업 생산으로 전환하면서 단기간에 중부지역 주변의 국내 면직물 수요를 독점하고 기업의 규모를 확대시켜 독립적 자본을 축적하였다. 이들의 출생 배경은 대부분 하층 농노출신으로서 해방령 이전에 돈으로 자유를 획득하였지만 항상 주변세력으로서 신분상의 열등감을 가지고 있었다.

둘째, 모스크바 사적 상인·기업가들은 크림 전쟁 동안 스스로의 정체감을 발견하고 국가 속에서의 자신의 역할과 가치에 대한 명분을 찾게 되면서 친 슬라브주의 인텔리겐찌야와 깊이 교류하였다. 이 교류는 그들의 정체감 성장에 커다란 도움이 되었다. 기업가들은 자신의 기업 활동이 서구의 경제적 세력에 대항하여 토착적인 자립 경제력을 강화시키고 러시아 농민과 인민의 복지를 위한 부를 창출한다는 애국적 사명을 수행한다고 주장했다. 특히 이들 기업가들은 자신들이 농노출신일 뿐만 아니라 지역적으로 서구화된 뻬쩨르부르크의 중앙 정부와 멀리 떨어진 모스크바와 중부지역에 터전을 둠으로써 진정한 러시아 인민을 대변하는 집단이라고 자신했다. 친 슬라브주의 지식인들의 언론, 출판 사업을 재정적으로 후원하면서 이들 기업가들은 특히 경제학 분야에 새 사상을 흡수하였고 정부에 대하여 자신의 목소리를 전할 수 있는 통로를 가질 수 있게 되었다. 정부의 고율관세 정책 도입, 사적 자본을 허용 할 금융정책 수립, 민간은행 설립의 허용, 사적 자본에 의한 철도 부설 허용 등을 쟁취하기 위해서는 계몽된 지식인이나 관료들과 접촉할 수 있는 기회가 절대적으로 필요하였고 여기에 언론 후원 사업이 결정적으로 기여하였다.

그러나 친 슬라브주의자들과의 교유는 모스크바 상인이나 기업가들에게 양면적인 영향을 미쳤다. 기업가들은 한편으로는 자본주의적 성장과 경제 발전을 지속적으로 추구하는 사상적 근거를 얻었지만, 다른 한편으로는 서구 부르주아지와는 달리 자유주의적 의회제를 혐오하고, 전제정이 러시아를 구하는 유일한 체제라고 보는 생각에 계속 집착하였다.

셋째, 1860년대 사적 기업가들이 팽창의 또다른 중요한 계기를 가진 것은 철도건설 사업의 기회를 획득하게 된 순간이었다. 민영 철도사업을 진행하면서 모스크바 기업가들은 민간 법인은행 설립의 기회를 가졌다. 민간 법인은행에 이어 보험, 증권, 공제회 등, 금융 사업을 전개하여 거대한 자본을 축적하였고, 철도건설 사업을 통해 정부로부터 각종 보조금, 유리한 관세, 특혜 등을 얻어낼 수 있었다. 이외에도 모스크바 사적 기업가들은 철도 건설에서 경제적 유토피아의 이미지를 찾아내었다. 특히 북부 철도건설 사업은 황금을 낳은 장사일 뿐만 아니라 전통적 구 러시아의 문화와 슬라브주의의 근원을 부활시킨다는 생각에 매료되었다.

넷째, 20세기 초에도 일반적으로 사적 기업가들은 거대자본 축적에도 불구하고, 귀족층, 지식층 그리고 노동자들로부터 끝내 사회적 존경이나 대화의 통로를 받아내지 못하였다. 기업가들은 일반 대중으로부터 존경이나 인정을 받기 위해 문화와 예술 사업, 자선 활동에 매우 몰두 하였다. 그런데 이들의 문화 후원, 자선 활동의 양상은 19세기 초와 매우 다른 특성을 지녔다. 기업가들은 러시아 민중 예술과 문화 속에 러시아의 본래의 전통과 영혼이 들어있다고 생각하고 예술을 후원하는 것은 바로 구 러시아 민족 문화를 부활시키는 애국적 행동으로 자부하였다. 이 같은 세계관에 집착하면서 사적 기업가들은 서구의 영향을 받은 철학, 논리학, 역사, 정치학 등 순수 인문 사회과학 분야에 대한 관심은 끝까지 경계하였다.

그러나 경제적 유토피아를 내세우면서 팽창한 사적 기업가들의 정체성을 수립하려는 노력의 한계는 1880년대부터 폭발하기 시작한 기업 내 노동 분규에서 나타났다. 노동 분규는 친 슬라브주의 애국심에 의거한 경제적 유토피아의 한계를 극명하게 드러낸 국면이었다. 러시아 기업가들은 대체로 가족 중심적 기업에서 출발하여 노동자들에 대해 가부장적이며 온정주의적 경영방법을 적용하고 있었기 때문에 자신들이 수탈하고 있다고 전혀 생각하지 않았고 노동자들이 권위에 복종하는 것이 당연하다고 여겼다. 이로서 그들의 친 슬라브주의적 경제적 유토피아를 건설한다는 낭만적 명분은 파업을 위시하여 어떤 형태이든 노동자들의 저항을 전혀 이해하려 들지 않았고 쉽게 국가와 경찰 및 군대의 도움을 호소하는 방법을 택하였다. 그 대가로 사적 기업가들은 이후 국내에서 발생한 모든 정치적 문제에서 독립적 목소리를 낼 수 없었고 따라서 20세기에 들면서 사회적 분열과 새로운 거센 도전과 딜레마에 직면하게 되었다.

7장 모로조프가 직물기업의 성공 신화, 1873~1905*

1. 모로조프가의 이야기

'역사에서 정의는 없다.' 이 말은 역사는 처해진 시간과 상황에 따라 평가가 뒤집히기도 하며 진리는 늘 상대적이며 절대적 정의나 선악은 있을 수 없다는 것을 뜻한다. 이 사실은 러시아의 부유했던 직물산업가 모로조프 집안의 경우에 그대로 적용된다. 1885년 러시아에서 봇물처럼 터지기 시작한 노동자들의 최초의 폭력적 파업 운동은 바로 모로조프 공장에서 시작되었다. 그 후 1896년 상뜨 뻬쩨르부르크 손튼 면직물 공장에서 대파업이 폭발하여 도시 전체의 공장으로 동조 파업이 확산되기도 하였다. 1905년에는 '피의 일요일' 사건 이후 전국 총 파업이 전개되었다. 이것은 곧 혁명의 수준으로 비화하였고 전제정 체제 자체를 굴복시키는 데까지 나아갔다. 이 변화는 어김없이 모스크바 근교 도시에 있는 모로조프 가의 최대의 직물공장 단지인 보고로드스크 시의 니콜스크 직물공장, 블라디미르 주 오레호보 쥬에보시의 공장과 이바노보 보즈네센스크 시의 공장에도 영향을 주어 각각 대규모 노동자 파업이 확산되었다.[1] 모로조프 공장에서의 파업은 그 후 소비에트 역사 서술에서 수탈적 자본주의적 공장주에 저항한 위대한 혁명적 유산으로 기록된 바 있다. 그러나 역사 기록은 뒤집힌다고 했던가. 바로 100년이 지나 1985년 지금은 폐허로 남아 있지만 그 직물공장이 있었던 모스크바 주의 보고로드스크 시에서 모로조프 가의 상업·산업 활동을 기념하는 200주년 학술토론회가 개최되는 일이 일어났다.[2] 이 토론회의 후원자였던 보고로드스크의 시장은 다음과 같은 말로서 축하연설을 하였다.

> 보고로드스크는 혁명 이전까지 <전러국제기술협회>가 활동한 곳이었습니다. 또한 혁명 이후에도 우수한 지리학학부와 과학기술사범인 민대학이 존재했습니다. 1991년에는 <모스크바상인박람회>가 개최되어 과거의 기업 활동을 대규모로 전시한 바 있습니다. 우리는 모로조프가가 오늘날 러시아의 강력한 정신적 잠재력의 동의어라고 확신합니다. 따라서 그들의 모든 활동상을 객관적으로 연구하여 정신적, 도덕적 이상을 다시 배우는 것이 중요하다고 봅니다.[3]

이 얼마나 역설적인 상황인가? 2년 뒤 1997년 12월 민중극장인 모스크바 예술극장에서(MXAT)에서는 극장 탄생 100주년 기념행사가 개최되었다.[4] 이 극장은 사바 모로조프 2세가 기부하여 탄생되었는데 여기서 그의 가문의 업적 200주년을 기념하는 역사자료를 편찬할 것을 결정하였다.[5] 이런 행사들은 사적 기업과 부르주아적 기업주에 대해서 오직 적대적으로만 서술하던 과거 소비에트 역사서술과 비교하면 정말로 대반전이 아닐 수 없다.

과거 러시아의 상인·기업가 계층의 개인 인물의 주관적 측면이나 내면의 이야기는 1917년 혁명으로 인하여 역사 속에서 완전히 사라져 있었다.[6] 혁명 직후 공산주의 체제에서 기업과 부르주아계층에 관한 연구로는 P. 베를린, S. 셰프, V. 찌아킨, Ya.리브쉰, Ye. 루레, Ye. 찌호노프를 들 수 있다. 이들은 기업과 부르주아지의 성장의 역사를 언제나 정치적 시각과 계급투쟁의 이념적 입장에서만 서술하였고 그들의 내면적이고도 주관적인 모습을 전혀 그리지 않았다.[7] 1938년 『공산당 약사』(A Short Course)에서는 부르주아적 기업가 집단을 취약하면서도 오류에 가득 차 있으며, 경험도 적은 못생긴 적으로 간주했다. 부르주아지들을 그져 전제정부의 특혜에 의존적이며 어떤 정치적 자율권도 발언권도 없는 보잘 것 없는 존재로 묘사하였다.[8] 전제 러시아의 경제사에 대한 서술로서 역작인 랴시첸코의 『국민경제사』는 비교적 자세하게 19세기 후반 부르주아계층의 형성의 과정을 설명하는 부분이 있다. 그러나 외국 자본가와 독점 기업에 대한 이야기가 대부분을 차지한다. 1950년대 후반 역사학자 볼로부예브가 러시아 부르주아 계급의 약체를 극력 부정하고 그들의 세력과 성장력이 막강했으며 재평가해야 한다고 날카롭게 지적한 적 있었다.[9] 그러나 볼로부예프 역시 부르주아계급이 제국의 지주층과 나란히 강력한 집단이었다는 주장을 하고 있어도 반동적 세력을 비판하는 정치적 시각에서 벗어난 것은 결코 아니었다. 호류시쵸프 시대에 부분적으로 역사를 수정하여 서술하도록 시도했으나 이들 세대 역사가도 부르주아 기업가들에 대해서는 여전히 가치 없는 집단으로 평가했다. 부르주아 기업가들 그 자체에 관한 정보들, 이들의 기원, 삶의 양식, 기업조직 상의 특성, 사업 활동의 성공의 요인이나 기업가들의 연합 활동 등은 거의 연구하지 않았다.

그런데 특이하게도 1970년대 오히려 서구에서 R. 로자, T. 오웬, S. 골덴베르크, J. 웨스트, S. 글로버 등의 역사가들이 19세기 말의 러시아의 사적 기업가 개인의 성장과 주관적 모습에 관해서 연구하기 시작하였다.[10] 이런 동향은 미국 사회에서 기업의 영향이 갈수록 커져가는 사회적 변화에 힘입은 바가 크다. 기업사의 기초를 닦은 미국의 사회학자이자 역사학자인 J. 슘페터의 개념 틀은 가장 근본적 역할을 하였다. 슘페터는 고도의 산업화 발달에서는 자본이나 노동보다도 기업가 개인의 경영과 혁신의 능력과 열정 그리고 창의성이 결정적 역할을 한다고 강조했다.[11] 이런 시각은 역사에서 외부 상황이라는 객관적 구조보다 인간의 의지와 도전력, 그리고 감성이 더욱 더 큰 역할을 행한다고 보는 인문학적 관점의 서술에 큰 자극을 주게 되었다.

뻬레스트로이카가 실패하고 자유의회주의 체제로 전환한 러시아에서 과거 1900년대 초에 탄생하였던 러시아의 자유주의적 흐름과 자본주의 발전 가능성에 대한 탐색이 갑자기 인기를 끌기 시작하였다. 자연히 19세기 후반 자국 사적 상인·기업가들의 성장에 관해서도 관심이 쏠리게 되었다. 가장 대표적 연구자들은 Ye 바렌쪼프, G. 나우모바, Yu. 페트로브, A. 스타르체프, I. 포트키나이다.[12] 이들은 아직은 구체적 개별 기업가나 기업 경영의 기술이나 특성을 학문적으로 분석하는 수준에 이르지는 못하였으나 혁명 직전까지의 기업가들의 개인적 상황에 관한 사료를 수집 편집하거나 기업가 개별적 삶에 대한 전기를 발굴하는 데 큰 성과를 내었다. 그러나 개인적 삶과 내면에 관한 연구는 역사에서 오히려 생생하고도 가장 밑바닥의 구체적인 인간의 삶과 모습을 그려내는 데 귀중한 도움을 준다.

우리나라의 러시아 역사학계에서는 19세기 말 러시아의 부르주아적 상인, 기업가의 성장 과정이나, 세계관, 삶의 양식, 기업 자체 내분 구조와 특성, 그들의 정치적 영향력과 정부와 관계, 더 나아가 노동자를 포함한 제 사회계층에 대한 상인·기업가들의 태도 등에 관한 연구가 거의 전무하다. 그러므로 모로조프 가의 기업성장에 관한 구체적 이야기는 이러한 필요성에 크게 기여할 수 있으리라 보인다.

20세기 초에도 신분사회 성격을 띠던 러시아에서 상인·기업가들은 서구 부르주아계급과 달리 매우 인기 없고 멸시받거나 적대감을 받는 신분이었다. 그들은 결코 '기업가'(businessmen)라는 칭호를 받은 적이 없었다. 그저 '상인'(쿠페츠)으로만 불렸다.[13] 수적으로 소수였던 이들은 '공격적,' 독점적,' '수탈적,' '탐욕스런 이윤 추구적,'이거나 또는 '전제정에 비굴하게 아첨하는,' '이질적이고도 외래적인' 요소로 묘사되고 있다.[14] 이런 대접은 당시 전통적 젠트리 계급이 모든 분야에서 중심이던 러시아의 사회경제적 구조 탓이기도 하고 러시아 상인·기업가들의 낮은 사회적 출생 탓이기도 했다. 또 다른 이유는 영국, 폴란드, 독일, 스웨덴, 혹은 유태인 등 외국에서 온 기업가들이 많이 섞여 있음으로 해서 적대적인 시각을 유발한 데에서도 기인한다.

20세기 초까지 러시아 사회의 진면목을 보면, 러시아 경제는 당시에 꽤 최첨단 기술을 도입하는 등 진보적 면모와 전 근대적인 낙후성이 병존하고 있는 패러독스 그 자체였다. 아직도 반봉건적 농업 사회, 공동체적 특성, 낙후된 수송, 통신 체제와 재정 상태에 놓여 있었다. 그러나 산업의 비중은 이미 엄청난 수준에 달하고 있었다. P. 랴시첸코에 의하면 전쟁직전 러시의 국민 총소득의 51.4%가 농업에서, 28%는 산업에서, 나머지 20%는 건축, 수송, 상업에서 나왔다. 인구 면에서 총인구의 17.7%가 상업, 산업에 종사했고, 인구의 12.6%가 도시에 집중했고 총 노동자의 40%가 1,000명 이상을 고용한 대규모 산업체에 종사했다.[15] 당시 서구의 첨단 산업에 속하던 화학이나 자동차 산업에서 러시아는 거의 전무한 반면, 중공업과 제철 생산은 미국을 능가했다.[16] 20세기 초 러시아는 이미 실질적으로 농업국가에서 산업국가로의 구조가 변하고 있었다. 국민총생산규모가 세계에서 미국, 중국, 영국, 독일, 프랑스에 이어 5위로 차지할 정도로 성장했다. 이 중 1913년 직물산업의 생산은 28.4%였고 그 중에서도 면직물은 19.6%를 차지하여 생산량은 세계에서 미국에 이어 2위가 되었다.[17] 이것은 정말로 잘 알려져 있지 않은 놀라운 모습이다.

한편, 당시의 산업 도시로서 뻬쩨르부르크와 모스크바의 대립은 매우 흥미 있는 상황이었다. 뻬쩨르부르크에서는 독일과 영국에서 들어온 외국자본이나, 상층 귀족, 고위 관료출신들에 이윤율이 높은 중공업에 몰두하고 있었다. 이들은 황실의 지원으로 재정적으로나 경제적 결정권면에서 우세했다. 모스크바에서는 낮은 농민계층 출신에서 시작하여 자생적인 민족적 자본을 형성한 사적 상인, 기업가들이 점점 성장하고 있었다. 모스크바 상인, 기업가들은 지역적으로도 인구가 밀집하고 값싼 노동력이 많은 중부의 외곽 지역과 더 멀리의 우랄지역의 소매. 도매상권을 광범위하게 포함함으로서 하층민의 정치적 여론이나 사회 세력을 밀집하는데 있어서 매우 유리했다.[18] 20세기 초 모스크바 상인, 기업가들 중심으로 조직된 <모스크바거래위원회>에서는 모로조프, 흘류도브, 마몬토프, 야쿠니코프, 말리유찐, 세르푸코프, 로지니키 등, 대략 약 30여개 가문의 사적 상인, 기업가들이 기업 활동을 전개하고 있었다. 이들 중 가장 선두적인 활약을 한 기업가가 모스크바 주와 블라디미르 주를 중심으로 러시아의 최대 직물산업을 일으켰던 모로조프가였다.[19]

직물산업은 러시아에서 역사가 가장 오래된 산업분야이다. 18세기말부터 견직, 모직을 비롯한 아마 등의 직물기업이 시작되었다. 19세기 말 면직물은 러시아의 가장 확고한 경제 분야로 부상하기 시작했다. 특히 모로조프가는 모스크바 주, 블라디미르 주, 코스트로마 주에서 집중적 고용노동과 선진적 기술축적 그리고 자본축적을 이루는데 성공했다. 모로조프가는 면직을 비롯한 대규모 직물산업 뿐만 아니라, 화학 염색공단, 이탄을 비롯한 에너지 연료산업, 병원, 수공업 학교 등을 설립하여 러시아 국민경제 성장의 핵심지역 중 하나를 독점하고 있었다.[20]

후진적인 정치제도와 사회경제구조 하에서 그처럼 큰 규모의 기업을 일으키는 데 성공한 모로조프가 성장의 스토리는 단지 개인적인 생애의 이야기를 넘어선 사회사의 일부로 보아야 할 것이다. 왜냐하면 이들은 사회적 지위가 최하층에 속하던 농노 출신이었음에도 불구하고 1905년 혁명 직후 기업가 집단과 여론사회에서 계속해서 가장 선두 지위를 누렸으며 1917년 10월 혁명까지 총 자산 1억 1천만 루블을 축적하여 러시아의 최고 삼대 기업가로 팽창하였다. 이에 우리는 자연스럽게 과연 어떤 요인으로 인하여 모로조프가가 그처럼 거대한 성공을 거두었을까에 대해 호기심을 느낄 수 있다.

2. 농노에서 상인으로

모로조프 직물공장의 창시자인 사바 1세 바실리예프(Savva Basiliev Morozov, 1770~1861)는 18세기 말 블라디미르 주의 쥬에보 마을에서 농노로 태어났다. 당시 영주 작업장에서 그의 일년 봉급은 단 5루블이었다. 그는 매우 성실했던 인물이었다. 농사대신 영주가 허락한 단 한 대의 직물기계 앞에서 비단 망사 레이스와 리본을 짜서 모스크바의 정기시장이 열리는 날, 새벽부터 거의 100킬로에 해당되는 100베르스트[21]의 먼 길을 제품을 등에 지고 걸어서 간 다음 모조리 팔고 돌아왔다.[22] 점차 그는 시장의 분위기를 빨리 파악하여 품목을 바꾸어 면직물을 짜기 시작하였다. 1812년 나폴레옹 전쟁으로 모스크바가 완전히 파괴되어 기존의 큰 수공업 제작장들이 거의 사라졌으나 사바는 오히려 자신의 소규모 가업을 키울 수 있는 절호의 기회를 갖게 되었다. 왜냐하면 당시 도처에서 옥양목과 사라사무늬를 찍은 염색 목면의 수요가 놀랄 정도로 넘쳐났기 때문이다. 그의 아름다운 수제품의 인기는 폭발하였다. 사바의 아내 율리아는 염색 솜씨가 특히 꼼꼼하였고 사바는 밤낮으로 작업장에서 일하여 반드시 모스크바의 귀부인들이 원하는 날자에 물건을 납품하였다. 그는 약속을 잘 지키는 상인으로 이름이 났다. 당시 주지사였던 프루가빈의 증언대로 이 상행에서 그는 상인의 최대 덕목인 약속과 제품의 품질을 보장하는 신용을 획득하였던 것이다.[23] 그의 사업이 점점 커져가자 마을의 다른 농민들은 그

7-1. 슬라브인들의 도시근교 정기시장의 모습

에게 서로 돈을 맡기려고 하였다. 그는 높은 이자를 쳐서 정확하게 되갚아주어 그의 신용과 명성은 날로 높아져 갔다.

사바의 수입은 점점 증가하여 1821년 마침내 그는 주인이자 영주 귀족인 G. 류민에게 당시 기준으로 거액인 1만 7천 루블을 농노해방금으로 지불하고 그와 그의 가족을 위한 자유를 샀다.[24] 이것은 공식적 농노해방이 이루어지기 40년 전이었다. 자유를 찾는 즉시 그는 제 1 상인 길드 신분에 가입하였다. 그리고 그의 조상을 상인(쿠페츠)신분으로 등록하였다.[25] 이것으로 신분 상승의 법적 기초를 갖게 되었다. 더 나아가 그는 정부와 지방기관에 각종 기부 활동과 무료 공적 봉사를 수행해 1842년 가족에게 상속될 수 있는 명예시민의 칭호를 획득하였다. 또한 수도 모스크바 시내의 니콜스크 얌스크 거리의 거대하고도 아름다운 저택을 1만 2천 루블에 사서 이사 하여 주위 귀족들을 놀라게 하였다.

사바의 공장은 일인 자영업 공장 형태였는데 그는 일감이 많아지자 점차 주변 마을의 농민들에게 부수입의 일감을 제시했다. 먼저 그는 수공업 베틀, 면화와 면사를 조달하고 나중에 제품으로 돌려받기 위해 다녔다. 이것은 서구의 선대제 형태와 같은 공정과정이었다. 부지런한 노력으로 자본이 축적되었다. 드디어 그는 쥬에보에서 최초로 작업의 공정이 집중된 공장을 설립할 계획을 세웠다. 1845년 그는 블라디미르 주, 보고로드스크 군에서 1만 2500 루블을 주고 34제샤찐 (약 34 헥타르) 크기의 부지를 사들여 여기서 개인소유 니콜스크 직물공장을 건설하였다. 그 이후에도 그는 쇠락해가는 토지귀족들로부터 점점 더 큰 영지와 숲과 토지를 사들였다. 마침내 최대 30,000 제샤찐(약 1,000만 평에 해당) 규모의 엄청난 크기의 대영지를 소유하게 되었다.[26] 이것은 자유 상인의 경제적 경영의 능력이 봉건적 토지귀족층의 생산성보다 우월함을 보여주는 상징적 사건이었다.

사바의 니콜스크 직물공장의 노동자수는 250명이었고 직물기계는 200대로 구축하였다. 그는 공장으로 이주해 오는 노동자들을 위해서 기숙사를 지었다. 이외에도 그는 모스크바 시의 로고쥬스크에도 수공업 면

7-2. 모스크바 도심 칼리닌가, 사바 모로조프의 현대식 저택

직물공장을 추가로 건설했다. 1825~1850년 사이 사바 1세의 기업가적 전략은 견직물 제작을 재빨리 포기하고 대신 모직물과 면직물에만 집중하였다. 남보다 앞서서 염색업에 착수했다. 염색업은 높은 기술과 숙련도를 요구하는 분야이다. 그의 개척 정신은 색조가 다채로운 줄무늬의 면직물, 염색이 선명한 옥양목, 고급스러운 빌로드를 생산하기로 한 데에서 잘 나타났다. 특히 1844년에 그는 4개의 큰 공장에서 수콘, 즉 섬세한 양복지천인 나사 직물생산에 손을 대었다. 그의 예상은 적중하였다.[27] 끈임없는 새로운 상품 개발이 시장을 인위적으로 더욱 확대할 수 있다는 경영이론을 실제 증명한 셈이었다.

모로조프 공장의 모험적 경영활동은 여기에서 머물지 않고 다음 단계의 혁신을 시도하였다. 그것은 바로 러시아에서 최초로 자동화 기계에 의한 생산을 위한 새로운 최신식 기계를 도입한 것이었다. 1848년 그는 해외에서 각각의 공장에 16마력 이상의 엔진에 의해 가동되는 5개의 소면기(면화을 빗질하는 기기), 2개의 타마기(면화를 두드려 편편하게 하는 기계), 6개의 보풀기(천의 보풀을 고르게 세우는 기계), 6개의 보풀을 깍는 기계, 26개의 제사기계를 가동시킬 모터를 사들였다. 이리하여 전 공장에서 1년 내내 180명의 노동자가 총 2,600필의 천, 즉 총 은화 9만 1천 루블 상당 생산고를 낼 수 있게 되었다.

이외에도 보고로드스크 마을의 노동자 3,000명이 가내의 베틀로 미트칼, 난카, 드라젯담, 가즈네트 등의 다양한 종류의 직물을 생산하였다. 당시 영국은 면방직 기계를 해외 수출 금지령을 내렸는데 새 기계를 사는 것은 대단히 어려운 일이었다. 사바는 비밀리에 영국의 <더 저지>(The Jersey)방직기계 회사, <제시카>(Jercia) 제사 및 기계 회사와 깊은 인척 관계를 갖고 있는 독일인 루드비히 크노프 남작에게 접근하였다. 크노프에게 거액을 주고 최신식 제사기기, 방적기계 구입을 의뢰하였다. 동시에 사바는 기계를 다루는 기술공들도 영국에서 높은 연봉을 주고 초빙하였다. 자동기계에 의한 방직과 제사 생산제품은 수공업의 경우보다 불량품을 월등히 줄일 수 있었다. 그 뿐만 아니라 제품의 품질이 고급스럽게 향상되었다. 러시아 국내에 수입되어 들어온 영국산 면사와 면직물과 경쟁할 수 있다는 목표 때문에 사바는 열정적으로 투자하였다.

새로이 신축된 석조 니콜스크공장에는 30~40마력의 증기엔진으로 가동되는 기계가 설치되었다. 이것은 연료를 거의 30%나 절감시켜 주었다. 새로운 면사, 방적기계는 은화 4천 루블 짜리였다. 새 기계의 성능은 놀라운 것이었다. 생산성은 2배 이상이며 노동력을 절반 감소시켰다. 실로 기계는 24시간 내내 작동하였다. 모로조프가 공장의 경영의 이익은 현기증 날 정도로 비약적으로 상승하였다. 1855년 기계도입 이전 1844년에 비해 생산 면직물은 총 5만 8,800필로서 총 20배 증가하였으며, 총 생산품의 액수는 70만 5,600루블로서 70배에 해당되었다.[28] 파격적으로 높은 연봉을 받고 초빙된 유능한 전문 엔지니어는 정확한 기계 운영과 합리적인 감독업무를 수행해 주었다. 기계공들이 책임감 있게 노동자를 지도함으로서 생산고를 정확하게 달성하였다. 당시 니콜스크 직물공장을 방문한 주지사 프로가빈은 다음과 같이 보고했다.

생산의 규모는 놀랄 정도로 거대하며 합리적인 조직과 분과별의 역할이 잘 이루어지고 있었으며 그 결과도 놀랄 만하였다. 니콜스크 직물공장은 더욱 저렴하며 질 좋은 면사의 생산, 제품 검사 과정도 탁월하였다.[29]

1850년 사바 1세는 70세가 되었다. 그에게는 5명의 아들이 있었는데 엘리세이, 자하르, 아브람, 이반 그리고 찌모페이였다. 이들은 모두 다 가업을 이어 받았다. 니콜스크 직물공장에 이어 장남은 뷔쿨라 공장, 또 다른 아들은 트베르주에 직물 공장을 건설하였다. 모로조프가는 거대한 공장 4개를 거느리고 모스크바 시내에는 본사 사무실과 물류창고를 건설했다.[30] 결국 사바 1세 시절 1840~1860년 기간은 모로조프 가의 기업으로서는 기초자본 형성의 시대였다고 볼 수 있다. 가장 영특한 막내 찌모페이는 25세 젊은 나이에 보고로드스크의 니콜스크 직물공장을 상속받았다. 특히 그는 해방금 지불 이후 태어났기 때문에 농노의 신분을 겪은 적 없는 유일한 아들이었다. 아버지 사바는 모든 아들들에게 어려서부터 학교의 정규 교육보다는 철저하게 공장 내부의 일을 직접 가르치고 사업 수완을 키우게 했다. 1850년대 초 가장 똑똑한 찌모페이는 아버지의 사업수완을 그대로 물려받았다. 찌모페이는 곧 트벨스크주의 영지를 사들이고 그곳에서도 매뉴팩쳐 공장을 건설하였다. 그는 단독으로 최신식 영국산 방직, 제사기계 744대를 가동하면서 노동자 780명을 고용한 대규모공장으로 탈바꿈하여 러시아 중부지역에서 선두 주자로 일어섰다.[31]

잘 알려져 있듯이 러시아 정부는 1890년 철도관료 출신인 재무장관 위떼의 주도 하에 본격적 국가주도의 산업화를 일으키고 있었다. 이 무렵에 모로조프 기업의 규모는 벌써 당시 뻬쩨르부르크의 국영 대기업의 평균 규모를 넘어선 수준으로 성장하고 있었다. 모로조프 공장의 노동자들은 총 3만 9천 명이었고 년간 3,500만 루블어치의 매출을 거두었다. 총자본은 1억 4천만 루블에 해당되었다. 20세기 초 모로조프 공장의 노동자들의 규모는 6만 명에 달하였다.[32] 이로서 모로조프의 공장은 늘 주위 관료와 지주 귀족들, 인텔리켄치야 그리고 노동자들로부터 놀라움과 질시 그리고 증오를 한꺼번에 받았다. 사바 1세의 공장 가운데에서 가장 큰 규모는 말할 것도 없이 찌모페이가 상속받은 블라디미르주의 보고로드스크군의 니콜스크 직물공장이었다. 그렇다면 찌모페이는 아버지로부터 물려받은 기초 자본을 어떻게 운영하여 그처럼 짧은 시간 안에 대규모로 팽창시킬 수 있었을까? 이에 대해 살펴보자.

3. 찌모페이(Timothy Morozov, 1825~1889)의 팽창

1859년 찌모페이는 곧 회사 명칭을 <사바 모로조프와 아들들의 회사>로 정하고 회사정관을 만들었다 이 규정에 의하면 회사 경영의 임원진은 아버지 사바 1세, 형제 이반과 아브라함 그리고 찌모페이 자신이었다. 회사의 기초자본금은 총 은화 450만 루블이었다. 이것을 다시 균등하게 4개 지분으로 나누고 임원이 사망할 경우 지분은 엄격하게 임원의 유가족에게 평등하게 상속되었다. 이것은 다시 채권의 형태로 자본금에 투입되며 매년 회계연도 말에 지분에 따라 이자, 이윤, 배당금을 지불하였다. 찌모페이의 회사는 근본적으로 가족기업 형태의 회사로 조직 되었으나 운영방법은 철저히 주식의 배당금을 지불 받는 유한회사 형태를 취하였다. 찌모페이의 기업 경영의 전략은 당시 여타 기업들과는 독특하게 다른 점이 있다. 오늘날의 이른바 경영과 소유를 구분하며 임원진이 책임을 지는 경영자본주의와 유사한 것으로서 매우 흥미를 끈다. 그는 1873년에 공장을 완전히 주식회사 경영의 형태로 바꾸었다. 10년이 지나서 회사 자본금은 600만 루블로 증가하였다. 찌모페이의 투자 지분은 거의 2분지1에 해당되는 300만 루블이 되어 실질적으로는 일인 결정권을 행사할 수 있었다. 모로조프의 기업은 회사의 현금유통과 흐름을 항상 내부적으로 충당하였다. 따라서 신용과 대출이자를 외부 금융기관에 지불하는 것이 아니

라 자체 내의 수입으로 통합하면서 보유 자본금을 내부적으로 기하급수적으로 증가시켜 나갔다.[33]

이런 경영 형태는 당시 여타 기업과는 매우 다른 방식이다. 이 같은 내부 대부는 구교도 전통 중에 공동체적 재산 관리의 관행을 빌려온 것이다.[34] 축적한 기초 자본금과 개인소유 지분 덕택으로 어렵지 않게 신용이 발생하자 다시 찌모페이는 대규모 기계설비 투자를 위한 추가 신용 대출을 은행과 금융자산가들로부터 빌릴 수 있었다. 신용 대부금액은 1860년 총 투자의 13.5%에서 1869년 29.3%까지 증가하였다. 1860~61년 사이 발행한 어음은 100만 루블에 달하였다. 최대의 채권자는 <L. 크노프 회사>였다. 이외에도 모로조프 회사는 국영은행과 모스크바 상인은행으로부터 대출을 받았다. 거액의 신용과 대출은 새 설비투자에 쏟아 부었다. 1860~70년 사이는 모로조프가로서는 엄청난 호황기였다. 이 과정을 아주 세밀하게 분석한 포트키나에 의하면 이 시기의 생산성은 350만 루블에서 590만 루블로 168%증가하였고, 이윤율은 1860년의 2.98%가 1866년 26.9%, 1864년 24.03%, 1869년 21.71% 1870년 4.3%, 1871년 15.8%로 변했다.[35] 아브라함 형이 사망한 후 다시 지분 분리가 이루어졌다. 찌모페이는 임원진을 개편하고 가족기업의 형태를 완전히 주식회사로 변환시켰다. 회사 명칭도 <사바 모로조프의 아들회사>로 개칭하였다.

1873년 찌모페이 개인의 투자금이 500만 루블에 이르자 그는 임원조직을 개편하였다. 이후 니콜스크 회사는 1917년 10월 혁명까지 이 기본 틀이 지속된다. 그가 회사 회장으로 있는 동안 회사는 실질적으로는 일인 경영 방식의 원칙에 있으면서도 분야별로 전문화, 분업화된 경영책임제를 활용하였다. 니콜스크 직물공장을 위시하여 모로조프 공장은 중요 업무를 수평적으로 생산과정, 유통, 새 시장 개척, 이윤 분배, 자본 재투입과 회계 업무로 분업화하면서 마치 현대적 경영 자본주의적 기업 경영 방식처럼 각 분야에 의무와 책임제를 부여하였다.[36] 이미 1880년대에 니콜스크 직물공장의 생산고는 단독으로도 년간 총생산고의 측면에서 전 러시아 기업 중 3위가 되었다. 1892년 공장 노동자는 1만 7천명이 되었다. 공장은 최신식의 생산 설비와 최고품질의 미국산 면화 원료를 가공, 합성하는 능력을 갖추었다.[37] 이후 1908년 니콜스크 직물공장 1개 자체의 기초자본은 30년 만에 1,500만 루블, 방직기계의 물레는 197,214개, 자동 면직기계는 3,860개, 년간 생산고는 2,069만 루블에 이르렀다. 성장 속도는 매년 10%씩 증가했음을 말한다. L. 이바노바 연구에 따르면 모로조프의 순수익은 경기가 불안하던 1883~1886년 사이를 제외하고는 중부지역의 기업들 중 항상 최 선두 지위를 차지하고 있음을 보여주었다.[38]

니콜스크 회사의 재무구조나 자산 수지변동이나 주가의 현실적인 통계는 당시로서는 사업상의 비밀이었기 때문에 공식적 현금 흐름표는 찾기 어렵다. 단지 니콜스크 직물공장이 거래한 모스크바 상인은행과 국영은행 모스크바 지점에서 나타난 모로조프 회사의 대출 및 융자의 규모와 상환능력에 관련한 통계를 통해서 보면 니콜스크의 재무구조에서 은행이나 공식 금융기관에서의 대출이나 신용의 비중은 매우 낮은 것이었다. 쉽게 말해서 거의 빚을 갖지 않은 회사였다. 1889년 찌모페이 사후 그의 아내 마리아 페도로브나가 회사의 최고 총수로 참여했다. 그녀는 은행을 통한 신용거래를 중지하고 회사의 채권, 대부, 어음 매매 및 할인 등 금융의 거래를 일차적으로 기업 내부의 임직원의 자본금과 이윤배당을 통해서 충당하는 전략을 활용하기 시작하였다.[39] 특히 마리아 페도로브나는 구교도 집안의 여자로서 이러한 상호 공제 유형의 저리 대출, 사채업에 능통한 유명한 대부업자였다. 그녀는 자신의 회사 내 지분을 활용해서 현금 확보를 늘려간 막강한 실력자였다. 19세 말 니콜스크 직물공장에서 발행한 대부액과 채권 및 어음의 4분지 1이 그녀의 몫이 될 정도였다.[40]

이처럼 니콜스크 직물공장의 재무구조에서는 모로조프가의 사람들 전원이 회사의 채권자로 있었다. 이들은 은행에서 빌린 돈보다 훨씬 더 많은 액수의 돈을 단기융자로 대부해 주고 있었다. 단기융자에 따르는 어음은 다시 은행에서 새로운 신용을 창출할 수 있었다. 니콜스크 직물공장의 경영본부는 개인들로부터 받는 5%의 대부의 이자율이 은행의 7.5~8.5%의 어음 할인율보다 훨씬 저렴하고 유리하다는 것을 잘 알고 있었다. 끈임 없이 회사 주식 보유자와 임원진들의 배당금, 상여금, 순이익금에서 발생하는 새로운 이자액을 투자로 돌렸다. 이것은 기초 자본을 계속 증강시키는데 결정적으로 기여하였다. 이 같은 재정 구조는 모로조프가의 회사가 러시아 경제 전체의 흐름에서 현금 유통의 어려움이 닥칠 때나, 상품판매 부진으로 인한 불경기에도 도산의 위험이 극히 낮은 요인으로 작용했다. 이리하여 43년 간의 유동자본 증식 이후 기본 자본금은 1억 루블에 달할 정도로 팽창했다. 주주들에게 갈 배당금은 4천 280만 루블, 상여금은 5천 600만 루블에 달하였다. 이런 재무 구조는 다른 회사가 흉내 낼 수 없는 재원충당 전략이었다.[41]

찌모페이 경영의 비결에서 사실 유동자본의 축적에 또 다른 탁월한 성과는 진보적이고 혁신적 기계식 방직, 방적, 염색 기계로 바꾼 데에 있었다.[42] 이것은 러시아 자체 산업화 역사상 기술 면에서 근대화의 성과에 해당된다. 이를 위해서 찌모페이는 영국인 방직기계 매매업자를 접촉하기 위해 중개인을 사서 영국 리버풀에 사무실을 내고, 맨체스터와 리이드 등지를 수없이 여행하였다. 그는 당시 최신형 기계 구입을 위해서 600만 루블 이상을 쏟아 부었다. 이것은 자신의 기초 자본금의 2분1에 해당되는 거액이었다. 심지어 1883년 러시아 전체의 경기 위기시대에도 그는 새 기계를 사들이는데 중단하지 않았다. 오히려 경기위기를 견뎌내기 위해서 더욱 더 나은 제품을 만들 새 기계를 사들였고 위해 25만 루블을 쏟았다.[43] 그는 항상 러시아에서는 직물산업의 새로운 기계 발명이 적은 점을 탄식했다.

사실 19세기 말 러시아의 직물산업의 가장 큰 취약점은 전적으로 외국산 기계에 의존해야 했던 점이다. 최초의 직물기계 설비 공장이 1880년 초에 폴란드의 류찌에서 건설되었으나 기술 수준이 미약하여 관세보호 없이는 도저히 외국산 기계에 경쟁할 수 없었다. 찌모페이는 최신식 제사 방적 기계를 사들인 후 이로부터 러시아에서 처음으로 중간 가늘기의 면사(30수와 40수)로 된 면직물을 생산하였다. 그는 자신의 생산품을 세계 직물 상품 박람회에 전시하여 격찬을 받았다. 기계에 의한 작업 중 그 자체에 의한 제작상 응용방법을 고안하여 4가지 색을 내는 격자무늬의 옷감용 직물을 생산하였다. 이외에도 회전 조절기를 이용하여 빌로드, 혼방 벨벳, 맨체스터 면이라고 불리던 값비싼 종류의 실을 엇갈려 짜는 면-벨벳- 빌로드 등을 생산하였다.

찌모페이는 새로운 기계수입에 멈추지 않고 자신이 직접 기계 부품생산과 수리를 위한 주물공장을 건설했다. 이를 위하여 그는 모터를 가동시키기 위한 에너지용 이탄생산에도 투자했다. 곧 니콜스크 직물공장의 최고 경영진은 찌모페이의 혁신적인 에너지 개발을 위한 이탄생산용 공장부지의 매입과 확장을 지지하였다. 그는 총 9가지 이탄의 종류를 제작하여 국제 박람회에 전시하기도 하였다. 그의 사업수완은 거의 천재적 수준이었다. 그는 1883년부터 200마력의 증기식 엔진을 설치한 표백공장, 120마력의 2개의 터빈을 설치하였다. 방직에 멈추지 않고 제사공장 더 나아가 표백과 염색 공장을 확장하였다. 이리하여 19세기 말 생산의 속력은 처음 건설 때 비하여 3배의 속력을 내게 되었다.[44]

오레호보 마을은 니콜스크 직물공장과 부대 시설, 1만 9천명의 노동자가 거주하는 작은 세계였다. 주변 마을 사람들은 그의 공장에 일자리를 찾아 끝없이 찾아 왔다. 오레호보에는 니콜스크 직물공장뿐만 아니라 노동자들의 거주지, 기숙사, 아파트, 식당과 매점 그리고 보건 진료소, 거대한 창고까지 구비 했다. 또한 면직물 염색을 위한 화학 실험실뿐만 아니라 연료공급을 위한 갈탄 공장, 방직기계와 제사기계의 고장에 대비하여 부품의 조달 및 수리를 위한 주물 기계공장까지 포함되어 있었다. 이외에도 공장은 연료를 위한 거대한 숲 지역, 병원과 작은 진료소, 노약자 보호소, 그리고 수공업 기술학교 등등을 운영하였다.[45]

자연히 찌모페이는 공장 경영뿐만 아니라 마을의 치안과 경제까지 관리하는 지역 행정의 자문관의 역할을 하였다. 그의 영향력은 대단한 권위를 누리게 되었다. 나중에는 모스크바시의 두마 의원직을 맡아 봉사하기도 했으며 1868년에는 모스크바 사적 상인·기업가 협회가 설립한 <주식 및 환거래위원회>의 의장직을 지냈다.[46] 이 와중에 그는 당시 재무상이던 M. 로이테른 장관과 자주 면담하면서 사적 기업가들의 이해관계와 보호관세 정책을 수립하기 위한 대변인의 역할을 했다. 찌모페이는 정규교육은 받지 않았으나 글을 매우 잘 읽었고 복잡한 지식의 내용도 잘 이해했다. 그는 모스크바 대학의 직물산업 관련 학과에 거액의 기부금을 지불하고 연구소를 설립하기도 했다.[47] 또 1882년 찌모페이는 모스크바에서 열린 <세계산업박람회> 개최에서 행한 주된 역할 덕택으로 제국황실로부터 <안나 훈장>을 수여받았다.

모로조프가의 경영 자본주의의 특성을 보여주는 또 다른 특성은 생산에서 멈추지 않고 유통 즉, 시장 창출의 전략이었다. 1860년대부터 러시아의 상품시장의 구조는 자주 격심한 주기와 변화를 맞이하였다. 이 변동은 낙후된 시장과 내수 구매력의 변화 때문이었다. 잘 알려져 있듯이 19세기말 러시아 시장은 아직도 정기시장의 형태로 물품이 매매되는 구조였다. 모스크바 중심의 중부지역의 시장의 최대 중심은 니즈니노보고로드, 이르비트, 쿠르스크, 마카렙스크의 정기시장이었다. 특히 모스크바 상인들에게 가장 이해관계가 큰 시장은 마카렙스크 시장이었다. 여기서는 볼가강유역의 州들, 카프카즈 지역, 돈강 지대 그리고 우랄지역, 중앙아시아 심지어 페르샤에서 온 구매자들이 집중적으로 모여 들었다. 특히 시베리아 지역에서 온 구매자들은 주로 이즈브리트 시장에 몰려들었다. 가장 수요가 큰 상품은 바로 면직물, 면사, 약간의 모직물, 그리고 품질이 좋은 단순 일용상품들이었다. 년중 내내 이 시장은 활발하였는데 모스크바주, 블라디미르주, 야로슬라브주의 기업주들은 이곳을 매우 중요시 하였다. 1850년 초 사바 1세 이래 모로조프가는 니제노보고로드 시장의 직물코너에서 3개의 거대 매장을 갖고 있었다.[48] 이외에도 특히 사바 1세는 도시 내에서 직접 도매상을 운영했다. 1860년대에 그는 일년 내내 상시로 러시아와 우크라이나의 총 17개의 국내 시장에 자신의 상품을 조달하고 있었다.

아버지의 판매능력을 이어받아 찌모페이는 자신의 경영 동안 새 상품 시장 개척을 위한 모험에 착수하였다. 그는 열정적인 기질 탓에 국내 시장에만 만족할 수 없었다. 19세기말 러시아와 중국 사이의 국제 도매 거래 유통망을 확대하기 위한 방법에 관심을 가졌다. 한편 1862년, 1865년 각각 러시아 정부가 중국과 육로교류 협정체결 조약을 맺게 되자, 그는 대담하게도 청 제국에 상품 판매 통로를 개척하는 계획을 수립하였다. 그는 당시 청 제국에 거주하는 절친한 상인 F. 치죠프에게 편지를 썼다.[49]

> 당신에게 우리 공장 상품 샘플을 보내드립니다. 중국인을 위한 최 고품질의 벨벳 제품을 드립니다. 이것을 청국의 차와 교환하고 싶습니다. 총 2만 필까지 100만 아르신(1아르신=71센치)까지 팔 수 있습니다.

그러나 청국에서의 시장은 이미 영국이 선점하고 있었다. 러시아 상인이 시베리아를 횡단하여 중국 국경을 넘어서 시장 개척한다는 것은 극도로 위험한 일이었다. 그러나 찌모페이는 현금거래 보다 신용거래와 물물교환의 방법을 제안하면서 접근하였다. 그는 사막 여행을 위하여 엄청난 액수의 보수와 지원금을 투자하여 카라반 대상행렬을 사들였다. 그 다음 7,300 루블어치의 니콜스크 직물공장의 최고의 직물 상품을 선적하여 키르키즈 스텝지역을 건너 중국 북부 국경을 통해 입국하였다. 그러나 최초 시도는 러시아 측의 철도 부재, 육로 개척의 미비로 험난했다. 영국 직물 산업계의 방해공작으로 큰 손실을 입었다. 그는 <전러상인기업가협회>를 통해 제국 정부와 재무성에 철도 부설의 필요성을 끈임 없이 청원하였다. 그 후 러시아 제국이 시베리아 횡단 철도부설을 완공하게 되자, 모로조프 회사는 철도를 이용하여 중국의 국제시장을 개척하는 시도에 두 번

째 도전하였다.[50]

또 다른 한편에서 찌모페이는 이제 국내 정기시장에서의 거래보다도 대도시와 수도의 상설시장의 전문매장을 열었다. 1880년대 말 시장개척을 위한 노력은 큰 성과를 거두었다. 찌모페이는 니콜스크 직물공장의 최대 상품 조달 지역으로서 모스크바 시내 중심에서 도매 상가를 열고 상품보관을 위해 대형 창고를 건설했다. 이후부터는 전통적 정기시장의 상인들에게도 물품을 조달하였으나 대신 그 규모는 모스크바 도심 상가의 물량의 4분지 3으로 축소되었다. 국내 상설 점포의 팽창의 증거로서 니콜스크 직물공장의 회계장부는 특히 흥미진진한 자료를 보여 주고 있다. 1884년 니콜스크 직물공장의 생산품이 뻬쩨르부르크, 바쿠, 키예프, 그리고 1892년에는 돈강 로스토프, 오데사, 1907년 하얼빈과 코칸, 1911년 타슈켄트, 이르쿠츠크와 케르카흐(아무다르, 카라쿰의 남동부 지역), 1912년 부하라, 1914년에는 바르샤바까지 시장을 개척하여 상품을 조달하고 있음을 보여 주고 있다.[51] 이것은 20세기 초 러시아 산업화에서 소비시장의 영역이 동시에 팽창되고 있음을 말해주는 것이기도 하다.

찌모페이는 또 파격적으로 높은 연봉으로 탁월한 품질의 새 제품을 만들어 낼 수 있는 기술적 재능을 가진 인물을 양성하는 데에도 많은 투자를 하였다. 이것은 기업을 조직하는 중요한 능력 중의 하나이다. 달리 말해서 '기업의 사회적 유기체 창출'로 평가할 수 있는 측면이다. 그는 3년 계약으로 매년 250루블의 연봉을 주고 전문 기계공들을 고용하였다. 이들은 일년 후 근속 수당으로 추가 25루블, 특별 가계 난방비로 년 180루블, 전기료 25루블을 지불했다. 2년째는 가족을 위한 특별 식비로 50루블을 추가 지급했다. 쇄소공의 경우는 임금이 이보다 25루블 적었으나 동일하게 추가 수당을 지급하였다. 영국인 엔지니어에게는 무료 아파트를 지급하였다. 이런 파격적인 관대한 처우는 항상 그의 주변에 고급 기술자들이 운집하는 효과를 주었다.

점차 러시아 기업가들은 국제경쟁이 일어나는 도시에서의 상품은 항상 까다롭고 고급의 품질을 제시하지 않으면 안되는 상황에 직면하였다. 이런 점에서 찌모페이는 1873년 기업 인수 이래 항상 상품의 고급화 품질을 위한 고강도의 맹훈련과 감독을 실행하였다. 그는 그 어떤 경우에도 불량품은 허용하지 않았다. 그의 상품은 모스크바와 수도 뻬쩨르부르크에 나타나는 외국산의 상품과의 경쟁에서 밀려나서는 안된다는 그의 경영방침은 철저하였다.

기술전문화와 혁신을 위해 찌모페이는 모스크바 제국기술학교 출신인 유명한 러시아 기술자인 V. 콘드라찌예프와 S. 나자로프와는 평생 중요한 동반자적 인연을 맺었다. 이 부분에서는 소위 A. 챈들러의 경영자본주의 형성의 통합의 개념이 잘 들어 맞는다.[52] 즉 찌모페이는 모든 생산 과정에서 새로운 생산 라인의 창설, 생산 규모를 확대시키기 위한 설비설치, 제품향상을 위한 투자 면에서 완전한 생산 사이클이 분업화되고 유기적으로 체계화되면서 기술상 통합을 완성했다는 것이다. 이것을 수평적 통합이라고 부를 수 있다.

한편, 산업화의 2단계는 숙련공의 노동을 기계화 노동으로 전환하는 과정을 뜻한다. 이것은 자연히 1880년대 들어서서 고도의 노동 강화와 임금 하락, 실업, 이에 다른 노사 갈등과 파업 등을 소요와 불안정을 예고한다. 게다가 1883년에 서구와 전 러시아에 경기 불황이 도래했고 많은 회사들이 도산 위기에 빠지곤 하였다. 이 배경 속에서 찌모페이는 말년에 비극적인 사건에 부딪혔다. 1885년 니콜스크 직물공장은 약 8 천명의 노동자들이 가담한 러시아 역사상 최초의 폭력적 파업사건을 겪게 되었다. 이것으로 그의 공장이 파괴당하여 큰 손실을 겪었다. 더 나아가 니콜스크 직물공장은 사회적인 큰 질시 속에서 맹비난을 받았다. 그는 노동자 과잉수탈로 인한 죄목으로 법에 기소되어 유죄판결을 받았다.[53] 이 사건으로 충격을 받은 찌모페이는 결국 병을 얻고 사망하였다.

그러나 찌모페이는 사망시 유언으로 수십만 루블을 자선사업과 정신병환자 치료에 기부하였다. 그의 모든 자산과 니콜스크 직물공장의 경영권을 아내 마리아와 26세의 아들 사바 2세(1863~1905)에게 넘겨 주었다.[54] 1880년대 중반 불경기는 다시 정부주도의 산업화로 인하여 약간 회복세를 갖게 되었으나, 국내 경기 자체는 지나친 농민 수탈과 극빈화로 인하여 점차 전반적으로 국내의 구매력이 떨어지고 경기가 하락하기 시작하였다. 또 국제 경쟁을 위하여 산업화의 2단계로 접어 들게 됨에 따라 새로운 자동화 대형 기계가 도입되어야 했다. 이로서 도시의 실업이 다시 큰 규모로 급증하면서 갑자기 사회적 불안이 가중되었다. 이 구조적 변동 하에 모로조프 회사도 새로운 도전에 직면하게 되었다.

4. 마지막 후계자 사바 2세(1863~1905)의 경영자본주의

찌모페이 사망 이후 그의 장남 사바 2세의 경영 동안 모로조프 기업 경영 조직은 더욱 강화된 중앙집중화와 세분화, 전문화의 방향으로 나아갔다. 회사자산 소유권에 관한 한 하나의 엄격한 근본 원칙은 철저히 지켜졌다. 회사는 기초자본과 자산이 세분화되는 것을 원치 않았고 장자상속을 택하지 않았다. 그 대신 상속자 자녀들에게는 총 자산을 동등하게 배분을 하되 이들은 기초 자산 이외의 모든 것을 다시 한사람의 경영주에게 집중투자를 하여 가문의 전체 재원을 흩어지지 않게 모은다는 점이다.[55] 구교도 집안으로서 그들은 비교적 검소하였고 상속 자본에서 나오는 이자와 배당금만으로 충분히 생활할 수 있었다.

이런 방식으로 모로조프의 회사는 기본적으로는 가족 자본주의 성격을 유지하였다. 사바는 찌모페이 사망 이후 이 틀을 바꾸지 않으면서도 추가적으로 전문가 출신의 새 주주를 영입하여 집단 전문인 경영의 유리한 점을 계속 활용하였다. 이 주주들은 최고 경영진에 참여하면서 중요한 결정과정에서 역할을 행하고 책임을 졌다. 그러나 주식 지분 상으로는 여전히 모로조프 가문이 압도적 다수를 차지하였다. 최고 경영진에서의 주도적 지위를 한번도 노치지 않았다. 회사의 경영 조직은 보험 및 재원 투자 기술력이 있는 주주들, 기술적 능력을 갖춘 전문가들, 판매와 시장개척의 주요 역할을 할 수 있는 헌신적 인물들을 끈임 없이 충원하였다. 또 공동 책임제의 방법을 통해 일인경영주제가 자칫 빠지게 될 자의적인 결정으로 인한 경영 전략상의 실책을 예방할 수 있는 기제를 가질 수 있었다. 주주들 가운데 상당수는 모로조프家의 집안의 인물들, 사위나 사돈집안, 고급기술자의 가족, 사업상의 동업자들로 구성되었다. 이들은 어떤 형태로든 그들의 주식지분을 외부인에게 양도하거나 매각할 수 없었다. 그들은 반드시 회사를 위해서 활동하거나 회사의 어려움에 대해서 책임있는 보증인의 역할을 해야 했다.

흥미로운 점은 찌모페이가 초빙한 주주들 중에는 과거 오랜 사업상의 동업자이면서도 지기였던 L. 크노프와 F. 치죠프가 포함되었다.[56] 크노프는 러시아 기업계에서 방직, 방적기계를 도입한 국제적 명성을 가진 인물이었다. 그 자신도 직물업에 종사하면서 러시아 국적을 얻어 귀화한 인물이었다. F. 치죠프는 모스크바-쿠르스크 철도부설 사업으로 명성이 자자한 청렴한 기업가였다. 찌모페이는 그의 명성을 활용하고자 그에게 주식 10주를 무료로 송부하였고 계속 사바 시대까지 경영진에 참여시켰다.

사바의 주식회사의 정관에 의하면 경영진의 표결권에서 배당주식 10개가 1표, 25주는 2표, 50주는 3표, 75주는 4표, 100주는 5표를 가진다. 그 다음은 100주마다 1표가 추가되었다.[57] 일인의 최대 표는 10표를 넘길 수 없고 다른 소유주의 신탁에 따라 20표까지 행사할 수 있었다. 모로조프가는 자본 총 주식 5,000주 중에서 92.6%, 즉 4,632주를 가졌고 주주총회에서 발언권은 총 48표중에서 26표를 가짐으로서 총 표결권의 54.1%를 소유했다.[58] 이것은 주식회사임에도 불구하고 압도적으로 모로조프가의 인물이 독점적으로 우세함을 의미하였다. 다른 소액 주주들은 결코 결정적 영향을 행사하기 어려움을 의미한다. 두 번째로 큰 주주는 크노프로서 100개 주식을 소유하고 있었다. 이어서 판텔레브, 지아노프, 프로코피에프 등이 각기 50여 주를 소유하였다. 이들 모두는 고급 기술자이거나 회계사 출신으로서 회사의 임원이 되었다. 이들은 경영진 회의에서 참석하여 정보를 공유하였으며 공동토의를 통해 주요 의사결정에 참여하였다. 이런 조직 하에서 사바 2세는 장차 회사의 가장 부유한 상속자가 될 수 있었다. 그러나 그의 영향력이 가장 막강하지만 결코 자신 개인의 의사로 회사경영을 자의적으로 주도할 수는 없도록 되어 있었다.

사바 시대 니콜스크 직물공장의 최고 경영진은 마리아 페도로브나를 회장-경영주로 선출했다. 그녀는 매우 독립적이고도 강한 성격에 명석한 두뇌를 가진 인물일 뿐만 아니라 회사 주식의 최다 보유자였다.[59] 그녀는 곧 경영 조직상의 개편에 착수하였다. 그녀 휘하에 최고 수뇌부 경영진 임원을 3인으로 압축하고 공동책임과 공동경영의 방식을 확정했다. 경영조직 상 원료조달, 국제거래 지불 및 회계, 유동성 현금자본의 확보 업무 면에서는 사위이자 2인자인 A. 나자로브가 책임을 맡았다. 나자로브는 모스크바에 있는 본사 사무실의 사장직을 맡으면서도 지금까지 특히 제사, 방적공장과 영업부의 일을 맡고 있었는데 최고 경영진의 지위로 승격하게 된 것이다. 한편 영업과 상업 거래 및 마케팅의 업무는 이반 안드레예비치 콜레스니코프가 맡았다. 그는 뻬쩨르부르크 상업학교를 졸업하고 회계사 박사후보 자격을 취득한 후 각종 재무이론 교육과 훈련 및 실습을 통해 상당한 신임을 얻고 있던 인물이었다.[60] 1885년 모로조프 회사의 주주총회에서 부장으로 부임한 후 헌신적으로 일을 수행하였다. 회사의 신임으로 얻어 최고 경영진에 합류하게 되었다. 그는 1917년 혁명까지 모로조프 회사에 남아 있었다. 회사의 모든 재무 서류는 그를 거쳐 결재를 받아야 했다. 그의 청렴성과 신임은 절대적이었다. 그는 회사의 공적 배당증서에서 25개 주를 가져 발언권 2표를 가졌다. 1890년에 그의 회사 내 보유자산은 7만 5천 루블이었다. 최고 경영진 조직상의 가장 중요한 마지막 업무는 바로 생산 부문 자체였는데 여기에는 장남인 사바 2세가 임명되었다.

7-3. 제정 말기 상인·기업가들의 후원을 받은 미술가협회 모임

사바는 공장 내에서 면직물 제품의 완성 단계까지 감독 업무, 염색공장의 설비, 기계 제작 및 설치, 품질관리와 생산고 조절 등의 업무였다. 어머니 마리아는 회사 전체의 경영진 자체의 감독과 조정 그리고 공장이 운영하는 학교일, 자선사업 업무를 주로 맡았다. 점차 마리아는 그녀 자신의 배당이윤과 성과급을 경영진에게 균등하게 나누어 주기로 선언하였다. 회사 최고 경영진은 삼두체제의 형태로 전환되었다.[61]

기업의 이윤창출에서 결국 가장 중요한 것은 생산 그 자체이다. 이 업무를 맡은 사바 2세의 결정권 중의 가장 중요한 부분은 노동자의 임금결정권과 생산관리권이었다. 그는 이 문제에서 2단계 조직의 방법을 도입하였다. 이런 방법은 오늘날 전형적인 경영자본주의의 수직적 통합으로 부르는 중앙집중식 경영방식과 유사한 것이었다. 최고 경영진이 부장급 임원을 지휘하고 부장급 관리자들은 다시 공장 내 중간급 관리자와 기술자를 감독할 수 있는 권한을 주었다. 최고 경영진은 소소한 모든 사무에서 해방될 수 있었다. 오직 전체의 생산을 위한 원료와 물자 조달, 재원조

달 그리고 유통에 집중하였다. 공장 내에서는 생산 문제와 벽돌 생산, 건축 및 공장시설 건립과, 연료 및 난방 분과, 철도 건설분과, 노동자 아파트 분과, 공장 폐기물 처리분과, 이탄 개발분과, 병원 진료분과, 식료품 분과 등의 기능과 업무가 철저히 평등하게 취급되었다. 각 업무는 다시 세분화되었다. 담당 책임자들은 반드시 자신의 업무를 완수해야 했다. 정확한 원인 분석을 정기적으로 바로 위 상부 관리자에게 보고하도록 했다. 심지어 중간급 수준의 관리자와 부장들에게 임금문제를 검토할 수 있는 권한을 허용하였다. 이들에게 심지어 사법부로 넘길 사안에 대해서도 토론할 기회까지 주었다. 그들 사이에 분쟁이 일어나면 최고 경영진과 사바가 직접 조사하거나 개입하여 해결하였다. 이 구조에 대해 긍정적 반응이 공장 내부에서부터 나타나기 시작하였다. 시스템은 잘 돌아갔다.

니콜스크 직물공장의 생산을 위한 기계관리 성과가 점점 커져 탁월해지자 최고 경영진으로부터 관리에 관한 사바의 비범한 능력이 인정받기 시작했다. 1898~1905년 사이 니콜스크 직물공장의 주식과 발언권에서 젊은 사바 2세의 지위는 매우 상승하였다. 회사의 총수는 여전히 마리아 페도로브나로서 총 주식의 48%에 해당하는 2천 413주를 소유했다.[62] 사바의 지분은 13%로서 657주를 가졌다. 최고 경영주의 한사람이자 마리아의 사위인 A. 나자로브는 부인의 주식과 합쳐 409주를 가지고 있었다.[63] 20세기 초 니콜스크 직물공장의 매출액이 다시 급성장하였다. 사바의 배당금도 커져서 그의 지분은 987주로 증가하였다.

사바 2세가 맞이한 최대의 난제는 그의 아버지와 마찬가지로 노동문제였다. 1890년대와 20세기 초 러시아 국내정세는 황세 알렉세이 2세의 암살 이후, 그의 아들 알렉세이 3세에 의한 극단적 반동정책이 재개되면서 전제정부와 노동자들과 혁명적 인텔리겐찌야 사이에 대립과 갈등이 점점 격렬해지고 있었다. 사바 2세 경영 동안 노동문제의 원인은 매우 복합적이었다.

러시아 최초의 폭력적 파업이 과거 모로조프 보고로드스크 니콜스크 직물공장에서 일어났기 때문에 항상 모로조프 가의 공장의 노동임금이나 벌금제 및 노동조건 면에서 수탈이 매우 심한 것으로 선두적 비판의 대상이 되곤 했는데 이점에 대해서는 좀 더 면밀하고 객관적 연구가 필요하다. 왜냐하면 1885년 당시 사바는 26세 나이에 아버지 찌모페이가 공장 노동자들의 파괴, 약탈, 폭력적 파업 그리고 국가의 재판과 유죄 판결에서 받은 충격으로 쓰러진 상처를 직접 목격했다. 그러므로 그는 일찍부터 노사문제에서는 극히 세심하고 합리적으로 접근해야 한다는 것을 깨달았다. 이 때문에 1905년까지 사바의 노동 정책은 회계 상으로나 경영조직 면에서 매우 신중한 측면을 보여주고 있다.[64]

특히 그는 특히 기술공보다 단순노동자들의 이익을 보호하기 위해 상당한 노력을 한 것으로 보인다. 또 공장 내 바로 위 관리자와 부하 사이의 관계에서 부당한 대우, 폭언 사용을 방지하도록 수시로 각별한 지시를 내렸다. 중간급 부장들은 언제나 그 위법사항을 감시하여 사바에게 보고해야 했다. 또한 노동자들의 임금 인상은 이윤율 증감에 크게 상관하지 않고 꾸준히 증가시켰고 노동자들의 주거지와 난방 그리고 식료품의 문제 향상을 위해 상당히 노력했다.[65] 공장 직원이나 노동자들은 항상 사바를 직접 찾아가 대화할 수 있었다. 그 결과 니콜스크 직물공장에서 노동자들의 지위는 여타 다른 지부 공장들, 특히 이바노보 보즈네센스크시의 뷔쿨라 공장이나 세르호프 공장의 노동자들의 임금이나 노동조건과 큰 격차가 나타났다.[66] 이것은 당시 니콜스크 직물공장 노동자의 회고에서 단적으로 나타난다.

> 사바는 인간적으로 아주 좋은 사람이었다. 전체적으로 직원과 노동자들의 입장을 이해하려고 했다… 미래에 스스로 보호해 줄 것을 늘 약속했다. 누군가 개인적으로 어려움을 갖고 사바를 만나러 가면 그는 항상 경청해 주었다.[67]

1895년 수도 뻬쩨르부르크에서의 대 파업 이후부터 노동자들의 소요는 이미 러시아에서는 일상적인 현상으로 변하고 있었다.[68] 이 당시 파업운동에서는 면직물 공장 노동자들이 가장 주도적 역할을 하고 있었다. 가장 큰 이유는 비참한 임금 수준탓이었다. 대부분의 면직 공장은 모스크바州, 블라디미르州, 트베르州를 중심으로 도시 외곽의 농촌 인구를 대량 흡수하였다. 기업은 더욱 싼 임금을 위하여 점점 더 후진적인 농촌으로 깊숙이 들어갔다. 1897년 총 파업이후 정부는 노동자들의 입장을 고려하여 <공장법>을 제정하였다. 정부는 기업을 감시하는 공장 감독제를 도입하면서 일일 11시간 반 노동 시간제를 입법화하였다. 벌금제를 실시하는 여러 기업들이 징계를 받기도 했다. 그러나 노동시간이나 벌금제는 제대로 지켜지지 않았다. 기업은 경쟁적 산업화에서 노동 강화를 늦추려고 하지 않았다.

1890년 말 니콜스크 직물공장의 평균 임금은 년 206루블 정도로서 다른 농촌 공장에 비하면 훨씬 높은 편이었다.[69] 1905년 혁명 이후 8시간 노동제는 이미 사민당의 주된 정치적 강령이 되었고 많은 기업들 사이에서 노동시간 단축은 피할 수 없는 과제였다. 니콜스크 직물공장은 특수부문을 제외한 노동자 77%이상이 9시간 노동제를 지키고 있었다. 단지 사바는 생산에서 특히 품질관리와 불량품 감소를 위한 감독에서는 매우 철저하였다. 이를 위해 그는 결코 양보하지 않는 한 가지 원칙을 천명하였다.[70]

> 모든 분과에서는 단지 착하고 성실한 사람만 붙들 것이다. 젊은이들 중에는 가족에게 보탬이 되는 인물을 선정할 것이다… 노동자들에게는 항상 실용적이고 유익한 것에 관심을 쏟도록 가르쳐라… 생산품 품질향상에 신경 쓰지 않는 사람은 결코 붙들지 않는다. 만일 술 문제로 월요일 아침에 출근 하지 않으면 가차 없이 장부에 기입하며 작업대에는 허락하지 않는다…

실제로 니콜스크 직물공장 노동자들 사이에서는 특히 말썽이 심하거나 심각한 이유로 해고의 대상인 된 경우는 그리 많지 않았다. 방적, 제사 공장보다는 오히려 경비, 창고지기 그리고 기계류 청소 담당 등 하부 층 노동자들 사이에서 절도, 싸움, 술주정 등의 비행이 발생하는 편이었다. 3천명이 일하는 방직 부문 공장에서 24년 동안 247건의 범칙 행동으로 제재를 받았다는 것이 이를 단적으로 발해준다.[71] 전반적으로는 모로조프 공장은 1905년 혁명 이전부터 지속적으로 중간 간부급 위원회를 통해 임금상승을 위한 대책에서 노동자들의 요구에 미리미리 부응하였다. 25년 이상의 장기근속과 품질향상의 경우 추가 상여금지급과 상승을 위한 임금계산표를 수차례 다시 산정하였다. 여타 다른 기업의 공장들보다 임금이 상승폭이 컸다. 이 덕택으로 니콜스크 직물공장은 1905년 2월 파업 이후 가을과 겨울에는 폭력파업은 한 차례도 일어나지 않고 오히려 평화로운 겨울을 보냈다.[72]

1905년 1월 러시아 전제정부가 궁정으로 평화시위를 행하던 노동자들에게 총으로 발포함으로서 500여 명의 사상자를 낸 '피의 일요일' 사건이 터졌다. 이로서 러시아는 역사상 최대의 정치적 위기와 전국적 총파업, 심지어 무장 봉기의 위험에 직면하게 되었다. 이 사건의 여파로 사바 2세도 일생 일대의 어려움에 봉착하였다. 모로조프가 공장도 큰 영향을 받게 되었다. 당시 그와 노동자와의 관계는 매우 역설적이었다.[73] 이 문제에 관해서 당시 각계 집단의 눈에 사바 2세는 매우 신비한 인물로 알려져 있다. 사바는 개인적으로는 약간 급진 자유주의적 성향을 가졌는데 이 때문에 화려한 사교생활을 좋아하던 아내 지나이다와 자주 가정불화가 일어나곤 했다. 그는 사민당의 좌파 인물들과 친분이 많았다. 모스크바 극장 창설 과정에서 스타니슬라브스키를 위시하여 많은 예술가들을 후원하였고 극작가인 고리끼와 깊은 우정관계를 지니고 있었다. 사바는 정기적으로 사민당 관련 출판 사업이나 시베리아 유형을 떠나는 정치범을 위해 만 루블씩 수차례 후원금을 기부하였다.[74]

1890년대 기업 재계에서 사바가 거둔 탁월한 공적이나 재정상 위떼 정책을 위한 봉사에도 불구하고 정부는 사바를 늘 의심스럽게 감시하거나 관찰했다. 이 때문에 니콜스크 회사 내 사바와 총 경영진 사이에 자주 언쟁이 일어나기도 했다. 사바는 1905년 혁명 초 <기업가 협회>에서 주도적으로 활동하면서 전제정부의 개혁과 입헌체제 도입을 요구하는 글을 작성하기도 했지만 분명 혁명적 인물은 아니었다. 사바는 러시아 부르주아 계층의 정치 참여 욕구를 대변하는 대표적 인물이었으나 좀 더 엄밀히 말해서 정치사회에서 소외되어 있는 소수 진보적 기업가 집단에 속한 인물로 보는 것이 정확하다.[75]

그러나 1905년 피의 일요일 사건과 이어 확대된 전국적 총파업을 살펴보면 러시아에서 노동문제는 단순히 노사 대립만으로 설명되지 않는다는 점을 직시할 필요가 있다. 무엇보다 먼저 1905년 혁명 직전까지 러시아 기업가들 역시 결코 자유로운 계층이 아니었다. 그들도 항상 전제정부의 감시 하에 있었다. 정부로부터 자신들의 이해 관계를 대변할 대표기구를 설치하는 일에도 허락받지 못했으며 정치적 발언은 더구나 금지된 상태였다.[76] 또한 1905년 혁명과 좌절의 근본 원인은 전제정부의 시대착오적인 반동정치와 소통력 없는 통제력에 기인하는 것이었다. 그러므로 20세기 초 노사 문제는 반드시 전제정부-노동자-기업의 3자 관계에서 볼 필요가 있다.[77]

1905년 혁명 당시 모로조프 공장에서도 2월부터 총파업의 물결에 휘말려 들게 되었다. 사바의 경영 시기 니콜스크 직물공장의 노사관계는 매우 미묘한 것으로서 노동자 임금 수준이나 공장 내의 전체 분위기가 실제 어떤 것이었는지 면밀하게 살펴볼 필요가 있다. 20세기 초 모로조프 공장의 총 생산 규모를 국민경제와 비교하여 보자. 당시 전국의 총 면방직 직물 노동자의 수는 약 37만 6천 명이었는데 모로조프家 니콜스크 직물공장의 노동자 수는 3만에 육박하였다.[78] 그 뒤로 쥬에보의 뷔쿨라 공장, 푸시키노의 이바노보 보즈네센스크 공장, 나르바의 크렌홀름 공장은 각각 1만 5천명의 노동자를 고용하고 있었다. 니콜스크 직물공장은 단연 1위였다.

수도 뻬쩨르부르크 노동자의 년 평균 임금 375루블에 비해 블라디미르주 이바노보 보즈네센스크 공장의 임금은 10%밖에 되지 않을 정도로 편차가 심하다.

그러나 1905년 2월 총파업이 전국적으로 확산되고 사바와 노동자들 사이에도 긴장과 불신감이 침투하였다. 사바는 고리끼와 절친하였는데 총파업이 전개되면서 고리끼가 체포당하자 그를 구금 상태에서 보석금을 내어 석방시키는 활동을 행하였다. 1905년에 사바가 투옥된 고리끼를 위해 보석금을 지불하자, 급기야 회사 회장인 어머니 마리아는 사바를 경영진에서 해임하는 결정을 내렸다.[79] 그러나 그의 노력에도 불구하고 그의 공장에서 노동자들이 무력적인 파업과 파괴 행동을 전개하자 사바는 심한 배신감과 압박감에 빠지게 되었다. 회사는 사바에 대한 심한 질책과 더불어 전면적 해임을 요구하였다. 또한 사바에게는 자주 은밀하게 사민당으로부터 밀사가 접근하였고 혁명 자금을 요구하는 압력을 가하였다. 사바는 양측으로부터 심한 압박을 받게 되었다.

당시 레닌은 스위스에서 망명 중이었다. 그는 극도로 빈곤하였고 신문 발간과 혁명에 필요한 자금의 요청으로 국내의 당 조직에 압박을 가하고 있었다. 그러나 이 사건은 매우 어두운 베일에 감추어져 있다. 소비에트 측에서 이 사건을 파헤칠 리는 만무한 사건 중에 하나라고 본다. 이념적으로 정부로부터 의심과 감시를 받은 사바에게 정치 사회적 문제에 이어서 극심한 가정 불화가 이어졌다. 결국 사바는 심한 정신적 강박증과 불안 그리고 좌절감으로 쓰러졌다. '사바가 미쳤다'라는 소문이 전 도시에 파다하게 퍼져나갔다. 어머니 마리아와 경영진은 전격적으로 사바를 해임하고 그를 요양시키기 위해 프랑스 니스로 보내도록 조치를 취하였다. 그러나 니스에 도착한 지 얼마 되지 않아 사바는 호텔에서 권총으로 자살하여 비극적으로 생을 마감하였다. 이 사건은 당시 전 러시아를 놀라게 하는 충격적인 미궁의 사건에 속한다. 그러나 가족은 '신경성으로 인한 자살'로 공식 발표하였다. 정치적인 소용돌이 속으로 빠져들기를 원치 않았기 때문이었다. 회사측은 이런 발표가 사바와 기업에 오히려 이득이 된다고 보았다. 그의 죽음의 더욱 정확한 이유는 아직 밝혀지지 않고 있다. 마치 당시대 러시아의 부르주아적 기업가들의 약체의 지위와 운명을 상징하는 것처럼 말이다.

5. 최후의 이야기

모로조프가 회사는 5월 사바의 돌발적 죽음 이후 동생 세르게이와 큰누나의 아들인 조카 F. 카르포비치가 새로이 최고 경영진에 합류하였다. 또 회계 관리와 니콜스크 영지재산 관리를 맡으면서 224주를 보유한 I. 콜레스니코프는 사바의 업무를 인계받고 최고 경영진의 한 사람으로 임명되었다. 역시 사바가 담당하던 기술 설비와 원료구입의 업무는 엔지니어 출신인 A. 봐구린이 승계하였다. 그는 원료조달을 위해 40번 이상 시베리아로 여행할 정도로 헌신적이고 지칠 줄 모르게 일하는 인물이었다. 그러나 다시 1906년 봄 고위 임원이자 인척인 C. 나자로브가 모로조프 회사 사무실에서 한 노동자에 의해 암살당하자 회사의 주주 구성상의 변화가 불가피하였다.

니콜스크 직물공장의 생산품을 유통 매매할 시장 개척자로서 A. 이바노비치가 초빙되었다. 이바노비치는 니제고로드의 정기시장을 매년 여행하면서 유통망을 개척하는데 헌신적으로 일하였다. 이후 그는 최고 경영진 임원 중에서 사바처럼 2인자의 지위에 올랐다. 이들은 사바가 도입한 두 단계의 중앙집중적 경영구조에서 훈련받은 사람들이었기 때문에 집단경영의 전통을 지키는데 별 어려움이 없었다. 또한 경영의 수평적 구조상 부문별 분업과 조직의 혁신 덕택으로 구성원의 변동에도 불구하고 기업 운영에 큰 차질은 일어나지 않았다. 1905~1907년 혁명의 격동 사이 노동자들의 극심한 소요와 위협 그리고 기업이윤의 큰 손실에도 불구하고 이들은 기업 재무와 이윤율을 세밀하게 분석하면서 임금계산표를 상향 재조정하고 대응한 덕택으로 혼란에서 회사를 보호하는데 성공하였다. 이런 현상은 당시 다른 사적 기업이나 공장에 비교하면 거의 기적 같은 일이었다.

1911년 마리아 페도로브나의 사망 이후 그녀는 3천만 루블이라는 거액의 재산을 현금, 유가증권, 어음, 국채 모두를 포함하여 자손들 모두에게 균등하게 상속하였다.[80] 말할 것도 없이 전통대로 기초 현금과 저택을 제외한 모든 국채와 주식 상속금은 다시 기업 투자금으로 투입되었다. 혁명 이전까지 최고 경영진의 임원은 많이 달라졌으나 주식의 압도적인 지분은 여전히 모로조프가의 자손들이 소유하였는데 그 지분은 13,837주로서 92%에 달하였다.[81] 나머지는 예전부터 찌모페이의 동업자였던 인물들이 소유하였다. 이로서 모로조프가 회사는 마지막까지 찌모페이 시대에 정한 재무구조의 원칙에 따라 소유와 경영이 분리되어 운영되었고 기업 자산이 안정적으로 집중되는 구조를 유지하게 되었던 것이다. 생산 과정의 감독과 회계분석은 계속해서 전문가 출신의 엔지니어들 손에 맡겨져 있었다. 이들은 소유주는 아니었지만 매년 10만~20만 루블에 이르는 상당한 연봉과 성과급과 배당금을 받았다. 이들은 수평적으로도 경영 기획기구와 집행기구, 상담회의 기구를 각각 수립하여 각기 업무를 분담하고 끈임 없이 생산과정의 효율성, 생산비의 절감, 제품의 품질조사, 노동자들의 노동지도 등등으로 관리를 체계화 나가는데 역할을 분담하였다. 이로서 모로조프가 직물회사는 1917년 혁명까지 이전에 러시아에서 가장 거대한 직물기업의 지위를 계속 유지하였다.

그러나 1917년 혁명으로 이 모든 자산은 몰수되고 현금과 증권 등은 물거품이나 한낱 휴지로 날라 가고 말았다. 오늘날 우리는 만일 제 1차 세계대전과 1917년 혁명의 충격이 아니었다면 러시아에서도 점차적으로 서구의 기업들과 경쟁할 수 있는 부르주아적 대규모 수준의 현대적 경영자본주의적 기업의 능력이 발휘되고 세계적 성장이 가능했으리라고 상상하고 있다.

8장 1905년 혁명 이후 최초 자유주의 의회제는 왜 실패했는가*

1.'피의 일요일'과 1905년 혁명

1905년 1월 상뜨 뻬쩨르부르크 겨울 궁전 앞에서 벌어진 잔혹한 '피의 일요일' 충격사건은 러시아에서 노동자들의 전국적 총파업과 저항적 시위로 비화하였다. 노동자들의 저항에 이어서 흑해 포쩸킨 함대에서의 병사의 반란과 농촌에서의 농민 봉기가 연달아 폭발하였다. 마침내 황제 니콜라스 2세는 완전히 굴복하게 되었다. 사태는 혁명의 길로 전환하였다. 이로서 러시아 역사에서 처음으로 황제는 국가 의회, 즉 두마의 설립과 선거제 도입을 약속하는 역사적 대 사건이 일어 났다. 역사에서 우리는 이것을 '1905년 혁명'으로 부른다.

그러나 더욱 커다란 문제는 다음의 사건이다. '1905년 혁명'으로 탄생하게 된 국가 의회인 두마와 정당들의 의회 활동이 그 후 1905~1914년 사이 왜 자유주의적 입헌체제 수립까지 다다르지 못했는가라는 아쉬운 역사적 물음을 퍼부을 수 있다. 또 러시아 자유주의체제에서 실질적이고도 물질적인 사회적 기반이 될 중산층이나 부르주아적 집단을 무엇을 하였는가? 무엇을 할 수 있었는가? 이에 대한 답을 찾아보자.

20세기 초, 네바 강변의 상뜨 뻬쩨르부르크는 제국 시대 러시아의 우아한 궁정과 아름다운 건축물, 유럽의 과학과 예술 그리고 부와 고급 교육을 추구하는 부유한 귀족과 교양사회, 상인들로 가득 찬 도시였다. 그러나 동시에 이 도시 뒷면에는 45만 명에 이르는 극빈 층 산업 노동자들과 비참하고도 어두운 미래만을 가진 빈농들이 집중되어 있었다. 러시아는 1880년대부터 빠른 산업화와 경제력의 팽창에도 불구하고 공장에서의 임금수탈과 열악한 환경, 민중의 심화되는 빈곤과 불평등, 정치적 탄압 등으로 다가 올 위기와 디스토피아 세계를 암시하고 있었다.[1]

이 가운데 1905년 1월 9일은 세계사에서도 <피의 일요일>로 알려진 비극적 사건은 러시아의 역사와 미래를 송두리채 바꾸는 날이었다.[2] 이날 아침 뻬쩨르부르크의 공장 노동자들은 가퐁 신부의 영도아래 대규모 집회와 시위와 행렬로 궁정광장으로 향했다. 처음의 목적은 황제에게 노동자들의 지위향상을 위한 청원서를 제출하려는 것으로 시작되었다. 도로 양쪽의 경찰의 제제에도 불구하고 시위행렬이 궁정 광장에 도착하자 정부의 경비대는 급기야 총을 쏘아 대었다. 이 유혈적 탄압은 130명의 사망과 500여명의 피투성이 부상자들을 내고야 말았다. 이것은 노동자들에게는 전혀 예상치 못한 정부의 대응이었다. 이 무모한 대량 학살은 순식간에 뻬쩨르부르크의 전 도시 내 공장 노동자들에게 절망과 분노, 저항을 불러 일으키게 되었다. 그후 러시아는 1년 내내 수도의 공장 곳곳에 폭력과 약탈이 번져갔다. 대혼란의 파국으로 치달았다.

1905년 4월에 파업은 점차 정치적 반란으로 확대되어 갔다. 농촌에는 농민반란, 6월에는 흑해 포쩸킨 호 해군수병들의 군사 반란이 발발하였다. 이러한 대파국은 마침내 러시아 역사상 최초의 노동자들 의한 1905년의 총파업으로 이어졌다. 10월 총파업 참가자는 그전 매년 평균 4만 3천 명이었던 것에 비해 열배가 넘는 43만 명으로 증가하였다. 1905년 한 해 전국의 총파업의 참가자수는 280만 명으로 추정되었다.[3] 정부 탄압에도 불구하고 공장 노동자들 사이에서는 각종 저항적 노동조직이 발생하였다. 10월에는 저항이 절정에 달하였다. 마침내 노동자들은 스스로 최초의 정치적 자치 조직으로서 '뻬쩨르부르크 노동자대표 소비에트'를 만들

8-1. 1905년 1월 상뜨 뻬쩨부르크, 겨울 궁전 앞, '피의 일요일'

기에 이르렀다.

1905년 노동자 계급이 보인 이같은 급진적 행동주의는 당시대 유럽 각국의 어는 노동자들보다도 더 호전적이며 전면적이었다. 오늘날 역사가들은 1905년 혁명이 러일 전쟁의 패배와 희생에 따른 순간적인 고통에서 비롯된 분노나 폭동이 아니라, 1870년대 이후 30여 년 전부터 누적되어온 산업화의 희생에 대항한 지하 노동조직의 집단 활동의 연속 상의 사건이었다고 설명하고 있다.[4]

20세기가 시작되었을 때, 러시아는 이미 실업과 산업 위기로 자주 혼란에 빠져들었다. 모스크바 주의 산업도시들, 니즈니 노보고로드, 오뎃샤, 사라토프, 탐보프, 티플리스 등지 공장에도 파업이 자주 재개 되면서 주위 농촌의 빈농들에게 반란의 자극을 주곤 하였다. 가장 위험한 사회 현상으로서 이때 미숙련 산업노동자의 수가 갑자기 산업화 초기의 두 배로 증가하여 170만명에 달한 점이었다. 수도는 가족을 포함하여 빈민이 밀집한 그야말로 반란의 화약고 같은 구조로 변하고 있었다. 1903년에 수도에서 멀리 떨어진 바쿠 유전지대에서 폭동이 일어나기도 했다. 1904년 12

월부터 수도 푸틸로프 금속 공장 노동자들이 지속되는 임금하락에 저항하여 선두적인 지위에서 파업을 주동하곤 했다.[5] 공장에서의 파업과 저항과 병행하여, 학생들과 급진파 혁명가들의 정치적 저항과 테러활동도 심화되고 있었다.[6]

1903년, 1904년에 이어 1905년의 일련의 총파업을 목격하면서 국가경제를 다루는 각종 위원회, 기업가 협회, 많은 공공단체들도 사회경제 개혁을 더 이상 미룰 수 없다고 보고 개혁을 요구하는 성명서를 내어 정부를 압박 하였다. 이에 1905년 10월 정치위기에 몰린 전제정부는 해임했던 위떼 수상을 다시 등용하였다. 황제는 정치적 붕괴를 막기 위해서라도 10월 선언과 함께 선거제에 의한 의회 기관으로서 국가 두마를 약속할 수밖에 없었다.[7] 이로서 바로 '1905년 혁명'의 시작이 되었던 것이다.

2. 상인·기업가들의 지위에 대한 쟁점

역사가들은 러시아에서 1905년 국가두마 도입 이후 과연 러시아에서 서구적인 자유주의 입헌 체제로 전환의 가능하였을까라는 쟁점을 둘러싸고 많은 논쟁을 벌여 왔다.[8] 국내에서 조호연이 지주귀족 젠트리층에 의한 젬스트보 운동이나 자유주의적 인텔리겐찌야의 정당 세력에 관한 귀중한 연구를 하여 우리에게 소개해 준 바 있다. 그는 국가두마 도입 이후 보인 러시아 자유주의적 정당이 가진 결정적인 한계는 그들이 사회경제적 기반이 취약한 지식인들의 정당이었다고 지적한다.[9] 최근까지 1905년 혁명 이후 국가두마 내에서 특히 부르주아적 상인· 기업가 세력의 활동에 관한 연구는 노동자 민중의 혁명 운동의 그늘에 가려져 매우 소홀하게 다루어졌다. 그 이유는 부르주아적 상인·기업가 세력은 '역사에서 완전한 패배자'로 낙인찍힌 탓이었다. 그리하여 두마체제 속에서 행한 그들의 의미 있는 정치 활동, 정체성이나 영향력에 관한 이야기는 역사 속에

완전히 파묻혀 버린 주제였던 것이다.[10]

소비에트 시대에 1905년 혁명기 러시아 부르주아 계급에 관한 대표적인 연구는 S. 세프, R. 베를린, Ye. 체르멘스키에 의해서 이루어졌다.[11] 그러나 이들의 연구는 자본을 축적한 사회 계급으로서의 모습과 노동자의 수탈자로서의 모습에 집중되어 있다. 이런 입장에서 서술한 공산 소비에트 시대의 대표적 저술들은 M. 로지안코, V. 코즈바넨코, 로코트, 시젤리니코프, 슬레프코프의 연구를 들 수 있다.[12]

한편 서구에서도 특히 제 3차 두마의 입법 활동에 관한 객관적 연구가 W. 월시, B. 핀추크, G. 호스킹에 의해 이루어졌다. 월시는 제 2차, 제 3차 두마의 구성원들의 직업에 관한 계량적 연구를 시도하였다.[13] 그러나 아직도 정작 국가두마 선거와 선거인단을 구성하기 위한 예비선거에서 상인·기업가들 자체의 선거운동 조직, 전략, 투표 성향과 태도나 의식에 대한 심층적 연구는 이루어지지 못하고 있다. 1970년대 비로소 모스크바의 상인·기업가 가족들이 남긴 회고록과 일차 문서를 통해 서구의 사가들은 자유주의적 상인·기업가들의 정치조직 활동에 관한 연구를 본격적으로 시작했다. 특히 L. 메나쉬는 10월 동맹당의 창당과정에서 기업가 가문 출신이자 상인·기업가들의 세계관을 대변한 A. 구치코프의 정치 역정을 연구하여 러시아의 상인·기업가들의 정치 무대 등장의 사례를 분석하였다. 또 R. 루자는 산업가 세력들의 연대와 전국적 규모의 기업가협회 설립을 통해 계급적 정체성을 세우려는 노력을 분석했다.[14] 이들의 연구에 이어 W. 제임스는 제 3차 두마에서 젊은 세대의 상인·기업가들의 정치의식이 급성장했으며, 독자적 부르주아 정당이나 정파를 탄생시키기 위해 엄청난 의식적 노력을 했다고 주장하였다. 또 기업사가인 R. 오웬은 전제정부의 보호 하에 성장한 뻬쩨르부르크의 대기업주와 달리 모스크바의 상인·기업가들이 자생적이고도 독립적인 경제 주체로서 성장했다고 설명한다. 오웬은 특히 관세법, 영업 자율권을 획득하기 위해 정부에 대항하여 집단적 연대를 성장시킨 과정을 분석하여 상인·기업가들의 정체성 연구

에 새 지평선을 열었다.[15]

1991년 공산 체제가 붕괴한 후, 최근 자유 의회주의 러시아에서 과거 최초의 두마 정당정치에 대해 비상한 관심을 쏟기 시작하였다. V. 셀로하예프나 K. 샤찔로는 국가두마의 구성원과 선거 과정에 관한 새로운 사료를 발굴하였다. 이를 토대로 입헌민주당, 10월 동맹당을 포함한 여러 자유주의적 정당들의 구성원, 전략, 목표 그리고 한계점을 분석하였다.[16] 더욱 나아가서 셀레즈뇨프, 쿠브쉬네프, 파트리찌예바를 위시한 최근 젊은 세대 러시아 사가들은 국가두마 내 정치 세력들의 사회성분, 복합적인 관계, 부르주아 집단 내에서의 지역별, 계층별로 다른 정치적 목표, 전략, 투표 성향의 분석을 통해 1906년 이후 양극화된 사회 분열 속에서도 시민사회를 향한 새로운 조류가 있었다고 하였다.[17]

한편, 상인·기업가들의 주관적 정체성에 관한 모습은 그들의 개인적 생애기, 회고록 속에 나타난 사회적 관계나 친분 등에 관한 기술을 통해 접근 가능하다. 당시 두마 의원의 저술로서 가장 두드러진 것은 입헌민주당의 지도자였던 밀류코프와 10월 동맹당의 구치코프의 회고록이다. 또 다른 의미 있는 사료는 모스크바 환거래위원회나 상인협회 위원 등으로 활동을 하다가 1917년 혁명 이후 망명한 P. 부뤼쉬킨의 기록이다. 이 속에서 그는 20세기 초부터 국가두마 운영 시기까지 상인·기업가 엘리트의 정치 참여에 대해 생생하게 기록함으로서 귀중한 증거를 주고 있다.[18]

실제로 1905~1914년 사이 상인·기업가 세력만큼 격심한 지위 변동을 겪은 집단은 없을 것이다. 국가두마 출범 이후 그들은 교양 사회에서 지금껏 백안시되던 상황을 벗어나서 갑자기 전통 지주 귀족이나 인텔리겐찌야와 대등한 지위에서 정치적으로 그들의 목소리를 표현할 수 있는 기회를 갖게 된 것이다. 1905년 혁명 당시 모스크바시의 대표적 상인·기업 부르주아 출신으로서 공적 활동에 참여하던 부뤼쉬킨은 '피의 일요일' 사건 이전 1904년 말 이미 상인·기업가들이 중심적으로 활약했던 모스크바시 두마에서 <자유요구선언서>를 발표했으며, 대 정부 비판연설을 가

8-2. 20세 초 부유한 러시아 사적 상인·기업가 부르주아 가정의 모습

장 먼저 시작하였다고 증언한 바는 매우 흥미롭다.[19]

그후 상인·기업가들은 자신들의 이해 관계를 대변하기 위해 <전러시아기업가대회>를 소집하기도 하였으며, 두마에 진출하여 새로운 정치세력을 결성하거나 제휴하려고 열망하기도 했다. 또, 4차에 걸친 두마선거에서 가장 모범적이었던 제 3차 두마에서 의장으로 활동하였던 A. 구치코프는 널리 알려진 상인·기업가 가문 출신이었다. 또 제 4차 두마에서는 젊은 세대의 상인·기업가 부르주아 계층에 속한 랴부신스키와 트레짜코프는 진보당(혹은 진보블록)을 만들었고 입헌민주당과 연합하기 위해 필사적으로 노력한 바 있다. 더 나아가 1917년 혁명 이후 임시정부에서 코노발로프는 입헌민주당에 합류하여 상공상에, 구치코프는 국방상에 임명되어 활약하였다. 이런 변화는 거의 '러시아의 부르주아계급의 탄생'이라고 부를 수 있을 정도의 획기적인 변화가 아닐 수 없다. 그러므로 1917년 혁명 직전까지 국가두마에 참여했던 상인·기업가들의 정치 참여에 관한 이야기는 자유주의적 정당과 부르주아적 사회 계층과의 관계, 그리고 당시

정치적 통합에서 상인·기업가 세력이 행한 역할과 한계를 심층적으로 분석하는데 중요한 단서를 제공한다.

먼저 러시아 전체 인구에서 상인·기업가들의 수적 비율을 일별해 보자. 산업화가 시작된 1880년 러시아 상인의 숫자는 총인구 9200만 중, 대략 80만으로 등록되어 총 인구의 1%도 되지 않았다. 이들 중 모스크바 상인·기업가들은 2만 2,900명이었다. 일반 상인 신분보다 훨씬 높은 등급을 의미하는 명예시민 칭호를 획득한 자들은 9,200명이었다. 이로서 모스크바 경우 인구 75만 3천 중, 상인과 명예시민으로 등록된 자들은 4.3%에 해당된다.[20] 이것은 도시 인구등록자 중에서 모스크바 상인·기업가의 비중이 커다는 것을 의미한다. 1902년 경 모스크바 상인들의 부의 수준을 조사하면, 중층 이상의 상인·기업가들은 1만 6,600명이었다. 그중 사적 상인·기업가들은 1,400여 명이었고 7,900여 명은 상업시설에 직접 종사하는 소유주였다. 나머지 7,300여명은 상업 가게 임대주로 구분된다. 대기업주 1,400여명의 평균 년 소득은 5만 루블에 이르고, 그 가운데 최상층 300여명은 년 소득이 평균 24만 루블에 이른다.[21]

부뤼쉬킨의 설명에 의하면 당대 모스크바의 엘리트 계층에는 30여개 대 상인· 기업가 가문이 속한다.[22] 최정상에 위치한 인물들은 상업과 산업 생산에서 최고의 성공을 거두고, 상인협회, 기업가협회, 모스크바주식거래소와 상업은행 운영에 개입하며, 정부기관 산하의 산업자문기구에서 활동하던 인물들이다. 대표적인 상인·기업가 가문들은 T. 모로조프, 바흐루쉰, 나이졔노프, P. 트레짜코프, 시츄킨, 프로호로프, 알렉세예프, 쿠마닌, 솔다쩬코, 야쿠니치코프 등이었다. 두 번째 집단은 이와 달리 기업 활동보다도 정치가나 공적 활동, 도시 두마대표, 시 행정가, 금융가 및 은행조직가로서 명성을 얻은 상인들인데 A. 구치코프, 크레스토브니코프, A. 코노발로프, 비쉬냐코프(Vishniakov), 루카비쉬니코프(Rukavishnikov) 가문이 이에 속한다. 마지막 부류는 기업 분야 이외에 사회 문화적 활동, 저술 작업, 자선이나 기부활동, 예술후원 등으로 명성을 얻은 집안으로서 랴부신스키(Riabushinskii), 크라실쉬치코프(Krasil'shchikov), 우쉬코프(Ushkov), 쉬베쵸프(Shvetsov), 브토로프(Vtorov), 타라소프(Tarasov), 코코레프(Kokorev) 구보닌(Gubonin), 부뤼쉬킨(Buryshkin) 가문을 들 수 있다. 모스크바공장주협회의 지도자였던 유리 구죵(Yurii Guzhon)은 후일 뻬쩨르부르크 기업가 조직이 발의하여 조직한 <전러산업상업대표자회의, All Russian Council of Industrial and Commercial Organization of Petersburg)의 모스크바 측 대표로 선출되었다. <전러산업상업대표자회의>는 전국적 규모의 기업가들의 기구였지만 <모스크바기업가협회>의 협조 없이는 실질적인 세력을 행사할 수 없었다.

비록 수적으로는 적었으나 모스크바의 상인·기업가들은 부의 규모와 사회 성분상 동질적 특성으로 말미암아 사적 부르주아적인 계층을 형성할 수 있을 응집력을 갖춘 집단이었다. 이들은 스스로 '근대적 집단'으로서 자부심을 갖기 위해 도시 두마에서 공적 활동에 봉사를 하거나 기부활동, 예술 후원사업 등으로 자신들의 위상을 높이기 위해 커다란 노력을 하였다.[23] 그러나 1890년대 국가 주도의 본격적 산업화 이후 경기변동이 수시로 일어났다. 그들의 경제적 이해는 항상 위협을 받았고 노동위기의 주범으로서 사회의 비난과 정부의 감시감독을 감수해야 했다. 또한 축적한 재산규모에도 불구하고 전통 토지 귀족들이나 지식층들로부터 항상 비천한 계층으로서 멸시받았다. 이들은 러시아 정치와 사회무대에서 영향력을 발휘할 공적 기회를 거의 갖지 못한 채 그야 말로 무대 뒤에 선 주변적 사회집단이었던 것이다.[24]

그런데 이들 모스크바 상인·기업가 엘리트는 황제의 <10월 선언> 덕택으로 이후 지금까지 눌려 있던 지위에서 벗어나 처음으로 적어도 법적으로 전통 토지귀족이나 인텔리겐찌야와 대등한 발언권을 갖고 정치무대에 나설 수 있게 된 것이다.[25] 주로 증권거래위원회나 시 두마에서만 공적 활동을 해왔던 상인·기업가들에게 <10월 선언> 그 자체는 기쁨과 충격 그 자체였다. 이를 계기로 상인·기업가들은 자신들만의 정치적 조직을 만들 수 있다는 가능성에 흥분하였다. 상인·기업가 집단은 젬스트보 젠트리층이나 급진적 인텔리겐찌야보다는 뒤늦게 정치그룹을 형성하는데 착수하였다.[26] 이를 위하여 1905년 11월 12일 상인·기업가들은 <상인·산업가협회> 명칭 하에 처음으로 부르주아지의 정치 모임을 결성하였다.[27] 모스크바의 상인·기업가들은 『모스크바의 목소리』(Golos Moskva)를 창간하였다.[28] 그러나 이것은 아직 정당이라고 부를 수 있을 정도의 규모나 조직, 강령을 구비한 상태는 아니었고 지방적 조직을 갖춘 것도 아니었다. 이들은 두마 선거에 참여하고 싶었지만 아직은 단독으로 입후보하여 당선되거나 아니면 단일한 정당을 구성할 힘을 갖지는 못했다. 자연히 다른 파당이나 정당 속으로 침투하거나 혹은 제휴하는 방법을 택해야 했다.

3. 국가 두마의회와 정당들의 경쟁

1905년 <10월 선언>으로 러시아에서 처음으로 선거에 의한 의회 즉, 국가두마 도입이 선포되자 1906~1907년 각 사회계층의 엘리트들은 정치경쟁에 뜨겁게 돌입하였다. 상인·기업가 엘리트들의 정치 참여 활동을 분석하기 위해 국가두마 내의 정치 세력들의 분포와 성분을 일별해 보자. 1906년 이후 1917년 2월까지 두마는 4차에 걸쳐서 구성되었는데, 그 중에서 임기 5년을 채운 것은 유일하게 제 3차 두마뿐이었다.[29] 그만큼 험난한 러시아 의회제의 운명을 말해준다. 황제는 제 1차 두마가 모이기 바로 며칠 전, 두마와 사전 협의조차 없이 일방적으로 자신의 최고권을 규정짓는 <근본법>을 공표하였다. 이것은 의회가 가져야 할 근본 권한에 대해 황제가 기습적으로 제동을 가한 것으로 매우 불길하였다. 황제는 행정각료 임명권, 군대, 외교정책, 왕위계승, 황실의 영지, 교회 문제의 결정권, 긴급예산권, 차관 도입권 등을 여전히 자신의 고유한 권한임을 미리 규정하고 공

8-3. 기업가 정치인, 파벨 트레짜코프

표했다. 또 그는 전제군주, 즉 짜르의 칭호를 계속 유지할 것으로 선언했다. 이런 공표들은 입헌군주정의 개념을 무색하게 만들면서 두마의 정치세력에게 막대한 장애를 예고하였다.[30]

<10월 선언>이후 첫 두마가 소집될 때까지 러시아에서는 극우 귀족층에서 하층 농민에게 이르기까지 총 29개 정당과 52개 연합과 협회가 우후죽순 격으로 등장했다. 그러나 이것은 러시아 사회가 얼마나 열광적으로 정치 참여의 기회를 기대했는가를 말해준다. 황제가 기선을 제압하기 위해 공표했던 <10월 선언>은 내용상 많은 부분이 애매모호함으로 가득차 있었다. 이것은 헌정 정치 경험이 없던 혁명 세력을 포함한 모든 야권세력의 연합이나 공조를 단번에 부수는 효과를 내었다. 러시아의 전통적 정치문화의 습성 탓으로 여러 사회세력은 황제의 개혁의지를 쉽게 믿는 태도를 취하였던 것이다. 이 분열적 효과는 자유주의 세력 자체에도 그대로 나타났다. 1905년 말 온건 자유주의적 세력은 순진하게도 <10월 선언>으로 인하여 다시 황제와의 화해의 가능성, 혁명의 진압, 질서의 회복에 큰

기대감을 갖고서 보수화의 방향으로 돌아섰다. 주로 이들이 10월 동맹당의 중심 세력이 되었다. 예들 들면, 젬스트보 지도자였던 쉬포프는 심지어 '정당'이라는 말 자체도 싫어하여 <10월 17일 동맹>으로 부르자고 주장했으며 상인·기업가 집단과 제휴하는 것도 꺼려할 정도였다. 이처럼 자유주의자들이 우파이든 좌파이든 다 산업 자본가나 부르주아계층에게 적대적이라는 사실은 러시아 자유주의적 세력들의 중요한 특성이었다.

역사적인 최초의 선거인 제 1차 두마의 선거는 재산자격, 지역별 제약, 직업별 차등 구분 등에 따른 선거인단 구성이나 간접적 선거 등의 복잡한 장애 요소를 갖고 있었다. 이 때문에 이론상으로 거의 모든 성년 남성들이 두마에 참여할 수 있도록 되어 있었지만 민주적으로 평등한 선거는 결코 가능치 않았다. 그럼에도 불구하고 놀랍게도 제 1차 두마에서 입헌민주당이 다수당이 되자 전제정부는 쓰라림을 맛보게 되었다.[31] 그만큼 러시아 사회는 개혁의 욕구가 정점을 치닫고 있었던 것이다. 제 1차 두마에서 상인·기업가 엘리트는 결코 입헌 민주주의자들과 입장을 같이 하지 않았다.[32] 그들은 온건개혁파인 10월 동맹당과 여러 갈래의 입헌주의자들 속에 퍼져 있었다. 10월 동맹당은 황제의 <10월 선언>의 정신을 존중하고 전제정 질서의 준수를 기대하는 보수적 자유주의자들이었다. 그러나 전제군주의 존재를 인정한다는 점에서 극우적 집단과 임시 연합하기는 했으나 결코 극우적인 반동집단은 아니었다. 제 1차 두마에서 뻬쩨르부르크와 모스크바의 상인·기업가 엘리트의 정치적 시각은 바로 10월 동맹당과 거의 일치하였다. 그러므로 이들 상인·기업가들은 결코 극우적인 반동세력이라고 볼 수 없다. 두 수도는 산업과 금융의 중심지였기 때문에 상인·기업가들은 경제활동의 팽창을 위해서 관료들과 인적 유대를 맺거나 정부 보조금을 받아 내거나 국가의 각종 사업의 입찰계약을 수주하기 위해서 자주 모여들었다. 자연히 이들은 10월 동맹당을 통하여 경제 정책의 방향을 결정하거나 이해관계를 전달할 수 있는 통로를 갖기를 열망하였다.

당시 아직도 대다수 상인·기업가 엘리트는 <10월 선언> 자체에 감동하여 황제의 개혁 의지나 능력을 믿으려고 하였다. 이들에게 두마나 정당정치를 통한 개혁에 대한 믿음은 귀족에 대한 오랜 적대의식 탓으로 아직은 확고하지는 못했다. 이들은 단지 '자비로운 군주'에게 책임지는 강한 정부가 필요하다고 생각하였으나 의회에 책임지는 정부가 존재한다는 것은 크게 믿지 않았다. 이러한 멘탈리티는 은혜로운 군주로서의 짜르 이미지에 대한 러시아인들의 전통적 믿음이나 습관이 강하게 작용한 탓이었다. 입헌적 군주로서 황제에 대한 상인·기업가들의 환상적 희망은 만연해 가는 인민주의들의 폭력이나 혁명에 대한 두려움 탓으로 더욱 강화되었다. 상인·기업가들이 지지한 10월 동맹당은 아직 제 1차 두마에서 소수였고, 정치적 개혁 프로그램을 만들어 낼 만큼의 세력이나 조직력을 갖지 못했다. 이처럼 아직 제 1차 두마에서 상인·기업가 세력은 여전히 의회주의 정치의 본질을 잘 파악하지 못한 채 주변세력에 속하고 있었다. 이러한 상인·기업가 집단의 멘탈리티에 추후 어떤 변화가 일어났는가를 살펴보자.

가장 큰 야당이자 진보적 자유파는 입헌민주당이었다. 184석을 차지한 입헌민주주의자들 속에는 극소수 상인·기업가 엘리트가 참여하고 있었다. 이 당은 처음에는 인민해방당으로 불리기도 했는데 여기에는 온건파에서 급진파에 이르는 극히 다양한 인물들이 뒤섞여 있었다. 입헌민주주의자들의 가장 큰 관심은 정치적 개혁이었다. 물론 입헌민주주의자들은 사회개혁에도 상당한 관심과 계획을 수립했으나 무엇보다도 그들은 두마를 영국의 하원과 유사한 강력한 민중대표 기구로 만들고 싶어 했다. 당의 핵심 위원들은 P. 밀류코프, 네크라소프, 마클라코프를 위시하여 대부분 높은 교육 수준을 받고 급진개혁을 추구하는 인텔리겐찌야 출신들이었다. 한편 '좌파 정당들'로 분류되는 집단은 하급관리들이 많이 참여한 '근로자당'(Trudoviki)과 마르크스주의자와 인민주의자들로 분류되는 사회주의자들의 느슨한 연합으로 이루어졌다. 두말할 것도 없이 상인·기업가들은 이 정당에는 전혀 참여하지 않았다.

1907년 제 2차 두마에 대해서는 1940년대에 A. 레빈이 연구한 이후 50여 년간 거의 되지 못하다가 최근 V. 코즈바넨코와 V. 졔민이 각 정파에 대하여 새로운 사실을 밝혀내었다.[33] 제 2차 두마에서는 제 1차 두마의원 중 31명만 재선되었고 나머지는 전부 교체되어 응집력이 제 1차 두마보다 크게 약화되었다. 그러나 제 2차 두마는 성향이 다른 모든 정당들이 대거 등장하였고 의원 숫자 면에서 모두 대표를 내세운 독특한 두마였다. 이것은 전제정부의 방해와 제재에도 불구하고 러시아 사회가 아직도 두마에 많은 기대를 모으고 있음을 나타낸다.[34] 제 2차 두마 구성원은 제 1차 두마와 비교했을 때 입헌민주주의자의 수가 줄어들었다. 대신 좌, 우익 진영이 크게 증가하여 양극으로 변화하는 것을 볼 수 있다.[35] '근로자당'이나 '사회혁명당'의 의원의 직업분석을 한 W. 월시에 의하면 이들은 전연 토지와 관련 없는 전문직종인들이거나 관직소유자들이었다. 사회민주노동당의 경우에도 39%만이 노동자였다. 나머지는 중층지주이거나 전문직종 종사자들이라는 것이다.[36] 이로서 자유주의적 정당들 대부분은 경제적 이해를 대변하기 보다는 체제 비판적 지식인출신이 다수였음을 보여준다.

최근 F. 셀레즈뇨프는 제 1차, 제 2차 두마 선거에서 예비선거(선거인단선거)에 관한 통계에서 중층 이상의 부르주아적 기업가의 정치 성향을 분석하였다. 44~45%가 10월 동맹당에게, 15~16%가 입헌민주당에게 투표하였다고 분석하였다. 그에 의하면 소상인이나 소농민들이 오히려 극우파에게 다수표를 던졌다.[37] 이 점은 매우 의미 있는 사실이다. 중앙정부나 관료와 밀접한 관계가 있는 뻬쩨르부르크의 기업가들과 달리 모스크바의 대 기업가들 중 많은 수가 자유주의적 정당에 투표하거나 지지를 보냈으며, 또 소상인이나 하급 관리들이 이들 기업가 집단보다 더 보수적인 성향을 띠고 있었다. 즉, 20세기 초보다 모스크바 상인·기업가 엘리트의 정치의식은 더 진화하고 있었던 것이다. 10월 동맹당은 개혁을 지지하지만 결코 더 이상의 혁명은 원하지 않는 온건 자유주의자에 속했다. 만약 황제가 <10월 정신>을 그대로 실천한다면 이들은 황제에게 충성과 큰 지지를 보낼 성향이 다분했다.

한편, 1907년 황제는 스톨리핀으로 하여금 정부에 비협조적인 두마를 또 다시 강제 해산시키도록 지시했다. 황제는 친 정부적인 두마를 만들기 위해 반동적인 <6월 3일 선거법>을 선포하였다. 제 3차, 제 4차 두마의 구성 성분에서 보수 반동적 세력에게 유리하도록 만들었다. 이것은 거의 1914년까지 이어졌다. 최초의 약속에 비하면 매우 배신적인 행동이었다. 우선 첫째로 노동자, 농민 출신 의원은 반 이상이 감소되었다. 대신 귀족과 지주들이 증가하여 거의 50%를 차지하여 유산자에게 압도적으로 유리한 두마가 되었다. 이것은 두마내에 의원들의 사회 출신과 성분의 양극화 현상을 더욱 심화시키는데 이바지하였다. 그럼에도 불구하고 자세히 분석해 보면 극우 및 우파로 과반수를 확보하려고 했던 정부와 황제의 계획은 아직도 전혀 완수되지는 못하였다. 제 3차 두마 의원의 98%는 그 이후 제 4차 두마의 1차 회기의 96%와 거의 동일한 인물들이었다. 이들 중 과반수는 부유한 지주와 자산자층이었다.[38] 이 수는 제 2차 두마와 비교하면 두 배가 넘는 숫자였다.

한편, 제 3차 두마에서 입헌민주당의 비율은 55여 석으로 감소하였다. 여기에는 여전히 지식인 출신이 다수였다. 대부분 입헌 민주당 의원들은 경제적 배경에 상관 없이 사상적으로 사회개혁 문제에 급진적 성향을 띠었다. 입헌민주당은 상인·기업가 계층에 대해서는 여전히 적대적이었다. 심지어 입헌민주당은 10월 동맹당이나 상인·기업가 부르주아 계층을 견제하는 <반 10월동맹당>을 만들기 위해 극우파와도 연대를 맺는 부정적 전술을 택하였다. 이 현상은 상인·기업가 계층의 입장에서 보면 정말로 쓰라린 상황이었다. 제 3차 두마에서 가장 중요한 변화는 10월 동맹당의 급성장이었다.[39] 10월 동맹당은 정당들 중에서 재산 상 가장 부유한 집단들에 속하였다. 젠트리층이 제 3차 두마에서는 66%, 제 4차 두마에서는

72%를 차지하였다.[40] 만일 10월 동맹당이 민족주의자들이나 진보파 연합 세력들과 연립할 수 있다면 (이것은 거의 불가능한 일이었지만) 러시아의 정치적 통합이나 실질적 개혁을 향한 강력한 세력으로 변화할 수 있을 것이었다. 그렇게 된다면 상인·기업가 엘리트는 두마 내에서 정치적 영향력을 발휘할 절호의 기회를 가질 수 있는 것이었다. 이 지점에서 10월 동맹당과 이들에게 집중적 지지를 보냈던 상인·기업가 엘리트와의 관계를 통해 상인·기업가 엘리트의 정치적 의식상의 변화를 살펴 보자.

4. '10월 동맹당'과 상인·기업가의 관계

상인·기업가 엘리트는 두마의 정당정치에 참여하면서 그들의 입장과 정체감 상에 어떤 변화가 일어났을까? 이들은 기본적으로는 '법치' '산업 경제의 강화' 원칙을 최우선시하였다. 자연이 이들이 가장 합류하고 싶은 정당은 10월 동맹당이었다.[41] 제 3차 두마에서 많은 수의 상인·기업가들이 10월 동맹당에 대거 합류함으로서 정치적 세력화를 위한 집단 정신은 상당히 성장하였다.[42] 20세기 상인의 가족이나 자녀들은 전적으로 상업을 계승하기 보다는 공직생활, 자유 직종, 또는 다양한 지식인 업종에 종사하는 수가 늘어났기 때문에 점차 상업적 이해관계 보다는 정치적 사안에 관심을 갖거나 이에 따라 행동하는 경우가 많아졌다.

두마 내에서 활약하던 두 대립적 인물은 구세대에 속하는 나이제노프(Naidenov)와 신세대에 속하는 랴부신스키(Riabuwshinskii)였다. 랴부신스키는 진보적인 성향을 가진 상인들과 함께 입헌 민주당원들과 매우 두터운 친분을 갖고 있었다. 이 다음으로 중요한 인물은 10월 동맹당의 당수로서 선출된 이는 부르주아 기업가 출신에 속하는 A. 구치코프였다. 부르주아적 상인·기업가들은 그들이 직접 주도하는 그들만의 '부르주아적 정당'을 세울 정도의 숫적 규모나 지방 조직을 갖지 못했기 때문에 10월 동맹

당의 당수가 된 A. 구치코프를 통해 그들의 정치적인 조직력이나 영향력을 키우려고 했다.[43]

10월 동맹당 지도부의 인물은 크게 두 갈래로 나뉘어졌다.[44] 한 사람은 젠트리 출신으로서 모스크바 주 젬스트보 활동가였던 D. 쉬포프이고 다른 한사람이 바로 부르주아적 상인·기업가 엘리트를 대변하는 A. 구치코프였다.[45] 양자는 공통으로 러시아가 강력한 국가의 힘와 위신을 회복시킬 수 있는 입헌군주정 체제를 지지하였다. D. 쉬포프를 위시하여 N. 호미아코프, P. 게이젠, N. 스타호비치, G. 볼콘스키 공작, M. 로지안코는 젠트리층을 대변하면서 신 슬라브주의적 자유주의 계열로서 황제의 온정적 미덕을 믿는 입장이었다. 그들은 서구 형태의 이익단체의 경쟁에 토대를 둔 입헌체제나 개인주의적 세계관을 결코 믿지 않았다. 대신 종교적, 도덕적 이상과 지방 자치주의를 원했다. 이들에 비해 상인·기업가 가문 출신인 A. 구치코프, G. 크레스토브니코프, P. 체스쨔코프는 비교적 신참 합류자에 속했는데 민족주의와 강한 산업대국을 지향했다.[46] 이들의 입장을 대변하던 구치코프의 연설을 보자.

> 러시아의 위대함은 만주에서 큰 오점을 남겼다. 이것은 회복되어야 한다. 이를 위해 법치적이면서도 강력한 군주정의 원칙이 중요한 역할을 해야 한다. 과격주의 교리나 인민 대표제를 요구하는 그 어느 정당보다도 10월 동맹당이야말로 진정으로 인민에게 더 가까이 있다.[47]

제 3차 두마에서 10월 동맹당은 다수파 정당이었지만 경제적으로 다양한 집단이 느슨하게 묶인 연합에 지나지 못했다. 이 때문에 막상 실제 활동에서 응집력을 가지는데 큰 어려움에 빠지게 되었다. 이것이 바로 러시아 국가 두마 정당들의 근본적 약점이었다. 정당내 상당수의 재산가들과 중상층 계층은 광범위한 사회 개혁에는 적대적이었고, 전제정부의 정책을 옹호하는 태도를 취하기가 일쑤였다. 이 때문에 당내의 중·하층 출신의 의원은 자주 반발하였다. 구치코프의 노력에도 불구하고 10월 동맹당은 단일한 강령이나 규약을 정하는데 실패하였다. 이 때문에 10월 동맹당은 입헌민주당에 비하여 통일된 정당 결성이 월등히 늦을 뿐만 아니라 강한 지방 조직력이나, 연대감마저 결여되고 있었다.[48] 총체적 이념이나 규정 없이 막연히 평화적 혁신, 혹은 황제와의 신뢰감, 슬라브 민족의 자존심 등의 원칙만으로는 극우정당이나 입헌민주당과 경쟁자가 될 수 없었다. 상인·기업가를 대표하던 구치코프 자신도 사실은 인민 민주정치나 서구의 의회제에 대한 신념은 갖고 있지 않을 정도였다. 그는 무엇보다도 먼저 정부와 내각의 중요 의사결정에서 황제 측근이나 종실들의 개입을 격렬하게 비판하고, 국민과 두마에 책임지는 효율적인 내각 구성을 요구했다. 구치코프는 주로 러일 전쟁의 패전의 책임을 정부에게 줄기차게 물었고, 황제의 종실 출신의 군 사령관이 아니라 전문적이며 책임 있는 군대 지휘관으로 교체할 것을 요구하여 황제의 미움을 샀다.[49]

허친슨은 구치코프의 강력한 군사력과 국가주의적인 사상이 제국주의적 성향이라고 분석하지만 이것은 너무 단선적인 시각이다.[50] 구치코프의 강한 국가주의와 민족주의적 경향은 모스크바 상인·기업가들의 문화적 전통과 깊은 관련이 있다. 상인·기업가 엘리트가 민족주의적 기치를 내세우게 된 것은 그들의 자생적 경제 활동의 전통에서 비롯되었다.[51] 19세기 후반 모스크바 상인들은 항상 황제가 있는 수도 뻬쩨르부르크의 외국출신 기업가와 외자, 그리고 외국산 상품과 힘겹게 경쟁해야 했고 러시아 서부의 대지주들로 인하여 자주 위협을 느꼈기 때문에 대외적인 불신감이 컸다. 그러므로 이들의 민족주의 성향은 정부의 공식적 관제 민족주의나 소수 민족에 대하여 제국의 지상 권력을 추구하는 제국주의와는 다른 것이다. 구치코프의 연설문을 보자.

> 우리는 과거 구 러시아가 창조했던 무수한 일들을 부정적으로 말해서는 안 된다. 만주에서 치욕을 겪은 러시아의 위대성과 영광은 회복되

어야 하고, 신 러시아에서 재현되어야 한다....러시아인들의 삶에서 격리된 극단파들의 교조주의를 우리는 믿을 수 없다.[52]

그러나 10월 동맹당의 지도부 다수가 젠트리층의 이익에 항상 우선적으로 집중하자 상인·기업가 엘리트는 점차 내부적으로 반감을 가졌다. 상인·기업가 엘리트는 기술의 발달, 교육의 확대, 노동자들의 이해가 산업발달이나 기술문제에 종속되어야 한다는 원칙을 내세웠다. 합리적 공정과세, 노조나 파업은 인정하지만 특히 국가적 중요성을 띠는 산업에서 노동의 권리는 제한되어야 한다고 주장했다. 이 때문에 상인·기업가 엘리트는 늘 노동자의 지지를 받을 수 없었다. 또한 상인·기업가 엘리트는 농촌 콤뮨의 해체나 농민의 토지상환금 폐지에 절대 찬성하는 입장을 취함으로서 농업 지주층과 대립하였다. 농촌 콤뮨 해체 문제에 대해서 10월 동맹당은 심한 내분이 일어날 수 밖에 없었다. 결국 이 의제는 합의를 이루지 못하고 연기되어야만 했다. 10월 동맹당은 산업 경제를 둘러싼 외자도입, 관세법, 노사문제에 대해서는 전반적으로 산업 세력에 대해 적대적이었으나 산업의 성장을 도외시한 채, 노동자 이익만을 옹호할 수 없다고 보고 타협안을 채택하였다.

1906년 초 제 2차 10월 동맹당 대회가 소집되었을 때, 제국 전체에 78개 지부가 존재했는데 그 중 25개가 수도 뻬쩨르부르크와 모스크바에서 조직되었다. 이것은 예상외로 10월 동맹당의 지지세력이 점진적이지만 산업지대로 옮겨가고 있음을 말한다. 체르멘스키는 10월 동맹당 의원의 성분 분석을 통해 당의 중앙위원회 회원 중 젠트리가 10.7%, 상인·기업가가 40.4%, 정부 공무원이 20.2%, 전문직종 종사자가 19.1%라고 설명했다.[53] 확실히 10월 동맹당은 대중적 정당은 아니었다. 10월 동맹당은 처음 창당할 때와 달리 서서히 젠트리 층의 주도권이 밀려나는 모습을 보였다. 이로서 쉬포프는 큰 타격을 받아 후일 당을 떠나기로 결심하였다. 그는 당을 떠나 우파 젠트리층, 입헌민주당 내의 일부 우파를 규합하여 슬라브주의 전통과 도덕적 회복을 추구하려는 평화개혁당을 만드는데 일조했다.

10월 동맹당 내에서 젠트리층과 상인·기업가들 사이에 또 다른 대립을 가져 온 최대의 사안은 종교적 의제와 군비 증강 의제였다. 1909년 5월 구치코프는 모스크바 상인·기업가 엘리트 중에 구교도 출신이 많았기 때문에 이들의 종교적 자치를 허용하고 구교도의 법적 제약을 철폐해야 한다고 주장했다. 심지어 구치코프는 성직을 떠난 이들에게 시민적 제약을 철폐하자는 법안을 두마에 상정하고자 하였다.[54] 그러나 10월 동맹당 당내 우파와 중도파는 결사 반대하였다. 그들은 정교회의 권위는 러시아 질서의 기초적 축이라고 보고 구교도들의 자치권은 전제권력의 약화로 이어진다고 보면서 상인·기업가들의 의안을 거부하였다. 정부와 국무회의 역시 구교도 공동체를 위한 그 어떤 법률도 비준하지 않았다. 종교적 자치권에 관한 한 우파는 대대적인 승리를 거두었다. 이 사건 이후 구치코프는 10월 동맹당 내에서 구교 출신의 상인·기업가들로부터 신임을 상실하여 더 이상 어떤 공식노선을 제안할 수 없을 정도로 지도력에 큰 타격을 받았다. 그는 우파의 보수적 성향에 다음과 같이 탄식하였다.

> 10월 동맹당 내에서는 10월 선언의 정신을 거부하는 자들이 있다.[55]

상황이 이렇게 되자, 10월 동맹당 내에서 늘 열세에 있던 상인·기업가 엘리트는 두마회기 이전에 별개의 협회를 조직하여 공동입장을 확정짓고 우파와 젠트리 층에게 대적하는 전술을 취하기로 하였다.[56] 이들의 이해관계에서 가장 뜨거운 사안은 '노동 입법' 의제였다. 상인·기업가 엘리트들은 의무적인 상해보험이나 병원기금 법안이 두마에서 상정되자, 단결하여 의안 채택을 지연시키는 데 성공하였다. 그 때마다 정부의 관료들은 두마 내에서 활동하는 기업가 협회의 응집력에 대해 놀랐다. 그러나 국무회의 산하 관료의 자문기구에서는 상인·기업가 엘리트의 수가 소수였으므로 보수파들의 반격에 밀려났다. 1912년 6월 기업가 협회의 집단적 반대에도 불구하고 결국 고용주의 감독권을 제약하는 <노동문제법>이 상정되었다. 당시 상인·기업가 대표를 맡은 의원 주콥스키는 당내의 젠트리와 인텔리겐찌야에게 분노하여 다음처럼 비판했다.

> 지식인들은 교조적일 뿐만 아니라 독단적이다. 그들의 어설픈 아마츄어리즘으로는 나라를 구하지 못할 것이다. 농업세력은 좁은 계급적 이익에 빠진 이기적 집단일 뿐이다.[57]

한편, 입헌민주당은 내적 분열을 거듭하는 10월 동맹당을 지나치게 감상주의적이며 그저 황제와의 화해를 추구하고 황제에게만 의존하는 당일뿐이며 근본개혁은 이룰 수 없으리라고 조소하였다. 한편 이미 1907년 6월 제 2차 두마 마지막 회기에서 사회민주당계 의원들의 체포 및 기소, 정치범의 면책특권의 해제 문제와 징집안을 둘러싸고 두마내 우파 정파들, 10월 동맹당, 입헌민주당은 서로 크게 대립하였다. 이 사건이래로 우파 정파들이나 10월 동맹 당원 일부는 입헌민주당원들 다수가 혁명 세력과 떨어질 수 없는 관계라고 맹비난하고 차라리 극우파로 합류하는 사태가 왕왕 일어났다.[58]

극우파의 주된 목적은 두마 자체를 무산시키는 것이었다. 이처럼 러시아의 의회제는 아직은 근본이 취약해 있었다. 두마는 정당들의 대립과 정치력 부재로 점차 기능이 흔들리고 센 바람 앞의 촛불처럼 약해졌다. 두마 내에서 입헌민주당은 10월 동맹당과 합의를 도출하기보다는 언제나 상대를 불신하고 경쟁적으로 대적하였다. 상호 연합하기보다는 찢어지는 전술을 택하였기 때문에 두마 내에서 안정적인 다수파를 형성할 기회를 노쳐 버렸다. 만일 이 지점에서 입헌민주당이나 상인·기업가 엘리트가 자신들의 좁은 시각을 벗어나서 장기적으로 상호 연합하는 전술을 택할 수 있다면 정치적으로 강력한 다수파를 형성할 수 있었을 것이다. 그러나 이것은 이루어지지 못하였다.

제 3차 두마 시기 10월 동맹당 역시 끝없이 내분을 반복하고 있는 동안, 황제는 서서히 무제한 권력을 다시 복원하였다. 1908~1911년 사이 검열과 탄압이 강화되었다. 지방 정부 곳곳에서 비상 계엄령과 군대 동원이 시행되었다. 두마는 관료들의 권력 남용에 대해 항의하였으나 황제는 궁정 인물이나 내각, 주 지사들, 사법부, 경찰들 중 그 어떤 인물도 경질시키지 않았다. 지방에서 경찰과 사법부는 혁명세력을 색출하는데 혈안이 되었다. 심지어 1905년 당시에 <10월 선언>을 요구했던 인물들조차 여러 가지 이유로 유형이나 재판에 처해지거나 반동 정책에 희생되었다. 10월 동맹당의 쉬들로프스키와 구치코프는 지방 정부와 경찰의 혁명세력에 대한 과잉 사법권에 대해 항의했지만, 급진적 사회주의 혁명을 막아야 한다는 입장 때문에 사실상 딜레마에 빠졌다. 그저 유일한 방법은 제 3차 두마에 우호적이던 스톨리핀을 통해서 전제정부에게 비난의 소리를 전달하는 것이었다. 그러나 스톨리핀은 10월 동맹당이나 우파로부터 받은 환영에도 불구하고 황제로부터 전면 지지를 받는 인물은 아니었다. 점차 체제를 개선한다는 황제의 <10월 선언>의 약속은 무용지물로 변화하였다.

두마가 분열을 거듭하고, 기근과 경제적 불안마저 도래하자 하층 농민과 노동자들은 두마에게 걸었던 기대를 포기하면서 실망하고 돌아서는 태도를 취하기 시작했다. 이것은 두마가 사회적 통합을 달성할 수 있는 능력을 상실함을 의미했다. 마침내 1911년 토지상환금의 폐지를 약속하고 그나마 일부 개혁을 추진하던 스톨리핀이 암살 당하는 사건이 발생하였다. 개혁을 원치 않던 전제정부는 그의 죽음에 냉냉한 태도를 보였다. 이로서 10월 동맹당과 전제정부 사이 소통의 유일한 끈이 사라지게 되었다.

황제권의 약화나 어떠한 개혁도 반대하는 궁정에서는 다시 과거의 '책임감 없는 어두운 집단'(irresponsible and dark forces)이 세력을 회복하였다. 구치코프는 황제 측실들을 '황실 척족, 늙어빠진 전직 고관들, 궁정패거리'라고 불렀다. 그에 의하면 이들은 황제를 에워 싸고 주변조직으로 모임을 결성하여 민중과 황제를 차단시키며 무대 뒤에서 '책임감 없이' 무소불위의 막강한 영향력을 행사했다. 동시에 흑색 백인조가 조직되어 반동세력의 핵심으로 맹위를 떨쳤다. 정부와 혁명적 인테리겐찌아, 테러리스트와의 싸움은 거의 내전을 방불케 할 정도로 대립하기 시작했다. 정치적 양극화는 다시 심화되어 갔다.[59] 최고위 궁정 대신들은 오직 황제 개인에 의해 임명된 측실들로서 일인 군주와 전제정에 절대 복종하는 자들이었다. 이들의 개인적 유착 관계가 정부의 모든 정치 의안을 결정했고, 이들의 세력과 영향력은 두마나 국무회의보다 더 컸다. 이들은 스톨리핀의 모든 개혁안을 무효로 돌리는 작업에 착수하였다. '제 3차 두마'를 위험한 선동집단으로 황제에게 고자질하였다. 만일 두마가 해군 군비증강 안을 기각하면 이들은 해외 차관을 도입해서라도 군비를 증강하였다. 황제는 자신이 제출하는 법안은 어떤 것이라도 두마내 여러 세력을 제압해서 통과시켰다.

두마 내에서 정치 연합이 실패할 때마다 10월 동맹당 내부 계파들은 서로 비난하면서 분열하였다. 양대 수도의 상인·기업가 세력들도 자주 서로 대립하였다. 이 결과 많은 이들이 10월 동맹당을 떠나거나 이동하였다. 점차 국가두마는 전제정부를 제약을 가할 아무런 수단 이나 조직도 일치된 정신도 갖지 못하고 무력해져 갔다. <근본법>은 황제의 어떤 결정에도 완벽한 법적 정당성을 주는 것으로 활용되었다. 예를 들면 긴급법, 철도자금, 군비자금, 정부차관의 이자 상환용, 특별기금법, 극비상황의 자금법 등은 두마 권한을 벗어 난 항목이 되었다. 이 모든것들은 황제 일인의 요구대로 합법적으로 빠져 나갔다. 마침내 1911년 9월 황제와 측실들은 스톨리핀의 개혁안을 완전히 폐기하는 데 성공하였다. 두마 내에서 극우파인 푸리쉬케비치, 마르코프, 자묘슬로브스키는 두마의 무용성을 강조하면서 두마를 분열시키는 음모를 벌였다. 극우파는 지도력을 상실한 10월 동맹당의 호미아코프와 구치코프를 해임시키는데 성공했다.[60]

이로서 제 3차 두마에서 구치코프의 추락은 10월 동맹당을 통해 정치적 영향력을 키우고자 했던 상인· 기업가들의 노력은 완전히 좌절되고 말았다.

5. '진보 블럭'의 상인·기업가의 '부르주아 정당'의 시도

10월 동맹당이 다수당의 지위를 상실하자, 10월 동맹당의 상당수는 당을 떠나 우파 정당에 합류하였다. 이제 10월 동맹당은 온건자유주의적 정당으로서의 힘이나 이미지를 잃었다. 기존 정당정치가 무너지는 이 상황에서 상인·기업가 엘리트들 사이에서는 어떤 변화가 일어났던가? 이에 대해 알아보자.

구치코프를 통해 독일 비스마르크 시대의 부르주아지처럼 러시아 '근대화'에서 중심 역할을 하고자 했던 상인·기업가 엘리트 내에서도 노선상 분열이 일어났다. R. 루자는 구치코프의 사임 이후 기업가들은 정당 경쟁 자체에 큰 회의감을 느껴 오직 경제적 조직 활동으로 돌아서게 되었다고 지적했다.[61] 그러나 J. 화이트는 루자의 이 주장에 반박한다.[62] 화이트는 뻬쩨르부르크 기업가들과 모스크바 기업가들의 속성과 세계관이 아주 달랐고, 이미 제 3차 두마 말기에 양세력은 완전히 다른 노선을 택하였다고 설명하였다. 그에 의하면 뻬쩨르부르크 기업가들은 본래부터 전제정부와 밀착되어 있었으며 적극적 정치 참여를 꺼려했다는 것이다. 이 때문에 늘 양쪽 기업가들 사이에는 깊은 불신이 존재했다. 화이트는 10월 동맹당의 분해 이후에 모스크바 상인·기업가들은 '부르주아적 정당'으로 변화할 수 있는 정치 그룹을 결성하려는 희망을 버리지 않고 새 노선을 찾아 결집하였는데 이것은 역사적으로 중요한 의미를 지닌다고 보았다. 실제로 양 수도의 기업가들의 속성이나 세계관은 큰 차이가 있었기 때문에 제 4차 두마 출범 시기 모스크바 상인·기업가들의 정치 활동은 이런 맥락에서 새롭게 볼 필요가 있다.

제 3차 두마가 사라져 갈 무렵, 1909년 랴부신스키를 중심으로 모스크바의 젊은 기업가 엘리트들은 다시 은밀히 모이기 시작하였다. 이들은 실용적 노선을 공개적으로 선언하고 젠트리층의 주도권으로부터 벗어나 독자적 영향력을 갖고자 했다. 이들은 소위 '랴부신스키-코노발로프 서클'(Riabushinskii-Konovalov Group)로 불렸다.[63] 이들은 연령상 젊은 층이었으며, 출신 배경은 모스크바 중심의 직물기업, 경공업 산업가들로서 상당수가 구교도 배경을 가진 자들이었다.[64] 이들은 1840년대부터 국가나 토지 귀족층의 구속에서 벗어나 자생적으로 독립자본을 형성하여 종교적으로 경건주의와 친 슬라브주의적 애국주의 성향을 가지면서 성장한 상인 집단의 제 3세대 후손들이었다. 따라서 이들은 뻬쩨르부르크의 황실의 비호나 특혜 하에 성장한 기업가나 상인들과 달리 지방에서 자생적으로 성장했기 때문에 스스로를 러시아를 '근대화'시킬 수 있는 주된 집단이라는 자부심이 매우 컸다. 그들은 농촌을 근대화하기 위해 토지를 매입하고 새로운 기술을 도입하여 생산성을 높이고, 공장을 세워 일자리를 만들어 농촌의 빈곤한 인구를 흡수하며 이들에게 복지정책을 시행한다고 자부했다. 사실 이들은 사회적 명망과 위신을 얻기 위해서 빈곤층과 기근이나 전쟁 희생자들에게 엄청난 액수의 기부금을 제공하고 자선사업을 행하여 교양사회를 놀라게 만들곤 하였다.

'랴부신스키-코노발로프 서클'은 스스로를 전통적 인텔리겐치야 출신의 '사상가들의 세계'와는 구분짓고, 대신 경제적 민족주의와 민중 복지에 부합하는 대 원칙을 표명하였다. 이들은 과학자, 경제학자, 공학자들을 초청하여 지적인 기초를 얻으면서 이미지를 바꾸려고 필사적인 노력을 하였다. 1909년 랴부신스키는 빈번하게 모스크바 대학교 경제학 교수인 P. 스트루베, 입헌민주당 내 우파의원을 그의 사저에 초대하여 <경제학토론회>(Economic Discussion)를 개최하고 사상을 나누면서 진보파 형성에 적극 활동을 벌였다. 일련의 모임을 통해 '랴부신스키-코노발로프 서클'은 두마 내에서 <진보블럭>으로 불리며 여러 인물을 규합하였다. 이 움직임은 모스크바 상인·기업가들의 '근대화'를 향한 선봉적 활동으로서 당시대 새 문화 조류인 이른 바 '은의 시대'(Silver Age)에 합류할 만한 계몽활동이었다. 이 토론회 이후 '랴부신스키-코노발로프 서클'은 자신들의 신문 『러시아의 아침』(Utro Rossii)을 발간하고 다음과 같은 내용을 게재하였다.

> 러시아 자유주의 운명과 국가의 운명은 부르주아지에게 달려 있다. 러시아의 자유주의는 젠트리나 인텔리겐찌야에 의해서는 이루어질 수 없다. 그들은 현재 상황을 다룰 수 없다… 새로운 러시아와 새로운 원칙 그리고 새 지도부는 계급의식적인 부르주아지에게 있으며 이들이 열쇠를 갖고 있다.[65]

당시 『러시아의 아침』은 사설에서 국가의 경제 발전은 현존하는 전제정 체제로서는 도저히 불가능하며, 전제정의 권력구조야말로 진보의 최대 장애물이라고 공개 비판하여 정부로부터 심한 검열 목록에 올랐다. 전제정은 오직 과거로부터 물려 받은 권력의 유지에만 집착하며, 두마 내에 어떠한 권력 분배에 동의하지 않고, 필요할 때만 임시방편으로 양보할 뿐이며 오직 강제력에 의해서만 통치하는 정부라고 비판하였다.

> 전제정은 더 이상 스스로 개혁할 수 있는 체제가 아니며 결국 러시아에는 진정으로 강력한 국가가 존재할 수 없다. 스톨리핀은 결코 비스마르크가 될 수 없다.[66]

이런 논조의 글은 당시의 상황에서는 매우 과감하며 공격적인 것이었다. 확실히 이제 이들 젊은 세대 기업가 엘리트는 과거 전근대적 상인의 모습에서 완전히 벗어나 '부르주아'의 자아 의식적 입장을 공공연히 표현하는 것이었다. 이들은 젠트리나 인텔리겐찌야들이 도저히 취할 수 없는 입장을 보이면서 전통적 인텔리겐찌야의 취약점인 '대중과의 괴리' 현상을 메꾸고 실질적인 힘을 과시하고자 했다.

'랴부신스키-코노발로프 서클'은 황제나 정부는 측실관료와 아부배에 둘러 싸여 고질적인 일인 지배 이념에서 벗어나지 못하며 스스로 개혁 능력을 상실하였다고 서슴없이 공개적으로 비난했다. 이들은 오직 부르주아의 주도 하에서만 나라의 경제 발전이 가속화되고 생산성 확대가 이루어지며 민중을 빈곤의 족쇄로부터 해방시키고 교육의 기회를 넓히고 삶의 질을 개선할 수 있다고 주장했다.[67] 이들 진보파의 근본적 이념은 입헌주의 체제, 자유주의적 민족주의, 유산자 층의 이해 보호 그리고 산업경제 발전의 추구였다. 또 이들은 대중의 지지를 모으기 위해 특히 슬라브주의적 문화와 전통에 대한 숭배, 뿌리 깊은 애국주의, 종교적 경건주의를 유지할 것을 호소했다. 자연스럽게도 이들의 강한 애국적 성향은 강력한 대러시아 민족주의 사상과 결합되는 전술로 나아갔다.

> 전통 관료 귀족들은 특권과 권력에 의존하면서 모든 정부기구에 영향력을 행사한다… 러시아 경제는 바로 이 무능하며 악명 높고 비효율적인 관료귀족에 의해 족쇄에 묶어 있다. 이들 전통 귀족은 오직 상속받은 혈통상의 권리에만 의거할 뿐이며… 농업적 이데올로기에 집착하면서 몽매하고 퇴행적이다. 스톨리핀의 죽음은 이 퇴행적인 귀족들이 갖고 온 파멸적 결과이다.[68]

상인·기업가 엘리트의 민족주의적 정서는 19세기 초 모스크바 상인들의 친 슬라브주의 조류와 서구 지향적인 뻬쩨르부르크에 대한 반발심에 기인하였다. 그러나 19세기 말 이후 제국주의 물결 속에서 점증하는 범게르만주의에 대한 두려움에서 더욱 강화되었다. 그들에 의하면 러시아 서부 지역에 접해있는 독일의 군사적, 경제적 위력은 러시아에 비해 점점 강력해지고 있으나 전제정부는 이 위협을 과소평가하고 있었다. 러시아 기업가들은 독일의 산업경제의 위력에 큰 두려움을 느껴 더욱 쉽게 러시아 중심의 민족주의 운동에 합류하였다.[69]

또 '랴부신스키-코노발로프 서클'의 중심이었던 코노발로프는 후원하던 언론의 간행물을 통해서 <모스크바상인협의회>(Society of Merchants of Moskva), <금융은행가협회>(Financial Society)가 선봉에 나서서 전국 기업가들을 반드시 단일한 기구로 조직해야 한다고 강조했다. 또 그는 정부와 상인· 기업가들이 정부와 소통하는 기구로서 정부 관료의 간섭이나 임명권을 배제하고 상인·기업가들이 직접 선출한 대표들로 구성된 <상공청>(Chamber of Industry and Commerce)을 설립하고 전국 각 지방에 지부를 세울 것을 요구하였다.[70] 이들이 보기에 이 기구는 젠트리가 주도하는 젬스트보 기구에 대항할 수 있는 유일한 기구는 상인·기업가들의 지방의회나 자치적 기구였던 것이다. 코노발로프는 유럽의 부르주아지와 기업가들의 자치 조직을 배우기 위해 영국, 독일과 오스트리아를 여행하기도 하였다.

1911년 2월 전제정이 대학과 지식인을 탄압하는 정책을 시행하자,[71] 마침내 이 진보파 기업가들은 곧 정부를 비판하고 새 질서를 요구하는 내용의 '66인의 저항'의 성명서를 발표하였다. 여기에 가담한 인물들은 대부분 기업가들로서 부뤼쉬킨을 위시하여 P. 랴부신스키형제들, M. 모로조프, A. 코노발로프, S. 체트베리코프, S. 시츄킨, N. 쩨르빈예프, N. 게라시모프 등 당대의 유명한 기업가 엘리트였다. 또 이들은 호소문을 1912년 4월 『러시아의 소식』(Russian News)에 게재하고 전 기업계에 유포했다.[72] 이러한 행동은 온건 성향의 평화개혁당 인물뿐만 아니라 입헌민주당의 인물조차 깜짝 놀라게 하였다. 이에 반해 늙은 세대의 기업가이자 뻬쩨르부르크 관료와 밀접한 거래를 하던 나이졔노프와 크레스토브니코프는 『모스크바의 목소리』에서 이들을 맹비난 했다.

> 젊은 기업가들의 발표는 10월 동맹당의 공식적 입장이 아니다.... 이들의 행동은 매우 부적절한 것이다··· 무책임하고 어리석고 감상적인 행

동이며....이것은 혁명 세력에 자극을 주어 정부권위를 파괴하게 될 것 이다…[73]

한편, 이 사이 제 4차 두마 선거가 임박한 1912년 봄 뻬쩨르부르크 대학 교수인 예프레모브가 중심이 되어 10월 동맹당 좌파인 카푸스찐, 페트로보 슬로비에프, 쉬플로브스키, 입헌민주당 우파인 스트루베와 마클라코프, 평화개혁당의 르보프 등은 <진보당>을 창당하였다. 이로서 두마에서는 입헌민주당과 별개의 두 번째의 온건 자유주의 정당이 탄생하였다. 진보당은 10월 동맹당보다는 좌파적이며 입헌민주당보다는 우파적이었다. 의장직에는 자유주의적 법학자로 유럽에도 명성이 높았던 코발렙스키가 선출되었다.[74] 이들은 동맹세력으로 상인·기업가 엘리트 포함시키는 것이 유리하다고 보았다.

바로 이 진보당의 핵심 속에 젊은 세대의 모스크바 상인·기업가 엘리트인 체트베르코프, A. 코노발로프, 트레짜코프, P. 랴부신스키, 프레치스쩬스크, Ia. 모로조프, 부뤼쉬킨 등이 참여하였다. 이 모임에서 모스크바 지역의 대표로서는 자연스럽게 랴부신스키와 코노발로프가 선출되었다.[75] 진보당이 이들을 포함한 가장 큰 이유는 우파정당에 대항하기 위해서는 상인·기업가들의 도움이 반드시 필요했고, 또 도시 두마대표선거에서는 항상 상인·기업가들이 선출되었기 때문이다. 이 과정에서 '랴부신스키-코노발로프 서클'의 활동이 크게 작용하였다. 러시아의 부르주아지가 비로소 온건 자유주의 연합에서 대등한 지위로 합류하는데 성공한 순간이었다.[76] 1912년 4월 진보당은 내분을 막기 위해 가급적 초정당적 조직이 되고자 했다. 이 때문에 공식 선언문 채택은 정부를 자극할 것으로 보고 자제하기로 하였다.[77] 진보당의 공식 목표는 무엇보다 먼저 반동적 우파에 대결하기 위해 궁극적으로 자유주의자들의 연합을 창출하는 것이었다. 따라서 이들은 전술상 여타 정당들의 의심이나 적대감을 야기하지 않도록 지나치게 대립적인 정치이념 지향적인 의제보다는 전 러시아인의 법 앞에서의 평등, 법률에 의한 통치, 양심의 자유 등 근본적 대 전제만 내세우기로 하였다. 결국 <10월 선언>의 기본 약속이 지켜진다면 러시아에서는 아직은 온건 성향의 정당에 의해 정치적 통합이 성사될 가능성이 있었다.

『러시아의 소식』은 1912년 7월 제 4차 두마에 진보파의 인물을 보내기 위해 선거 캠페인을 벌였다. 그 결과 진보당은 47석을 획득하였다. 제 4차 두마에서 진보당은 5 번째 야당으로 등장하였다. 이것은 당내 10%에 해당되는 놀라운 성공이었다. 이에 비해 입헌민주당은 4석이 증가한 57석을 차지했다. 10월 동맹당은 산산조각이 나면서 여러 우파 정당 속으로 분해되었다. 진보당은 10월 동맹당과 입헌민주당 우파의 중간에 위치하였다. 당연히 모스크바의 상인·기업가 엘리트는 이 승리에 열광하였다. 이들에게 진보당은 이제 독립적일 뿐만 아니라 전술적으로도 좌우 양측으로부터 불만을 가진 인물들을 흡수할 수 있는 유연성을 발휘하여 장차 부르주아지들의 정당으로 성장할 수 있을 것 같은 가능성을 보였기 때문이었다. 기민한 정치 감각을 가진 것으로 유명한 레닌조차도 당시 진보당의 성과에 대해 경계심과 놀라움을 표현하였다.

> 1908~1912년 사이 자유주의 운동에서 가장 독특한 현상은 '진보적' 세력의 운동이며, 자유주의적 자본 그 자체가 특별한 정당을 형성한 점이다.[78]

6. 마지막 좌절

그러나 문제는 황제와 전제정부에 있었다. 1912년 9월 제 4차 두마가 소집된 이후에도 황제는 여전히 <10월 선언> 약속을 지킬 의사가 전혀 없었다. 궁정과 상층 귀족들은 두마 자체를 무효화하려는 반동적인 태도로 돌아가고 있었다. 이런 혼란스런 분위기에서 관료층이나 지방정부는 목적의식을 상실한 채 표류하고 있었다.[79] 이 상황 하에서 진보당 의원들이 다시 민주 연합을 통해 러시아의 정치적 통합을 시도한 것은 붕괴해가는 러시아 정치와 사회에서 마지막 불꽃같은 현상이라고 볼 수 있다.

제 4차 두마에서 상인·기업가 엘리트를 대표하는 코노발로프는 무엇보다도 경제 문제에 집중하였다. 특히 정부의 예산운용과 경제 정책의 실패를 본격적으로 비판하는 연설로 두마 내 모두를 긴장시켰다. 그는 정부의 낙관적 보고서와 달리 중공업 분야조차 실제 전망이 위태로우며, 정부 경제정책은 장기적 국민경제 발달을 진지하게 다루고 있지 못하며 무능한 것으로 비판했다.

> 거대한 군수산업과 철도부설 사업이 전부일 뿐, 섬유산업은 이미 쇠퇴하고 있으며 민중의 복지는 땅에 떨어졌다. 모든 중공업은 농업과 긴밀한 관계가 있지만, 농업은 이미 1911년 흉작으로 경기하락과 이윤율 하락의 원인으로 작용하고 있다. 농업경영의 영세성과 저투자로 농민생활은 더 이상 견딜 수 없을 만큼 과중한 부담으로 압살될 정도였다. 정부는 농업 교육과 기술을 자랑하고 있지만 그 투자액은 일인당 겨우 14 꼬뻬이까일 뿐이다. 1890년 프러시아와 헝가리조차도 일인당 1.30~2.30루블을 쓰고 있다.[80]

또 그는 산업경제 면에서 기업가들의 활동을 제약하고 경제 혁신을 가로 막는 주된 장애는 바로 정부라고 비판했다.

> 러시아의 경제생활을 포괄하는 법률은 절망적으로 후진적이다. 회사법은 1836년대의 것, 농촌 수공업 공장법은 예까쩨리나 여제시대의 것에 머물러 있다. 정부야말로 진보의 가장 큰 장애이다. 정부는 모든 삶을 오직 경찰의 관점에서만 보고 있다.[81]

코노발로프의 맹렬한 비판들은 곧 두마 내에 우파들에게 대소동을 야기했다. 전제 정부는 그를 두마에서 퇴출시키라는 명령을 내렸다. 극우파는 그를 탄압하였고, 결국 코노발로프는 두마 지도부에 사임서를 제출해야만 했다. 그런데 당시 두마 내 여타 야당 지도부들은 이 결과에 대해서조차 공조하지 못하고 서로를 비난하며 분열하고 있었다.

1913~14년 사이 진보당은 두마 내 좀 더 광범위한 온건 자유주의 세력을 규합하기 위한 여러 노력을 했으나 결국 성공하지 못했다. 모스크바 상인·기업가 엘리트는 단합하여 진보당을 통해 부르주아지의 독자적인 정파를 만들고자 했으나 많은 장애에 부딪혔다. 무엇보다 먼저 뻬쩨르부르크 출신 기업가들은 모스크바 기업가협회를 심하게 견제했다. 동시에 모스크바 측의 상인·기업가들은 <전러기업가협회>가 여러 가지 면에서 지방 자치전통이나 모스크바의 이해를 손상시킨다고 보고 뻬쩨르부르크 협회에 협조하기를 꺼려했다. 양 수도 기업가들이 쉽게 공조하지 못하는 이러한 대립적 상황은 결국에는 러시아 부르주아지의 세력을 약하게 만드는 근본 원인 중 하나가 되었다.

이외에도 진보당은 10월 동맹당의 잔류 세력들과 공조하기 위한 교섭을 수차례 시도했으나 10월 동맹당 내의 우파는 진보당이 전제정에 대해 분열을 획책한다고 공격하면서 좌파 유령이 다시 도래할 것이라고 위협했다.[82] 입헌민주당이나 10월 동맹당 내의 좌파에 속하는 젠트리나 지식인들 역시 부르주아지와의 연합을 거부했다. 부르주아적 정당을 만들려는 희망을 품었던 모스크바 상인·기업가들의 시도는 현실의 벽을 도저히 뛰어 넘을 수 없었다.[83]

1914년 봄 진보당은 마지막으로 입헌민주당 내 좌파와 연합을 시도했으나 공조의 가능성은 깨어졌다.[84] 제 4차 두마는 역대 어느 두마보다도 더욱 심하게 파편화된 두마가 되었다. 제 4차 두마에서 자유주의자들은 정부에 압력을 행사할 어떤 공조도, 연합도, 타협안도 제시하지 못하고 소통의 길이 막혀 있었다. 두마 정치에서 이 모든 실패는 결국 전제정부에게 가장 유리한 국면을 가져다 주었다. 곧 황제는 지금까지의 개혁 선언을 완전히 취소한다는 입장을 표명하였다. 두마에게는 단지 <내각장관 질의권>, 일부 < 예산검토권>밖에 남지 않았다. 다시 정부는 이마져 거부하였다. 두마 내 극우파는 즉시 이것을 가결시켰다. 이로서 '피의 일요일' 이후 러시아의 입헌주의 실험은 완전히 실패로 끝나고 말았다. 마침내 1914년 전제정부의 두마 해산령과 함께 산업화와 강한 국민경제를 토대로 하는 국가를 건설하고, 부르주아 정당을 창당하려던 상인·기업가들의 시도는 영원히 좌절되었다.

러시아에서 확고한 자유주의적 정당이 성장하지 못한 데에는 몇 가지 요일이 작용한다. 두마에서 젠트리층이나 인텔리겐찌야는 끝까지 상인·기업가 부르주아지의 호소나 정치적 세력 형성에 공조하거나 연합하려고 하지 않았다는 점이다. 또 산업화가 더욱 진전되어 독립적인 경제력을 갖춘 도시 중산층이 발생하고 시민사회 저변 세력이 확대되어야 했다. 산업세력이 농업세력을 실질적 힘에 있어서 능가하거나 주도할 수준까지 가야할 것이다. 러시아의 대기업의 다수는 황제와 전제 정부의 수중에서 통제되던 국영 기업이었고 사적 상인·기업의 역사는 아직 매우 짧았다. 비록 상인·기업가 엘리트는 계급의식적 정치 파당을 조직하면서 성장해 가고 있었지만 그 힘과 세력은 아직 실질적인 수준까지는 도달하지 못했다.

두마와 전제정부 사이에 소통이 단절되고 정치적으로 교착 상태에 빠져 있는 동안, 황제권은 완전히 회복되었다. 급기야 1915년 6월 황제는 대러시아 민족주의 정책을 빌미로 두마 내 반정부적인 세력마저 색출하라는 명령을 내렸다. 그러나 상황은 매우 역설적이었다. 왜냐하면 이 무렵 서서히 민중의 반란의 조짐이 다시 일어났기 때문이다.

1912년 제 2 산업화의 붐이 일시적으로 일어나자 공장노동자의 숫자는 179만에서 갑자기 240만으로 증가하였다. 이 들 대다수는 농촌에서 갓 올라온 미숙련공들이었다.[85] 이들은 농촌의 토지부족을 오랜 빈곤으로 시달려 온 빈농들로서 도시 급진적 혁명 세력에게 금방 동요되거나 행동주의로 쉽게 움직일 심적 상태를 가진 집단이었다. 도시 미숙련공 증가로 임금이 다시 60%로 하락하였고 노동조건과 주거환경은 최악에 달하였다. 러시아 산업화가 낳은 디스토피아 세계는 전혀 개선되지 못하는 상황에서 민중들은 두마의 무능함에 모든 기대를 포기하고 완전히 등을 돌렸다.

1912년부터 대규모 공장지대와 우랄 광산 등지에서 다시 폭력적 파업이 나타나기 시작하였다. 레나 광산에서 5만 명의 광부들이 파업을 시작했다. 500명에 이르는 대 학살은 외양상으로 전제 정부가 통제력을 회복한 것처럼 보였지만 실은 치명적인 실책이었다.[86] 이제 노동자들은 10년 전과 달리 더욱 호전적이며 폭력적인 방법을 서슴없이 선택하기 시작했다. 동시에 사민당 내에서 멘셰비키는 노동조합에서 급속히 지지를 상실하였고 그 대신 볼셰비키가 노조에서 다수파를 얻는 사례가 속출하였다.[87] 볼셰비키는 '멘셰비키는 지식인을 위한 정당이며 볼셰비키는 노동자를 위한 당'이라는 이미지로 선전하였다. 제 1차 대전이 발발할 무렵 1914년 7월부터 노동자들은 마침내 볼셰비키가 오래 동안 선전해 왔던 폭력에 의한 무장 봉기의 방법을 선택하였다.

주(註)

1장 - '거룩한 러시아'란 무엇인가: 구교도의 영적 세계

1. 교회 대분열 직후 처음에는 구교도들은 '분리파 즉, 라스콜리니크'(раскольники, schismatics, dissidents)라는 명칭으로 불렸다. 1840년대 자유주의자들에 의해 '구교도'(старообрядецы, old believers)로 지칭되었다. 본문에서는 1653~1667 대 분열 시기에 니콘 개혁에 저항하며 반대 운동을 벌인 집단을 저항파, 혹은 '근본주의적 저항파'로 칭하며, 1667년 모스크바 공의회에서 정부가 니콘 개혁안을 최종 채택한 후, 저항파를 추방하기로 결정한 이후부터 '구교도'라고 부르기로 한다.

2. G. Fedotov, "Religious Background of Russian Culture," *Church History,* 12:1, pp. 35-37; S. Zenkovsky, "The Spirit of Russian Orthodox," *Russian Review*, Jan 1963, pp. 38-51.

3. M. Cherniavsky, "The Old Believers and New Religion," *The Structure of Russian History: Interpretive Essays*, New York, 1970, p. 142. 이하 "The Old Believers" 로 약함.

4. M. Cherniavsky, "Holy Russia: A Study in the History of an Idea," *The American Historical Review*, vol. 63, no. 3, April 1953, pp. 617-637.

5. 이정희,「러시아 사적 기업가의 형성과 경제적 유토피아」『대구사학』100집, 2010, pp. 465-504.

6. 이정희,「1905년 혁명이후 상인·기업가 엘리트의 정치적 등장과 정체의식: '국가 두마'에서 참여를 중심으로, 1905~1914」『서양사론』2012. 12. Vol. 114, pp. 253-298.

7. N. Subtorn, N. Nilskii , V. Belolikoi, E.V. Barisov의 글들이 해외에서 출판되었다. V. Kel'siev, *Sbornik pravitel'tveyynykh svedenii o Raskol'nikakh*, 4 vols. London, 1860-1862.

8. S. Zenkovsky, *Russkoe staroobriadchestvo*, München, 1970, p. 9; A. Sheman, *Istoricheskii put'pravoslaviia*, New York, 1954, p. 376.

9. Pavel Buryshkin, *Moskva kupecheskaia,* Moskva, 2002, p. 224.

10. V. I. Malishev, "Dva neizvestnykh pis'ma protopora Avvakuma"; N. S. Sarafanova, "Ideia ravenstva liudei v sochineniiakh protopora Avvakuma," *Trudy otdela drevnerusskoi literatury*, vol. 14 (1958); L. E. Ankudinova, "Sotsial'nyi sostav pervykh raskol'nikov," *Vestnik Leningradskogo universiteta, Seriia istorii, iazyka i literatury,* vol. III, no. 14, 1956; A. N. Robinson, "Avvakum i obshcheniia dvukh pisatelei," *Trudy otdela drevnerusskoi literatury*, vol. 15 (1958).

11. Roy Robson, *Old Believers in Modern Russia*, Dekalb, Northern Illinois Univ. Press, 1995; Thomas C. Owen, *Capitalism and Politics in Russia: A Social History of the Moscow Merchants, 1855-1905*, Cambridge, 1981; Alfred J. Rieber, *Merchants and Entrepreneurs in Imperial Russia,* Chapel Hill, Univ. of North Carolina Press, 1982; W. L. Blackwell, *The Beginning of Russian Industrialization 1800-1860,* Princeton, 1965, pp. 210-13.

12. S. Zenkovsky, ed., *Medieval Russian Epics, Chronicles and Tales,* New York, Dutton, 1962, pp. 87, 102, 205-61; G. Fedotov, "Religious Background of Russian Culture," *Church History,* March 1943, pp. 35-51; idem, "Ephiphanius the Wise,: The Life, Acts of Miracles," *The Russian Religious Mind*, Harvard University Press, 1946.

13. A. Trofomov, *Svataia zhenya Rusi*, Moscow, 1993. pp. 1-3

14. A. Trofomov, *ibid.* p. 3.

15. J. Billington, *Icon and Axe*, 유한수, 『이콘과 도끼』, p. 15

16. V. Tschebotarioff Bill, *The Russian People: A Reader on Their History and Culture*, Chicago and London, 1965, p. 23.

17. George Florovsky, "The Problem of Old Russian Culture," *Slavic Review*, 21:1, March, pp. 223-24.

18. T. Riha, *Readings in Russian Civilizations,* pp. 217-18.

19. Vasilii Malini, *Starets Eleazarova monastyria Filofei i ego poslaniia,* Kiev, 1901, M. Cherniavsky, "The Reception of the Council of Florence in Moscow," *Church History,* vol 24, 1955, pp. 347-48, 인용.

20. M. Cherniavsky, "Holy Russia: A Study of an Idea in the History," *The American Historical Review*, 63:3, April 1953, pp. 617-619; V. Zenkovsky, "The Spirit of Russian Orthodox," *Russian Review,* 22:2, Jan. 1963, p. 39.

21. G. Florovsky, "The Problem of Old Russian Culture," T. Riha, *Readings in Russian Civilization,* vol 1. 1964, Chicago, pp. 215-17.

22. 유한수, *op. cit.* p. 20. 이 간청은 1689년에 실현되어 <슬라브, 그리스, 라틴학술원>이 창립되었다. 새 인쇄술 도입과 함께 교회서적을 번역 연구하는 활동을 시작하게 되었다.

23. A. A. Zimin, *Reformy Ivana gloznogo,* Moscow, 1960, p. 375.; R. M. French, *The Eastern Orthodox Church,* 1951, p. 109.; F. C. Conybears, *Russian Dissenters,* Harvard, 1921. p. 47. 1652년 니콘이 착수한 성서의 수정 개혁은 최초의 시도는 아니었다. 이미 15세기 중엽 이반 대제 시대부터 남부 슬라브 지역에서 신 플라톤적 경향의 사상이 러시아로 침투하였고 그 후 계속해서 러시

아의 예식상의 오류를 지적해 왔다. 1551년 이반 뇌제와 1620년 총 주교 필라레트 역시 교회 종무위원회를 통해 시끄러운 교회 예식상의 문제를 해결하고자 새 교회법 기준을 입법화하기도 하였다. 그러나 문제는 여전히 완전히 해결되지 못하였다.

24. 유한수, *op. cit.* p. 27

25. M. Cherniavsky, "The Old Believers," p. 145. 분리파 수도자인 페오도르는 니콘파 학자들이 출판한 새 예식 연도서의 제 6판을 오류로 지적하였다. 그리스인 번역가 학자들의 도움에도 불구하고 니콘파 학자들 역시 충분한 근거와 사료를 얻지 못하자 새로운 모순에 빠지게 되었다.

26. Barsov, *Novye materialy,* St. Petersburg, pp. 1841-42; M. Cherniavsky, "The Old Believers," p. 156.,

27. 분리파들은 제 3로마 이론에 의거해서 서구인은 말할 것도 없고 그리, 우크라이나 등지의 외국인 학자들을 극도로 혐오하였다.

28. S. Zenkovsky, ed., *Medieval Russian Epics, Chronicles and Tales,* New York, Dutton, 1962. p. 320.

29. A. Beliajeff, "The Rise of the Old Orthodox Merchants of Moscow, 1771-1894," Ph. d. Syracuse University, 1975. pp. 11. 이하 "The Rise,"로 약함.

30. S. Zenkovsky, ed., *Medieval Russian Epics,* New York, Dutton, 1962. p. 363.

31. 유한수 , 『이콘과 도끼』, p. 18.

32. M. Cherniavsky, "The Old Believers," *op. cit.* 151.

33. Pierre Pascal, *Avvakum et les Debuts du Rascol,* 2nd ed. Paris, 1969, p. 162.

34. 유한수, 『이콘과 도끼』 pp. 15-16.

35. M. Cherniavsky, "The Old Believers" *op. cit.* p. 153.

36. M. Cherniavsky, *ibid.*, p. 160.

37. E. V. Barsov, "Samosozhidatel'stvo raskol'nikov v Olonetskoi gubernii," *Pamiatnaia Knizhka Olonetskoi gubrtniia za 1868-88 god*, II. pp. 194-96; "Samosozheniia staroverov," *Olonetskoiia Guberniia Vedomost*, no. 57, 1878, pp. ; D. I. Sapozhnikov, *Samosozhnanie v russkom raskole*, Moscow, 1891. R. O. Crummey. "The Old Believers and the World of Anti-Christ: The Social and Economic Development in the Olonets Region, 1654-1744," Ph. d. University of Chicago, 1964.

38. 탐보프의 이그나찌 주교, 이반 호반스키 공작, 스트렐치 집안의 후예들, 탈리츠키, 사빈, 모로조르 공작 부인들이 이에 속하였다. 신앙을 고백하면 고문 대신 쉬운 죽음을 택할 수 있었다.

39. P. A. Berlin, *Russkaia burzhuaziia v staroee i novoe vremia, Moskva*, 1922, p. 20; P. G., Ryudzhinskii, "Gorodskoe naselonie," *Ocherki ekonomicheskoi istorii rossii pervoi XIX veka,* ed. M. Rozhkova, Moskva, 1959, p. 309.

40. 러시아의 자본주의 맹아에 대한 논쟁으로는 J. F. Fuhrman, *Origins of Capitalism in Russia; Industry and progress in the 16th and 17th Centuries*, Chicago, 1971; S. Baron. "The Transition from Feudalism to Capitalism in Russia: A Major Soviet Historical Controversy," *American His-*

torical Review, vol. 77, no 2, Jan. 1972, pp. 715-729.

41. 부모는 상인 신분을 자녀에게 그대로 물러줄 수는 없었다. 반드시 재산 조사상의 정해진 자격과 자료를 제출해야 만 상인 신분으로 호적에 등록할 수 있었다.

42. Henry Rozovsky, "The Serf Entrepreneur in Russia," *op. cit*. Cambridge, Mass., 1954, pp. 207-210; Thomas C Owen, *Capitalism and Politics in Russia: A Social History of the Moscow Merchants, 1855-1905,* Cambridge, 1981, pp. 1-3; 이정희 「러시아 사적 기업가의 형성과 경제적 유토피아,」『대구사학』100집, 2010. 8, pp. 465-71.

43. V. F. Milovidov, *Staroobriadchestvo v proshlom i nastoiashchem, Moskva,* 1969, p. 60.

44. *I. Iuzov, Russkie dissidenty,* St. petersburg, 1881, chap. 3.; Frederick C. Conybear, *Russian Dissenters*, Cambridge, Mass., 1921, p. 246. 인용.

45. P. Miliukov, *Outlines of Russian Culture*, trans. E. Ughet and E. Davies, ed., M. Karpovich, New York, 1960, vol. I, p. 117.

46. A. Beliajeff, "The Rise" 1975, p. 2.

47. L. E. Ankudinova, "Sotsial'nyi sostav pervykh raskol'nikov," *Vestnik Leningradskogo Universiteta: Seriia istorii, iazyka, i literatury*, III, no. 14, 1956, p. 57.

48. Pierre Pascal, *Avvakum et les Debuts du Raskol*, Paris, 1969, pp. 452-54.

49. A. Rashin, *Naselenie Rossii za 100 let, 1811~1913 gg*., 1956, pp. 라쉰은 모스크바 인구 구성에서 국영 농노가 25%, 지주소유 농노가 20%, 군인 10.1%, 토지귀족 4.7%, 성직자 2.5%외국인 1.4%, 잡계급 8.3%로 분석했다. 이정희 「러시아 사적 기업가의 형성과 경제적 유토피아」 *op. cit.* pp. 471-72.

50. N. A. Naidenov, ed., *Materialy dlia istorii Moskogo kupechestva,* 1889, 8:1-3. A. Beliajeff, "The Rise," 1975, p. 2.

51. L. M. Samoilov, *Atlas promyshlennosti moskovskoi gubernii,* Moscow, 1845, A. Beliajeff, *ibid.,* 1975, p. 26. 인용.

52. Liubopytnyi는 '호기심이 많은'뜻이지만 여기서는 '특이한''기이한'의미를 가진다. V. Iaksanov, "Pavel Onufriev Liubopytnyi, Biograficheskii ocherk," Liubopytnyi, *Istoricheskii slovar' 86 ottsev i katalog ili biblioteka starovercheskoi tserkvo,* Saratov, 1914, pp. vii-xviv, A. Beliajeff, *op. cit.* p. 79. 인용.

53. Pavel Ryndziunskii, *Gorodskoe grazhdanstvo doreformennoi Rossi,* Moscow, 1958, pp. 204-06.

54. S. Zenkovsko, *Russkoe staroobriadchestvo*, Munich, 1970, p. 469.

55. R. Pinkrton, "Account of the Origin and Different Sects of Russian Dissenters," pp. 241-242.

56. V. Krymov, *Out for a Million,* trans. M. Burr, London, 1934, p. 347.; Henry Troyat, *Daily Life under the Last Tsar,* Stanford Univ. Press, 1959. p. 98.

57. N. Popov, ed. *Sbornik dlia istorii staroobriadchestva*, Moskva, 1864, pp. 77-78; P. Sinitsyn,

Preobrazhenskoe i okruzhaiushchiia ego mesta, ikh proshloe i nastoiashchee, Moskva, 1895, p. 126, A. Beliajeff, *"The Rise"*, p. 34. 인용.

58. P. Ryndziunskii, "Staroobriadcheskaia organizatsiia v usloviiakh razvitiia promyshlennogo kapitalizma," *Voprosy istorii religii i ateizma,* I, 1950, p. 194, 212.

59. V. Makarov, "Staroobriadcheskaia Moskva," ed., E. A. Zviagintsev et al., *Putevoditel'*, 1915, p. 187.

60. N. Trubetikoi, *Studies on Religious and Politcal studies in the Russia*, p.190; H. Troyat, *The Daily Life under the Last Tsar*, 1959, p. 98.

61. 이정희, 「기업가는 과연 세상을 구제할 수 있는가: 러시아 상인·기업가의 박애활동과 '부의 공적 의무'(richess obligée)」『대구사학,』123호, 2016. 5. pp. 275-321.

62. N. Smirnov, ed., *Tserkov' v istorii Rossii, c 9 veka do 1917 g.; Kriticheskie ocherki*, Moskva, 1967, p. 223.

63. E. Cochrane, "Review of C. Ginzburg, II. Nicodemism Simulation and Dissimulation of Europe of 1500," *The American Historical Review,* 76:4, 1971. pp. 156-57.

64. N. Kostomarov, "Istoriia rakola i raskol'niki," *Vestnik Evropy,* VI:4, April 1871; A. Beliajeff, *op. cit.* p. 153.

65. N. Naidenov, ed., *Materialy dlia istorii Moskovskogo kupechestva*, 보고서에 의하면 1851~54년 구교도 3,653 가구 중 구교도로 등록된 집은 16%, 로고쥐스크 공동체에 등록된 사람은 15.6%, 프레오브라젠스크 소속회원은 0.6%라는 것이다. 19세기 초에 비해 구교도로 등록한 가구는 격감했다.

66. S. Lanskoi, *Iz istorii Rogozhskogo kladbishcha*, Moskva, 1892, pp. 3-7, A. Beliajeff, *op. cit.* p. 162. 재인용.

2장 - 17세기 스텐카 라진과 농민 반란

1. P. Avrich, *Russian Rebels 1600-1800,* New York, 1972, pp.1-2.

2. V. V. Mavrodin, et al. *Krestinanskaia voina v Rossii v 1773-1775 godakh*, 3 vols., Leningrad, 1961-70, 1:41.

3. N. N. Firsov, *Razinovshchina,* St. Petersbur, 1906, p. 6. P. Avrich, *Russian Rebels 1600-1800,* New York, 1972, pp. 4-6. 인용.

4. A. L. Shapiro, "Ob istoricheskoi roli krestianskikh voin XVII-XVIII vv. v Rossii," *Istoriia SSSR*, 1965, no. 5, p. 63.

5. P. Avrich, *op. cit.*p. 3.

6. N. I. Kostmarov, *Bunt Stenki Razina,* St. Peterburg, 1872 pp. 228-28. P. Avrich, *Russian Reb-*

els 1600-1800, New York, 1972, p. 69

7. V. O. Kliushevsky, *A History of Russia*, 5 vols., New York, 1911-1931, 3: 46.

8. Mavrodin, V. V. et al. *Krestinanskaia voina v Rossii v 1773-1775 godakh*, 3 vols., 1:180, Leningrad, 1961-70; Avrich Paul, *op. cit.* p. 4. 인용.

9. I. I. Smirnov, et al., *Krestianskie voiny v Rossii XVII-XVIII vv.* Moscow, 1966

10. Keep, J. L. H., "Bandits and the Law in Muskovy," *Slavonic and East European Review*, XXXV, Dec. 1956. 201-2.

11. Stepanov, I. V., *Krestiankaia voina v Rossii 1670-71 gg.* Leningrad, 1966, p. 24.

12. T. I. Smirnova,"Pobegi krestian nakanune vystupleniia S. Razina, 1670-1671 gg.," *Voprosy istorii*, 1956, no. 6, pp. 129-30.

13. V. G. Druzhinin, Raskol na Donu v kontse XVII v. St. Petersburg, 1889, pp. 229-32. M. Cherniavsky, "Old Believers and the New Religion," *Slavic Review*, 25, March. 1966, pp. 1-39, 인용.

14. Leo Loewenson, "The Moscow Rising of 1648," *Slavonic and East European Review*, 27, Dec. 1948, p. 153.

15. E. V. Chistiakova, *Vasilii Us-spodvizhenil Stepana Razina*, Moscow, 1963, pp. 12-40.

16. V. I. Lebedev, *Krestianskaia voina pod predvoditel'stvom Stepana Razina, 1667-1671 gg.* Moscow, 1955, p. 46.

17. N. I. Kostmarov, *Bunt Stenki Razina,* St. Peterburg, 1872, pp. 228-29.

18. V. V. Mavrodin, et al. *Krestinanskaia voina v Rossii v 1773-1775 godakh*, 3 vols., Leningrad, 1961-70, 1:134-56. 253.

19. N. N. Firsov, *Razinovshchina* St. Petersburg, 1906, Avrich Paul, *Russian Rebels, 1600-1800* New York, London, 1971, p. 76-78. 인용. S. Konovalov, "Ludwig Fabritius's Account of the Razin Rebellion," *Oxford Slavonic Papers*, 1955, 6: 81-83.

20. V. V. Mavrodin, et al. *Krestinanskaia voina v Rossii v 1773-1775 godakh* Leningrad, 1961-70, 1: 250.

21. B. N. Tikhomirov, *Razinshchina,* Moscow, 1930, p. 105.

22. 라진은 심지어 황제로부터 종교적 문제로 퇴출된 세력을 수용하기 위하여 북부로 유형생활을 떠난 니콘에게도 접촉하여 총주교직을 제안하기도 하였다. 그러나 니콘은 매우 권위주의적인 성향을 띠고 있었기 때문에 농민 반란자들에게 전혀 지지 의사를 밝히지 않았고 오히려 거부했다.

23. Paul Avrich, *op. cit.* PP. 89-90. D. F. Karzhavin, *Stepan Razin v Simbirske,* Ulyanovsk, 1947, p. 34.

24. Mavrodin, V. V. et al. *Krestianskaia voina v Rossii v 1773-1775 godakh*, 3 vols., Leningrad, 1961-70, 2:69, I. V. Stepanov,"K istorii krestianskoi voiny pod predvoditel'stvomi i literatury," *Vestnik Leningradskogo universiteta,* 1961, no. 2, pp. 68-76.

25. V. I. Lebedev, *Krestianskaia voina pod predvoditel'stvom Stepana Razina, 1667-1671 gg.,*

Moscow, 1955, p. 105

26. V. V. Mavrodin, et al. *Krestianskaia voina v Rossii v 1773-1775 godakh*, 3 vols., Leningrad, 1961-70, 2:177.

27. Paul Avrich, *op. cit.* p. 109.

28. Paul Avrich, *op. cit.* p. 113.

29. N. I. Kostmarov, *Bunt Stenki Razina*, pp. 228-28. St. Peterburg, 1872, p.136. Avrich Paul, *Russian Rebels, 1600-1800,* New York, London, 1971 p. 122. 인용.

30. M. Raeff,"Pugachev's Rebellion," *Precondition of Revolution in Early Modern Europe*, ed. Robert Forster and J. P. Greene (Baltimre, 1971); A. Gaisinovich, *Pugachev,* Moscow, 1937, p. 63; S. I. Tkhorzhevskii, *Pugachevshchina v pomeshchichei Rossii* Moscow, 1930 참조.

31. R. V. Ovchinnikov, "Sledstvie i sud nad E. I. Pugachevym," *Voprosy istorii*, 1966, no. 3, pp. 131-33.

32. Dubrovin, *Pugachev i ego soobstvennik*, 2: 16-18.

33. S. G. Tomsinskii, "Rol' rabochikh v Pugachevskom vosstanie," *Krasnaia Nov'* 1925, no. 2, pp. 174-77.

34. J. T. Alexander, *Autocratic Politics in a National Crisis: The Imperial Russian Government and Pugachev's Revolt, 1773-75* Bloomington, 1969, p. 141.

35. *Pugachevshchina*, 3 vols Moscow, 1926-31, 3:277.

36. *Pugachevshchina*, 3 vols Moscow, 1926-31, 2:151

37. L. B. Svertov, "Sud'ba sem'i E. I. Pugachevstva," *Voprosy istoriia,* 1968, no. 12, pp. 204-5.

38. N. N. Firsov, *Razinovshchina* St. Petersburg, 1906, p. 4.

3장 - 러시아 청년·대학생의 정치적 행동주의 시작 1855~1863

1. 러시아 인텔리겐찌야의 계보와 시대구분을 통한 성격의 변화를 설명한 논문으로는 I. Berlin, "Fathers and Children : Turgenev and The Liberal Predicament"*Russian Thinkers,* Penguin, 1978 version pp. 276~296; G. Fischer, "The Intelligentsia and Russia" C. E. Black ed, *The Transformation of Russian Society*, Harvard University, 1967, pp. 253-74; Allen Pollard, "The Russian Intelligentsia: Russian Mind" *Canadian Slavic Studies*, 1964, 3: 1~32.

2. W. L. Mathes, "The Origins of Confrontation Politics in Russian Universities" *Canadian Slavic Studies,* 1968 2:1, pp. 28~29.

3. 당시의 세대 간의 분리를 목격한 이반 투르게네브는 1862년에 소설 『아버지와 아들』을 발표하였다. 그는 이 소설 속에서 젊은 세대의 변화된 행동방식, 심리적 태도, 사회관 등을 묘사하여 당시의 좌파와 우파로부터 동시에 찬탄을 받았다.

4. F. Venturi, *Roots of Revolution: A History of the Popilist and Socialist Movements in the 19th Century Russia*, London, 1952, 1960, p. 328; 이인호, 『러시아 지성사 연구』 1980, pp. 94~95.

5. A. Gleason, *Young Russia, Ithaca*, 1980, p. 10.

6. Mathes, 1968, p. 28.

7. Gleason, 1980, p. 115.

8. Gleason, 1980, p. 116.

9. Alston, 1969, p. 10~11; J. Flyhn, 1968, p. 495. 알렉세이 1세는 교육체제의 개혁으로 초등학교에서 대학에 이르기까지 모든 교육기관을 총괄하여 숫자를 증가하고 질을 개선하여 제국의 관료로 채용하려는 의도를 가졌다. 이 새 체제는 국민의 모든 계층에 개방된 계급 차별이 없는 기관으로 만들어 짜르정부에 봉사하는 기관이 될 것이며 국가공직에 임하기전에 엄격한 훈련과 입학시험을 관장하게 되었다. 이것은 젠트리 층의 신분에 큰 위협이 될 수 있음이 분명하였다. 이미 19세기에 접어들면서 재정적인 궁핍을 느끼던 젠트리층이 공직 취임에 다른 계층 출신과 경쟁해야 한다는 것은 불안감을 더해 줄 뿐이었다. 그러므로 대학교육의 개편작업에 젠트리들은 지극히 비타협적이고 수동적인 저항으로 나서게 되었다.

10. T. Hegarty, *Student Movement in Russian Universities, 1855-61*, 1965, p. 3; Flynn, 1968, p. 496; Gleason, 1980, p. 117.

11. P. Alston, *Education and the State in Tsarist Russia*, Stanford University Press, 1969, p. 36.

12. Alston, 1969, p. 4.

13. Gleason, 1980, p. 118.

14. 이인호, 1980, p. 87.

15. Browel, 1975, pp. 36~39.

16. Gleason, 1980, p. 121.

17. Daniel Field, "Kavelin and Russian Liberalism," *Slavic Review*, 32:1, 1973, pp. 59～78.

18. Panteleev, 1958, pp.199~200; Gleason, 1980, p. 124.

19. Gleason, 1980, p.79. 1840년대부터 발간된 러시아 서구주의자 지식인들의 대표적 잡지는 『동시대인』(*Sovremennik*), 『조국에의 글』(*Otechestvennye Zapiski*), 『러시아의 발언』(*Russkoe Slovo*), 『종』(*Kolokol*), 『세기』 (*Bek*) 등이었다. 1856～60년 사이에 정기 간행물의 종류가 110가지에서 230가지로 증가하였으며 구독자의 수도 급증하였다.

20. B.M. Modzalevsky, "K istorii Peterburgskao Universitetii, 1857～59gg, Iz bumag Modzalevskago," *Golos Minorshogo* no.1, 1917 pp.136～37. Gleason, 1980, p. 138, 인용.

21. 대학생들과 정부 당국과의 물리적 충돌에 대해서는 A.Titov, "Iz bumag O.M. Bodianskogo :Studencheskie bezporiadki v moskovskom universitete," *Chteniia v imperatorskom obshchestve istorii i drvunostei rossiskikh pri Moskovskom universitet*, CCXIII, April, 1905. p. 6 ; P.S. Tkachenko, *Moskovkoe studenchestvo v obshchestvennoe-politicheskoi zhizni rossii vtoroi poloviny* XIX *veka*, Moscow,1958. Hegarty, 1965, pp. 207～209; Mathes, 1968, pp. 32～33.

22. W. L. Mathes, *op. cit.* 1968, pp. 32～35.

23. 「5월 규제령」(May Rule)에서 가장 중요한 항목은 정부가 지난 5년간 승인했던 모든 집회, 학생조직을 폐지하며 향후 학생자치조직에 감시를 재개하며 이를 어기면 대학에서 추방 징계처분을 받는다는 사항이었다. 그 다음 또 격분을 산 조목은 학생신분증(Matrikuly)을 발급 소지할 것을 명하였는데 이 증명서에는 학생들의 출신, 신상 뿐 아니라 성적, 도서목록까지 기입해야 하며, 철저한 감시의 수단으로 삼았다. 이 「5월 규제령」은 방학 중에 학생들이 고향으로 돌아간 사이 어떤 타협의 과정 없이 기습적으로 선포되었다.

24. Mathes, 1968, p. 40.

25. Mathes, 1968, pp. 43～44.

26. A. Zelnik, "Russian Bebels: An Introduction to the Memoirs of Semen Kanatchikov and Matvei Fisher,"*Russian Review,* 36: 3, 36:4, 1976

27. 이들은 바실리 호흐랴코프(22세), 표트르 베네볼렌스키(19세), 콘스탄틴 크라피빈(20세)이었다. 곧 기소되어 각각 9년의 징역, 시베리아 유형, 정신병원수용으로 판결을 받았다.

28. R. Glickman, "An Alternative View of the Peasantry: The Raznochintsy Writers of the 1860s," *Slavic Review,* Dec. 1973, p. 695.

29. Donald Fanger "The Peasant in Literature," W. Vucinich, ed, *The Peasant in Nineteenth Century,* 1986; I. Z. Serman, "Problema krestianskogo romana v russkoi kritike serediny XIX veka," I. Z. Serman and B. I. Bursov, eds., *Problem realizma russkoi literatury XIX veka* 1961.

30. "A.V. Uspensky," *Syn Otechestva,* 1861, no. 52, p. 1582.

31. R. Glickman, *op. cit.* 1973, p. 696.

32. R. Glickman, *op. cit.* 1973, p. 695.

33. P. S. Tkachenko, "O nekotorykh voprosakh istorii narodnodichestva," *Voprosy istorii,* no. 5 , 1956.

34. Gleason, 1980, p. 200.

35. Gleason, 1980, p. 209.

36. Gleason, 1980, pp. 210~11.

37. Shchapov, 1937, 4 : pp. 3~19.

38. R. H. W. Theen, "Seizure of Political Power as the prologue to Social Revolution: The Political ideas of P. N. Tkachev in the Early 1870s," *Canadian Slavic Review,* 4:4, Winter, 1970, pp. 671-98.

39. P.N. Tkachev, "Mirovoi Sud," *Vremia,* no.11, 1862 pp.76~77 ; "Eshcheo mirovykh sudiakh," *Sbornik statei, nedoslannykh tsenzypoi v 1862 godu*, St. Petersburg, 1862. Theen, 1970, p. 210. 인용.

40. Theen, 1970, pp. 213～4. 독일의 유물론의 수입은 청년층 지식인의 급진주의화와 깊은 관련을 맺고 있다. 법철학을 전공한 트카쵸프은 자연스럽게 법의 근본을 경제적 이해 관계를 논하면서 최초로 마르크스주의 경제사관을 인용하여 러시아 역사발전의 해석을 시도하였다.

41. Koz'min, *P.N. Tkachev i revolutsionnoe dvizhenie 1860-kh godov,* Moscow, 1922, p. 44.

42. A.V. Nikitenko, *Dnevnik*, Vol. Ⅱ, Leningrad, 1955, pp.265～268; Gleason, 1980, p. 165.

43. 5월16일에서 6월 초까지 걸친 이 화재는 18차례나 계속되었다. 당시는 다수가 목조건물이었으므로 그 손실은 엄청난 것으로 은화 6,000루블에 해당된. 특히 화재 규모가 큰 것은 아프락신 드보르 시장, 시츄킨 시장, 인근 주민의 거주지에 일어난 것으로 주된 피해자는 수 천명의 소상인들, 상점 주인 그리고 하층민이었다.

44. S.Reiser, "Petersburgskie pozhary, 1862 goda," *Katorga i ssylka*, no.10, 1932, pp. 88~9 ; P. Kropotkin, *Memoire*, New York, pp. 157～61.

45. 이 선언문은 러시아革命주의자들 가운데 최초로 쟈코방 당 스타일의 엘리트지배 원칙을 주장하는 글로 볼셰비키 혁명 이론이 많은 시사를 얻은 것으로 평가받았다. 그 내용은 러시아의 장차 다가올 혁명의 도래를 예고하며 평등한 사회건설의 목표가 달성되기 위해서는 소수의 인텔리겐찌야 집단이 과도기 동안 독재를 실시하게 되리라는 내용을 담고 있다. Venturii, 1960, pp. 292~93.

46. 이 글은 당시 짜르의 정책고문기관인 국가위원회의 한사람인 S. N. 우루소프의 서한에서 나왔다.

47. K. Katz, *M. Katkov: A Political Biography, 1818-87*, Hague, 1966, p. 121. 카트코프는 처음엔 헤르젠 등 서구주의자, 자유주의자들과 교우하였으나 1862년 학생들 분규를 전후하여 극우적인 민족주의자 편에 서서 여론을 지도하였다. 보수적 *Moscow Gazette*, *Russian Herald* 잡지가 인기를 끌게 되고 이것은 급진파의 패배를 뜻하였다.

48. Gleason, 1980, p. 175; Reiser, 1932, p. 108.

4장 - '인민주의 운동'(v narod)이란 무엇인가?

1. J. E. Bachman, "Recent Soviet Historiography of Russian Revolutionary Populism," *Slavic Review*, 29:4, 1970, pp. 599-612.; R. Pipes, "Russian Marxism and Its Populist Background: The Late 19th Century," *Russian Review*, vol. 19, 1960, pp. 316-337; R. Pipes, "A Semantic Study on Narodnichestvo," *Slavic Review*, vol 23, 1964, pp. 441-58.

2. B. Sapir, "Unknown Chapters in the History of 'Vpered'," *International Review of Social History*, 2:1, 1957, pp. 52-77.

3. 이인호, 『러시아 지성사 연구』, 지식산업사, 1980, pp. 53-67.

4. F. V. Walker, "The Morality of Revolution in P. L. Lavrov," *Slavonic and East European Review*, vol. 43 1962, pp. 196-207;

5. P. Pomper, "Bakunin, Nechaev, and the 'Catechism of a Revolutionary'; The Case for Joint Authorship," *Canadian-American Studies*, 10:4, 1976, 535-51.; J. B. Billinton, *Michailovsky and Russian Populism,* Oxford, 1959.

6. J. B. Billington, *Mikhailovsky and Russian Populism,* Oxford, 1959, pp. 64-65.

7. *Ibid.*, p. 89,

8. *V Pered*, 1873, no.1, p. 9.

9. J. B. Billington, *Mikhailovsky and Russian Populism,* Oxford, 1959, pp. 79-80.

10. *Ibid.*, pp. 141-42.

11. P. Pomper, *Peter Lavlov and the Russian Revolutionary Movement,* Chicago, 1972, pp. 143-200

12. F. Venturi, R*oots of Revolution*: *A History of the Populist and Socialist Movements in the 19th Century Russia,* London, 1952.

13. I. Berlin, *Russian Thinkers,* Harmondsworth, 1948.

14. Stepniak, *Underground Russia*: *Revolutionary Profiles and Sketches from Life* with a Preface by P. Lavrov, New York, 1883

15. A. Pedler, "Going to the people: The Russian Narodniki in 1874-75," *The Slavonic Review*, 6 1927, pp. 130-41.

16. Stepniak, *Underground Russia*: *Revolutionary Profiles and Sketches from Life* with a Preface by P. Lavrov, New York, 1883, pp. 39-40.

17. J. B. Billington, *Mikhailovsky and Russian Populism,* Oxford, 1959, pp. 139-60.

18. P. Lavlov, *Historical Letters*, P. Pomper, *Peter Lavov and the Russian Revolutionary Movement,* Chicago, 1972 pp. 177-179. 인용.

19. *Vpered*, 1875, no.16, 1876, no. 27, p. 34.

20. *Vpered*, 1876, no. 37, pp. 431-432.

21. P. Pomper, *Peter Lavlov and the Russian Revolutionary Movement,* Chicago, 1972, p. 190.

22. J. B. Billington, *Mikhailovsky and Russian Populism,* Oxford, 1959, PP. 104-06.

23. P. L. Liashchenko, *A History of National Economy of Russia to the 1917 Revolution*, trans. by L. M. Herman, New York, 1949.

24. J. B. Billington, *Mikhailovsky and Russian Populism,* Oxford, 1959, pp. 167-71.

25. R. Pipes, "Russian Marxism and Its Populist Background: The Late 19th Century," *Russian Review*, vol. 19, 1960, pp. 316-337;"Intellectual Origins of Leninism," *Revolutionary Russia,* Cambridge, 1966, pp. 33-79; L. H. Haimson, *The Russian Marxists and the Origin of Bolshevism,* Boston, 1955.

26. R, H. W. Theen, "Seizure of Political Power as the Prologue to Social Revolution: The Political Ideas of P. N. Tkachev in the Early 1870s," *Canadian Slavic Studies*, 4:4, Winter, 1970, pp. 671-90.

5장 - 러시아 노동자 계급의 급진주의(radicalism) 전통의 뿌리, 1870~1914

1. 본 장은 이민호 외, 『노동계급의 형성』(느티나무, 1993), 제 8장 「러시아 노동계급의 형성, 1870-194, 급진주의 전통의 사회적 기초」를 크게 수정한 것임.

V. E. Bonnell, *Roots of Rebellion: Workers' Politics and Organization in St. Petersburg and Moscow, 1900~14,* Berkeley, 1983; J. L. H. Keep, *The Russian Revolution: A Study in Mass Mobilization,* London, 1976; A. Rabinowitch, *The Bolsheviks Come to Power: The Revolution of 1917 in Petrograd,* New York, 1978; D. Mandel, *The Petrograd Workers and The Fall of Old Regime: From The February to The July Days, 1917,* New York, 1978; S. A. Smith, *Red Petrograd: Revolution in the Factories, 1917~1918,* Cambridge, 1983; D. Koenker, *Moscow Workers and The 1917 Revolution,* Princeton, 1981; R. A. Wade, *Red Guards and Workers' Militias in the Russian Revolution,* Stanford, 1984 참조.

2. I. Katznelson and A. R. Zolberg ed. *Working Class Formation, 19th Century Patterns in Western Europe and the United States,* 1986 참조.

3. E. H. Carr, "Revolutionary and Soviet Russia", ed, by N. F. Canter, *Perspectives on the European Past*, Part II. 1971 pp. 290~340.

4. R. Zelnik, "An Early Case of Labor Protest in St. Petersburg: The Alexandrovsk Machine Workers in 1860s, "*Slavic Review*, Sept. 1965; "Russian Bebels: An Introduction to the Memoirs of Semen Kanatchikov and Matvei Fisher,"*Russian Review,* 36: 3, 36:4, 1976는 하층노동자의 전기적 연구로서 매우 탁월하다.

5. A. K. Wildman, *The Making of a Workers' Revolution : Russian Social Democracy, 1881~1903,* Chicago, 1967; V. Bonnell, *Roots of Rebellion: Workers' Politics and Organization in the St. Petersburg and Moscow, 1900-14,* Berkeley, 1983.

6. Marx-Engels, *Collected Works,* New York, International Publishers, 1975 (CW로 약함) 6: 21, *Marx, Capital,* New York, 1967 2:36~37, A. Wood, *Karl Marx,* 1981 pp. 61~70.

7. E. P. Thompson, *The Making of the English Working Class*, pp. 9~11.

8. Jürgen Kocka, "The Study of Social Mobility and The Formation of the Working Class in the 19th Century," *Le Movement Social,* no, 11, 1980 105~107.

9. 김인중, 「지속된 산업화와 프랑스 노동계급의 형성」 『노동계급의 형성,』 느티나무, 1993, p. 98.

10. Perry Anderson, "Origins of the Present Crisis," *New-Left Review* 1963, vol. 23.

11. C. G. Friedman, "Politics, Unions, Government and Ideology and Labor Movement in the United States and France: 1880~1914," 1985, Harvard Univ. Ph. D. Dissertation, p. 2.

12. S. Smith, *Red Petrograd : Revolution in the Factories,* 1983.

13. P. Liaschenko, *op. cit.* 1949, pp. 283~85; S. Turin, 강철훈 역, 1986. *From Peter the Great to Lenin: A History of the Russian Labor Movement,* pp. 33~43, London, 1968: M. I. Tugan-Baranovsky, *The Russian Factory in the 19th Century, 1970*, pp. 1~47.

14. 러시아는 17세기 이래로 상업에 관심을 두고 교역을 장려하며 도시가 발생하였지만 상인은 자유로운 시민이 아니라 "도시에 거주하는 농노"였다. 이들은 전혀 서구 부르주아지의 개념에 들어맞지 않았다. 러시아 정부는 개인이 재산을 축적하는 것을 허용치 않았으며 모든 공장, 상권은 왕조의 세습재산이라는 원칙 하에 상인은 국가가 정한 지역인 도시(posad) 에만 제한적으로 거주해야 하고, 지정한 품목만 매매, 생산해야 하며, 왕실의 소비 물자를 조달하고, 수입을 올리는 의무에 묶여 있었다. 상인은 자유롭게 이주할 수도 없고 재산을 가질 수 도 없었으며, 더구나 도시자치권을 가질 수 없었고, 농노보다 더 힘겨운 세금, 부역, 세리 보조금의 부담을 지고 있었다.

15. Liashchenko, p. 334.

16. Liashchenko, pp. 361~365.

17. I. Dessyatin 미만의 토지를 갖는 농민까지 합하면 400만 명에 이른다. Liashchenko. pp. 418~20, 그 가족까지 합하면 900만에 가까운 숫자가 도시와 농촌 사이를 왕복 이주하는 형태를 띠었다.

18. Liashchenko p. 543; Zagorsky. p. 5.

19. V. Lenin, *Sochineniya*. Vol. III. p. 397

20. S. Smith, p. 13.

21. Liashchenko, p. 545.

22. Liashchenko, p. 545.

23. R. E. Johnson, *Peasants and proletariat: The Working Class of Moscow in the Late 19th Century,* Brunswick, 1979; "Peasant migration and thw Russian Working Class: Moscow at the End of 19th Century," *Slavic Review,* 35, pp. 652~684.

24. A. M. Pankratova and L.M. Ivanova (eds.) *Rabochee dvizhenie rossii v XIX veke.* Moscow, 1960, L. M. Ivanova et al, *Rabochee dvizhenie v Rossii*, 1861~1917, Moscow, 1966.

25. T. Von Laue, "Russian Labor between Fields and Factory, 1892~1903," *California Slavic Studies,* Vol. 3. 1964.

26. L. P. Haimson, "The Problem of Social Stability in Urban Russia, 1905-14," *Slavic Review,* 23:1, 24:1. 1964-65; M. Cherniavsky, *The Structure of Russian History: An Interpretative Essay,* pp. 619~42.

27. Liashchenko. p. 541.

28. Liashchenko. p. 545; Pogozhev, *Calculation and the Number and Composition of the Workers,* 1906, 1897년 부분 인용.

29. S.A. Smith, *Red Petrograd,* p. 20.

30. Rashin, *Sostav fab, zav. prol.*, pp. 19~21.

31. Johnson, 1979, pp. 28~50, Smith, p. 15.

32. R. E. Johnson, *Peasant and Proletariat : The Working Class of Moscow in the late 19th Century,* Brunswick, 1979, p. 45; "Peasant Migration and the Russian Working Class: Moscow at the end of 19th Century," *Slavic Review,* 35:4, p. 658.

33. Rashin, *Sostav fab, zav. prol.*, pp. 19~21; Zelnik, 1972, p. 216.

34. A. M. Pankratova and L.M. Ivanova (eds.) *Rabochee dvizhenie rossii v XIX veke,* Moscow, 1960.

35. L. M. Ivanova et al, *Rabochee dvizhenie v Rossii*, 1861~1917, Moscow, 1966

36. R. Zelnik, 1972, pp. 220~223; *Memoirs of Semen Kanatchikov and Malvei Fisher,* 1976, p. 254.

37. A. Gorz, ed., *The Division of Labor*, 1976: H. A. Turner, *Trade Union, Structure and Growth*; 1962, p. 182.

38. S. Smith, p. 31; Gerschenkron, 1967, 참조.

39. Liashchenko, p, 549. 노동자들의 임금투쟁, 노동시간 단축을 위한 투쟁이 정치적 운동으로 전환되는 최초의 대규모 시위는 1885년 중부지역 블라지미르 주의 오레호보 쥬에보에 있는 모로조프 섬유공장이었다. 러시아 노동운동사, 강철훈 역, pp. 51~52.

40. R. Zelnik "An Early Case of Labor Protest in St. Petersburg: The Aleksandrovsk Machine works in 1860," *Slavic Review,* 1965 pp. 507~519.

41. Johnson, *op. cit.* p. 69.

42. 예를 들어 1899년 모스크바의 핀젤 면직공장에서 노동자의 50%가 리아쟌 출신이고 그것도 25%는 단일한 군 출신이었다. 1902년 리아쟌에서는 농민이 모스크바의 인구의 8.6%를 차지하였고, 면방직공의 43%가 칼루가 지역출신이었으며 염색공의 3.8%, 무두공의 6.6%가 같은 고향이었다. 또 1902년까지 모스크바 인구는 117만인데 이 중 73%가 이주민이고 67%가 농촌에서 온 사람이며 이민들이 공장노동자 전체의 93%를 차지하였다. 이들 이민은 모스크바주위 중부 러시아의 13개 정도의 군에서 온 농민으로 같은 고향출신이 대부분으로서 직종은 달라도 같은 지역에 집단 고용되었다. Johnson, pp. 78~79.

43. R. Glickman, "Industrialization and the Factory Worker in Russian Literature," *Canadian-American Slavic Studies,* 1970 4:4, p. 641.

44. 노동자 8,000명이 고용된 이 공장에서 처음엔 경영자가 발표한 임금 25%인하 정책에 반대하는 시위, 파업으로 시작하여 점차 그 인근지역의 공장까지 파급, 대규모의 파업으로 확산되었다. 최초로 이때 정부가 개입하여 노동자 임금지불 방법에 대해 간섭, 감독을 취하는 법령을 제정하는 데에 이르렀다. 이 사건으로 600명 이상이 체포, 수십 명이 재판에 회부되었다.

45. *Data File on Labour Unrest*, pp. 121~24. Johnson, 1979 p. 139, 인용.

46. Liashchenko, p. 488. 노동자의 임금 수준은 성년 남자의 경우 평균 매월 14루블, 여자성은 10루블, 어린이 7루블이었으나, 작업장 내규에 의한 각종 벌금제, 값비싼 매점 소비조합 횡포로 50% 이상이 감소되었다.

47. Liashchenko; p. 551.

48. Liashchenko; p. 551.

49. Wildman, chap, 3.

50. R. G. Suny, "Violence and Class Consciousness in the Russian Working Class," *Slavic Re-*

view, 41 :3, 1982, pp. 432~442.

51. N. Harding, ed. *Marxism in Russia: Key Documents, 1879~1906,* Cambridge, 1983, pp. 43~44. 출처 *Petersburg Free Press,* 12, January 1879.

52. V. E. Bonnell, *Roots of Rebellion: Workers' Politics and Organization in St. Petersburg and Moscow, 1900~14,* Berkeley, 1983, p. 169.

53. Zelnik, 'Russian Bebels : An Introduction to the Memoirs of the Russian Workers, Semen Kanatchikov and Matvei Fisher," *Russian Review*, 36: 3, 1976, pp. 249~269

54. Glickman, p. 635.

55. R. Pipes, *Social Democracy and the St. Petersburg and Labour Movement, 1885~1897,* Cambridge, Mass., 1963, pp. 22-40.

56. Wildman, *op. cit.* chap. 3.

57. R. Pipes, *op. cit.* pp. 22-40.

58. Wildman, pp. 45~46. A. Kremer and Iu. Martov, *Ob Agitatsii* p. 9. 이 글은 1894년 폴란드의 공업지역 빌리우스와 루찌 대 파업 때 사용된 전략에 힘입어 마르토프가 가르비, 미스케비치를 통해 비밀히 러시아로 유포시켰다.

59. Wildman, p. 51.

60. Akselrod, *Borba sotsialisticheskikh i burzhuaznykh tendentsii v russkom revolutsionnom dvizhenii,* Petersburg, 1907 p. 71.

61. J. F. Brennan, "The Origin and Nature of Economism in St. Petersburg," *Canadian American Slavic Studies*, 4: 2, 1907, pp. 163~181: R. Zelink, "Russian Workers an the Revolutionary Movement," *Journal of Social History*, no. 6, 1972 pp. 234~5: Wildman, p. 73. 브레난은 경제주의라는 말은 사민당 내부의 이론적 주도권을 싸고 벌인 와중에 생겨난 것이며 레닌과 선전주의자들이 후일 멘셰비키파가 될 마르토프와 선동적인 하부 간부들에 대해 수정주의 노선이라고 반박한 데 연유한 것이라고 분석했다. 즉, 경제주의는 여전히 사회주의적이며 또 정치적 목표를 추구하였고 다만 그 방식에 있어서 차이가 나는 것으로 설명하고 있다.

62. Wildman, p 46.

63. C. D. Surh "Petersburg's First Mass Labor Organization : The Assembly of Russian Worker and Father Gapon," *Russian Review*, 40:3, 1981 pp. 241~62.

64. Liashchenko, p. 662.

65. Walter Sablinsky, *The Road to Bloody Sunday. Father Gapon and the Petersburg Massacre of 1905.* Princeton, N. J., 1976. pp. 113~134.

66. Bonnell, pp. 203~4.

67. 숙련공 노조는 73~75%가 가입하였고 반미숙련공 노조는 22~25%가 가입하였다. 노조에 가입한 노동자일수록 임금수준이 높은 경향을 띠었다.

68. Bonnell, p. 161.

69. Schwarz, *The Revolution of 1905,* p. 154.

70. Bonnell, pp. 149~150.

71. Bonnell, pp. 169-170.

72. L. Haimson, p. 365.

73. Bonnell, p. 170.

74. Suny, pp. 325~39.

75. S. Turin, p. 122.

76. Liashchenko, p. 669.

77. 1912년 1월 프라그의 제 6차 전러시아 사민당 소회의에서 사민당은 1906년의 일시적 통합 이후 결국 결정적으로 분리되어 볼셰비키는 혁명주의 노선을 택한 모든 무장폭동, 비합법적인 수단을 사용할 것을 공언하였다. Bonnell, p. 395.

78. Bonnell, p. 427: Iu. Martov, "Otvet Bulkinu," *Nasha zaria*, No. 3 (1914) p. 67.

6장 - 러시아 최초 사적 상인·기업가의 등장

1. 소비에트시대 기업가에 관한 주요한 대표적 연구는 다음과 같다. P. A Berlin, *Russkaia burzbuaziia v staroe i novoe vremia*. Moscow, 1922, V. S. Diakin, *Russkaia burzhuaziia i tsarizm v gody pervoi mirovoi voiny(1914-1917)*. Leningrad, 1967; V. la. Laverychev, *Krupnaia burzbuaziia v poreformennoi Rossii, 1861-1900*. Moscow, 1974; I. F. Gindin. "Russkaia burzhuaziia v period kapitalizma, ee razvitie i osobennosti," *Istoriia SSSR*, no. 2, 1963, pp. 57-80; no. 3, 1963, pp. 37-60.

2. 그 당시 작가들은 급성장하는 상인이나 기업가들의 모습에 놀라워하면서도 하나같이 부정적인 이미지로 그려내었다. 예를 들면, 안톤 체홉의 <3년>, V. 네미르쵸프의 <짜르의 은행>, P. 보보르킨, <키타이 고로드>에서는 하나같이 토지소유 귀족 층 지식인과 상인의 이미지는 대립적이었다. I. F. Gindin, "Russkaya burzhuazhiia," *Istoriia SSSR*, no. 2. (1963), Jo Ann Ruckman, *op. cit.* 1984, p. 8. 인용.

3. Jo Ann Ruckman, *The Moscow Business elite: A Social and Cultural Portrait of Two Generations, 1840-1905,* Dekalb, 1984; W. Brumfield, Boris Anan'ch and Iurii Petrov, eds., *Commerce in Russian Urban Culture, 1861-1914,* Princeton Univ. Press, 2001; Thomas C. Owen, *Capitalism and Politics in Russia: A Social History of the Moscow Merchants, 1855-1905,* Cambridge, 1981; Alfred J. Rieber, *Merchants and Entrepreneurs in Imperial Russia,* Chapel Hill, Univ. of North Carolina Press, 1982; W. Brumfield, *The Origins of Modernism in Russian Architecture* Berkeley and LA. 1991; C. Goldberg, "The Association of Industry and Trade, 1906-17: The Success and Failure of Russia's Organized Businessmen," Ph. d. Diss., Michigan Univ. 1974, 러시아 측의 연구는 독점 자본주의에 관한 엄격한 기준을 완화하여 연구하였으나 기업가들 자체의 복합적

성격에 관한 연구는 시도하지 않았다. V. S. Diakin, *Russkaia burzhuaziia i tsarizm v gody pervoi mirovoi voiny (1914-1917)*, Leningrad, 1967; V. Laverychev, *Krupnaia burzbuaziia v poreformennoi Rossii, 1861-1900*. Moscow, 1974; I. F. Gindin, "Moskovskie banki v period imperializma (1900-1917 gg.)" *Istoricheskie zapiski* 58, 1956, pp. 38-106.

4. Robert H AllHouse, ed., *Photographs for the Tsar: Pioneering Photography of Sergei Mikhailovich Prokulin Gorskii Commissioned by Tsar Nicholas II,* New York, Dial Press, 1980; W. Brumfield and als. eds., *Commerce in Russian Urban Culture, 1861-1914,* Princeton Univ. Press, 1998; E. W. Clowes, Samuel D. Kassove, and James West eds., *Between Tsar and People: Educated Society and the Quest for Public Identity in the Late Imperial Russia*, Princeton, 1991; Colton Timothy, *Moscow: Governing the Socialist Metropolis*, Cambridge, 1995.

5. J. West, "Moscow Progressists: Russian Industrialists in Liberal Politics, 1905-14," Princeton Univ., Ph. D. Diss., 1974.

6. Vladimir Riabushinskii, "Kupechestvo moskovskoe," *Den' russkogo rabenek* 18, April 1951: 168-89; Valentine T. Bill, *The Forgotten Class: The Russian Bourgeoisie from the Earliest Beginning to 1900*, New York, 1959, pp. 25-27.

7. "Kupecheskaia Moskva," *Novoe vremia*, 11, June, 1903; Jo Ann Ruckman, *op.cit.* Dekalb, 1984, p. 65, 인용. P. A Buryshkin, *Moskva kupecheskaia*, *Zapiski*, (Moscow, 1991), p. 109, pp. 134-35. 유력한 사적 기업가 30여 가문의 자산 정도는 명성과 달리 다양하였다. 보트킨, 트레짜코프는 명예가 대단했지만 자산은 그다지 크지 않았다. 모로조프는 4개 지부 기업을 가졌는데 그 중 니콜스크 면직물 공장 하나가 1,000만 루블이 넘었고, G. 흘류도프 가문전체는 300만 루블, 개인 자산은 1,600만 루블이다.

8. Jo Ann Ruckman,, *op. cit.* p. 3; Valentine T. Bill, *op. cit.* New York, 1959, p. viii.

9. '쿠페츠'로 불리며 영어 의미로 merchants에 해당되는 계층으로서 부유한 상인층을 의미한다. 이들이 서구의 부르주아지에 가장 가까운 계층에 속한다.

10. Henry Rozovsky, "The Serf Entrepreneur in Russia," *op. cit.* Cambridge, Mass., 1954, pp. 207-210; William Blackwell, "Russian Entrepreneur in the Tsarist Period: An Overview, " Guroff, Gregory and Fred V. Carstensen eds., *Entrepreneurship in Imperial Russia and the Soviet Union*, Princeton, 1983, pp. 13-26.

11. Gogol, *Dead Soul* 참조.

12. Thomas C Owen, *Capitalism and Politics in Russia: A Social History of the Moscow Merchants, 1855-1905,* Cambridge, 1981, pp. 1-3; Henry Rozovsky, *ibid.*, p.209.

13. V. Ia. Laverycher, *Krupnaia Burdzuagiia v poroformennoi Rossii 1861-1900*, Moscow, 1974. c. 70.

14. T. Von Laue, *Sergei Witte and the Industrialization of Russia* New York, 1969, pp. 269-271.

15. 1900년 러시아의 총 생산고가 36억불이었는데 그 가운데 모스크바의 생산고는 9억6천 루블로서 전체의 25%에 육박하였고 특히 직물생산량은 5억5천 루블로서 58%를 차지하였으

며 대 유럽 수출고는 11억루블로서 전체 수출의 18%에 이르렀다. *G. F. Semeniuko, Krupnaia Moskovskaia Tekstil'naia Burdzuagiia i ekonomicheskaia politika tsarizma v Kontze XIX veka,* Moscow, 1964, p. 12. Jo Ann Ruckman, *The Moscow Business elite: A Social and Cultural Portrait of Two Generations, 1840-1905,* Dekalb, 1984, p. 2. 인용.

16. 당시 짜르 측근 고위 장관의 년소득은 2만 5천 루블이었다. 빼쩨르부르크에서는 산업자본가보다 금융자본가가 더 주류를 이루었는데, 최상층 230여명의 년평균 소득은 30만 루블로 기록되고 있다. W. C. Brumfield, *Commerce in Russian Urban Culture, 1861-1914,* Princeton Univ. Press, 1998, pp. 48-49.

17. W. Brumfield, Boris Anan'ch and Iurii A. Petrov, eds., *Commerce*, p. 167

18. S. Glover, "Savva Mamontov and the Mamontov Circle, 1870-1905," 1971, pp. 154-55. *Mir iskusstva* (예술세계운동) 잡지는 기업가들의 후원에 의해 1885년에 시작되어 1920년대까지 지속되었다.

19. Henry Troyat, *Daily Life under the Last Tsar,* Stanford Univ. Press, 1959, chap. 2. 3.

20. Vladimir Polunin, *Three Generations: Family Life in Russia, 1845-1902*, trans., A. F. Birch-Jones, London, 1957, pp. 60-69.

21. Jo Ann Ruckman, *The Moscow Business elite: A Social and Cultural Portrait of Two Generations, 1840-1905,* Dekalb, 1984, p. 19,

22. Valentine T. Bill, *op. cit.* New York, 1959, pp. 16-18, 118-120; Vladimir Polunin, *Three Generations: Family Life in Russia, 1845-1902*, trans., A. F. Birch-Jones, London, 1957, chap. 4, 5.

23. Roy Robson, *Old Believers in Modern Russia,* Dekalb, Northern Illinois Univ. Press, 1995; Jo Ann Ruckman, *The Moscow Business*; Anton Beliajeff, "The Rise"; 1975.

24. N.P. Chulkov, "Moscovskoe Kupechestvo, XVIII, XIX," *Russkie arkhive*, no. 12 1907; Jo Ann Ruckman, *op. cit.* Dekalb, 1984, p. 49.

25. 앨버트 허쉬먼, 김승현 역, 『열정과 이해관계: 고전적 자본주의 옹호론』 나남, 1994, pp. 25-27. 허쉬먼은 근대 서구의 정신사에서 상업행위가 금전추구와 같은 탐욕과 이익욕으로 경멸할 것이 아니라 이해관계를 합리적으로 찾으려는 솔직한 인간 본성에 의거한 열정이며, 이 열정은 놀라운 조화와 질서를 갖고 오는 존경스러운 미덕으로 받아들이는 변화를 철학적으로 검토하였다.

26. Pavel Brushkin, *Moskva Krupecheskaia*, New York, 2004. c. 94-95.

27. Valentine T. Bill, *The Forgotten Class: The Russian Bourgeoisie from the Earliest Beginning to 1900*, New York, 1959, pp.17-22.

28. James West , "The Moscow Progressivists: Russian Industrialists in Liberal Politics, 1905-1914," Ph. d., Diss.,. Princeton Univ. 1974, pp. 38.

29. Pavel Brushkin, *op. cit.* New York, 2004. c. 95-104. c. 108.

30. 그의 아들은 철학을 전공하여 클류쳅스키 교수의 제자가 되었는데 혁명 이후 파리로 망명하여 소르본느 대학교에서 동양미술사전공 박사학위를 받고 고고학자로 활동하였다.

31. Valentine T. Bill, *The Forgotten Class: The Russian Bourgeoisie from the Earliest Begin-*

ning to 1900, New York, 1959, pp.127-28.

32. Owen, Thomas C., *Dilemma of Russian Capitalism: Fedor Chizov and Corporate Enterprise in the Railroad Age,* Harvard Univ. Press, 2005, pp. 48-51.

33. Stuart Grover, "Savva Mamontov and the Mamontov Circle, 1870-1905: Art Patronage and the Rise of Nationalism in Russian Art," Ph.D. diss. Univ. of Wisconsin, 1971. pp. 159-169.

34. 구치코프는 1917년 2월 혁명 이후 임시정부에서 르보프공 하에 전쟁상으로 활동하였다.

35. Pavel Brushkin, *op. cit.* New York, 2004. c. 157.

36. James West, "The Moscow Progressists: Russian Industrialists in Liberal Politics, 1905-1914," Ph. D. Diss., Princeton Univ. 1974, pp. 38-39.

37. *Ibid.* pp. 57-63.

38. P. I. Liashchenko, *Istoriia narodogo khogiaistvo SSSR*, t.2, Moskva, 1952. pp. 525-67.

39. Anton Beliajeff, "The Rise of the Old Orthodox Merchants of Moscow, 1771-1894," Ph. D. dissertation, Syracuse University, 1975.

40. Alfred J. Rieber, "The Moscow Merchants and the Public Press, 1858-1868," *Jarbücher für Geschichte Osteuropas*, 25, 1975, pp. 1-2.

41. Thomas C. Owen, *Capitalism and Politics in Russia: A Social History of the Moscow Merchants, 1855-1905,* Cambridge, 1981, p. 30.

42. 1840년대 러시아 인텔리겐치야들 사이에서 후진 러시아의 미래 개혁를 위한 방법에 관한 사상적 대 논쟁이 일어났는데 그것은 서구주의자들과 친 슬라브주의자들 사이의 논쟁이었다. 친 슬라브주의자들은 원래 1830년대 말부터 모스크바 대학생들 사이에서 독일 낭만적 민족주의 운동의 영향 하에 발생하여 그 후 키레브스키, 호미아코프, 악사코프 등에 의해 계승되었다.

43. Thomas C. Owen, *op. cit.* Cambridge, 1981, p. 34,

44. Alfred J. Rieber, "The Moscow Merchants and the Public Press, 1858-1868," *Jarbücher für Geschichte Osteuropas*, 25, 1975, pp. 1-20.

45. Thomas C. Owen, *Capitalism and Politics in Russia: A Social History of the Moscow Merchants, 1855-1905,* Cambridge, 1981, pp. 35-36.

46. 경찰은 이들의 모임을 예의 주시하였는데 초대받은 참석자 84명중 27명이 거상과 기업가들이었다. *Ibid.*, p. 37,

47. Thomas C. Owen, *Dilemma of Russian Capitalism: Fedor Chizov and Corporate Enterprise in the Railroad Age,* Harvard Univ. Press, 2005, p. 29: F. Chizov, *Diary*, Mar. 22, 1857.

48. Thomas C. Owen, *op. cit.* (2005), pp. 48-51, 당시 뻬쩨르부르크의 최고 명망있는 경제학자였던 이반 버나드스키는 관세보호에 반대하는 글을 『경제법령』*Ekonomicheskii ukazatel'*에 게재했다. 이에 용기를 내어 모스크바 기업가였던 치죠프는 모스크바 대학교의 경제학교수인 이반 밥스트에게 서한을 띄워 『산업소식』(*Vestnik promyshlennosti*)에 국내외의 산업분야에 관한 각종 소식과 정보를 게재해 줄 것을 간청하는 글을 썼다. 밥스트는 곧 긍정적 답신을 보냈고, 경제학 분야의 탁월한 학술적인 재능을 이 잡지에 쏟었다. 흥미 있게도 그는 모스크바 대학교에서 석사 학위를

받고 고전 고대그리스 시대 정치가에 대한 글을 썼다. 또 1851년 그는 박사학위논문으로서 "1720년 존 로우의 미시시피 거품경제와 파산"에 대해 글을 썼다. 밥스트는 카잔 대학교에서 6년간 정치경제학과 통계학 교수로 봉직하다가 버나드스키를 이어 모스크바 대학교로 부임했다.

49. 그는 과학, 예술, 교육, 경제적 발전,을 높이 평가했고, 시장개혁, 철도부설, 그리고 은행의 설립을 강조했다. 모스크바 상인들의 보호를 승인하기보다는 그는 대외경계심이 강한 러시아인들을 비웃었다. 또 그는 시민사회의 성공을 칭찬하고 특히 법적 절차와 법과 질서에 의한 체제를 높이 평가했던 것이다. 독점이나 특권 그리고 특정 신분에 대한 특별한 대우로부터 자유로운 시장을 철도, 은행, 산업조직의 성장에 필수요건으로 보았다. 무엇보다도 그는 민족주의자로서 러시아의 미래에 대한 신념을 갖고 있었다. 그는 농노제가 러시아 경제발전의 최대의 장애라고 비판하고 전제정부가 사유권을 소홀히 하며, 희귀한 자원을 낭비하고 낡은 신분제 특권을 유지하고 있다고 맹비난했다.

50. Delvig', *Vospominaniia*, 3:49, Thomas C. Owen, *op. cit.* 2005, p. 52. 인용.

51. Thomas C. Owen, *ibid.*, 2005, p. 58, idem, "The Moscow Merchants and the Public Press, 1858-1868," *Jarbücher für Geschichte Osteuropas*, 25, (1975), pp. 30-31. 마침내 『산업소식』지 폐간의 소식이 알려지자 뒤늦게 I. 마몬토프, V. 코코레프, T. 모로조프가 2만 루블을 갖고 달려왔으나 분노에 찬 치죠프는 '당신네들은 이 잡지의 자격이 없는 인간들이야!"하고 돈을 땅에 내던져 버렸다.

52. 특히 사바 마몬토프는 치죠프로부터 큰 신임을 받은 기업가였는데 나중에 치죠프의 철도부설 사업에서 그의 후계자가 되었다. A. A. Liberman, *Sbornik v Pamiat' stoletliia so dnia raznodenia Fedor V Chizova*, 1911. Thomas C. Owen, *ibid.*, 2005, p. 39. 인용.

53. Owen, Thomas C., *ibid.,* 2005, p. 46,

54. Alfred J. Rieber, "The Formation of La Grande Societe de Chemins de Fer Russe, " *Jahrbücher für Geschichte Osteuropas*, 21:3, Sept. 1973, pp. 375-91; Thomas C. Owen, *Capitalism and Politics in Russia: A Social History of the Moscow Merchants, 1855-1905*, Cambridge, 1981, p. 41; 제국의 중앙철도는 프랑스의 <Credit Mobilier> 펀드회사의 Emile and Isaac Pereie가 경영을 맡았는데 처음에는 4,000킬로의 철도를 약속했으나 이들은 방만한 경영, 공금횡령 등으로 투자자들로부터 해체 요구를 받고 해체되었다.

55. 자고르스크는 일명 포사드스키라고도 불리는데 여기에는 러시아인민들이 가장 사랑하는 성 세르게이 수도원이 있는 도시였으므로 매년 성지 순례하는 여행객들이 많았다. 이에 치죠프는 철도 부설 이후 상당한 흑자 이윤을 낼 수 있다고 계산하였다.

56. Thomas C. Owen, *op. cit.* 2005, p. 43, *Vestnik Promyshlennosti*', Aug. 1858.

57. David Christian, "A Neglected Great Reform: The Abolition of Tax Farming in Russia," *Russia's Great Reform, 1855-1881*, ed., Ben Eklof, John Bushnell and Larissa Zakharova, Bloomington, 1994, pp. 102-114.

58. Stuart R. Glover, "Savva Mamontov and the Mamontov Circle, 1870-1905; Art Patronage and the Rise of Nationalism in Russian Arts," Wisconsin Univ. Diss., 1971. p. 36.

59. 그러나 결국 쿠르스크에서 트랜스카스피해-타쉬켄트-오렌부르크를 연결하는 타쉬켄트 선은 국가의 외자 도입에 의해 1899년 건설되었다. 시베리아횡단 철도는 1891-1916년 사이 완공되었다.

60. Thomas C. Owen, *op. cit.* 2005, p. 153.

61. 심지어 모스크바 기업단이 모스크바-쿠르스크 철도부설에 큰 희망을 품었을 때, 키예프-쿠르스크 회사가 이를 양보하려고 들지 않았다. 그러나 재정상 로이테른 백작은 모스크바 은행장 치죠프를 신임하여 모스크바 기업단에게 철도 부설권을 배정하였다.

62. F. Chizhov, *Diary*, Nov. 1, 1873. Thomas C. Owen 2005, *op. cit.* p. 149.

63. *Materialy po ekonomike Iaroslavskoi*, *Vladimirskoi*, *Kostromskoi*, 1864. Stuart, R. Glover, *op. cit.* 1971, p. 36, 인용.

64. 그러나 마몬토프의 남부 러시아 철도선은 제1차 대전 시기에 빛을 발휘했다 전쟁동안 폴란드의 탄공이 독일의 수중으로 넘어갔기 때문에 남부 철도를 이용해서 도네츠 석탄이 수도 뻬쩨르부르크로 수송되었다.

65. Valentine T. Bill, "The Morozovs," *The Russian Review*, 14:2, 1955. pp. 114-115.

66. *Morozovskaia Stachka 1885-1935 gg.*, *Sbornik statei*, *dokumentov i vospominaniia,* Moscow, 1935; "Rech's S. T. Morozova," *Moskovskie vedomosti*, 16, aug., 1893.; P. I., Liashchenko, *Istoriia narodnogo khoziaistvo SSSR*, *vol. 2*, *Kapitalizm*, 3rd. ed., Moscow, 1952; V. la. Laverychev, *Krupnaia burzbuaziia v poreformennoi Rossii*, *1861-1900.* Moscow, 1974; Tugan-Baranovsky, Mikhail Ⅰ. *The Russian Factory in the 19th Century.* Translated by Arthur Levin and Claora S. Levin, Homewood, Illinois, 1970, pp. 308-342.

67. 1863년 찌모페이 모로조프의 최대의 규모인 니콜스키 공장에서 파업분규가 처음 일어났을 때, 법적 징계나 소송없이 혹독했던 벌금을 돌려주고 노동자를 무마시키고 소요의 주동자만 몇 명 해고하는 정도로 끝났다.

68. 모로조프의 공장에서의 파업은 러시아 노동운동의역사의 전환점에 해당되었기 때문에 특히 많은 연구가 이루어졌다. Peter I. Kabanov, and R. K. Erman, *Morozovskaia Stachka 1885 goda*: *possobie dlia uchitellei*, Moscow, 1963; Vladimir I. Nevsky, ed., *Morozovskaia stachka 1885*, Moscow, 1925; A. M. Pamkratova and V. M. Sokolov "Predshestvenitsa Morozovskaia stachki, " *Istoricheskii arkhive*, vol. 7, 1951.

69. Thomas C. Owen, *Capitalism and Politics in Russia*: *A Social History of the Moscow Merchants*, *1855-1905,* Cambridge, 1981, p. 131.

70. 상업산업성은 1905년 혁명 발발 이후 짜르의 굴복과 함께 비로소 창설되었다.

71. 1894-1904년 사이 위떼는 대독일 무역에 부분적으로 관세 인하정책을 시행하였으나 모스크바 기업가들은 전반적으로 꽤 안정된 관세율을 유지하였고 이 덕택으로 순이익을 지속적으로 증가하였다.

72. Alfred J. Rieber, "The Moscow Entrepreneurial Group: The Emergence of a New Form in Autocratic Politics," *Jahrbücher für Geschichte Osteuropas* 25, 1977, pp. 17-20.

73. 증가의 속도를 말해주는 것으로 한 예를 들면 1890-1900 년 사이 모스크바의 대기업 섬유공장의 노동자의 수는 2000명의 규모가 5000명의 규모로 증가하였다. *ibid.*, p. 133.

74. Jo Ann Ruckman, *The Moscow Business elite: A Social and Cultural Portrait of Two Generations, 1840-1905*, Dekalb, 1984, p. 49.

75. D. Pokrovskyy, "Ocherki Moskvy," *Istoricheskii vestnik*, 5, February, 1893, pp. 793-94; Jo Ann Ruckman,, *ibid.*, p. 48.

76. Stuart Glover, "Savva Mamontov and the Mamontov Circle, 1870-1905," 1971. p. 45-52.

77. Vladimir Polunin, *Three Generations: Family Life in Russia, 1845-1902*, trans., A.F. Birch-Jones, London, 1957, pp. 60-62.

78. *Torgovoe i promyshlennoe delo Riabushinskhikh* , p. 13. Jo Ann Ruckman, *op. cit.* p. 75.

79. Anton Beliajeff, "The Rise of the Old Orthodox Merchants of Moscow, 1771-1894," Ph. D. Diss., 1975, pp. 152-72.

80. Jo Ann Ruckman, *op. cit.* p. 48.

81. Stuart Glover, "Savva Mamontov and the Mamontov Circle, 1870-1905," Ph. d. Diss. 1971, p. iv

82. 이때 수집한 미술품은 1917녀 볼셰비끼 혁명이후 예레미따쥬 박물관에 매각되거나 기부되었다.

83. 트레짜코프는 음악협회에서 N. 루빈스타인을 만나 친구가 되었고, 마몬토프는 챠이코프스키와 교유하였으며, 바르바라 모로조프 부인은 <러시아 소식>지의 편집장의 부인이 되었다.

84. Stuart Glover, *op. cit.*, pp. 1-5.

85. Stuart Glover, *ibid.*, pp. 56-80. 안토골스키는 <폭군 이반>의 세밀한 모습을 묘사하여 유명해졌다. 그는 또 로마 총독의 재판대 앞에 선 예수의 모습을 마치 헐벗고 굶주리고 있는 러시아 인민의 표정으로 묘사했다. 레핀은 <배끄는 러시아 농민>의 모습을 그려 인민의 비탄을 재현했으며 수리코프와 바스네쵸프는 아브람쩨프에서 교회를 건축할 때 러시아 목조건물 양식을 복구하였다.

86. Stuart Glover, *ibid.*, pp. 104-05.

87. "P. T. Katsepov," *Zlostrui*, 1912, no. 2; V. Riabushinskii, "Kupechestvo Moskovskoe," *Den' Russkogo Rebenka*, 195. Anton Beliajeff, *op, cit.* pp. 229-30.

88. *Moskovskie vedomosti*, 9 Jan. 1900; Rakshanin, "Iz Moskvy," *Novosti*, 17, Dec. 1894.

89. Pabel A. Buryshkin, *Moskva kypecheskaia*, Moskva, 2002., p. 224.

90. Jo Ann Ruckman, *op. cit.* p. 90.

91. *Russkie Vedomosti*, nov. 1903, Jo Ann Ruckman, *ibid.* p. 89, 인용.

92. 표트르 대제 이후 모든 귀족은 공공봉사의 의무가 있었는데 이것은 행정적, 군사적 의무를 포함하여 국가와사회에 귀족층이 반드시 수행해야 하는 공공의 의무를 의미하였다. 상인층에게는 공직에서 의무는 금지되었다.

7장 - 모로조프가의 직물기업의 성공의 신화, 1873~1905

1. (*) 본 글은 이정희『기업가와 유토피아 - 기업가는 무었을 꿈꾸는가』영남대학교 출판부, 2016의 9장「모로조프가의 직물산업과 유토피아의 꿈」을 크게 수정 가필한 것임.
1885년 당시 모로조프가의 니콜스크 직물공장은 블라디미르주의 포크롭스크군의 쥬에보 마을에 있었으나 지금은 행정구역 상 모스크바州 보고로드스크市 오레호보 쥬에보읍으로 개편되었다. 이 마을에는 레닌의 지시에 따라 당시 파업의 주동자였던 P.A. 모이센코와 V.S. 볼코프의 기념비가 세워져 있다. *Morozovskaia stachka 1885-1895 gg. Sbornik s stach'ei. Dokumentov i vospominaniia.* Moskva. 1935; V. Sokolov, "Stachka tkachei Ibanov-voznesensk manufaktury v 1895 g, " *Tsentral'naia Arkhiv RSFSR*, *Istoricheskii Dzurnal. Krasnyi arxiv*, T. 5 vol. 72, 1935, pp.112-119; Ye.D. Chermenskii, *Burzhuaziia i tsarizm v pervoi Russkoi revoliutsii*, Moscow, 1970; V. Ia. Laverychev, & A. M. Solovieva, *Boevoi pochin possiiskogo proletariata, k 100-leti, Morozovskoi stachki 1895 g.* M. 1985. 이상은 노동자의 계급적 시각에서 1885년 총파업을 다룬 소비에트의 가장 중요한 연구이다.
2. *Nauchno-prakticheskoi konferentsii Morozovy i ikh pol' v istorii Rossii*, Morozovskie chteniia, Noginsk, 1996. C. 4, 이하 *Trudy pervoi.*
3. *Ibid.*, c. 5
4. I. V. Potkina, *Na Olimpe delovogo uspexa. Nikol'skaia manufaktura Morozovyxh, 1797-1917.* 이후 I. V., Potkina, *Na Olimpe* 로 약함.
5. *Trudy Iubileinoi Nauchno-praktichesloi konferentsii*, "*Morozovy I Moskva*," (*Morozovskie Chteniia*) Bogorodskii, 1998. pp. 1-5. 이하 *Trudy Iubileinoi* 로 약함.
6. Valentine T. Bill, "The Morozovs," *The Russian Review*, 14:2, 1955. pp. 109-116.
7. P. A. Berlin, *Russkaia Burzhuaziia v staroe i novoe vremia*, Moscow, 1922.; V. S. Diakin, *Russkaia burzhuaziia i tsarizm v gody pervoi mirovoi voina, 1914-1917*, Leningrad, 1967; Ia. I. Livshin, *Monopolii v ekonomike Rossii*, M. 1961; E.S. Lurie, *Organizatsiia i Organizatsii Torgovo-promyshlennykh interesov v Rossii*, St. Peterburg, 1913; S. Ye. Sef, *Burzhuaziia v 1905 g.* Moskva, 1926; Aleksandre Serebrov, (Tikhonov, A. H.) *Vremiia i Liudi Vospominaniia 1898-1905*, Moscow, 1955.
8. *Istoriia vsesoiuzyi kommunisticheskii partii (6) Kratkii kurs*, Moscow, 1939. c. 202
9. P. V. Volobuev, *Ekonomicheskaia politika Vremennogo pravitel'stva*, Moscow, 1962. c. 3.
10. Thomas C. Owen, *Capitalism and Politics in Russia: A Social History of the Moscow Merchants, 1855-1905*, Cambridge, 1981; Ruth Amende Roosa, "The Association of Industry and Trade, 1906-1914: An Examination of the Economic Views of Organized Industrialists in Pre-revolutionary Russia." Ph.D. diss., Columbia University, 1967; James West, "The Moscow Progressivists: Russian Industrialists in Liberal Politics, 1905-1914," Ph.D. diss., Princeton Univ. 1974; Carl A. Goldenberg, "The Association of Industry and Trade, 1906-1917; The Success

and Failures of Russia's Organized Businessmen," Ph.D. diss., Univ. of Michigan, 1974; Cyril E. Black, "Russian and Soviet Entrepreneurship in Comparative Context," Gregory Guroff and Fred V. Carstensen eds., *Entrepreneurship in Imperial Russia and the Soviet Union,* Princeton, 1983, pp. 3-4; F. Harbinson, "Entrepreneurial Organization as a Factor in Economic Development," *Quaterly Journal of Economics*, 70, Aug., 1956, pp. 364-79.

11. Joseph Schumbeter, *The Theory of Economic Development*, 박영호 역, 『경제발전의 이론』, 박영률 출판사, 2005. p. 52.

12. Ye. A. Varentsov, *Slyshannoe, Vidennoe. Aieredumannoi, Perezhitoe*, Moscow, 1999; I. V. Potkina, *Na Olimpe* 2004; G. R. Naumova, *Russkaia Fabrika: problemy istochkobedeniia*, Moscow, 1998; Iu. A. Petrov, *Moskovskaia burzhuaziia v nachale XX v. Predmatel'stvo i politiki, Moscow*, 2002; A. Iu.Salomatin & A. N. Andreev, *Ocherki istorii I teorii predmatel'skoi deiatel'nosti*, Penza, 1992; A. V. Startsev & Goncharov Iu. M., *Istoriia predmatel'stva v Sibili XVII-Nachalo XX v. Uchebnoe posobie*, Barnaul, 1999; N. A. Ivanova, *Promushlennyi tsentr Rossii 1907-14 gg. Statistiko-Ekonomicheskoe issledovaniie*, Moscow, 1995. 등은 최근경영자본주의적인 이론을 도입하여 혁명이전 시대의 기업사 연구를 시도한 대표적인 연구서이다.

13. 이들 기업가들은 스스로를 차라리 "상업-산업계급"(Torgovo-promyshlennyi klass)'로 불리기를 원했다. 소비에트 시기에는 기업가들을 사업가(Deloboi chelovek), 혹은 장사치(Deltsy)로 불렀다.

14. Valentine T. Bill, *The Forgotten Class*, New York, 1959. pp. 140-48.

15. P. I. Lisahchenko, *Istoriia narodnogo khoziaistva SSSR*, Moskva, 1952, p.453.

16. Mikhail Ⅰ. Tugan-Baranovsky, *The Russian Factory in the 19th Century*. Translated by Arthur Levin and Clara S. Levin. Homewood, 1970. pp.209-210.; P. I Liashchenko, *ibid*., p.672.

17. Michael Owen Gately, "The Development of the Russian Cotton Textile Industry in the Pre-Revolutionary Years, 1861-1913." Ph.D. dissertation, University of Kansas, 1968; Iu. A. Petrov, "Moskva kupecheskaia na rubezhe XIX vekov," *Otchestvennaia istoriia*, 2, April, 1996, cc. 4-6.

18. P. Vrushkin, *Moskva Kupecheskia*, New York, 2004. p. 79; Valentine T. Bill, *The Forgotten Class* New York, 1959. xii

19. S. Ye. Sef, *Burzhuaziia*, M. 1926, pp. 14-17; O. A. Eermanski, "Krupnaia burzhuaziia do 1905 goda, " *ODR*, 1, pp. 313-348.

20. V.S. Pruravin, *Promysly Vladimirskoi gubernii 1882*, p. 5, B. Ia. Laverychev & Solov'eva, A. M., *Boevoi pochin rossiiskogo proletariat k 100-leti*, pp. 13-14. 재인용.

21. 1 verst= 약 1.067km

22. Valentine T. Bill, "The Morozovs," *The Russian Review*, 14:2, 1955. pp. 109-116; A. N. Bokhanov, "Savva Morozov," *Voprosy istorii*, no. 4, April, 1989, pp. 69-70.

23. V. Ya. Laveryvchev & Solov'eva, A. M., *Boevoi pochin*, M. 1985. p. 13. 레닌도 모로조프家의

수공업 공장을 러시아의 가장 전형적인 초기 자본의 형성인 것으로 인정했다.

24. *Ibid.*, cc. 13-14; V. F. Sitnov, "K istochkam poloslivno," *Tezisy dokladov i vystuplennie Nauchno-prakticheskoi konferentsii*, Orekhova-zueva, 1997. p. 115, 이하 *Tezisy dokladov*, 로 약함.

25. V. F. Sitnov, *ibid.*, p. 116.

26. V. Ia. Laverychev & Solov'eva, *op. cit.* cc. 13-14, 인용.

27. I. V. Potkina, *Na Olimpe*, cc. 48-49.

28. *Ibid.*, cc. 51-52.

29. V. S. Prugavin, *Promyshly Vladimipskoi gubernii 1882*. p. 5. I. V. Potkina, *Na Olimpe*, c. 51. 인용.

30. 사바 1세는 <니콜스크 제조회사>(Tovapshchestvo Nikol'skoi Manufaktupy)를 후일 <사바 모로조프의 아들과 K>(Savva Morozova syn i K°>로 개칭하였고, 장남 엘리세이(후일 비큘로비치家)는(비큘라 모로조프 제조회사>, 보고로드스크 글루코보 제조회사>를 건립하였다. 차남 자하로비치는 블라디미르州와 트베르州에 <트벨스크 제조회사>를 위시하여 직물공장을 4개 건설하였다. 막내아들 찌모페이는 가장 핵심 공장인 니콜스크 직물공장을 물려받았다. Iu. A. Petrov, *Moskovskaia burzhuaziia v nachale xx veke. Predmatel'stvo i politiki*, Moscow, 2002. p. 182 이후 *Moskovskaia burzhuaziia*로 약함 ; A. N. Bokhanov, "Savva Morozov," *Voprosy istorii*, no. 4 April, 1989, p. 69.

31. *Tsiam Tsentral'naia istoricheskii arkhiv, Moskva, F.* 342. 이 문서에서는 찌모페이 경영시대 이후 자료가 보관되어 있다. "Manufaktury i fabriki torgovogo doma pod firmoku <Savva Morozov s synob'iami>, K Vserossiiskoi vystabke 1870 g." M. 1870. s.. 20, I. V. Potkina, *Na Olimpe*, p. 52. 인용.

32. A. N. Bokhanov, *op. cit. Voprosy istorii*, no. 4, April, 1989, p. 70.

33. I. V. Potkina, Na Olimpe, p. 53. 인용; Iu. A. Petrov, "Lichnye sosotianie Morozovykh - timofeevichei, *Trudy iubileinoi*, 1998. pp. 33-38.

34. A. N. Bokhanov, "Savva Morozov," *Voprosy Istorii* no. 4 April, 1989, p. 70.

35. V. Ia. Laverichev & Solov'eva A. M., *Boevoi pochin*, M. 1985. p. 24.

36. I. V. Potkina, *Na Olimpe*, cc. 54-57.

37. "Tovapishchestvo Nikolskoi ," Moskva, 1893. cc. 6-14, A. N. Bokhanov, "Savva Morozov," *op. cit.* pp. 71. 재인용.

38. N. A. Ivanova, *Promyshlennyi tsentre Rossii 1907-1914 gg. Statistiko-ekonomichestkoe issledovaniie*, Mosow. 1995. cc. 230-232.

39. 예를 들어 1877/87년 니콜스크 회사는 모스크바 상인은행에 60만-340만 루블을 예금하고, 여기서 신용을 발생시켰다. 1887-88년에는 국영은행의 모스크바 지점에서 200-250만 루블을 차용하였고 항상 모로조프 회사는 대출을 정확하게 매월 상환으로 갚음으로서 최고의 신용의 고객이 되었다.

40. I. V. Potkina, *Na Olimpe*, c. 64.

41. Trudy pervoi 1995, Iu. A. Petrov, "Lichnye sostoianiia Morozovykh-Timofeeichei," ss, *34-34* ; I. F. Gindin, "Russkaia burzhuaziia v periode kapitalizma, eio razvitiie I osobennosti," *Istoriia SSSR*, no.2, 1963, c, 4.: I. V.. Potkina, *Na Olimpe*, c. 64.

42. A. M. Solov'iev. *op. cit.* 1994. c. 71.

43. A. N. Bokhnov, "Savva Morozov, " *op. cit.* cc. 70-71.

44. I. V. Potkina, *Na Olimpe*, c. 71. 재인용.

45. A. N. Bokhanov, *op. cit.*cc. 69-70.

46. 이정희, 「19세기 모스크바 상인·기업가 계층의 성격에 관한 일 고찰 : 정치적 자유주의 성장의 한계」, 『대구사학』, 2011. p. 262.

47. 이 덕택으로 1889년 모스크바시의 학계 주임은 찌모페이가 4등 상무문관의 지위를 받도록 정부에 추천하였다. A. N. Bokhanov, *op. cit.* c. 71.

48. I. S. Morozova, "Prividenii v teksil'noi promyshlennosti Rossii," Noginskoi, 1996. cc. 39-40.

49. I. V. Potkina, *Na Olimpe*, c. 86. 인용.

50. 1907년 모로조프회사는 센양, 하얼빈, 타츄양, 후다 등지에 25만 9800 루블어치 직물 7,650필을 수출하였다.

51. *Tsiam Tsentrl'nyi istoricheskii arkhiv*, Moskva, F. 342. op. 1. d. 77, 736, 804; I. V. Potkina, *op. cit.* c. 86. 인용.

52. I. V. Potkina, *Na Olimpe*, c. 121; A. D. Chandler, *The Visible Hand. The Managerial Revolution in American Business*, Cambridge, 1977, pp. 67-72.

53. V. Sokolov, "Stachka tkachei Ivanovo-Voznesensk manufaktury v 1895 g.," *Tsentral'nyi arkhiv RSFSR*, *Istoricheskii zhurnal*. *Krasnyi arkhiv*, T. 5 vol. 72, 1935, cc.112-119.; A. M. Pankratova, i V. M. Sokolov, "Predkshestvennitsa Morozovskaia stachki," *Istoricheskii arkhiv*, vol. 71951; Petr I. Kabanov, & P. K. Yerman, *Morozovskia stachka 1885 goda. posobie dlia uchtelei*, Moscow, 1963; Linda Browman, "Seeking Salvation: Moral Economies and Management at the Morozov Mills, 1885-1895," *Social History*, 28:3, October, 2003, pp. 323-345.

54. Aleksandr Serebrov, (Tikhonov, A. N.) *Vremia i liu di*, *Vospominaniia 1898-1905*, Moscow, 1955. c. 179.

55. 예를 들면 큰 딸 알렉산드라는 세습귀족 나자로브에게 시집을 갔으나 자신의 재산은 그대로 유지하였다. 그녀는 사망 시에 220만 루블을 남겼는데 이것은 니콜스크 직물공장의 지분 20.5만 루블, 정부국채 70만 루블, 은행 예금 70만 루블, 상업은행 주식 10만 루블, 그리고 모스크바의 대저택와 교회 영지로 구성되었다. 가족의 전통에 따라 그녀의 재산은 다시 니콜스크 직물공장에 투자하여 지분으로서 공장의 어음 30만 루블을 받았고 그 배당금을 자손에게 물려주었다.

56. "Svedeniiakh o promyshlennykx uchredzdeniakh Tovarichestva Nikol'skoi manufaktupy <Savva Morozova syn i K> K Vserossiiskoi vystavke 1882 g.," Moskva, 1882. c. 4. I. V. Potkina,

Na Olimpe, *op. cit.* c. 117.

57. Ustav Tovarichestva Nikol'skoi manufaktury 'Savva Morozoa cyn i K', f. 342.op. 1, d. 82. l. 1., I. V. Potkina, *ibid.*, c. 118, 인용.

58. 1873년 회사 창설당시부터 찌모페이의 장자였던 사바 2세(1862-1905)는 15세 나이에 27주를 상속받았다.

59. P. Burshkin, *Moskva Kupecheskaia*, New York, 2004. c. 114.

60. 그는 돈강 로스토프 지역의 제 3길드 상인의 아들로 태어나 입신출세한 인물이었다. 제국 정부 뿐만 아니라 해외에서도 잘 알려진 인물이었다. 정부 재무성을 위한 국제 금융 및 상무 자문관 봉사 로 1894년 위떼 수상이 추천하여 황제로부터 명예시민의 칭호를 하사받았으며 세르비아 국왕으로부터도 타코브스키 십자가 3급 훈장을 받았다.

61. I. V. Potkina, *Na Olimpe*, c. 131.

62. 이 대 1주당 명목가치는 1,000루블이었으므로 그녀의 주식 자산은 22만 4,000루블에 해당된다. 물론 여기에 그녀의 현금 저축 자산이나 부동산 자산은 제외된 것이다.

63. I. V. Potkina, *Na Olimpe*, c. 138.

64. Linda Browman, "Seeking Salvation: Moral Economies and Management at the Morozov Mills, 1885-1895," *Social History*, 28:3, October, 2003, pp. 323-345.

65. I. V. Potkina & T. P. Morozova, *Savva Morozov*, Moskva, 1998, chap. 4. 5.

66. V. Sokolov, "Stachka t kachei Ivanovo-Voznesensk manufaktury v 1895 g.," *Tsentral'nyi Arkhive RSFSR*, *Istoricheskii zhurnal*, *Krasnyi arkhiv*, T. 5 vol. 72, 1935, ss. 112-119. 이하 "Stachka"로 약함.

67. I. V.Potkina, *Na Olimpe*, s. 247.

68. V. Sokolov, "Stachka," ss. 112-119.

69. Michael Owen Gately, "Cotton Textile Industry," p. 230.

70. *Tsiam*, f. 357, op. 1, d. 17, l. 8; I. V., Potkina, *Na Olimpe*, s. 230. 인용.

71. I. V. Potkina, *ibid.*, s. 231

72. 1906년 이후 공장주와 기업가들의 노력에도 불구하고 정치 사회적 상황에 의해 노동자들의 소요는 끈임 없이 이어졌다. 점차 사민당과 사회혁명당의 정치활동이 확대되면서 노동자들의 요구사항은 1일 8시간제나 야간작업 금지 혹은 파격적 임금 인상의 문제를 넘어서서 점점 더 평등지향의 정치적 성향으로 전환되었다. 이제 노동자 소요 상황은 기업가들의 노력으로는 해결될 수 없는 상황으로 변화하였다.

73. 1905년 5월 13일 사바는 갑자기 자살이라는 비극적 죽음을 택하였는데 근본 원인이 신경쇠약 탓이었는지 볼셰비키에 의한 협박 탓이었는지 아직은 명확하게 밝혀지지 못하고 있다. B. I. Bak, "Savva Timofeevich Morozov," *Istoriia SSSR,* 1980 s. 132-133.

74. T. P. Morozov & Potkina, I. V., *Savva Morozova*, Moskva, 1998, ss. 152-67.

75. B. I. Pak, "Savva," *op. cit.* 1980, ss. 131-32.

76. Ruth Amende Roosa, "The Association of Industry and Trade, 1906-1914: An Examination

of the Economic Views of Organized Industrialists in Pre-revolutionary Russia," Ph.D. dissertation, Columbia University, 1967; 이정희, 「1905년 혁명이후 상인·기업가 엘리트의 정치적 등장과 정체의식: '국가두마'에서 참여를 중심으로, 1905~1914」 『서양사론』 2012.

77. *Tsiam*, f. 342. op. 3. d. 695. l. 1; op. 1, d. 631. l. 14; I. V. Potkina, *Na Olimpe*, *op. cit.* ss. 220 인용.

78. Michael Owen Gately, "The Development of the Russian Cotton Textile Industry in the Pre-Revolutionary Years, 1861-1913." Ph.D. dissertation, University of Kansas, 1968. p. 191. 중부지역에서 노동자와 생산량은 80%, 모스크바만 23% 뻬쩨르부르크는 9%에 해당되었다. P. I. Liashchenko, *A History of National Economy* 1952, p. 481.

79. Valentine T. Bill, "The Morozovs," *The Russian Review*, 14:2, 1955. p. 115.

80. Iu. A. Petrov, "Lichnye sostoianie Morozovykh -Timofeevichei," *Trudy Iubileinoi* ss. 35-36. 그녀의 재산은 찌모페이가 남겨준 것의 몇 배가 되었다. 그것은 남편이 남긴 영지 80만 루블,, 모스크바 시내의 저택 24만 루블, 니콜스크공장의 주식 700만 루블 이외 1600만 루블 어치의 국채, 은행의 어음, 정부은행과 사립인행 심지어 베를린의 독일 은행에서 발행하는 채권이 포함되었다. 그러나 이 모든 유가증서는 1917년 10월 혁명으로 휴지조각이 되었다.

81. I. V. Potking, *Na Olimpe, op. cit.*

8장 - 1905년 혁명 이후 최초 자유주의 의회제는 왜 실패했는가

1. (*) 본 글은 이정희 외『기업가와 디스토피아 - 기업가는 왜 좌절하는가』(영남대학교 출판부, 2017)의 제 9장「피의 일요일 이후 러시아 기업가의 정치적 실험과 대 좌절」에서 크게 수정한 것임. Gerald D. Surh, *1905 in Petersburg*: *Labor*, *Society and Revolution*, Stanford Univ. Press, 1989. pp. 3-7; Reginald E. Zelnik, "Russian Workers and the Revolutionary Movement," *Journal of Social History*, Winter, 1972, pp. 214-36.

2. Walter Sablinsky, *The Road to Bloody Sunday. Father Gapon and the Petersburg Massacre of 1905*, Princeton, N. J., 1976 ; Sidney Harcave, *First Blood*, *The Russian Revolution of 1904*, New York, 1964.

3. P. I. Liashchenko, *History of the National Economy of Russia to the 1917 Revolution*, Trans. by L. M. Herman, New York, 1949, pp. 662.

4. L. M. Ivanov, ed., *Rabochee dvizhenie v Rossii v 1901-1904 gg. Sbornik dokumentov*, Leningrad, 1975; Robert E. Johnson, *Peasants and Proletarian*, *The Working Class of Moscow in the Late Nineteenth Century*, New Brunswick, N. J., 1979; Gerald D. Surh, "Petersburg's First Mass Labor Organization: The Assembly of Russian Workers and Father Gapon," *Russian Review*, 40:3, July 1981, pp. 241-62 and 40:4, October 1981, pp. 412-41; 이정희, 「러시아 노동계급의 형성,

1870-1914: 급진주의 전통의 사회적 기원」 이민호 외 『노동계급의 형성』 느티나무, 1991, pp. 261-310.

5. S. P. Turin, *A History of Russian Labor: From Peter the Great to Lenin*, London, 1935, 강철훈 역, 러시아노동운동사, 녹두 1986, pp. 59-68.

6. 젊은 인민주의자들은 정부 고관 관료들과 반동적인 인물들을 암살하는 테러로서 1902년 내무부장관 시파긴, 1904년 플레베, 심지어 1905년 황제의 숙부인 세르게이 대공이 살해되었다.

7. A. Shestakov, "Vseobshchaia oktsiabr'skaia stachka 1905 goda,"M. N. Pokrovsky ed., *1905 Istoriia revoliutsionnogo dvizheniia v otdel'nykh ocherkakh*, Moscow and Leningrad, 1925. pp. 264-352 ; L. M. Ivanov, et al., *Vserossiiskaia politicheskaia stachka v oktiabre 1905 goda, Chast' pervaia*, Moscow and Leningrad, 1955 (volume in series, Revoliutsiia 1905-07 gg. v Rossii. dokumenty i materialy); V. I. Bovykin and S. V., Tiutiukin, et al. *Rabochii klass v pervoi rossiiskoi revoliutsii 1905-1907 gg*, Moscow, 1981; V. I. Nevskii, *Sovety i vooruzhennoe vosstanie v 1905 godu*, Moscow, 1931; A. M. Pankratova et al. *Revoliutsiia 1905-07 gg v Rossii, dokumenty i materialy*, Moscow and Leningrad, 1955-1963; Laura Engelstein, *Moscow, 1905, Working Class Organization and Political Conflict*, Stanford, Cal. 1982; J. H. L. Keep, *The Russian Revolution: A Study in Mass Mobilization*, London, 1976; Oskar Anweiler, *The Soviets: The Russian Workers, Peasants and Soldiers Councils, 1905-1921*, Trans. Ruth Hein, New York, 1974.

8. 이것은 "Haimson-Yaney" 논쟁으로 알려져 있는 바로서 L. Haimson, "The Problem of Social Stability in Urban Russia, 1905~1914," *Slavic Review* 23:4 1964, pp. 616-642; 24:1 1965, pp. 1-27와 G. Yaney, "Social Stability in Pre-revolutionary Russia: A Critical Note," *Slavic Review* 24:3 1965, pp. 521-527에서 나타난다. 헤임슨의 입장은 "비관적인 것"으로서 1905~1914년 러시아 사회는 이미 완전히 둘로 쪼개어져 구질서의 붕괴는 피할 수 없는 것으로 본다. 이에 비해 야니는 이 기간 러시아 사회는 점진적 개혁을 추구하는 사회세력이 형성되었으며 조정과 타협을 통해 새로운 통합으로 갈 수 있는 가능성이 열렸다고 보고 그 좌절은 제 1차 세계대전과 이로 인한 경제적 파국 때문이라고 주장한다.

9. 전제정의 정치 개혁을 요구하는 젠트리층과 자유주의적 지식인들의 반전제정 운동에 관해서는 조호연, 「1890년대 러시아의 젬스트보 자유주의운동」『서양사론』52, 1995, pp. 137-166; 조호연, 「1905년에서 1917년까지의 러시아 자유주의 운동」『슬라브학보』2, 1999, pp. 345-346을 보라.

10. V. Bill, *The Forgotten Class: The Russian Bourgeoisie from the Earliest Beginnings to 1900* (New York, 1959); P. Burshkin, *Moskva Kupecheskaia,* New York, 2004.

11. S. E. Sef, *Burzhuaziia v 1905 godu* Moskva, 1926; E. D. Chermenaki, *Burzhuazii i Tsarizm v pervoi Russkoi revoliutsii* Mokva, 1937; P. A. Berlin, *Russkaia burzhuaziia v staroe i novoe vremia* Moscow, 1922

12. *Obzor deiatel'nosti Gosudarstvennoi Dumy tret'iago soiuza 1907-1912,* Sankt Petersburg, 1912; P. Miliukov, *Constitutional Government for Russia,* New York, 1908; A. Guchkov, *Rechi po voprosam gosudarstvennoi oboroni ob obshchem politike 1908-1912,* Peterograd, 1917; M.

Rozhianko, *Gosudarstvennaia Duma: Fevral'skaia revoliutsiia 1917 goda*, T. 6., Berlin, 1922; V. Kozbanenko, *Partinnye fraktsii v I i II Gosudarstvennykh Dumakh Rossii,* Moscow, 1966; T. Lokot, *Politicheskaia partiia i gruppi v Gosudarstvennoi Dume,* Moscow, 1970; S. Sidel'nikov, *Obrazovanie s deiatel'nosti pervoi gosudarstvennoi dumy,* Moscow, 1962; A, Slepkov, *Klassovie protivrechiie v pervoi Gosudarstvennoi dume,* Peterograd, 1923.

13. Pares Bernard, "The Second Duma," *Slavonic Review* 2, 1926; idem, "Alexander Guchkov," *The Slavonic and East European Review* XV, July 1936, pp. 121-134; Warren Walsh, "Political Parties in the Russian Dumas," *Journal of Modern History* 22:2, June 1950, pp. 144-150; B. Pinchuk, *The Octobrists in the Third Duma, 1907-1912,* Seattle, London, 1973; G. Hosking, *The Russian Constitutional Experiment: Government and Duma 1907-1914,* Cambridge, 1973; V. Maklakov, *The First State Duma,* Bloomington, 1964; M. Brainerd, "The Octobrists and the Gentry in the Russian Social Crisis of 1913-1914,"*Russian Review* 38:2, April, 1979, PP. 160-179; W. Harrison, "The Octobrists and the Revolution of 1905," *The Durham University Journal* 60:2 1963, pp. 49-59; J. Hutchinson, "The Octobrists and the Future of Imperial Russia as a Great Power," *Slavonic and East European Review* 50:119, April, 1972, pp. 220-237; A. Levin, "The Russian Voter in the Elections to the Third Duma," *Slavic Review* 21, 1962, pp. 660-77; A. Rieber, "The Moscow Entrepreneurial Group: The Emergence of A New Form in Autocratic Politics," *Jahrbücher für Geschichte Osteuropas,* 25:2 1977, 174-199; S. Levitsky, "Legislative Initiative in the Russian Duma," *American Slavic and East European Review,* 15, 1956, pp. 313-24.

14. A. Rieber, *Merchants and Entrepreneurs in Imperial Russia,* Chapel Hill, 1982; R. Roosa, "The Association of Industry and Trade, 1906-1914: An Examination of the Economic Views of Organized Industrialists in Prerevolutionary Russia," Ph.D. diss., Columbia Univ. 1967 이하 "Association"으로 약함; W. James "The Moscow Progressists: Russian Industrialists in Liberal Politics, 1905-1914," Ph. D. diss., Princeton Univ. 1974, 이하 "Progressists"로 약함.

15. T. Owen, *Capitalism and Politics in Russia: A Social History of the Moscow Merchants, 1855-1905,* Cambridge, 1981; L. Menashe, "Alexander Guchkov and the Origins of the Octobrist Party: The Russian Bourgeoisie in Politics, 1905" Ph.D. diss., New York Univ. 1966 이하 "Guchkov"로 약함; R. Roosa, "Association"; J. West, "*Progressists*"; idem, "Riabushinskii Circle: Russian Industrialists in Search of a Bourgeoisie, 1909-1914," *Jarbücher für Geschichte Osteuropas*, 32:3, 1984, pp. 358-377. 이하"Riabushinskii"로 약함 ; C. A. Goldenberg, "The Association of Industry and Trade, 1906-1917; The Success and Failures of Russia's Organized Businessmen," Ph.D. diss., of Michigan, 1974 이하 "Businessmen"으로 약함; E. Lohr, "Russian Economic Nationalism during the First World War: Moscow Merchants and Commercial Diasporas," *Nationalities Papers* 31:4 December 1, 2003, 471-484; R. Edelman, *Gentry Politics on the Eve of the Russian Revolution* New Brunswick, 1980; C. Ferenczi, *Aussenpolitik and Offen-*

tlichkeit in Russland 1906-1912, Husum, 1982.

16. V. Shelokhaev i drugie, *Politicheskaia istoriia Rossii v partiiakh i litsakh,* Moscow, 1994; iem, "Diskussionnye problemy istorii Russkogo liberalizma v noveishei otechestvennoi literature," *Voprosy Istorii* 5, May, 2007, pp. 3-16; K. P. Shatillo, "Pervaia gosudarstvenniua Duma," *Otechestvennaia istoriia* 4, 1996, pp. 60-71.

17. O. Patrikeeva, "Pravomonarkhicheskie organizatsii I sistema Byborov v gosudarstvennuiu Dumu, 1906-1907," *Vestnik sankt-Peterburkogo s Universiteta, Istoriia*, 2:1, March 2005; D. B. Pavlov i V. Shelokhaev, "Tsentral'nyi kommitet 'Soiuza 17 Oktiabria' v 1905-1907 godakh," *Istoriia SSSR 6,* Nov. 1991; F. A. Seleznev, "Politicheskie prednochteniia burzuazii Moskvy i Nizhnego Novgoroda v 1906-1907 godakh" Otechestvennaia istoriia 1, 2006, 42-53; V. A. Kuvshnov, "Programa Soliuza 17 Oktiabriia," *Kentabr* 5, 1994, pp. 124-133.

18. P. Burshkin, *Moskva Kupecheskaia,* New York, 2004, p. 266.

19. *Ibid.* p. 266.

20. V. Ia. Laverichev, *Krupnaia burzhuaziia v poreformennoi Rossii* 1861-1900, Moscow, 1974 p. 70.

21. 당시 짜르 측근 고위 장관의 년소득은 2만 5천 루블이었다. 뻬쩨르부르크에서는 산업자본가보다 금융자본가가 더 주류를 이루었는데, 최상층 230여명의 년평균 소득은 30만 루블로 기록되고 있다. W. C. Brumfield, *Commerce in Russian Urban Culture, 1861-1914,* Princeton Univ. Press, 1998, pp. 48-49.

22. P. Burshkin, *op. cit.* New York, 2004, pp. 94-95.

23. 이정희, 「19세기 모스크바 상인·기업가 계층의 성격에 관한 일고찰-정치적 자유주의 성장의 한계」,『대구사학』 104, 2011. 8, pp. 239-283.

24. 이정희,「러시아 사적 기업가의 형성과 경제적 유토피아」『대구사학』 100, 2010. 8, pp. 465-504.

25. G. Fisher, *Russian Liberalism: From Gentry to Intelligentsia,* Cambridge, Mass., 1958; L. Haimson, "The Parties and the State: The Evolution of Political Attitudes," C. Clack, ed., *The Transformation of Russian Society,* Cambridge, Mass., 1960; L. Menashe, "Industrialists in Politics: Russia in 1905," *Government* & *Opposition* 3, April, 1968, pp. 352-368,

26. S. E. Sef, Burzhuaziia v 1905 godu, Moskva, 1926; E. D. Chermenskii, Burzhuaziia i tsarizm v pervoi Russkoi revoliutsii (Moskva, 1970)이 대표적 연구서이다. L. Menashe, "Guchkov", p. 119.

27. 창당발기인은 G. A. 크레스토브니크, S. 모로조프, 랴부신스키 형제, 프로코로프, 크누프, K. 바흐구신, A. 코노발로프를 위시한 76인이 참여했다. F. A. Seleznov, "Politicheskie predpochteniia burzhuazii Moskvy i Nizhnego Novgoroda v 1906-1907 godakh," *Otechestvennaia istoriia*, 2006, 47-48; L. Menashe, "Guchkov," p.166.

28. L. Menashe, *ibid.*, p. 181

29. 제 1차 두마는 1906년 4~6월, 제 2차 두마는 1907년 2~6월 지속되었으나 매번 황제의 해산권에 의해 단명하였다. 1907년 6월 3일 정부와 스톨리핀이 기습적으로 공표한 보수적 <새 선거법>에 의해 제 3차 두마 선거가 이루어졌다. 이것은 1907년 11월~1912년 6월까지 지속되었으나 의원들의 재산 구성과 지역분포는 매우 보수적이었다. 구성원이 제 3차 두마와 거의 유사한 재산 분포도를 가졌던 제 4차 두마는 1912년 11월 ~ 1917년 2월 혁명까지 지속되었다.

30. A. Dobrovolskii, red., *Svod zakonov Rossisskoi Imperii* St. Petersburg, 1913 1:1; M. Szeftel, "The Form of Government of the Russian Empire prior to the Constitutional Reforms of 1905-06," J. S. Curtiss, ed. *Essays in Russian and Soviet History in Honor of Geroid T. Robinson,* New York, 1963, pp. 105-119.

31. W. Walsh, "Political Parties in the Russian Dumas," *Journal of Modern History* 22:2, June 1950, pp. 144-150; V. Demin, "Factions in the Second State Duma," *Russian Studies in History* 46:4 Jan. 2008, pp. 34-59 이 논문은 원래 "Fraktsii II gosudarstvennoi dumy," *Voprosy istorii* 10, 2006, pp. 25-41을 Liv Bliss가 영역한 것이다. V. A. Kuvshilov, "Programma 'soiuza 17 Oktiabria' (Partiia Oktsiabristov)" *Kentavr* 5, 1994, pp. 124-133; L. K. Kumanin, "Doneseniia L. K. Kumanina iz Ministertogo Pavil'iona Gosudarstvennoi dumy, Dekabr' 1911 - Fevral' 1917 goda," *Voprosy istorii* 2, Feb., 2000, pp. 3-32; A. Levin, "The Russian Voters in the Election to the Third Duma," *Slavic Review* 21, 1962; K. Shatillo, "Pervaia Gosudarstvennaia duma" *Otechestvennaia istoriia,* 4, 1996, pp. 60-71.

32. 조호연, 「1905년에서 1917년까지의 러시아 자유주의 연구」『슬라브학보』 14:1, 1999, pp. 349-350.

33. V. A. Kobanenko, *Partiinye fraktsii v I i II Gosudarstvennykh dumakh Rossii,* Moscow, 1966; V. A. Demin, "Factions in the Second State Duma," *Russian Studies in History* 46:4 Jan. 2008, pp. 34-59; A. Levin, "The Russian Voter in the Elections to the Third Duma," *Slavic Review* 21, 1962, pp. 660-677.

34. *Gosudarstvennaia duma: ukazatel k stenograficheskim otchetam 1907 god,* St. Petersburg, 1907; W. Walsh, "Political Parties in the Russian Dumas," *Journal of Modern History* 22: 2, June 1950, p. 145. 인용. 입헌민주주의 계열의 신문에서는 좌파 속에 두 명의 사회혁명당원과 사회민주노동당원이 포함되어 있다고 주장했다.

35. V. Demin, "Factions in the Second State Duma," pp. 34-59; A. Levin, "The Russian Voter in the Elections to the Third Duma," pp. 660-677; idem, *The Second Duma: A Study of the Social-Democratic Party and the Russian Constitutional Experiment,* New Have, Conn., 1940. 사회혁명당과 사회민주노동당이 보이콧트를 해제하고 입후보 한데다가, 농민의 절반이 좌파정당으로 합류함으로서 좌파 집단의 수가 124명에서 216명으로 증가했다.

36. W. Walsh, "Political Parties in the Russian Dumas," p. 147.

37. F. Seleznev, "Politicheskii predpoteniia burzhuazii Moskvy i Nizhenego-Novgorod v 1906-1907 godakh" *Otechestvennaia istoriia,* 1, 2006, 45-46.

38. 제 3차 두마의 지주들의 과반수는 50-700 제샤찐 크기의 토지 소유자들이었다. *ibid.*, pp. 147-148

39. W. Warren, "Political Parties in the Russian Dumas," p. 148. 총 442석 중, 10월동맹당 148석, 극우파 49석, 중도우파 및 민족주의자 89석, 입헌민주파 130 석이었다; C. Smith, "The Russian Third Duma: An Analytical Profile," *Russian Review* 17, July 1958, pp. 201-210.

40. 제 3차 두마에서 가장 거대한 지주는 9,800제샤찐, 43명이 1,000제샤찐의 토지를 보유하고 있었다. 20명 이상이 년간 15,000 루블의 수입을 가졌고 이외 몇 명의 백만장자들도 있었다. W. Walsh, "Political Parties in the Russian Dumas," pp. 148-149.

41. 1905년 11월 <뻬쩨르부르크 기업주협회>의 83여명의 기업가들은 모금을 하여 『새 노선』(novyi put')을 후원하고 10월 동맹당의 3명이 편집부에 초빙되었다. L. Menashe, *The Octobrists*, p. 165.

42. L. Menashe, "Progressists," p. 207. 1906년 10월 부터 뻬쩨르부르크의 기업가는 협회를 조직하고 기금을 모아 <*Promyshlennost'i torgovlia*>발간.

43. L. Menashe, "Guchkov," pp. 155-160; idem "Industrialists in Politics : Russia in 1905," *Government* & *Opposition* 3, April, 1968, pp. 352-368.

44. B. Pinchuk, *The Octobrists*, pp. 8-9. 10월 동맹당의 창설의 정확한 시점은 1905년 10월 17일에서 11월 10일 사이였다. 조호연, 「1905년에서 1917년까지의 러시아 자유주의 연구」, 『슬라브학보』14:1, p. 362.

45. L. Menashe, "*Guchkov*," p. 121

46. B. Pinchuk, *The Octobrists*, p. 8; E. P. Chermenskii, *Burzhuazii i tsarizm, 1905-1907 gg.* p. 19 구치코프는 모스크바 섬유기업가 집안의 제3세대에 속하는 인물로서 강력한 국가 재건을 추구하는 매우 실천적, 행동적 인물이었다.

47. L. Menashe, *"Guchkov,"* p. 134.

48. 'Ustav soiuza 17' 정신을 강조하기 위해서 이들은 끝까지 10월 동맹당이라는 이름을 고수했다.

49. B. Pinchuk, *The Octobrists*, p. 67-69; G. Fisher, *Russian Liberalism: From Gentry to Intelligentsia,* Cambridge, Mass., 1958, pp. 12-13.

50. J. F. Hutchinson, "The Octobrists and the Future of Imperial Russia as a Great Power," *Slavonic and East European Review* 50:119 April, 1972, pp. 230-232.

51. T. C. Owen, *Capitalism and Politics in Russia: A Social History of the Moscow Merchants, 1855-1905,* Cambridge, 1981; idem, *Dilemmas of Russian Capitalism: Fedor Chizhov and Corporate Enterprise in the Railroad Age,* Cambridge, Mass., 2005; 이정희, 「러시아 사적 기업가의 형성과 경제적 유토피아」『대구사학』, 100, 2010.8., pp. 465-504.

52. B. Pinchuk, *The Octobrists.*, p. 14.

53. L. Menashe, "Guchkov," p. 182; S. Sef, *Burzhuazii v 1905 godu,* Moscow, Leningrad, 1926, pp. 194-196.

54. 원래 이것은 10월 선언의 조항 중의 하나였다. B. Pinchuk. *The Octobrists*, p . 87. 구치코프 자신도 구교도 가문 출신이었고 모스크바 상인, 기업가 엘리트들 중 상당수가 구교도 집안의 후손들이었다.

55. B. Pinchuk. *The Octobrists* p. 92.

56. J. West, "Progressists," p. 285.

57. *Ibid.*, p. 288.

58. V. A. Demin, "Factions in the Second State Duma," p. 50.

59. B. Pinchuk. *The Octobrists*, p. 51.

60. *Novoe Vremiia* 1910.2.29. '도대체 10월 동맹당은 무엇을 했는가?

61. R. Roosa, "The Industrialists Look to the Future: Thoughts on Economic Development, 1906-17," pp. 199-200.

62. J. White, "Moscow, Petersburg and the Russian Industrialists in Reply to Ruth A. Roosa," *Soviet Studies* 24:3, Jan. 1973, pp. 419-420.

63. R. Roosa, "Industrialists" pp. 211-218.

64. P. Burshkin, *Moskva Kupecheskaia,* New York, 2004; A. Beliajeff, "The Rise of the Old Orthodox Merchants of Moscow, 1771-1894" *Ph.D. diss., Syracuse Univ.* 1975; *Utro Rossii,* 1911, 2, 11; J. West, "Riabushinskii" pp. 359 인용.

65. P. Burshkin, *op. cit.* pp. 292-293; J. West, "Riabushinskii" pp. 362, 367; *Utro Rossii*, 1912.9.4. p. 391; J. West, "Progressists" p. 391.

66. *Utro Rossii,* 1910. 5. 16; J. West, "Riabushinskii" p. 365. 인용.

67. V. Shelokhaev, i drugie, *Politicheskaia, op. cit.* (Moskva, 1994), pp. 39-59; J. West, "Riabushinskii," pp. 358-377.

68. *Utro Rossii,* 1910. 5. 19; J. West, "Progressists" p. 31. 인용.

69. R. Roosa, "The Association" pp. 642-646.

70. *Utro Rossii,* 1911.9.23. J. West, "Riabushinskii" p. 367. 인용.

71. 1911년 말 정부의 탄압책과 10월 선언 배신에 실망한 모스크바 대학교의 교수들과 학생들은 대규모 시위와 휴학, 집단 파업운동을 전개하였다. 이 저항의 물결은 전국에 확산되었고 정부는 파면 징계로 대응했다.

72. J. West, "Progressists," p. 302.

73. P. Burshkin, *op. cit.* p. 237.

74. N. B. Khailova, "M. M. Kovalevskii," V. Shelokhaev i drugie, *Politicheskaia istoriia Rossii v partiiakh i litsakh,* Moskva, 1994, pp. 211-212

75. J. West, "Progressists," p. 373.

76. *Utro Rossii* 1912. 4. 4. 380, J. West, "Progressists," p. 380. 인용; idem, "Riabushinskii," pp. 358-377; V. N. Seletskii, "Obrazovanie partii progressistov," *Vestnik Moskovskogo Universiteta, Seriia istoriia* 5, 1970, p. 41.

77. *Utro Rossii* 1911. 12.6; J. West, "Progressists" p. 375. 인용.

78. V. I. Lenin, "National-Liberalism," *CW.*, 22:225, "Itogi vyborg," 22:327, 5th. ed., 1966. J. West, "Riabushinskii" 32:3, 1984, pp. 364.

79. 새 수상 코코브쪼프는 국무회의를 장악하지 못했고 내각은 서로 만나지도 못하고 있었다. 황제 측실이나 직접적 알현에 의해 무제한 권력을 승인받은 내무상만이 경찰력을 휘두르면서 모스크바 시장을 해임시키는 권력 남용을 범했다. 궁정 주변에는 위계질서가 무너지고 음모와 중상 그리고 부패가 난무했다. 관료들 조차도 속수무책으로 혼란 속에서 사기가 저하되고 무책임, 부도덕, 타락이 난무하여 정치가 거의 부재한 상태였다.

80. *Gosudarstvennaia Duma IV Sozyv, Stenograficheskii otchet,* Sessia I, Zasedanie II, 1912.12.13., 1914, p. 654; J. West James, "Progressists," p. 439. 인용.

81. *Ibid.* 1914, pp. 656-57; J. West James, "Progressists," p. 440. 인용.

82. *Utro Rossii* 1914.5.12; J. West, "Riabushinskii," p. 371.

83. *Fraktsiia progressistov v IV Gosudarstvennoi Dumy,* Sankt Petersburg, 1913, p. 59, J. West, "Progressists," p. 409. 인용.

84. "*Riech*, " 1912, 11. 12; J. West, "Progressists" p. 412.

85. Liashchenko, pp. 662-63.

86. Liashchenko, pp. 691-92.

87. Victoria E. Bonnell, *Roots of Rebellion. Workers' Politics and Organization in St. Petersburg and Moscow, 1900-1914, Berkeley,* California, 1983, p. 395.

참고 문헌

1장 - '거룩한 러시아'란 무엇인가: 구교도의 영적 세계

Avvakum, Archpriest and Epifanii, *Zhizneopisaniia Avvakum i Epifaniia: Issledovanie i tektsy*, ed. by A. Robinson, Moscow, 1963.

Liubopytnyi, Pavel, *Istoricheskii slovar' 86 ottsev i Katalog ili biblioteka starovercheskoi tserkvi*. Saratov: Sotrudnik shkoly, 1914, Pomorian, P. Onufriev Svetozanov(1772-1848). intro. by V. Iaksanov.

Andreev, V. V., *Raskol i ego znachenie v narodnoi Russkoi istorii: Istoricheskii ocherk*, St. Pt., 1870, reprinted Osnabrusk, West Germany, 1965.

Bill, Valentine T. *The Forgotten Class: The Russian Bourgeoisie from the Earliest Beginning to 1900*, New York, 1959.

Billington, James II, *The Icon and Axe: an Interpretative History of Russian Culture*, New York, Knopf, 1965.

Brumfield, William C., Boris Anan'ch and Iurii A. Petrov, eds., *Commerce in Russian Urban Culture, 1861-1914*, Princeton Univ.

Press, 2001.

Cherniavsky, M., *Tsar and People: Studies in Russian Myths*, New Haven, 1961.

Constant, K. J., and Cross, Samuel H., *Medieval Russian Churches*, Cambridge, Mass., 1949.

Conybeare, Fredrick, C. *Russian Dissenters*, Cambridge, Mass., 1921

Crummey, Robert O., *The Old Believers and the World of Antichrist: The Vyg Community and the Russian State 1694-1855*, Madison, London, 1970.

Dmitryshyn, Basil, *Medieval Russia: A Sourcebook, 900-1700*, New York, 1967.

Dvornik, *Russian Thought : Pre-petrine Religious Problem*, 1986.

Fedotov, George P., ed., *A Treasury of Russian Spirituality*, Trans. by H. Iswolsky, et als., New York and Evanston, 1965.

Fedotov, G. P., *The Russian Religious Mind: Kievan Christianity*, Harvard University Press, 1946.

Owen, Thomas C. *Capitalism and Politics in Russia: A Social History of the Moscow Merchants, 1855-1905*, Cambridge, 1981.

Polunin, Vladimir, *Three Generations: Family Life in Russia, 1845-1902*, trans., A. F. Birch-Jones, London, 1957.

Riabushinskii, Vladimir Pavrovich, *Staroobriadchestvo i Russkoe religioznoe chuvstvo*, Joinville-le-Pont, France, 1936

Rieber, Alfred J., *Merchants and Entrepreneurs in Imperial Russia*, Chapel Hill, Univ. of North Carolina Press, 1982

Riha, Thomas, *Readings in Russian Civilization, vol.1. Russia before Peter the Great, 1900-1700*, Chicago, 1964.

Robinson, Roy, *Old Believers in Modern Russia*, Dekalb, Illiois, 1995

Troyat, Henry, *Daily Life under the Last Tsar*, Stanford Univ. Press, 1959.

West, James L. and Iurii A. Petrov, eds., *Merchant Moscow - Images of Russia's Vanished Bourgeoisie*, Princeton, 1998.

Zenkovsky, Sergei. ed., *Medieval Russian Epics, Chronicles and Tales*, New York, Dutton, 1962.

Andreyev, N., "Filofey and His Epistle to Ivan Vasil'yevich" *Slavonic and East European Review*, vol. 38, no. 90, December, 1959, pp. 1-31.

Baron, Samuel, "Enterpreneurs and Enterpreneurship in Sixteenth - Seventeenth Century Russia" Guroff, Gregory and Fred V. Carstensen eds., *Entrepreneurship in Imperial Russia and the Soviet Union*, Princeton, 1983, pp. 27-58.

Beliajeff, Anton, "The Rise of the Old Orthodox Merchants of Moscow, 1771-1894" Ph. d. Syracuse University, 1975.

Browman, Linda, "Seeking Salvation: Moral Economies and Management at the Morozov Mills, 1885-1895" *Social History*, 28:3, October, 2003, pp. 323-345.

Casey, R. P., "Early Russian Monasticism" *Orient. Christ. Period.* XIX 1953, pp. 373-423

Cherniavsky, Michael, "Holy Russia: A Study in the History of an Idea" *The American Historical Review*, 63:3, April 1953, pp. 617-637.

Cherniavsky, Michael, "The Old Believers and the New Religion" *Slavic Review*, 25:1, March 1966, pp. 1-39.

Cross, S. H., and K. J. Conant, "The Earliest Medieval Churches of Kiev" *Speculum*, vol. 11, no. 4 October 1936, pp. 477-499.

Fedotov, G., "Religious Background of Russian Culture" *Church History*, March 1943, pp. 35-51.

Florinsky, George, "The Problem of Old Russian Culture" *Slavic Review*, 21:1, March 1962, pp. 1-15.

Keep, J. L. H., "The Regime of Filarlet (1619-1633)" *Slavonic Review*, vol 38, no. 91, June 1960, pp. 334-360.

Likhachev, D. S., "Further Remarks on the Problem of Old Russian Culture" *Slavic Review*, vol. 22, no. 1, March 1963, pp. 115-120.

Pennar Karen, "Daily Life among the Morozovs" West and Petrov, *Merchant Moscow :Images of Russia's Vanished Bourgeoisie,* Princeton, 1998.

Spinka, Matthew, "Patriarch Nikon and the Subjection of the Russian Church to the State" *Church History*, vol 10, Dec. 1941, pp. 347-366.

Stremooukhoff, Dmitri, "Moscow, The Third Rome: Sources of the Doctrine" *Speculum*, vol. 28, no. 1, Jan. 1953, pp. 84-101.

Zenkovsky, Vasily V., "The Spirit of Russian Orthodox"*Russian Review,* 22:2, Jan. 1963, pp. 38-55.

Zenkovsky, Vasily V. "The Russian Schism: Its Background and Repercussions" *Russian Review*, vol 16, no. 4, October 1957, pp. 505-523.

2장 - 17세기 스텐카 라진과 농민반란

Alexander, J. T., *Autocratic Politics in a National Crisis: The Imperial Russian Government and Pugachev's Revolt, 1773-75*,

Bloomington, 1969.

Avrich Paul, *Russian Rebels, 1600-1800*, New York, London, 1971.

Billinton, James, H., *The Icon and the Axe*, New York, 1966, 유한수, 『이콘과 도끼』 한국문화사, 2015.

Blum, Jerome, *Lord and Peasant in Russia*, Princeton, 1961.

Cherniavsky, M., *Tsar and People*, New Haven, Conn., 1961.

Chistiakova, E. V., *Vasilii Us-spodvizhenil Stepana Razina*, Moscow, 1963.

Chistov, K. V., *Russkie Narodnie sotsial'no-utopocheskie lelgendy XVII-XIX vv.* Moscow, 1967.

Firsov, N. N., *Razinovshchina*, St. Petersburg, 1906.

Field, Cecil, *The Great Cossack*, London, 1947.

Firsov, N. N., *Razin i razinovshchina*; *Pugachev i pugachevshchina*, Kazan, 1930.

Lebedev, V. I., *Krestianskaia voina pod predvoditel'stom Stepana Razina, 1667-1671 gg.* Moscow, 1955.

Lunin, B. V., *Stepan Razin*, Rostov-on-Don, 1960.

Stepanov, I. V., *Krestiankaia voina v Rossii 1670-71 gg.* Leningrad, 1966.

Tikhomirov, B. N., *Razinshchina*, Moscow, 1930.

Gaisinovich, A., *Pugachev*, Moscow, 1937.

Karzhavin, D. F., *Stepan Razin v Simbirske*, Ulyanovsk, 1947.

Kliushevsky, V. O., *A History of Russia*, 5 vols., New York, 1911-1931.

Kostmarov, N. I., *Bunt Stenki Razina*, St. Peterburg, 1872.

Lebedev, V. I., *Krestiansaia voina pod predvoditel'stvom Stepana Razina, 1667-1671 gg.* Moscow, 1955.

Limonov, Iu. A. et al., *Pugachev i ego Spodvizheniki*, Moscow, 1965.

Longworth, P., *The Cossacks*, London, 1969.

Mavrodin, V. V. et al. *Krestinanskaia voina v Rossii v 1773-1775 godakh*, 3 vols., Leningrad, 1961-70.

Pugachevshchina, 3 vols, Moscow, 1926-31.

Robinson, Geroid, T., *Rural Russia under the Old Regime*, New York, 1932.

Smirnov, I. I. et al., *Krestianskie voiny v Rossii XVII-XVIII vv.* Moscow, 1966.

Tkhorzhevskii, S. I., *Pugachevshchina v pomeshchichei Rossii*, Moscow, 1930.

Tkhorzhevskii, S. I., *Narodnye vosstanye pri pervykh Romanovykh*, Petrograd, 1924.

Tomsinskii, S. G., *Krestianskie dvizheniia v feodal'no-krepostnoi Rossii*, Moscow, 1932.

Buganov, V. I., and E. V. Chistiakova, "O nkatoriykh voprosakh istorii Vtoroi Kresianskoi voiny v Rossii" *Voprosy Istorii*, 1968, no. 7, pp. 36-51.

Cherniavsky, M., "Old Believers and the new Religion" *Slavic Review*, 25, March. 1966

Chistiakova, E. V., "Astrakhan' v period vosstniia Stepana Razina" *Istoriia SSSR*, 1957, no. 5, pp. 188-202.

Keep, J. L. H., "Bandits and the Law in Muskovy" *Slavonic and East European Review*, XXXV, Dec. 1956.

Konovalov, S., "Ludwig Fabritius's Account of the Razin Rebellion" *Oxford Slavonic Papers*, 1955, 6: 81-83.

Lozanov, A. N., "K Bibliografii o Stepane Razine" *Uchenye zapiski Saratovskogo universiteta*, VI, 1927, pp. 279-89.

Loewenson, Leo, "The Moscow Rising of 1648" *Slavonic and East European Review*, 27, Dec. 1948.

Mavrodin, V. V. et al., "Ob osobennostiakh krestianskikh voin v Rossii" *Voprosy istorii*, 1956, no. 2, pp. 69-79.

Ovchinnikov, R. v., "Sledskvie I sud nad E. I. Pugachevym" *Voprosy istorii*, 1966, no. 3

Raeff, M., "Pugachev's Rebellion" *Precondition of Revolution in Early Modern Europe*, ed. Robert Forster and J. P. Greene, Baltimre, 1971.

Shapiro, A. l., "Ob istoricheskoi roli krestianskikh voin XVII-XVIII vv v Rossii" *Istoriia SSSR*, 1965, no. 5, pp. 61-80.

Smentsovskii, M. N., "St. Razin v nauke, literature i iskusstve" *Katorga i Ssylka*, 1932, no. 7, pp. 193-239, nos., 8-9, pp. 309-66.

Smirnova, T. I., "Pobegi krestian nakanune vystupleniia s. Razina, 1670-1671 gg." *Voprosy istorii*, 1956, no. 6, pp. 129-30.

Stepanov, I. V., "K istorii krestianskoi voiny pod prdvitel'stvomi i literatury" *Vestnik Leningradskiogo universiteta*, 1961, no. 2, pp. 68-76.

Svertov, L. B. "Sud'ba sem'i E. I. Pugachestva" *Voprosy istoriia*, 1968, no. 12.

Tikhomirov, B. N., "Istochniki po istorii Raznoshchiny" *Problemy Istochnikovedeniia*, 1933, no. 1, pp. 50-60.

Tomsinskii, S. G. "Rol' rabochikh v Pugachevskome vosstaniee" *Krasnaia Nov'* 1925, no. 2, pp. 174-77.

Yaresh, Leo, "The Peasant Wars' in Soviet Historiography" *American Slavonic and East European Review*, XVI, Oct., 1957, pp. 241-59.

이 인호(1980), 「1860년대 러시아 급진주의 운동」, 『러시아지성사 硏究』, 지식산 업사. 1980.

Alston, P., *Education and the state in Tsarist Russia*, Standford Univ. Press, 1969.

Brower, D., *Training Nihilists : Education and Radicalism in Tsarist Russia*, Ithaca. 1975.

Gleason, A., *Young Russia*, Viking Press, 1980.

Gravchinsky, S, *Underground Russia : Revolutionary Profiles and Skethes from Life*, London, 2nd ed. 1983.

Hardy, D., *Peter Tkachev and the Russian Revolutionary Movement*, Seattle, Washing Univ. Press. 1972.

Hegarty, T., *Student Movement in Russian University* : 1855-61, Harvard Univ., Ph. D. Diss. 1965.

Katz, K., *M. Katkov : A Political Biography* : 1818-87. Hague, 1966.

Shahapor, A. P., *Sobranie Sochinenii*, Vol. 4., Moskova, 1937.

Venturii, F., *Roots of Revolution : A History of Populists and Socialist Movement in the 19th Century Russia*, Alfred A. Knopf. 1960.

Woehrlin, W. F., *Chernishevskii : The Man and the Journalist*, Harvard Univ. Press, Cambridge, 1971.

Berlin, I., "Fathers and Sons" *Russian Thinkers*, Pelican Books. 1976.

Field, D., "Kavelin and Russian Liberalism" *Slavic Review*, 32 : 1. 1973.

Fischer, G., "The Intelligentsia and Russia" Black, C. E., ed., *The Transformation of Russian Society*, Harvard Univ. Press. 1967.

Glickman, R., "An Alternative View of the Pesantry : The Raznochintsy Writers of the 1860s" *Slavic Review*, Dec. 1973.

Hardy, D., "Consciousness and Spontaneity, 1875 : The Peasant Revolution Seen by Tkachev, Lavrov, and Bakunin" *Canadian American Slavic Studies* 4 : 4, 1970.

Mathes, W. L. " The Origin of Confrontation Politics in Russian Universities" *Canadian Slavic Studies*, 2 : 1, 1968.

Modzalevsky, B. M., "K. istorii Peterburgskago Universitetii, 1857~ 59 gg, Iz bumag Modzalevskago" *Golos Minorshago*, no. I., Moskva, 1917.

Pomper, P., "Bakunin, Nechaev and The Cathechism of a Revolutionary" *Canadian American Slavic Studies*, 10 : 4., 1976.

Serman, I. Z., "Problema Krestianskogo Romana v Russkoi Kritike Serediny XIX veka" Serman, I.Z. and B.I. Bursov, eds., *Problemy realisma russkoi literatury XIX veka*, Moskva, 1961.

Theen, R. H. W. "The Political Thought of P.N. Tkachev in the 1860s from Reform to Revolution" *Canadian American Slavic Studies*, 4, 1970.

4장 - '인민주의 운동'(v narod)이란 무엇인가?

Billington, J. B. *Mikhailovsky and Russian Populism*, Oxford, 1959.

Haimson, L. H. *The Russian Marxists and the Origin of Bolshevism*, Boston, 1955.

Pomper, P. *Peter Lavlov and the Russian Revolutionary Movement*, Chicago, 1972.

Venturi, F. *Roots of Revolution: A History of the Populist and Socialist Movements in the 19th century Russia*, London, 1952.

Bachman, J. E. “Recent Soviet Historiography of Russian Revolutionary Populism” *Slavic Review*, 29:4, 1970, pp. 599-612.

Pipes, R. “Russian Marxism and Its Populist Background: The Late 19th Century” *Russian Review*, vol. 19, 1960, pp. 316-337;

Pipes, R. “A Semantic Study on Narodnichestvo” *Slavic Review*, vol 23, 1964, pp. 441-58.

Pipes, R.“Intellectual Origins of Leninism” *Revolutionary Russia*, Cambridge, 1966, pp. 33-79

Theen, R, H. W. “Seizure of Political Power as the Prologue to Social Revolution: The Political Ideas of P. N. Tkachev in the Early 1870s” *Canadian Slavic Studies*, 4:4, Winter, 1970, pp. 671-90

이인호,『러시아 지성사 연구』 지식 산업사, 1980.

5장 - 러시아 노동자 계급의 급진주의(radicalism) 전통의 뿌리, 1870~1914

Balabanov, M., *Rabochee Dvizhenie v Rossii v pod'ema 1912-14*, Moscow, 1927.

Bonnell, V. E. *Roots of Rebellion: Workers' Politics and Organization in St. Petersburg and Moscow, 1900~14*, Berkeley, 1983.

Cherniavsky, M., *The Structure of Russian History: An Interpretative Essay*, Cambridge, New York, 1973.

Harding, N. ed. *Marxism in Russia: Key Documents, 1879~1906*, Cambridge, 1983.

Ivanova L. M. et al, *Rabochee dvizhenie v Rossii*, 1861~1917, Moscow, 1966.

Johnson, R. E., *Peasants and proletariat: The Working Class of Moscow in the Late 19th Century*, Brunswick, 1979.

Kaiser, D., *The Workers' Revolution in Russia, 1917, The View from Below*, Cambridge, 1987.

Katznelson I. and A. R. Zolberg ed. *Working Class Formation, 19th Century Patterns in Western Europe and the United States* , 1986.

Keep, J. L. H. *The Russian Revolution: A Study in Mass Mobilization*, London, 1976.

Koenker, D., *Moscow Workers and The 1917 Revolution*, Princeton, 1981.

Liaschenko, P., *A History of the National Economy of Russia*, 1949.

Mandel, D. *The Petrograd Workers and The Fall of Old Regime: From The February to The July Days, 1917*, New York, 1983.

Marx-Engels, *Collected Works* (New York, International Publishers, 1975.

Marx, K., *Capital*, 3 vols. New York, 1967.

Pankratova A. M. and L.M. Ivanova (eds.) *Rabochee dvizhenie Rossii v XIX veke*. Moscow, 1926.

Pipes, R. *Social Democracy and the St. Petersburg and Labour Movement, 1885~1897*, Cambridge, Mass., 1963.

Rabinowitch, A. *The Bolsheviks Come to Power: The Revolution of 1917 in Petrograd*, New York, 1978.

Rashin, A. G., *Formirovanie rabochego klassa Rossii*, Moscow, 1958.

Sablinsky, Walter *The Road to Bloody Sunday. Father Gapon and the Petersburg Massacre of 1905*. Princeton, N. J., 1976.

Schwarz, *The Revolution of 1905*, New York, 1968.

Shulgin, V. V. *The Years: Memoires of a Member of the Duma, 1906-17*, New York, 1984.

Smith, S. A. *Red Petrograd: Revolution in the Factories, 1917~1918*, Cambridge, 1983.

Stepanov, Z. V., *Rabochie Petrograda v period podgotovki i provedeniia Oktiabr'skogo vooruzhennogo vosstaniia*, Moscow, 1955.

Thompson, E. P., *The Making of the English Working Class*, London, 1965.

Tugan-Baranovsky, M. I., *The Russian Factory in the 19th Century*, Moscow, 1970.

Turin, S., *From Peter the Great to Lenin: A History of the Russian Labor Movement*, London, 1968. 강철훈 역, 러시아 노동운동사, 녹두, 1986.

Turner, H. A., *Trade Union, Structure and Growth,* 1962.

Wade, R. A., *Red Guards and Workers' Militias in the Russian Revolution,* Stanford, 1984.

Wildman, A. K., *The Making of a Workers' Revolution : Russian Social Democracy, 1881~1903*, Chicago, 1967.

Zelnik, R. E., *Labor and Society in Tsarist Russia, The Factory Workers in St. Petersburg, 1855-70*, Stanford, 1979.

이민호 외, 『노동계급의 형성』 느티나무, 1993.

Anderson, Perry, "Origins of the Present Crisis" *New-Left Review*, 1963, vol. 23.

Brennan, J. F., "The Origin and Nature of Economism in St. Petersburg" *Canadian American Slavic Studies*, 4: 2, 1907, pp. 163~181

Carr, E. H., "Revolutionary and Soviet Russia" ed, by N. F. Canter, *Perspectives on the European Past*, Part II. 1971 pp. 290~340.

Devlin, R. J., "Peterograd Workers and Workers' Factory Committee in 1917: An Aspect of the Social History of the Russian Revolution" Ph. D. diss., Univ. of New York, at Binghamton, 1976.

Friedman, C. G., "Politics, Unions, Government and Ideology and Labor Movement in the United States and France: 1880~1914" Harvard Univ. Ph. D. Dissertation, 1985.

Glickman, R., "Industrialization and the Factory Worker in Russian Literature" *Canadian-American Slavic Studies*, 1970, 4:4.

Haimson, L. P., "The Problem of Social Stability in Urban Russia, 1905-14" *Slavic Review*, 23:4, 24:1, 1964, 1965.

Hobsbawm, E., "Class Consciouness in History" I. Meszaros, ed., *Aspects of History and Class Consciousness* New, York, Cambridge, 1971.

Johnson, R. E., "Peasant migration and the Russian Working Class: Moscow at the End of 19th Century" *Slavic Review*, 35, pp. 652~684.

Kocka,, ürgen "The Study of Social Mobility and The Formation of the Working Class in the 19th Century" *Le Movement Social*, no, 11, 1980.

Leiberov, I. P., "O revoliutsioonykh vystupleniakh Petrogradskikh rabochikh a gody pervoi mirovoi voiny i febral'skoi revoliutsii" *Voprosy Istorii*, no. 2, 1964.

Mandel, M. D., "The Working Class and Intelligentsia in 1917" *Critique*, no. 14, 1982.

Shkliarevsky, I., "The Russian Revolution and Organized Labor" Ph.D.

diss., University of Virginia, 1985.

Suny, R. G., "Violence and Class Consciousness in the Russian Working Class" *Slavic Review*, 41:3, 1982.

Surh, C. D., "Petersburg's First Mass Labor Organization : The Assembly of Russian Worker and Father Gapon" *Russian Review*, 40:3, 4, 1981.

Von Laue, T., "Russian Labor between Fields and Factory, 1892~1903" *California Slavic Studies*, Vol. 3. 1964.

Zelink, R. , "Russian Workers an the Revolutionary Movement" *Journal of Social History*, no. 6., 1972.

Zelnik R. "An Early Case of Labor Protest in St. Petersburg: The Aleksandrovsk Machine Works in 1860" *Slavic Review*, 1965.

Zelnik R., "Russian Bebels: An Introduction to the Memoirs of Semen Kanatchikov and Matvei Fisher" *Russian Review*, 36: 3, 36:4, 1976.

김인중, 「지속된 산업화와 프랑스 노동계급의 형성」『노동계급의 형성』 느티 나무, 1993.

이정희 「러시아 노동계급의 형성, 1870-1914:급진주의 전통의 사회적 기초」『인문연구』 11:2, 1989. 8.

이정희 「1917년 러시아혁명과 노동계급의 정치의식」오주환 외, 『혁명, 사상, 사회변동』 1991.

6장 - 러시아 최초 사적 상인·기업가의 등장

Berlin, P. A. *Russkaya Burzhuaziya v Staroe i Novoe Vremya*, Moscow, 1922.

Bill, V. T., *The Forgotten Class: The Russian Bourgeoisie from the Earliest Beginnings to 1900*, New York, 1959.

Brumfield, William Craft, (IUrii Aleksandrovich), and Woodrow Wilson International Center for Scholars, *Commerce in Russian Urban Culture: 1861-1914*, Baltimore : Johns Hopkins University Press, 2001.

Buryshkin, P.A., *Moskva kypecheskaia*, New York, 1954.

Chermensky, E. D., *Burzhuaziya i Tsarizm v Revoliutsii 1905-1907 gg.* Moscow, Leningrad, 1939.

Clowes, Edith W. *Between Tsar and People: Educated Society and the Quest for Public Identity in Late Imperial Russia* / Kassow, Samuel D. Princeton University Press, 1991.

Curtiss, J. S., *Church and State in Russia: The Last Years of the Empire, 1900-1917*, New York, 1965.

Finn-Enotaevskii, A., *Kapitalizm v Rossii, 1890- 1917*, Moscow, 1925.

Gerschenkkron, A., *Economic Backwardness in Historical Perspective*, Cambridge, Mass., 1962.

McKean, Robert B. Thatcher. *Late Imperial Russia*, Manchester University Press, 2005.

Owen, Thomas C. *Capitalism and Politics in Russia: A Social History of the Moscow Merchants, 1855-1905*. Cambridge, [Eng.] ; New York: Cambridge University Press, 1981.

Owen, Thomas C. *Dilemmas of Russian Capitalism: Fedor Chizhov and Corporate Enterprise in the Railroad Age,* Harvard studies in Business History, 44, Cambridge, MA, Harvard University Press, 2005.

Owen, Thomas C. *Russian Corporate Capitalism from Peter the Great to*

Perestroika. New York: Oxford University Press, 1995.

Owen, Thomas C. *The Corporation Under Russian Law, 1800-1917: A Study in Tsarist Economic Policy,* Studies of the Harriman Institute;. Cambridge ; New York: Cambridge University Press, 1991.

Petrov, M., *Progressivnaiya Ekonomicheskaya Partiya*, St. Petersburg, 1906.

Polunov, A. IU. 1966- (Aleksandr IUr'evich), and (Larisa Georgievna). *Russia in the Nineteenth Century: Autocracy, Reform, and Social Change, 1814-1914,/* Owen, Thomas C. The New Russian History;. Armonk, N. Y., 2005.

Raeff, Marc. *Understanding Imperial Russia: State and Society in the Old Regime*. New York: Columbia University Press, 1984.

Rieber, Alfred J. *Merchants and Entrepreneurs in Imperial Russia,* Chapel Hill, NC: University of North Carolina Press, 1982.

Roosa, Ruth A., *Russian Industrialists in an Era of Revolution: The Association of Industry and Trade, 1906-1917./*

Ruckman, Jo Ann. *The Moscow Business Elite: A Social and Cultural Portrait of Two Generations, 1840-1905,* DeKalb, Ill.: Northern Illinois University Press, 1984.

Ruud, Charles *A. Russian Entrepreneur: Publisher Ivan Sytin of Moscow, 1851-1934,* Montreal ; Buffalo: McGill-Queen's University Press, 1990.

Seton-Watson, H., *The Decline of Imperial Russia 1855-1914,* New York, 1952

West, James L. *Merchant Moscow: Images of Russia's Vanished Bourgeoisie* Petrov, IU. A. 1955; (IUrii Aleksandrovich), Princeton,

N.J.: Princeton University Press, 1998.

Beliajeff, Anton Serge. "The Rise of the Old Orthodox Merchants of Moscow, 1771-1894" *Ph.D. dissertation, Syracuse University*, 1975.

Bernstein, Lisa. "Merchant 'Correspondence' and Russian Letter-Writing Manuals: Petr Ivanovitch Bogdanovich and his 'Pis'movnik' for Merchants" *Slavic and East European Journal,* 46, no. 4, December 1, 2002, pp. 659-682.

Bernstein, Lina. "Russian Eighteenth-Century Merchant Portraits in Words and in Oil" *Slavic and East European Journal,* 49, no. 3, 2005, pp. 407-429.

Bernstein, Lisa. "Merchant 'Correspondence' and Russian Letter-Writing Manuals: Petr Ivanovitch Bogdanovich and his 'Pis'movnik' for Merchants" *Slavic and East European Journal,* 46, no. 4, December 2002, pp. 659-682.

Blakesley, Rosalind P. "Art, Nationhood, and Display: Zinaida Volkonskaia and Russia's Quest for a National Museum of Art" *Slavic Review* 67, no. 4, December 1, 2008, pp. 912-933.

Bokarev, Iuri Pavlovich. "Eshche raz o tempakh rosta promyshlennogo proizvodstva v rossii v kontse xix-nachale xx veka" *Otechestvennaia Istoriia*, no. 1, 2006, pp. 131-141.

Daniel, Wallace. "G. N. Teplov, the Russian State and the Merchant-Entrepreneurs" *Consortium on Revolutionary Europe*. Proceedings, 2, January 1, 1989, pp. 436-449.

"Dmitrii Nikolaevich Shipov"(Shtrikhi k Portretu Russkogo liberala) *Russian Review* 55:4, Oct. 1966.

Eliutin, O. N. "Rossiiskoe zheleznodorozhnoe khoziaistvo pod ognem kritiki 1870-1880-e gody" *Vestnik Moskovskogo Universiteta*, Seriia 8, *Istoriia*, no. 6, 2001, pp. 25-50.

El'kin, Aleksandr Iur'evich, and Mikhail Pavlovich Roshchevski. "transportnye proekty na evropeiskom severe rossii (nachalo xx v)" *Voprosy Istorii Estestvoznaniia i Tekhniki*, no. 4, 2007, pp. 43-53.

Evstratova, Elena Nikolaevna. "Russkie kollektsionery i metsenaty. p. m. tret'iakov (1832-1898)" *Prepodavanie Istorii v Shkole*, no. 10, 2003, pp. 2-11.

Filippov, Dmitrii Iu., and Inc. M.E. Sharpe. "The Mal'shins: A Riazan Merchant Clan of the Eighteenth and Nineteenth Centuries" *Russian Studies in History,* 38, no. 2, 1999, pp. 5-16.

Gately, Michael Owen. "The Development of the Russian Cotton Textile Industry in the Pre-Revolutionary Years, 1861-1913" Ph. D. diss., University of Kansas, 1968.

Gindin, Iusif Florovich, and S. I. Gindin. "Gosudarstvo i ekonomika v gody upravleniia s. iu. Vitte" *Voprosy istorii*, no. 9, 2007, pp. 62-96.

Goldenberg, Carl a., "The Association of Industry and Trade, 1906-1917; The Success and Failures of russia's Organized Businessmen" Ph. D. diss., of Michigan, 1974.

Grover, Stuart R. "Savva Mamomtov and the Mamomtov Circle, 1870-1905: Art Patronage and the Rise of Nationalism in Russian Art" *Ph. D. diss., University of Wisconsin*, 1971.

Hanchett, Walter s., "Moscow in the Late Nineteenth Century: A Study in the Municipal Self-Government" Ph. D. diss., Univ. of Chicago, 1964.

Hildermeier, Manfred. "Social Change in the Russian Merchantry during the First Half of the Nineteenth Century" *Imperial Power and Development: Papers on Pre-Revolutionary Russian History* [Don Karl Rowney, ed., Columbus, OH: *Slavical*, January 1, 1990, pp. 116-133.

liutin, O. N. "Rossiiskoe zheleznodorozhnoe khoziaistvo pod ognem kritiki (1870-1880e gody)" *Vestnik Moskovskogo Universiteta, Seriia 8: Istoriia*, no. 6, 2001, pp. 25-50.

Ivanova, L. V. "Pervye nauchnye morozovskie chteniia" *Otechestvennaia istoriia*, no. 4, 1996, pp. 213-217.

Iudenkova, Tat'iana Vital'evna. "Pavel I Sergei Tret'Iakovy: predprinimatel'skaiai blagotvoritel'naia deiatel'nost'" *Otechestvennaia istoriia*, no. 2, 2007, pp. 16-33.

Ivanova, L. V. "Pervye nauchnye morozovskie chteniia" *Otechestvennaia Istoriia*, no. 4, 1996, pp. 213-217.

Ivanova, Natal'ia Anatol'evna. "Fabrichnoe proizvodstvo tkanei v tverskoi gubernii v seredine xix-nachale XX v" *Vestnik Sankt-Peterburgskogo Universiteta*, Seriia 2: Istoriia, no. 4, 2008, pp. 196-200.

Kusova, Irina G., and Inc. M.E. Sharpe. "Riazan Merchant Trading at the End of the Nineteenth and the Beginning of the Twentieth Centuries" *Russian Studies in History* 38, no. 2, 1999, pp. 17-30.

Levandovskaia, Aleksandra A., and Andrei A. Levandovski. "The 'dark kingdom': the merchant entrepreneur and his literary images" *Russian Studies in History,* 47, no. 1, 2008, pp. 72-95.

Lohr, Eric. "Russian Economic Nationalism during the First World War: Moscow Merchants and Commercial Diasporas" Nationalities Papers, 31, no. 4, December 1, 2003, pp. 471-484.

Muriel, Joffe, "Regional Rivalry and Economic Nationalism: The Central Industrial Region Industrialists' Strategy for the Development of the Russian Economy, 1880s-1914" *Russian History*, vol. 11, no. 4, 1984.

Omel'ianchuk, Igor' Vladimirovich. "Problemy ekonomicheskogo razvitiia rossii vo vzgliadakh pravykh monarkhistov nachala xx veka" *Otechestvennaia Istoriia*, no. 1, 2006, pp. 16-23.

Osmanov, A. I. "Kupecheskoe predprini matel'stvo v promyshlennosti Peterburga vtoroi poloviny XIX v" *Vestnik Sankt-Peterburgskogo Universiteta*, Seriia 2: Istoriia, no. 2, 2006, 22-28.

Owen, Thomas C. "The Russian Industrial Society and Tsarist Economic Policy, 1867-1905" *Journal of Economic History* 45, no. 3, 1985, pp. 587-606.

Owen, T. C., "Impediments to a Bourgeois Consciousness in Russia, 1880s-1905: The Estate Structure, Ethnic Diversity, and Economic regionalism" Edith W. Clowes, Samuel D. Krassov and J. L. West, eds., *Between Tsar and People: Educated Society and the Quest for Public Identity in Late Imperial Russia*, Princeton, 1991, pp. 75-92.

Owen, Thomas C. "A Standard Rule of Account for Russian Business History, 1769-1914: A Note" *Journal of Economic History,* 49, no. 3 1989, pp. 699-706.

Owen, Thomas C. "Four Episodes of corporate law reform in the russian Empire, 1836-1914" *Research in Economic History,* 11, 1988, pp. 277-299.

Owen, Thomas C. "Novgorod and Muscovy as Models of Russian Economic Development" Harvard Ukrainian Studies 19, 1995, pp. 497-512.

Owen, Thomas C. "Quotations from a Common Source in the Kurbskii-Groznyi Correspondence: a Research Note" *Russian Review,* 49, no. 2, 1990, pp. 157-165.

Owen, Thomas C. "Recent Developments in Economic History, 1700-1940" Kritika: *Explorations in Russian & Eurasian History,* 2, no. 2, 2001, pp. pp. 253-260.

Owen, Thomas C. "The moscow merchants and the public press, 1858-1868" *Jahrbücher für Geschichte Osteuropas,* 23, no.1, 1975, 26-38.

Owen, Thomas C. "The Russian Industrial Society And Tsarist Economic Policy, 1867-1905" *Journal of Economic History,* 45, no. 3, 1985, pp. pp. 587-606.

Petrov, Iuri A., "Moskva Kupecheskaia na Rubezne XIX-XX vekov" *Otechestvennaia Istoriia*, 2, April, 1996, pp. 3-13.

Ransel, David L. "Portraiture and Merchant Corporate Consciousness in Imperial Russia" *AAASS News Net,* 45, no. 1, Jan., 2005, pp. 1-6.

Ransel, David L. "The Diary of a Merchant: Insights into Eighteenth-Century Plebeian Life" *Russian Review, 63*, no. 4, Oct., 2004, pp. 594-608.

Rieber, Alfred J. "Businessmen And Business Culture In Imperial Russia" *Proceedings of the American Philosophical Society,* 128, no. 3, 1984 pp. 238-243.

Rieber, Alfred J.. "The Moscow Entrepreneurial Group: The Emergence of A New Form In Autocratic Politics" *Jahrbücher für Geschichte Osteuropas,* 25, no. 2, 1977, pp. 174-199.

Roosa, Ruth Amende. "The Association of Industry and Trade, 1906-1914: An Examination of the Economic Views of Organized Industrialists in Prerevolutionary Russia" *Ph.D. diss., Columbia University*, 1967.

Roosa, Ruth Amende., "Russian Industrialists Look to the Future: Thoughts on Economic Development, 1906-17" pp. 198-218. In *Essays in Russian and Soviet History in Honor of Geroid Tanzuary Robinson.* Edited by John Shelton Curtiss, New York, 1963, pp. 198-218.

Siegelbaum, Lewis H., "Moscow Industrialists and the War-Industries Committees during the World War I" *Russian History*, 5:1, April, 1978, pp. 64-83.

Tschebotarioff, Bill V. "The Early Days Of Russian Railroads" *Russian Review,* 15, no. 1, 1956, pp. 14-28.

Ulianova, G. N. and M. E. Sharpe. "'Not for Wealth but for God': On Moscow Merchants Motives for Charity" *Russian Studies in History,* 39, no. 2, 2000, pp. 28-51.

Varentsovm N. A. , Liubartovich V. A. and E. M. Iukhimenko, "Lider Moskovskogo Kupechestva N.A. Naidenov: Po vospominaiiam N. A. Varentsova" *Otechestvennaia istoriia*, 5, Oct., 1997, pp. 38-151.

West James, "The Moscow Progressists: Russian Industrialists in Liberal Politics, 1905-1914" Ph. d., Diss.,. Princeton Univ. 1974

West, J., "the Neo-Old Believers of Moscow: Religious Revival and Nationalist Myth in Late Imperial Russia" *Canadian-American Slavic Studies*, 26, issue 1/4, Spring, 1992, pp. 5-28.

West, J. "Riabushinskii Circle: Russian Industrialists in Search of a Bourgeoisie, 1909-1914" *Jarbücher für Geschichte Osteuropas*, 32:3, 1984, pp. 358-377.

White, James d., "Moscow, Peterburg and the Russian Industrialists in Reply to Ruth A. Roosa" *Soviet Studies*, 24:3, Jan. 1973, pp. 414-420.

이정희, 「19세기 모스크바 상인·기업가 계층의 성격에 관한 일고찰 – 정치적 자 유주의 성장의 한계」『대구사학』 104, 2011. 8. pp. 239-283.

이정희, 「러시아 사적 기업가의 형성과 경제적 유토피아」『대구사학』 제 100 집, 2010. 8., pp. 465-504.

7장 - 모로조프가의 직물기업의 성공의 신화, 1873~1905

Berlin, P. A. *Russkaya Burzhuaziya v Staroe i Novoe Vremya*, Moscow, 1922.

Bill, V. T.., *The Forgotten Class: The Russian Bourgeoisie from the Earliest Beginnings to 1900*, New York, 1959.

Brumfield, William Craft, (IUrii Aleksandrovich),, and Anan'ich, B. V. , *Commerce in Russian Urban Culture: 1861-1914*, Washington, D.C. : Woodrow Wilson Center Press ; Baltimore : Johns Hopkins University Press, 2001.

Buryshkin, P.A., *Moskva kypecheskaia*, New York, 1954.

Chermensky, E. D., *Burzhuaziya i Tsarizm v Revoliutsii 1905-1907 gg.*

Morozov, Savva. *Ded Umer Molodym: dokumental'naia, ipovest'*. Moskva: Sov. pisatel', 1988.

Morozova, T. P., and I. V. Potkina. *Savva Morozov.* 1998.

Owen, Thomas C. *Capitalism and Politics in Russia: A Social History of the Moscow Merchants, 1855-1905,* Cambridge, [Eng.] ; New York: Cambridge University Press, 1981.

Owen, Thomas C. *Dilemmas of Russian Capitalism: Fedor Chizhov and Corporate Enterprise in the Railroad Age,* Harvard studies in Business History ;; 44;. Cambridge, MA: Harvard University Press, 2005.

Potkina, I. V. Na *Olimpe Delovogo Uspekha: Nikolskaia i Manufaktura 1797-1917, Moskovskaia i monografiia* Moskva: Izd-vo Glavarkhiva Moskvy, 2004.

Raeff, Marc. *Understanding Imperial Russia: State and Society in the Old Regime,* New York: Columbia University Press, 1984.

Rieber, Alfred J. *Merchants and Entrepreneurs in Imperial Russia,* Chapel Hill, NC: University of North Carolina Press, 1982.

Roosa, Ruth A. (Ruth Amende). *Russian Industrialists in an Era of Revolution: The Association of Industry and Trade, 1906-1917*

Ruckman, Jo Ann. *The Moscow Business Elite: A Social and Cultural Portrait of Two Generations, 1840-1905,* DeKalb, Ill.: Northern Illinois University Press, 1984.

Ruud, Charles *A. Russian Entrepreneur: Publisher Ivan Sytin of Moscow, 1851-1934,* Montreal ; Buffalo: McGill-Queen's University Press, 1990.

Sef, S. E., *Burzhuasiya v 1905 godu,* Moscow, Leningrad, 1926.

West, James L. *Merchant Moscow: Images of Russia's Vanished Bour-*

geoisie, N.J.: Princeton University Press, 1998.

Beliajeff, Anton Serge. "The Rise of the Old Orthodox Merchants of Moscow, 1771-1894" *Ph.D. dissertation*, *Syracuse University*, 1975.

Bernstein, Lisa. "Merchant 'Correspondence' and Russian Letter-Writing Manuals: Petr Ivanovitch Bogdanovich and his 'Pis'movnik' for Merchants" *Slavic and East European Journal* 46, no. 4, December 1, 2002, pp. 659-682.

Bernstein, Lina. "Russian Eighteenth-Century Merchant Portraits in Words and in Oil" *Slavic and East European Journal,* 49, no. 3, 2005, pp. 407-429.

Bill, Valentine Tschebotarioff. "The Morozovs" *Russian Review,* 14, no. 2, 1955, pp. 109-116.

Blakesley, Rosalind P. "Art, Nationhood, and Display: Zinaida Volkonskaia and Russia's Quest for a National Museum of Art" *Slavic Review,* 67, no. 4, December, 2008, pp. 912-933.

Bowman, Linda. "Seeking salvation: moral economies and management at the Morozov Mills, 1885-1905" *Social History,* 28, no. 3, 2003, pp. 322-345.

Gately, Michael Owen. "The Development of the Russian Cotton Textile Industry in the Pre-Revolutionary Years, 1861-1913" Ph. D. diss., University of Kansas, 1968.

Goldenberg, Carl a., "The Association of Industry and Trade, 1906-1917; The Success and Failures of Russia's Organized Businessmen" Ph. D. diss., of Michigan, 1974.

Grover, Stuart R. "Savva Mamomtov and the Mamomtov Circle, 1870-

1905: Art Patronage and the Rise of Nationalism in Russian Art," Ph. D. diss., University of Wisconsin, 1971.

Hildermeier, Manfred. "Social Change in the Russian Merchantry during the First Half of the Nineteenth Century" *Imperial Power and Development: Papers on Pre-Revolutionary Russian History* [Don Karl Rowney, ed. Columbus, OH: Slavica], January, 1, 1990, pp. 116-133.

Owen, Thomas C. "The Russian Industrial Society and Tsarist Economic Policy, 1867-1905" *Journal of Economic History,* 45, no. 3, 1985, pp. 587-606.

Owen, Thomas C. "Impediments to a Bourgeois Consciousness in Russia, 1880s-1905: The Estate Structure, Ethnic Diversity, and Economic regionalism" Edith W. Clowes, Samuel D. Krassov and J. L. West, eds., *Between Tsar and People: Educated Society and the Quest for Public Identity in Late Imperial Russia*, Princeton, 1991, pp. 75-92.

Owen, Thomas C. "A Standard Rule of Account for Russian Business History, 1769-1914: A Note" *Journal of Economic History,* 49, no. 3 1989, pp. 699-706.

Owen, Thomas C. "Four Episodes of Corporate Law Reform in the Russian Empire, 1836-1914" *Research in Economic History* 11, 1988, pp. 277-299.

Owen, Thomas C. "Novgorod and Muscovy as Models of Russian Economic Development" *Harvard Ukrainian Studies,* 19, 1995, pp. 497-512.

Owen, Thomas C. "The Moscow Merchants and the Public Press, 1858-1868" *Jahrbücher für Geschichte Osteuropas,* 23, no. 1, 1975, pp. 26-38.

Owen, Thomas C. "The Russian Industrial Society And Tsarist Economic Policy, 1867-1905" *Journal of Economic History,* 45, no. 3, 1985, pp. 587-606.

Petrov, Iuri A., "Moskva Kupecheskaia na Rubezne XIX-XX vekov" *Otechestvennaia Istoriia*, 2, April, 1996, pp. 3-13.

Rieber, Alfred J. "Businessmen And Business Culture In Imperial Russia" *Proceedings of the American Philosophical Society,* 128, no. 3, 1984 pp. 238-243.

Rieber, Alfred J.. "The Moscow Entrepreneurial Group: The Emergence of A New Form In Autocratic Politics" *Jahrbücher für Geschichte Osteuropas,* 25, no. 2, 1977, pp. 174-199.

Ulianova, G.N., and Inc. M.E. Sharpe. "'Not for Wealth but for God': On Moscow Merchants Motives for Charity" *Russian Studies in History,* 39, no. 2, 2000, pp. 28-51.

8장 - 1905년 혁명 이후 최초 자유주의 의회제는 왜 실패했는가

Alekseev, S. A., ed., *Samoderzhavie i Liberaly v Revoliutsii 1905-1907,* Moscow and Leningrad, 1925.

Avrekh, A. La., *Stolypin i tret' ia Duma,* Moscow, 1968.

Avrekh, A. La., *Tsariam i tret' eiiunskaia sistema*, Moscow, 1966.

Bakhirev, A. V., *Tret' ia Gosudarstvennaia Duma v kartogrammakh*, St. Petersburg, 1907.

Belonskii, I. P., *Zemskoe devizhenie*, 2 ed., Moscow, 1914.

Chicherin, B. N., *Vospominaniia Borisa Nikolaevicha Chicherina. Zem-*

stvo i moskovskaia duma, Moscow, 1934.

Chistiakov, P. A., *Rechi oktsiabrista 1905-07*, St. Peterburg, 1908.

Chto sdelala Tret'ia Gosudarstvennaia Duma dlia gorodov, St. Peterburg, 1912.

Fisher, G., *Russian Liberalism: From Gentry to Intelligentsia*, Cambridge, Mass., 1958.

Guchkov, A. I., *Rechi po voprosam gosudrstvennoi oboronyi ob obshchei politike, 1908-1912*, Petrograd, 1917.

Gurko, V. I., *Features and Figures of the Past: Government and Opinion in the Reign of Nicholas II*, ed., Wallace Sterling, Xenia Joukoff Eudin, H. H. Fishcer: trans. by Laura Matveev, Stanford, 1939.

Harcave, S., *First Blood: The Russian Revolution of 1905*, New York, 1964.

Hosking, Geoffrey A., *The Russian Constitutional Experiment: Government and Duma 1907-1914*, Cambridge, 1973.

Kozbanenko, V. A., *Partiinye fraktsii v I i II Gosudarstvennykh dumakh Rossii*, Moscow, 1966.

Lenin, V. I., *Ob Otnoshenii Revoliutsionnogo Proletariata k Burzhuaznym i Melkoburzhuazmym Partiyam*, Moscow, 1958.

Lenin, V. I., *The Revolution of 1905*, vol. 3 . Selected Works. New York, n. d.

Levin, A., *The Second Duma : A Study of the Social-Democratic Party and the Russian Constitutional Experiment*, New Have, Conn., 1940.

Lokot, T. V., *Politicheskiya paertii I gruppy v Gosudarstvennoi Dume,* Moscow, 1970.

Maklakov, V. A., *The First State Duma*, Bloomington, 1964.

Martov, L., *Politicheskiya Partii v Rossii*, St. Petersburg, 1906.

Mazour, A. G., *The First Russian Revolution*, Berkeley, Calif., 1939.

Menashe, L. *Guchkov and the Octobrist Party, 1905-1912*, Ph. D. Diss. New York University, 1966.

Miliukov, P. N., *Constitutional Government for Russia*, New York, 1908.

Pares, Sir B. , *My Russian Memoire,* London, 1931.

Pankratova, A. M., *Pervaya Russkaya Revoliutsiia 1905-1917 gg. sbornik statei,* Moscow, 1955.

Petrov, M., *Progressivnaiya Ekonomicheskaya Partiya*, St. Petersburg, 1906.

Pinchuk, *The Octobrists in the Third Duma, 1907-1912*, Seattle, London, 1973.

Pokrovsky, M. N., *Brief History of Russia,* 2 vols. New York, 1933.

Raeff, Marc, *Understanding Imperial Russia: State and Society in the Old Regime,* New York: Columbia University Press, 1984.

Rakovskii, O. Yu., *Gosudarstvennaya Duma i Politicheskiya Partii*, Moscow, 1907

Riha, T., *Paul Miliukov's Parliamentary Career, 1907-1917,* Harvard Univ. Ph. D. Diss., 1961.

Roosa, Ruth A. (Ruth Amende). *Russian Industrialists in an Era of Revolution: The Association of Industry and Trade, 1906-1917, New York, 1971*

Seton-Watson, H., *The Decline of Imperial Russia, 1855-1914* New York, 1952

Shelokhaev, V. V. et als., *Politicheskaia: Istoriia Rossii v Partiiakh i litsakh,* Moskva, 1994.

Shipov, D. N., *Vospominaniia i dumy o perezhitom,* Moscow, 1918.

Sidel'nikov, S. M., *Obrazovanie I deiatel'nost' pervoi gosudarstvennoi Dumy,* Moscow, 1962.

Spector, I., *The First Russian Revolution: Its Impact on Asia*, Eaglewood Cliff, New Jersey, 1962.

Treadgold, D. W., *Lenin and His Rivals: The Struggle for Russia's Future, 1898-1906*, New York, 1906

Zevelev, A. I., *Istoriia politicheskhix partii Rossii,* Moskva, 1994.

Arkhipov, Igor' Leonidovich, "Predsedatel' Gosudarstvennoi Dumy M. V. Rodzianko" *Otechestvenaia istoriia*, 3, June, 2006, pp. 114-126.

Averekh, A. Ia., "Stolpinskii Bonapartizm i Voprosy Voennoi politiki v III Dume" *Voprosy istorii*, 11, November, 1956, pp. 17-33.

Avrekh A. Ia., "Tret'eiiunskaia Monarkhiia i obrazovanie Tret'edumskogo Pomeshchich'e-Burzhuaznogo bloka" *Vestnik Moskovskogo Universiteta*, 1 Jan. 1956, pp. 3-70.

Avrekh, A. Ia., "III Duma I nachalo krizisa tret'eiiunskoi sistemy, 1908-1910 gg" *Istoricheskie zapiski*, vol. 53.

Brainerd Michael and L. Haimson, "The Octobrists and the Gentry, 1905-1907: Leaders and Followers?" *Politics of Rural Russia*, 1905-1914, Jan. 1979, pp. 67-93.

Chermensky, E., "Liberalnoe dvizhenie v nachale 900-kh godov" *Istoricheskii zhurnal*, no. 2, February, 1939, pp. 89-94.

Chermensky, E., "Gosudarstvennaya Duma" *Istoricheskii zhurnal*, no. 5, pp. 97-110.

Chmielewski, E. "Stolypin and the Russian Ministerial Crisis of 1909"

California Slavic Studies, vol. 4 Berkeley, 1967.

Daniel, Wallace. "G. N. Teplov, the Russian State and the Merchant-Entrepreneurs" *Consortium on Revolutionary Europe, Proceedings 2*, January 1, 1989, pp. 436-449.

Demin, V. A., "Factions in the Second State Duma" *Russian Studies in History,* 46:4, Jan. 2008, pp. 34-59.

Edelman, Robert, "The Russian Nationalist Party and the Political Crisis of 1909" *Russian Review,* 34:1, Jan. 1975.

Elkin, B., "Pamyati A. I. Guchkova" *Posledniya Novosti*, 5444, 18 Feb. 1936.

Emmons, Terence, "The Russian Landed Gentry and Politics" *Russian Review*, 33:3, July 1974, pp. 269-283.

Galai Shmuel, "Early Russian constitutionalism, 'Vol'noe Slovo' and 'Zemstvo Union':A Study in Deception" *Jarbücher für Geschichte Osteuropas*, 22, 1974.

Galai, Shmuel, "The Role of the Union of Unions in the Revolution of 1905" *Jarbücher fur Geschichte Osteuropas*, 24:4, 1976.

Guchkov, A,I., "Iz vospominanii A. I. Guchkova" *Posledniia novosti* (Paris), nos, 5616-68. Aug. 9 – Sept. 30, 1936.

Haimson, L. H. "The Parties and the State: The Evolution of Political Attitudes" C. Clack, ed., *The Transformation of Russian Society,* Cambridge, Mass., 1960.

Haimson, L. H. "The Problem of social Stability in Urban russia, 1905-1917" *Slavic Review*, 23:4, 1964, 619-642, 24:1, 1-22.

Hamm, M., "Liberal Politics in Wartime Russia: The Progressive Bloc" *Slavic Review,* 33:4, 1974, pp. 453-468

Harrison, W., "The Octobrists and the Revolution of 1905" *The Durham*

University Journal, 60:2, 1963, pp. 49-59.

Hosking, Geoffrey, "P. A. Stolypin and the Octobrist Party" *Slavonic and East European Review*, vol. 47, issue 108, April, 1969, pp. 137-160.

Hutchinson, J. F., "The Octobrists and the Future of Imperial Russia as a Great Power" *Slavonic and East European Review*, vol.50, issue 119 April, 1972, pp. 220-237.

Karpovich, M., "Two Types of Russian Liberalism: Maklakov and Miliukov" E. J. Simmons, ed., *Continuity and Change in Russian and Soviet Thought*, Cambridge, Mass., 1955.

Keep, p. " Milyukov, P. Political Memoire, 1905-1917" *Slavonic and East European Review,* vol. 47, issue. 108, Jan. 1969.

Kennan, G., "The Social and Political condition of Russia" *The Outlook*, 76, 5, 30. January 1904, pp. 261-266.

Kerensky, a., "A. I. Guchkov, Iz Vospominaniya" *Sovremenniya Zapisky*, LX, 1936, pp. 460-462

King, Vlaldimir, "The Liberal Movement in Russia, 1904-5" S*lavonic and East Euopean Review*, 14, 1935.

Koroleva, N. G., "Pravye Partii v Bor'be s Revoliutsiei 1905-1907 gg" *Istoricheskie zapiski*, 118, Jan. 1990, pp. 102-138.

Kruzhalova, N. Iu. "Deiatel'nost Moskovskoi Gorodskoi Dumy v 1905-1912 gg" *Sovetskie arkhivy* 2, March, 1982, pp. 53-55.

Kuvshinov, V. A., "Programa "Soiuza 17 Oktiabria(Partii Oktiabristov" *Kentavr* 5, 1994, pp. 124-133.

Kumanin L. K., "Doneseniia L. K. Kumanina iz Ministerskogo Pavil'ona Gosudarstvennoi Dumy, Dekabr' 1911-Fevral' 1917 goda" *Voprosy istorii*, 2, Feb., 2000, pp. 3-32

Legras, Jules, "A. I. Guchkov" *Le Monde Slave*, I. 1936,

Levin, Alfred "Russian Bureaucratic Opinion in the Wake of the 1905 Revolution" *Jarbüucher fur Geschichte Osteuropas* 11:1, 1963, Mar.

Levin, Alfred, "Peter Arcadevich Stolypin; A Political Appraisal" *Journal of Modern History*, 37:4, Dec. 1964.

Levin, Alfred, "The Russian Voter in the Elections to the Third Duma" *Slavic Review*, 21, 1962, pp. 660-77.

Levitsky, S. L., "Legislative Initiative in the Russian Duma"*American Slavic and East European Review*, 15, 1956, pp. 313-24.

Lohr, Eric. "Russian Economic Nationalism during the First World War: Moscow Merchants and Commercial Diasporas" *Nationalities Papers,* 31, no. 4, December 1, 2003, pp 471-484.

Menashe Louis, "Industrialists in Politics : Russia in 1905" *Government & Opposition*, 3, April, 1968, pp. 352-368.

Menashe, L., "Alelxander Guchkov and the Origins of the Octobrist Party: The Russian bourgeoisie in Politics in 1905" Ph. d., Diss. New York University, 1966.

Miliukov, P. N., V. V. Shelokhaev, et als, "Pri svete Dvuch Revoliutsii" *Istoricheskii arkhiv* 1, Jan. 1993, pp. 145-182.

Mogilevski, Konstantin I. & Shelokhaev, Valentin V., "Gosudarstvennaia Duma Rossii kak istoriograficheskaia problema" *Voprosy istorii*, 11 Nov. 2007, pp. 3-17.

Muriel, Joffe "Regional Rivalry and Economic Nationalism: The Central Industrial Region Industrialists' Strategy for the Development of the Russian Economy, 1880s-1914" *Russian History*, vol. 11, no. 4, 1984.

Pares Bernard, "The Second Duma" *Slavonic Review*, 2, 1926, 36.

Pares, Bernard, "Alexander Guchkov" *The Slavonic and East European Review*, XV, July 1936, pp. 121-134.

Patrikeeva, O. A., "Pravomonarkhicheskie organizatsii i sistema Vyborov v Gosudarstvennuiu Dumu, 1906-1907" *Vestnik Sankt-Peterburskogo Universiteta*, Seriia 2; *Istoriia*, no. 1, March 2005, pp. 29-40.

Pavlov, D. B. and V. V. Shelokhaev, "Tsentral'nyi Komitet "Soiuza 17 Oktiabria v Godakh" *Istoriia SSSR*, 6, Nov. 1991, pp. 152-167.

Peregudova, Z. I. and V. I. Startsev, "Doneseniia L. K. Kumanina iz Ministerskogo Pavil'ona Gosudarstvennoi Dumy, Dekabr' 1911-Fevral' 1917 goda" *Voprosy istorii* 8, 1999, pp. 3-27.

Pipes, R., ed. "Russkaia Intelligentsia" *Daedalus*, 89, no. 3, 1960.

Putman, G., "P. B. Struve's View of the Russian Revolution of 1905" *Slavonic and East European Review*, vol. 45, issue.

"Raeff, M., "Some Reflections on Russian Liberalism" *The Russian Review*, 18: 3, 1959, pp. 218-230.

Reikhardt, V. V., "Partiinie gruppirovki i 'predstvitel'stvo interesov' kruppnogo kapitala v 1905-1906 godakh" *Krasnaya letopis*, 6 (39), 1930, pp. 5-39.

Riha, T., "Miliukov and the Progressive Bloc in 1915: A Study in Last Chance Politics" *Journal of Modern History,* 32 (1960), pp. 16-24.

Roosa, Ruth Amende. "The Association of Industry and Trade, 1906-1914: An Examination of the Economic Views of Organized Industrialists in Prerevolutionary Russia" *Ph. D. diss., Co-*

lumbia University, 1967.

Roosa, Ruth Amende., "Russian Industrialists Look to the Future: Thoughts on Economic Development, 1906-17" pp. 198-218. *Essays in Russian and Soviet History in Honor of Geroid Tanzuary Robinson,* edited by John Shelton Curtiss, New York, 1963, pp. 198-218.

Schaeffer, M. A., "The Political Policies of P. A., Stolypin" Ph. d. Diss., Univ. of Indiana, 1968.

Seletskii, V. N. "Obrazovanie partii progressistov" Vestnik Moskovskogo Universtiteta, *Seriia istoriia*, no. 5, 1970.

Seleznev, Fedor Aleksandrovich. "Politicheskie predpochteniia burzhuazii moskvy nizhnego novgoroda v 1906-1907 godakh" *Otechestvennaia istoriia*, no. 1, 2006, pp. 42-53.

Shatsillo, K. F. "O Sostave Russkogo Liberalizma Nakanune Revoliutsii 1905-1907 godov" *Istoriia SSSR*, 1, Jan. 1980, pp. 62-74.

Shatsillo, K. F. "Pervaia Gosudarstvennaia Duma" *Otechestvennaia istoriia*, 4 1996, pp. 60-71.

Shelokhaev, Valentin V. "Dmitrii Ivanovich Shakhovskoi" *Otechestvennaia istoriia*, 5, Oct., 2001, pp. 107-120

Shelokhaev, Valentin V. "Progressisty" in Shelokhaev, V. V. et als., *Politicheskaia: Istoriia Rossii v Partiiakh i litsakh* Moskva, 1994, pp. 39-59

Shelokhaev, Valentin V., "Politicheskaia programma Russkogo liberalizma" *Kentavar*, 6, November, 1995, pp. 24-42.

Shelokhaev, Valentin V., "Sud'va Russkogo Parlamentariia: F. F. Kokoshikin" *Otechestvennaia Istoriia*, 5, Oct. 1999, pp. 44-73.

Shelokhaev, Valentin V. "The Liberal Reform Movement Model in Early

Twentieth Century Russia" *Russian Studies in History*, 42:4, Spring, 2004, pp. 29-37.

Shelokhaev, Valentin V., "Diskussionnye problemy istorii Russkogo liberalizma v noveishei otechestvennoi literature" *Voprosy istorii*, 5, May, 2007, pp. 3-16.

Smith, C. J. "The Russian Third Duma: An Analytical Profile" *Russian Review,* 17, July 1958, pp. 201-210

Stepanski, A. D., "Politicheskie Gruppirovki v Gosudarstvennom Sovete v 1906-1907 gg." *Istoriia SSSR*, 4, July 1965, pp. 49-64.

Szeftel, M., "The form of Government of the Russian Empire prior ro the Constitutional reforms of 1905-06" *Essays in Russian and Soviet History in Honor of Geroid T. Robinson*, pp. 105-19. ed. by J. S. Curtiss, New York, 1963.

Talberg, N., "K sporu o Guchkove" *Vladimirskii Vestnik,* (Sao Paulo), 21, 16/29 March 1953.

Tiukin, S. V. and V. V. Shelokhaev, "Razoblacheie Kadetov v Bol'shevistskikh Listovkakh 1906-1907 godov" *Istoriia SSSR*, 1, Jan. 1980, pp. 74-88.

Tumanova, Anastasiia V., "Pervaia Russkaia Revoliutsiia i provozglasenie svobody soiuzov i sobranii" *Otechestvennaia istoriia,* 5, Oct. 2005, pp. 33-47.

Varentsovm N. A. , Liubartovich V.A. and E. M. Iukhimenko, "Lider Moskovskogo Kupechestva N.A. Naidenov: Po vospominaiiam N. A. Varentsova" *Otechestvennaia istoriia*, 5, Oct., 1997, pp. 138-151.

Volkov, V. "Gosudarstvennoe Predprinimatel'Stvo i Voennaia Bezopasnost' Rossii Vo Vtoroi Polovine XIX V" *Morskoi Sbornik*, no. 11, 2006, pp. 29-33.

von Laue Theodore H., "Count Witte and the Russian Revolution of 1905" *American slavic and East European Review*, 17, 1958, pp. 25-46.

von Laue, T. H., "A Secret Memorandum of Sergei Witte on the Industrialization of Imperial Russia" *Journal of Modern History*, vol. 26 no. 1, 1954.

Walsh, Warren B. "Political Parties in the Russian Dumas" *Journal of Modern History*, 22:2, June 1950, pp. 144-150.

West, J. "The Moscow Progressists: Russian Industrialists in Liberal Politics, 1905-1914" Ph. d., Diss.,. Princeton Univ. 1974

West, J. "Riabushinskii Circle: Russian Industrialists in Search of a Bourgeoisie, 1909-1914" *Jarbücher für Geschichte Osteuropas*, 32:3, 1984, pp. 358-377.

White, James D., "Moscow, Peterburg and the Russian Industrialists in Reply to Ruth A. Roosa" *Soviet Studies*, 24:3, Jan. 1973, pp. 414-420.

Yaney, G. L., "Social Stability in Prerevolutionary Russia: A Critical Note, Reply to Haimson" *Slavic Review*, XXIV, 3, 1965, pp. 521-527.

조호연, 「1890년대 러시아의 젬스트보 자유주의 운동」『서양사론』 52, 1995, pp. 140-166.

조호연, 「표트르 스트루베와 '해방', 1902-1905」『슬라브학보』 1996, pp. 303-332.

이정희, 「1905년 혁명이후 상인·기업가 엘리트의 정치적 등장과 정체의식 : '국가두마'에서 참여를 중심으로, 1905~1914」『서양사론』 2012. 12. Vol. 114. pp. 253-298.

찾아보기

용어

인명

ⓑ

ⓢ

ⓗ